Ética, jornalismo e nova mídia

Caio Túlio Costa

Ética, jornalismo e nova mídia

Uma moral provisória

ZAHAR
Rio de Janeiro

Jorge Zahar Editor Ltda.
rua México 31 sobreloja
20031-144 Rio de Janeiro, RJ
tel.: (21) 2108-0808 / fax: (21) 2108-0800
e-mail: jze@zahar.com.br
site: www.zahar.com.br

Composição: Mari Taboada
Capa: Dupla Design
Ilustração de capa: © Images.com/Corbis

CIP-Brasil. Catalogação-na-fonte
Sindicato Nacional dos Editores de Livros, RJ.

Costa, Caio Túlio
C871e Ética, jornalismo e nova mídia: uma moral provisória / Caio Túlio Costa. — Rio de Janeiro: Jorge Zahar Ed., 2009.

Inclui bibliografia
ISBN 978-85-378-0124-6

1. Comunicação de massa – Aspectos morais e éticos. 2. Mídia digital – Aspectos morais e éticos. 3. Ética jornalística. 4. Jornalismo – Inovações tecnológicas – Aspectos morais e éticos. I. Título.

CDD: 175
09-0037 CDU: 174:316.77

Para Léa.

Em memória de Ulisses.

Em memória de Dulcinéa e Caio.

N'importe quoi petit quand structure morale s'affaisse
las las las dans la tête qui toujours guette ...
quelque chose remonte qui n'est pas dans la fiche
comme un dieu pantelant sur la ville qui triche.

JEAN PÉROL, no poema "Sur la ville qui triche",
do livro *Morale provisoire.**

---

* Numa tradução livre: "Pouco importa quão pequena quando a estrutura moral se verga/ ai ai ai na cabeça sempre em vigília ... Alguma coisa que não está ancorada se levanta/ como um deus ofegante sobre a cidade que engana."

Sumário

Prólogo 11

1. **Percurso** 15

Nova mídia, 15 | Caminhos, 16 | Dilemas, 17 | Ética e moral, 19
Verdade, 21 | Indagações, 25 |

2. **Representação** 27

Velázquez e o pintar o pintar, 30 | Descartes e o pensar o pensar, 35
Spinoza e a liberdade de pensar, 37 | Tobias Peucer e o representar, 41
Representação da representação, 46

3. **Ambigüidade** 50

Antígona e o não-diálogo, 52 | Sócrates e a justiça, 58 | Epicuro e o prazer, 66 | Montaigne e a covardia, 68 | Hamlet e a angústia, 73
O super-herói versus o anti-herói ético, 81 | Balzac e a hipocrisia, 85
Síntese dos dilemas éticos, 90

4. **Razão** 93

A ética de Kant, 93 | O imperativo categórico, 94 | Weber e a vocação, 101
A ética da convicção, 108 | A ética da responsabilidade, 109

5. **Linguagem** 114

Wittgenstein e a linguagem, 124 | Bakhtin e a palavra neutra, 125
Karl Kraus e a estupidez, 130 | Cioran e o pensar contra si próprio, 138
Janet Malcolm e o caso MacDonald-McGinniss, 140 | Inverdade, 143
Virada lingüística, 149

6. Objetividade 152

O inimigo número um da censura, 152 | A imparcialidade, 155
Cinco argumentos a favor da objetividade, 157 | A objetividade e a questão do conhecimento, 163

7. Espetáculo 172

As tragédias de São Paulo e de Madri, 172 | Adorno e Horkheimer e a indústria cultural, 183 | Guy Debord e a sociedade do espetáculo, 186

8. Pós-modernidade 195

Modernidade líquida, 200 | Octavio Ianni e o príncipe eletrônico, 210
Joseph Stiglitz e a assimetria da informação, 219

9. Relativismos 228

O relativo na mídia tradicional, 229 | O relativo nas novas mídias, 235

10. Moral Provisória 252

Código moral temporário, 252 | O véu das aparências, 253 | A ética do marceneiro não basta, 255

Notas 261
Referências bibliográficas 273
Agradecimentos 282
Índice onomástico 284

Prólogo

Sexta-feira, 25 de outubro de 1946, noite fria de outono na sala do professor Richard Braithwaite, a de número três da escadaria H do Edifício Gibbs, no King's College, em Cambridge, Inglaterra, 80 quilômetros ao norte de Londres. Começava mais uma reunião do Clube de Ciências Morais. Com a lareira acesa, professores e alunos se acomodaram na sala. Os filósofos Bertrand Russell e Ludwig Wittgenstein, presidente do clube, estavam entre eles. O convidado da noite começou a falar, o filósofo austríaco, naturalizado inglês e notabilizado na Austrália e na Nova Zelândia, Karl Popper, autor de *A sociedade aberta e seus inimigos,* publicado um ano antes e depois transformado em clássico do pensamento liberal.

Ele mirou o papel que tinha em mãos com o texto especialmente preparado para a ocasião e expressou surpresa por ter sido convidado pela secretaria do clube para uma palestra que abordasse algum enigma filosófico (*philosophical puzzle*). Por isso preferira dar à conferência outro título, questionador: "Existem problemas filosóficos?" Implicitamente, pontuou, quem quer que tivesse feito o convite a ele havia tomado um partido, talvez inconscientemente, ao lhe propor falar do quebra-cabeça filosófico. Teria tomado o partido daqueles para quem não existem problemas filosóficos, e essa própria questão consistiria, em si mesma, num genuíno problema filosófico.

Ao ouvir aquilo, Wittgenstein levantou-se num salto e disse em alto e bom som:

– A secretaria do clube fez o que tinha de ser feito e conforme instruções minhas.

Popper retrucou:

– Se eu não pensasse haver problemas filosóficos genuínos, então certamente eu não seria um filósofo. O fato de que muitas pessoas, talvez todas as pessoas, adotem irrefletidamente soluções indefensáveis para muitos, por si só providenciaria uma boa justificativa para ser um filósofo.

Wittgenstein pulou de novo da cadeira e reafirmou a não-existência de problemas filosóficos.

Popper não ligou e começou a ler a lista de problemas filosóficos preparada para a noite. Ela incluía questões do tipo "nós conhecemos as coisas por meio de nossos sentidos?" e "nós obtemos o conhecimento pela indução?".

Wittgenstein, com o atiçador de fogo da lareira na mão, argumentou que tais questões tratavam mais de problemas lógicos do que filosóficos.

Popper argüiu sobre o problema potencial da existência do infinito.

Wittgenstein respondeu ser este um problema matemático.

Então Popper mencionou os problemas morais, o problema da validade das regras morais.

Wittgenstein, que brandia o atiçador enquanto falava, exigiu:

– Dê um exemplo de regra moral!

– Não ameaçar palestrantes com o atiçador – respondeu Popper, de pronto.

Bertrand Russell se ergueu da cadeira, o olho fixo em Wittgenstein, que reagiu:

– Você está me interpretando mal, *Hrussel* [o austríaco Wittgenstein não falava o inglês com perfeição], você sempre me interpreta mal.

Russell afirmou que Wittgenstein é quem estava misturando coisas e repetiu:

– Wittgenstein, você sempre mistura as coisas.

Sua voz estaria mais estridente do que o normal quando ele tirou o cachimbo da boca e ordenou em seguida:

– Wittgenstein, largue esse atiçador imediatamente!

Wittgenstein, então com 57 anos, jogou o atiçador ao chão e saiu da sala pisando firme e batendo a porta.[1]

Nesse rápido embate estaria resumida a história do cisma da filosofia no século XX acerca da importância da linguagem. Esse cisma teria oposto de um lado aqueles que diagnosticavam os problemas filosóficos tradicionais como complicações puramente lingüísticas e, de outro, quem acreditava que tais problemas transcendiam a linguagem. Wittgenstein estaria do lado dos primeiros. Seu maior biógrafo, Ray Monk, discorda. Diz taxativamente que era Popper quem pensava que Wittgenstein negava a existência de problemas filosóficos.

O tenso diálogo em Cambridge não durou mais do que dez ou 15 minutos e virou lenda. Há quem diga que ambos teriam ido às vias de fato, mas essa versão, referida em livro de Edmonds e Eidinow, é desmentida por eles mesmos, que apuraram com vários participantes do encontro, ainda vivos, não ter havido embate físico. Eles pretendem demonstrar é que essa ação sintetiza o cisma do século XX na filosofia.[2]

Negando ou acreditando, considerando falsas ou verdadeiras as questões de Popper, o fato é que Wittgenstein, idolatrado naquela sala por discípulos que lhe copiavam até o jeito de se vestir e de martelar os dedos na cabeça, viu-se batido por uma inequívoca questão moral, "não ameaçar palestrantes com o atiçador", e pulou fora da discussão, batendo a porta.

Ao contrário de Wittgenstein naquela noite, o trabalho que você vai ler não foge do assunto. O problema moral do jornalismo – que se funde à plataforma da linguagem – será esquadrinhado histórica, estrutural e conjunturalmente. A tentativa será a de explicar como as questões morais e éticas servem e desservem o ofício do jornalista em particular, do comunicador em geral.

Não espere encontrar um manual de boa conduta para jornalistas e comunicadores. Você vai se deparar, isso sim, com um esforço de leitura crítica do jornalismo. Com uma análise de como ele é feito. Com uma decupagem de como aqueles que o fazem muitas vezes o defendem como algo moralmente defensável na teoria, mas se contradizem na prática.

Para tanto, você está convidado a dar um passeio pelo tempo, pelas idéias e por exemplos, acompanhando as reflexões sobre uma moral que aqui se vai tachar de "provisória" no jornalismo – seja o jornalismo de ontem, de hoje ou aquele que a nova mídia fez emergir. Esse passeio, um tanto irregular na linha do tempo, volta ao século XVII, regride à Grécia Antiga, retorna à Europa renascentista, visita filósofos de idéias solidificadas na modernidade e avança pelas franjas dessa própria modernidade no século XX, antes de adentrar o século XXI e a revolução tecnológica, que muda a face da comunicação. Mãos à obra. Porque ética e moral, verdades e mentiras, velha mídia e nova mídia são coisas sérias demais e merecem que todos nós nos ocupemos delas.

1.

Percurso

Há uma significativa mudança em curso nas comunicações. Ela afeta não somente a maneira como jornalismo e entretenimento são fabricados, mas o modo como são consumidos. Essa mudança atinge também a linguagem. Ao mesmo tempo, os mercados econômicos assistem a uma progressiva concentração de empresas nessa área, fato que tende a dar nova face à indústria com a convergência entre telecomunicações e mídia – sem falar no nascimento de empresas que inventam novas maneiras de comunicar, criam nichos inéditos de mercados ou os abocanham das empresas tradicionais. As transformações edificam uma indústria diferente, uma nova mídia. Esse movimento exige a rediscussão da ética nas comunicações, no jornalismo, porque propõe novas questões. Exige também uma compreensão mais ampla desses fenômenos até mesmo para entender como essas empresas tratam a ética. Obriga a um aprofundamento da questão moral na mídia. Em paralelo, sobrevive na formação do comunicador, do jornalista, um vácuo no que toca à ética e à moral na perspectiva da história do conhecimento, vácuo que necessita ser preenchido para um conhecimento abrangente da questão da comunicação.

Nova mídia

Este trabalho incorpora o conceito de *nova mídia*. Ele surgiu em oposição ao que se pode chamar *velha mídia*, tudo aquilo que configura a comunicação tradicional e diz respeito tanto a produtos impressos, como jornais e revistas, quanto a eletrônicos, como rádio e televisão. Todos eles contra aquilo que, no dizer de Lev Manovich, o público entende intuitivamente como novo: o que é distribuído via computador. Ele mesmo considera essa definição muito limitada, pois não se deve privilegiar o computador quando se nomeia esse novo conceito.[1]

A nova mídia se refere aos meios que lidam com a linguagem, a informação, o entretenimento e os serviços disponíveis mediante artefatos tecnologicamente avançados em relação aos suportes conhecidos – como o papel, o rádio por ondas eletromagnéticas e o bulbo clássico do aparelho de televisão. Ou seja, tudo aquilo capaz de transformar a comunicação onipresente, pervasiva. É a comunicação multimídia composta pelo celular, pelos aparelhos portáteis aptos a carregar textos, fotos, áudios e vídeos para qualquer um e em qualquer lugar. Tudo aquilo que atue nessa área em que telecomunicações e mídia convergem torna a comunicação digital possível. Daí o uso da expressão *mídia digital* como sinônimo de *nova mídia*.

A expressão nova mídia não se refere apenas a uma nova maneira de gerar e veicular informação e uma nova interlocução com o público que a consome. Ela abarca inclusive a "velha mídia", uma vez que as novas maneiras de fazer e distribuir informação se imiscuíram nas práticas daqueles que veiculam seus conteúdos em suportes tradicionais, incorporando-as, trazendo para si os novos preceitos e uma nova forma de relacionamento com a informação e com o público – interativa, participativa.

Caminhos

Para compreender de fato aonde quero chegar, o leitor está convidado a percorrer o caminho que funda o jornalismo e a comunicação. Para entender quanto a questão ética se relativizou e se instrumentalizou como ferramenta capaz de ser provisoriamente esgrimida por qualquer lado e sob qualquer perspectiva de uma situação de conflito, faz-se necessário discutir pontos capazes de iluminar o problema da ética na comunicação, no jornalismo.

O caminho começa pela instituição do jornalismo enquanto negócio – o que ocorre desde o momento de sua fundação. E a compreensão desse negócio requer o entendimento do que o jornalismo representa. Que representação ele faz da realidade? Com a ajuda da arte (Velázquez) e de filósofos que investigaram o estar no mundo (Descartes e Spinoza) é possível traçar a espinha dorsal do jornalismo. Nada como ir atrás de um contemporâneo desses dois filósofos, o acadêmico Tobias Peucer, para constatar o quanto o jornalismo se enxergava da exata maneira como hoje. Por isso escarafunchou-se a primeira tese de doutorado sobre o jornalismo, defendida na Alemanha em 1690! Isso se mostrou necessário para desconstruir a maneira pela qual o jornalismo se apresenta idealmente e se desmancha na prática.

O jornalismo não deve ser interpretado sem um exame mais detalhado de dilemas clássicos capazes de exemplificar como a realidade – e a sua interpretação – sempre é mais complexa, sempre comporta outras leituras além da primeira, numa abordagem superficial e com um entendimento carregado de senso comum.

Não há exame possível sem foco na questão da moralidade e na formação dos conceitos sólidos que a instituem, como fez, por exemplo, o filósofo Immanuel Kant. Na seqüência, foi preciso ver como se abre a porta do relativo no jornalismo, a partir do desenho de um pós-kantiano como Max Weber.

A linguagem está no cerne das discussões filosóficas e da comunicação, principalmente no século passado, quando se deu uma "virada" lingüística. Tentar mergulhar nos mecanismos da linguagem ajuda a entender a representação que o jornalismo realiza com as interpretações que chegam ao comunicador advindas de múltiplas fontes e que se amoldam ao seu jeito de ver o mundo. Pensadores clássicos como Ludwig Wittgenstein e Mikhail Bakhtin, novos pensadores, como Félix Guattari e Gilles Deleuze, e mestres do aforismo, como Karl Kraus e Emil Michel Cioran, foram chamados para ajudar nessa tarefa. Assim como a jornalista Janet Malcolm, que adentra os limites da linguagem ao desnudar um momento no qual um conceito negativo como o da mentira é apresentado por escritores e jornalistas como algo palatável sob a denominação de "inverdade".

Uma vez estabelecidas as bases do entendimento primordial das questões da comunicação foi possível examinar um problema dos mais caros à comunicação jornalística, o da objetividade. O trabalho não deixou de lado os argumentos a favor dessa dita objetividade para tentar desconstruí-los e colocá-la em seu devido lugar, fora do jornalismo. Nesse caso, a colaboração de Jorge Luis Borges e de Adolpho Bioy Casares foi decisiva.

Aí o percurso se pavimenta com exemplos e contra-exemplos da nossa realidade – como os espetáculos acontecidos nas cidades de São Paulo e de Madri quando todos os veículos de comunicação, da nova e da velha mídia, se juntaram e moveram a população em casos inéditos que demonstram como a comunicação mudou e quanto ela traz de complexidade para o campo da moral. Por tudo isso, conceitos clássicos, como o da indústria cultural, e conceitos recentes, como os que problematizam a dita pós-modernidade, se articulam e são capazes de explicar um pouco da nossa realidade – que vai se transmutar sob o advento do que se pode chamar de uma revolução nas comunicações patrocinada pela guinada tecnológica, que proporcionou a comunicação em rede mundial e sustenta a convergência dos meios.

Dilemas

Uma parte considerável deste trabalho reproduz conflitos éticos, moldados principalmente pela dramaturgia e pela literatura, e os analisa. A pretensão é a de aprofundar o contato com o pensamento que funda o campo da ética na cultura clássica e, por meio desse contato, dialogar com as transformações que levam à relatividade dos conceitos no mundo considerado pós-moderno.

Está em xeque a consistência de noções éticas de cunho prático-profissional solidamente estabelecida nos caminhos da modernidade. O desafio é buscar pontes e analogias com o "mundo real" por meio de situações concretas nas quais seja possível enxergar os dilemas morais que podem se manifestar no cotidiano dos comunicadores e daí se extraírem lições éticas para a profissão, independentemente da relativização dos conceitos, uma das características da polêmica pós-modernidade ou, para simplificar, uma das características da realidade atual.

O contato com textos controversos auxilia no diagnóstico dos problemas morais (da moral enquanto campo de conhecimento), além de facilitar a discussão das noções contemporâneas sobre ética aplicada às comunicações, em especial ao jornalismo. Quando se vê que princípios morais, históricos e gerais que poderiam nortear as corporações e os indivíduos – em especial no que se refere à profissão do jornalista – se relativizam conforme a necessidade do momento, constata-se de forma inequívoca que procedimentos profissionais adquirem alegações éticas contraditórias em razão de cada objetivo perseguido. Ou seja, os fins justificam os meios – quaisquer meios.

Enquanto para determinados veículos de comunicação o respeito à privacidade e à preservação da vida são argumentos contra a publicação de notícias de seqüestros, para outros argumentos semelhantes justificam a publicação. O mesmo vale para casos de invasão de privacidade, uso de câmeras ocultas, gravações clandestinas, recurso a mentiras ou disfarces para se obterem informações confidenciais – entre outras decisões balizadas por pretextos éticos tanto para referendar quanto para contestar que fins honrosos exigiriam meios ilícitos ou discutíveis na apuração da informação.

Uma vez reconhecida essa situação, a descrição de conflitos morais clássicos pode servir como referência funcional na discussão de dilemas éticos do jornalismo: desde os conflitos de interesse, tanto no plano social (onde se inclui o empresarial) como no plano da consciência individual, até os vícios mais comuns da profissão, como as omissões, as distorções, o uso da mentira como recurso para se obter informação ou as complexas e enganadoras relações com as fontes. Na maioria das vezes, o julgamento público será definitivo em relação ao que foi mal apurado, preguiçosamente editado ou deliberadamente distorcido.

O livro se dispõe a auxiliar os profissionais de comunicação com um instrumental teórico para detectar dilemas, analisá-los e entendê-los no contexto da globalização (ou da mundialização, como preferem os franceses)* e das mudanças

* Conforme J.P. Paulet, in *La mondialisation*, p.6, a globalização seria a terceira etapa da mundialização – que teria começado com a internacionalização, a primeira etapa de um curso no qual as empresas se abrem para o exterior e desenvolvem exportações. A segunda etapa seria a da transnacionalização, pós-Segunda Guerra, caracterizada pelo impulso de investimentos no exterior, quando as empresas se tornam transnacionais, atravessam fronteiras graças à troca de moedas e ao fluxo de capital. As multinacionais passam a ter parte importante de sua produção em outros países. A terceira etapa, da globalização, teria começado nos anos 1980. Corresponde à instalação de redes globais graças à tecnologia e aos serviços.

em curso. Dedica-se igualmente a explorar um itinerário normativo capaz de prover parâmetros a fim de se entender funcionalmente a profissão do jornalista e do comunicador de uma forma mais genérica. Pretende-se também realçar conceitos moldados na modernidade, além de enfatizar a distância entre o aspecto funcional e o normativo, conforme divisão de Dominique Wolton,[2] no exercício do jornalismo. E neste mundo de transformações feéricas, o que cada dilema ético sugere para a compreensão da questão moral ligada à comunicação?

Ética e moral

O tratamento da ética requer explicações do que se entende por isso. Qual a sua abrangência, no que ela difere da moral e a que ponto se chegou nesse campo? A palavra ética vem do grego *ethos*, que virou *ethica* em latim e em grego significa "costume". Anteriormente, teria sido usada pela primeira vez por Homero, na *Ilíada*, com o significado de "morada". Antes de significar algo ligado à virtude, conforme registra Olgária Matos, *ethos* significava "pertencimento luminoso, a partir do qual construir e habitar são tarefas que participam do sagrado, da indivisão antiga entre os homens, a natureza e os deuses. Na mais modesta casa, o homem imita a obra do deus, 'cosmizando' o caos, santificando o seu pequeno cosmos, fazendo-o semelhante ao divino. Permanecendo em um lugar determinado e determinável, a maneira de habitar é criação de valores".[3]

Em grego, são dois os tipos de sons para pronunciar a vogal "e" do português, um breve e um longo. *Ethos* com a vogal longa significa costume. E *ethos* com a vogal breve significa caráter, índole natural, temperamento, aquele conjunto de disposições físicas e psíquicas de uma pessoa. "Nesse segundo sentido, *ethos* se refere às características pessoais de cada um que determinam quais virtudes e quais vícios cada um é capaz de praticar. Referem-se, portanto, ao senso moral e à consciência ética individuais."[4]

A ética, a ciência da conduta, trata dos conceitos que envolvem o raciocínio prático, como o bem, a ação correta, o dever, a obrigação, a virtude, a liberdade, a racionalidade, a escolha. A ética estuda a moral. Embora ambas possam ser entendidas como a mesma coisa, a moral em geral é restringida a sistemas como o de Kant – que se baseia em noções de dever, obrigação e princípios de conduta –, enquanto a ética se limita ao dito raciocínio prático.[5]

O termo "moral" vem do latim *moralis, moris*, e ambas as expressões também querem dizer "costume". Se a ética é considerada a moral dos filósofos – ou filosofia

As diferentes bolsas de valores passam a operar em continuidade – nas 24 horas do dia sempre há alguma bolsa em operação no mundo. Começam as grandes concentrações (fusões, aquisições) de empresas e os Estados se tornam interdependentes. O termo "globalização" é de origem anglo-saxã.

moral – e é vista mais como a execução da filosofia prática, lá onde a moral estaria suspensa num mundo de normas nunca plenamente realizáveis,* a moral passou a ser percebida como um sistema de regras comuns. A ética então se colou à aplicação das regras a cada individualidade.[6]

Embora para o filósofo alemão Hegel a eticidade (*sittlichkeit*) e a moralidade (*moralität*) fossem sinônimos, para Kant a eticidade seria superior à moralidade. A eticidade estaria no âmbito do público, mais universal; e a moralidade no âmbito particular e subjetivo. Não se vai entrar aqui nessa discussão, especialmente porque, do ponto de vista funcional, ética e moral ganharam status distintos junto ao senso comum – aquele saber depositário só do saber que o mesmo senso comum diz ser indiscutível, o que não é verdade, como pontua o escritor português José Saramago.[7]

Com o passar do tempo, com a vulgarização operada pelo entendimento comum, é possível entender em que medida a ética se diferencia da moral. A primeira se amalgamou à questão particular, privada, e a segunda à questão pública, universal. Ambos os conceitos andam juntos e um não vive sem o outro.

Características estabelecidas pelo pensador belga Luc de Brabandere sintetizam as diferenças que o senso comum pode ver entre elas.

- Enquanto a ética distingue o Bom e o Mau, a moral distingue o Bem e o Mal.
- Se a ética supõe julgamento, valor, a moral supõe máximas e princípios.
- Se a abordagem na ética é sistêmica, na moral é analítica.
- Se a ética dirige-se à inteligência, a moral dirige-se à vontade.
- Se a ética vem do eu, do interior de cada um, a moral vem do exterior, dos outros.
- Se na ética a pessoa se responsabiliza, na moral ela interpela.
- Se a ética é individual, a moral é compartilhada.
- Se a ética pode levar à sabedoria, a moral pode levar à santidade.
- Se o adjetivo mais apto à ética é razoável, o adjetivo para a moral seria o racional.
- Se na ética logicamente se encontra contradição, na moral se encontra coerência.
- Se a ética persegue o amor, o bem-estar, na moral se persegue a justiça.
- Se na ética o espaço e o tempo são o aqui e agora, na moral o espaço será todo lugar e o tempo sempre.

* T. Adorno também considerou, em meados do século passado, que a ética acabara reduzida a algo privado, como deixa claro na introdução da *Minima moralia*, p.7: "Aquilo que 'vida' significava outrora para os filósofos passou a fazer parte da esfera privada e, mais tarde ainda, da esfera do próprio consumo, que o processo de produção material arrasta consigo como um apêndice sem autonomia e sem substância própria."

- Se a ética é precedida pelo ensaio e pelo erro, a moral é fundada na certeza.
- Se o falar na ética é o debate, na moral é o discurso.
- Se no mundo contemporâneo a ética é um *self-service*, a moral é a integração.
- Se o filósofo de referência na ética é Spinoza, na moral é Kant.[8]

Verdade

E existe também a questão da verdade. Não há como fugir dela num trabalho sobre ética. Aristóteles, considerado o pai da lógica, colocou em marcha a definição de verdade enquanto *concordância*. O filósofo Martin Heidegger considera essa caracterização aristotélica da verdade algo genérico e vazio. Heidegger aborda a opinião geral segundo a qual só o conhecimento seria verdadeiro. "Mas o conhecimento baseia-se no julgar", diz. E quando o conhecer torna a verdade um fenômeno expresso? Heidegger responde: "Quando ele se mostra como verdadeiro. A comprovação é o que assegura sua verdade. O fenômeno da comprovação é aquele que torna visível a relação de concordância."[9]

Como ensina Marilena Chaui,[10] existem ao menos quatro concepções de verdade das quais a filosofia é herdeira. Elas se confundem entre si e, na linha do exercício feito acima com ética e moral, ajudam a formar o senso comum da visão sobre a verdade. Seriam as seguintes:

- Concepção do ver-perceber;
- Concepção do falar-dizer;
- Concepção do crer-confiar;
- Concepção pragmática.

Para a primeira, alicerçada nos gregos, a verdade era a *aletheia* e significava não oculto, não escondido, não dissimulado. Ela se opunha ao falso, *pseudos*, a tudo o que está encoberto, escondido, dissimulado. Dessa forma, o verdadeiro estaria nas próprias coisas. Conhecer seria ver e dizer a verdade. "A verdade depende de que a realidade se manifeste, enquanto a falsidade depende de que ela se esconda ou se dissimule em aparências."

A segunda viria do latim *veritas*, verdade. Refere-se à precisão, ao rigor e à exatidão do relato. O verdadeiro estaria ligado à linguagem enquanto narrativa de fatos e acontecimentos, a tudo aquilo que diz fielmente como tais coisas são ou acontecem. "A verdade não se refere às próprias coisas e aos próprios fatos (como acontece com a *aletheia*), mas ao relato, ao enunciado, à linguagem. Seu oposto é a mentira ou a falsificação. As coisas e os fatos são reais ou imaginários; os relatos e enunciados sobre eles é que são verdadeiros ou falsos."

A terceira vem do hebraico *emunah*, confiança. Ali são as pessoas e Deus que são verdadeiros. "Um Deus verdadeiro ou um amigo verdadeiro são aqueles que cumprem o que prometem, são fiéis à palavra dada ou a um pacto feito; enfim, não traem a confiança."

Conforme Marilena: *aletheia* se refere ao que as coisas são; *veritas* se refere aos fatos que foram; *emunah* se refere às ações e coisas que serão; a concepção de verdade corrente é uma síntese dessas três fontes; e a verdade para nós tem a ver com as coisas presentes, com os fatos passados contados pela palavra, pela linguagem, e às coisas futuras.

Não é à toa que palavras caras ao jornalismo, como averiguar, verificar, veredicto, verossímil e verossimilhança, remetem à verdade.

A quarta concepção é a pragmática e difere das anteriores por definir o conhecimento verdadeiro pelo critério prático e não teórico. Nela, "um conhecimento é verdadeiro por seus resultados e suas aplicações práticas, sendo verificado pela experimentação e pela experiência". A marca do verdadeiro seria a verificabilidade dos resultados. Chaui resume assim:

> Na primeira teoria (correspondência), as coisas e as idéias são consideradas verdadeiras ou falsas; na segunda (coerência) e na terceira (consenso), os enunciados, os argumentos e as idéias é que são julgados verdadeiros ou falsos; na quarta (pragmática), são os resultados que recebem a denominação de verdadeiros ou falsos.[11]

No entanto, há o processo. Comunicação e história se entrelaçam na questão da verdade. *Ubi veritas*? Onde está a verdade? É o que costuma perguntar o professor e teólogo Mario Sergio Cortella ao dar início ao seu curso de filosofia da ciência.[12]

Num livro clássico, *História e verdade*, de Adam Schaff, pensador polonês de formação marxista cujo tema é a objetividade na história, percebe-se que o conhecimento histórico é um processo sem fim. Schaff mostra a necessidade de se reinterpretar a história continuamente. A reescrita da história será constante porque o homem está em movimento no tempo. O julgar, no qual o conhecimento se baseia, conforme ensina Heidegger, também é um processo. A verdade como processo é um conceito largamente explorado por Schaff. Se a verdade é um "juízo verdadeiro" ou uma "proposição verdadeira", então é verdadeiro um juízo do qual se pode dizer que o que ele enuncia é na realidade tal como enuncia. Ele discute a questão da verdade absoluta versus a verdade relativa.

Para os partidários da verdade absoluta, um juízo é verdadeiro ou falso independentemente das circunstâncias. O contexto não serviria como desculpa para se considerar algo como verdade ou como falsidade. Só poderia ser verdadeiro o conhecimento total, o conhecimento completo. Portanto, só seria verdadeiro o que fosse eterno e imutável.

Para os relativistas, um juízo é verdadeiro ou falso dependentemente das circunstâncias, do contexto, do momento. À parte algumas exceções, a verdade sempre será parcial, incompleta. A verdade será variável na medida em que se desenvolve o nosso conhecimento do objeto determinado.

No entanto, para Schaff, se o conhecimento é um processo, então a verdade também é um processo. Como o conhecimento é um processo infinito, acumula as verdades parciais que a humanidade estabelece nas diversas fases do seu desenvolvimento histórico: alargando, limitando, superando essas verdades parciais. A "verdade" equivale certamente a um "juízo verdadeiro" ou a uma "proposição verdadeira", mas significa também "conhecimento verdadeiro". A verdade é um devir: juntando as verdades parciais, o conhecimento acumula o saber, tendendo, num processo infinito, para a verdade total, exaustiva e, nesse sentido, só nesse sentido, absoluta. O uso do gerúndio, "*tendendo* para a verdade total", é que dá o tom de um conceito palatável de verdade.

Ao se debruçar sobre os conceitos de "verdade absoluta", "verdade objetiva" e "verdade objetiva relativa", os dois primeiros descartados e o terceiro adotado, Schaff vai buscar ajuda em Karl Marx, que se apóia em Spinoza:

> O primeiro dever de quem quer que procure a verdade não é o de avançar diretamente à verdade, sem olhar nem à esquerda nem à direita? Não me esquecerei de dizer a própria coisa quando me é preciso esquecer ainda menos de dizê-la nas formas perdidas? A verdade é tão pouco discreta como a luz. Aliás com quem o seria ela? Com ela própria? *Verum index sui et falsi.* Portanto com o erro?[13]

A citação latina usada por Marx quer dizer: o verdadeiro é índice de si mesmo e também do falso. Vem de Spinoza. Está numa carta a Alberth Burg, enviada pelo mesmo Spinoza que, na *Ética*, havia escrito: "Nada do que uma idéia falsa tem de positivo é suprimido pela presença do verdadeiro, enquanto é verdadeiro."[14] Ou seja, a verdade contém o critério do falso.

Talvez por isso Schaff afirme com tanta convicção: "A verdade atingida no conhecimento histórico é uma verdade objetiva relativa." Conforme diz, o subjetivismo especula sobre essa relatividade, confundindo o problema da verdade objetiva com o problema da verdade absoluta. Ele mesmo conclui:

> Segundo a nossa concepção da verdade relativa objetiva, o problema consiste em comparar a verdade histórica, considerada como uma verdade parcial, incompleta e, nesse sentido, relativa, com o conhecimento ideal que produz um saber total, exaustivo e, portanto, absoluto do objeto. Ao afirmar que o conhecimento histórico produz sempre verdades relativas e que só o processo infinito do conhecimento tende para a verdade absoluta com limes [limites], adota-se para ponto de partida a tese de que a verdade histórica, se bem que relativa, é sempre uma verdade objetiva na medida em que reflete, representa, a realidade objetiva.[15]

A verdade histórica faz parte do processo de uma realidade cuja objetividade também é relativa, porque tudo é processo. A verdade histórica pode nos ajudar na questão da verdade em jornalismo. Também a poesia e a literatura conseguem metáforas capazes de iluminar bem essa questão. O poeta Carlos Drummond de

Andrade aborda a incapacidade de atingi-la, como um todo, em um poema, "A verdade dividida":[16]

A porta da verdade estava aberta
mas só deixava passar
meia pessoa de cada vez.

Assim não era possível atingir toda a verdade,
porque a meia pessoa que entrava
só conseguia o perfil de meia verdade.
E sua segunda metade
voltava igualmente com meio perfil.
E os meios perfis não coincidiam.

Arrebentaram a porta. Derrubaram a porta.
Chegaram ao lugar luminoso
onde a verdade esplendia os seus fogos.
Era dividida em duas metades
diferentes uma da outra.

Chegou-se a discutir qual a metade mais bela.
Nenhuma das duas era perfeitamente bela.
E era preciso optar. Cada um optou
conforme seu capricho, sua ilusão, sua miopia.

Em livro feito em homenagem a Fernando Pessoa, *O ano da morte de Ricardo Reis*, José Saramago consegue criar uma imagem paradoxal que completa e expande a visão do poeta. Ali apresenta uma sentença, como ele mesmo diz, clara, fechada e conclusa: "Sobre a nudez forte da verdade o manto diáfano da fantasia." Uma criança seria capaz de entender a frase e repeti-la sem dificuldade em qualquer exame, afirma. Essa criança também poderia repetir, com a mesma convicção, outra sentença: "Sobre a nudez forte da fantasia o manto diáfano da verdade." Saramago acha muito mais saboroso imaginar "sólida e nua" a fantasia e "diáfana apenas a verdade". Na seqüência, em uma única frase, ele palmilha o caminho da modernidade e tangencia o universo do jornalismo: "Se as sentenças viradas do avesso passarem a ser leis, que mundo faremos com elas, milagre é não endoidecerem os homens cada vez que abrem a boca para falar."[17]

Essas considerações colaboram na problematização da questão da verdade, cantada por poetas e escritores, chacoalhada por filósofos e tão cara aos profissionais da comunicação. A premência do tempo no jornalismo é decisiva, mas em nada elimina a abordagem dos meandros da verdade e a necessidade de entendê-la normativamente, porque ela se liga inexoravelmente à questão da objetividade.

No dia-a-dia do jornalismo, o tratamento do que se considera verdade implica decisões muitas vezes irreversíveis.

Indagações

Desde o início das leituras e das aulas de ética que levaram a este livro sabia-se que a tarefa requeria um fio condutor, uma "amarração". Essa unidade pretendeu-se atendida pela interseção de três conceitos produzidos distintamente, mas nesta pesquisa trabalhados em conjunto: "modernidade líquida" (de Zygmunt Bauman), "príncipe eletrônico" (de Octavio Ianni) e "assimetria da informação" (de Joseph Stiglitz). Eles ajudam o jornalista, o cidadão-repórter e o indivíduo-repórter (os dois últimos são conceitos trabalhados neste livro a partir do surgimento das novas mídias) a se situarem em relação à comunicação em processo de mudança estrutural no qual o jornalista tradicional não é mais o principal ator, e sim mais um dos atores na comunicação.

A revolução tecnológica inaugurada pela telefonia sem fio, pela presença em escala mundial da internet e pelas profundas transformações vislumbradas com a possibilidade da convergência digital dos meios de comunicação também ajuda a transformar a face da esfera pública, em desagregação, e não importa mais qual tenha sido sua face anterior. Aqui entra em cena não somente a maneira clássica de comunicação emulada na internet, mas também os algoritmos usados pela nova indústria (como nos mecanismos de busca global),* a dita realidade virtual – ou virtualidade real – e o indivíduo como possível protagonista da mídia.

Quando do exame para decidir se este trabalho merecia ser uma tese de doutorado, os examinadores propuseram várias questões: o jornalismo tem futuro? Para onde vai o jornalismo? O jornalismo pode ser considerado uma forma do conhecimento? Qual seria a relação com a realidade de mercado capaz de dar significado à profissão enquanto serviço de interesse público? Que papel tem o jornalismo e o jornalista nesse novo contexto? Que implicações gera esse novo papel? Por isso, este trabalho trata a profissão do jornalista amparada pela discussão de uma ética erigida no direito à informação e na liberdade de expressão, cujo desafio maior é o de entender os mecanismos estruturais, sistêmicos e ideológicos que a fundam para apresentar ao público, no horizonte da verdade, a busca das verdades

* Na matemática, o algoritmo é um processo de cálculo. Vem do latim *algorismus*, influenciado pelo grego *arithmós* (número). Na informática, significa uma seqüência exata de instruções executada até cumprir determinada condição. Um algoritmo de busca, por exemplo, é um conjunto de instruções necessárias para que se varra a rede mundial a fim de se agrupar em um único local (a tela do seu computador ou do seu celular) todas as palavras relacionadas a um tema ou nome que você pretenda encontrar e que esteja à disposição na rede.

e das opiniões controversas e/ou plurais que convivem na sociedade, dentro de parâmetros de distanciamento e criticidade.

O exame dos dilemas enfrentados na literatura e na dramaturgia, de acordo com os valores então existentes, quando contextualizados, demonstra quanto esses valores se tornam profundamente relativos ao serem tratados de acordo com a ética da comunicação, do jornalismo. As novidades trazidas pela tecnologia mudam o fazer jornalístico – apressam ainda mais aquilo que Max Weber já em 1919 considerava um trabalho a se executar "de imediato". Além disso, reforçam o caráter normativo da discussão dos valores éticos nas alusões a jornalismo com responsabilidade social, com preocupação pública, mormente porque as novas mídias dão a qualquer indivíduo, mesmo àquele sem qualquer preparação normativa, a possibilidade de ele próprio ser parte da mídia.

Mudou-se o jeito de se fazer jornalismo e mudou também o lugar do jornalista nas comunicações? Sim, o jornalista tradicional começou a perder a sua primazia e, de certa forma, a concorrer com as múltiplas possibilidades de comunicação e com novos atores em cena – múltiplas redes de comunicação independentes, facilidade de intercomunicação via correio eletrônico, blogs, "torpedos", mensageiros instantâneos, agências de comunicações, assessorias diversas, *releases* corporativos, analistas de mercado...

A pergunta sobre a salvação do jornalismo é procedente? É premente? Estamos assistindo à morte do jornal impresso, à morte do texto jornalístico? É o suporte que está acabando? É a narrativa jornalística que está acabando? É uma forma de se fazer jornalismo que se acaba mesmo? O jornalista será outro?

As questões colocadas em relação ao problema merecem discussão, se não o ensaio de respostas. A hipótese central é a de que esta nova realidade – assimétrica no consumo da informação, centralizada por conglomerados de mídia e seus satélites, organizada pela tecnologia que ao mesmo tempo dispersa e concentra indivíduos – reforça a necessidade do debate e da compreensão de preceitos éticos tradicionalmente definidos pelo jornalismo, enquanto portador de notícias e de interpretações da realidade, para ter credibilidade. Se substanciais conceitos éticos se desmancham e se relativizam, se princípios são virados do avesso, então qual o futuro de uma profissão normativamente lastreada por princípios morais? Como esses princípios, relativizados, moldam a sua prática?

Nunca será demais redundar: este livro não é um estudo fenomenológico do jornalismo. Quer, sim, mostrar como a moral dos homens lida com o jornalismo desde a sua origem e no decorrer das mudanças pelas quais passa a comunicação. Não indica como o jornalismo deve ser praticado, mas tenta investigar como ele é na perspectiva da moralidade. O trabalho do estudioso, aqui, não será o de apontar caminhos para o jornalismo. Não será o de dar lições de moral e ética. Não será o de julgar o certo e o errado. Longe disso. Aqui se pretende apenas analisar como essa forma de comunicação se deu e se dá – e analisá-la do ponto de vista do que o homem entende por ética.

2.

Representação

Na sua forma tradicional, nas democracias, o jornalismo representa e divulga acontecimentos, além de comentar, analisar, opinar.

O primeiro produto noticioso da história foi uma folha diária publicada na Roma de 59 a.C., chamada *Acta Diurna,* que Júlio César mandava postar nos muros da cidade. O mais antigo jornal impresso conhecido surgiu em Pequim, no ano 748. A corte chinesa lia mensalmente o *Kin Pau*, no século IX, e nele já se usavam tipos móveis para os ideogramas.[1] O alfabeto ocidental só ganhou tipos móveis em 1453, com Johannes Gutenberg, e há divergências quanto ao primeiro jornal propriamente dito, apesar de existirem registros que localizam um *Zeitung* (jornal) na Alemanha em 1502, enquanto o *Trewe Encountre* foi o pioneiro em língua inglesa, em 1513. Tudo indica que o primeiro jornal regularmente impresso na Europa foi o *Avisa Relation Zeitung*, na Alemanha, em 1609.[2]

O termo "jornal", surgido em Portugal em 1813 para nomear uma publicação periódica que tratava das notícias ocorridas durante a jornada, vem do francês *journal*, que, por sua vez, vem do latim *diurnalis* ou *diurnum*, relativo a jornada, ao tempo de um dia. O primeiro jornal brasileiro foi impresso fora do país, em Londres, em 1º de junho de 1808, o *Correio Braziliense*. Rodado de fato no Brasil, o primeiro foi a *Gazeta do Rio de Janeiro*, inicialmente de periodicidade semanal. Nasceu três meses depois do *Correio*, em 10 de setembro de 1808.[3]

O esforço de representar não foi inaugurado pelo jornalismo. A história da arte nos conta mais sobre isso. Diego Rodríguez de Silva Velázquez, pintor predileto do rei Filipe IV da Espanha, condensou de maneira exemplar a representação. Por volta de 1656 (a data exata nunca pôde ser confirmada), Velázquez trabalhava em seu ateliê, no retrato do casal real sentado à sua frente, quando entraram com estrépito, correndo e volteando, a infanta Margarita de Áustria, talvez com cinco anos, seu cão de guarda, seus anões e duas jovens acompanhantes, também meninas.

Margarita era a primogênita de Filipe IV com sua segunda esposa, Mariana de Áustria. Quem sabe naquele momento tenha ocorrido ao artista a idéia de mais uma tela, depois notabilizada como *Las meninas*?[4]

Em sintonia com um tempo de grandes mudanças, a mente de Velázquez operou naquela tela uma movimentação capaz de virar de ponta-cabeça uma prática arraigada, a de naturalmente retratar tão-somente as figuras da realeza, religiosas ou mitológicas. Quem não era nobre ou da Igreja não passava de figurante, e as paisagens eram adereços, elementos sem destaque. Artesãos, mulheres, servos e não-nobres apareciam, sim, nas telas, inclusive nas de Velázquez. No entanto, os principais objetos da pintura e da escultura eram aqueles que representavam Deus e seus prepostos diretos (o filho, o Espírito Santo, os santos, os padres, bispos, arcebispos, cardeais, papas) ou os prepostos indiretos: os nobres e seus próximos. Numa única tela, Velázquez iria mudar essa prática e fazer a arte galgar um patamar jamais imaginado.

O artista não estava só nessa operação de salto na história do conhecimento. Ao menos dois filósofos seus contemporâneos, sob a mesma atmosfera de renovação, fariam igualmente avanços significativos. Para completar, nesse momento se sistematizava pela primeira vez a comunicação jornalística tal e qual o mundo ainda conhece e cuja face somente começou a mudar com a emergência das novas mídias.

Velázquez, o pintor, nasceu em Sevilha em 1599, de família de origem portuguesa, e morreu em Madri em 1660. Compôs a tela *Las meninas* muito provavelmente quatro anos antes de morrer. René Descartes (1596-1650), o filósofo do pensar, nasceu na França e morreu em Estocolmo, na Suécia. Publicou o *Discurso do método* em 1637 e as *Meditações metafísicas* em 1641. Entre 1629 e 1649 viveu na Holanda, terra de Baruch de Spinoza (1632-77), seguramente o nome dos mais lembrados quando se discute ética e cujo livro, *Ética*, Spinoza começou a escrever em 1661 e acabou em 1675. Tobias Peucer, alemão nascido na cidade de Görlitz, formado em teologia e medicina, foi o primeiro intelectual a defender uma tese de doutorado sobre jornalismo, *De relationibus novellis,* em 1690.

O que esses quatro homens do século XVII – Velázquez, Descartes, Spinoza e Peucer – têm em comum além do fato singular de que obras seminais realizadas por eles estejam separadas por tão pouco tempo? Em sincronia, o primeiro inovou a maneira de se fazer arte, de representar; os dois filósofos promoveram mudanças substanciais no jeito de pensar; e o quarto homem auxiliou a situar de forma precisa o jornalismo, ou seja, um instrumento capaz de reportar o que o trio artístico-filosófico iluminou. Juntos, ajudam-nos a compreender melhor a maneira de o mundo ser representado e também o modo como as pessoas se respeitam (ou não), entendem a si mesmas, se comunicam e consomem informação. Cada um deles, na sua área, com intuição e com inovações relevantes, lançou uma base sustentável para a decodificação do mecanismo de comunicação entre os homens e também para o jornalismo tal como é conhecido. Mais que isso, o trio

Descartes-Spinoza-Velázquez legou ferramentas diferenciadas de interpretação da realidade, e Peucer definiu conceitos que a indústria da comunicação abraça desde o nascedouro.

O quarteto estava no centro de um continente revolvido pelo Renascimento e pela Reforma. Os europeus assistiam ao retorno dos ideais seculares e à ruptura com as relações clericais da Idade Média. A humanidade voltava a pensar em si mesma. "Enquanto a cena medieval esteve dominada por preocupações relativas a Deus, os pensadores do Renascimento se interessaram mais pelo homem", resume Bertrand Russell.[5] Os homens acompanharam a desintegração da Idade Média com a leitura de *A divina comédia*, de Dante Alighieri, aprenderam com Maquiavel as artimanhas da política, revisitaram a *Bíblia* com Martinho Lutero e assim puderam considerar a enorme distância entre a pregação de Jesus Cristo e a ordem social existente. Mais: ouviram Galileu Galilei sustentar que o Sol não girava em torno da Terra.

Não mais do que 15 anos separam a publicação das *Meditações metafísicas* da finalização da tela *Las meninas*. Trinta e quatro anos depois, Peucer defenderia em Leipzig o seu doutorado. Somente 20 anos separam a publicação das *Meditações metafísicas* do momento em que Spinoza começou a escrever sua *Ética*. Descartes e Spinoza, ambos na Holanda, distanciados fisicamente de Velázquez por 1.800 quilômetros, pensaram o pensar e a liberdade de pensar, contra todos os valores arraigados, da mesma forma crítica, porém intuitiva, com que Velázquez pintou o pintar. A dois mil quilômetros de Madri e a não mais de 700 quilômetros da Holanda, Peucer pensou o comunicar.

Conhecido como filósofo, cientista e matemático, Descartes passou quase toda a sua vida na Holanda, onde escreveu a maior parte de sua obra.

Excomungado pelos rabinos, Spinoza viveu de polir lentes e de alimentar a liberdade de pensar.

Chamado no palácio pelo apelido de Sevilhano, Velázquez aproveitou a admiração que o rei nutria por ele para, nas duas únicas viagens ao exterior que realizou,* aprender arte na Itália e operar na Espanha a sua revolução.

Peucer aproveitou seus conhecimentos universitários para explicar que história é uma coisa e que jornalismo é outra.

Entre o começo e o fim do século XVII, época na qual o quarteto produziu todas as suas obras, passaram-se anos nem de equilíbrio nem de classicismo, conforme registra Gilles-Gaston Granger, mas de perturbações e conflitos. Em 1619,

* Ele fez duas viagens à Itália, em 1629 e 1649, depois de estar com Rubens – o primeiro grande artista europeu que conheceu – durante os oito meses em que o pintor flamengo residiu em Madri, em 1628. Ver J. Ortega y Gasset, *Velázquez et Goya (Oeuvres complètes, tome 3)*, p.20 e 23.

estourou a guerra nascida da revolta protestante dos tchecos contra o imperador; duraria 30 anos e devastaria a Alemanha. Países católicos e protestantes, potências marítimas e terrestres entrecruzaram alianças. O poder real foi contestado na França pela nobreza e pela burguesia; houve luta nas Províncias Unidas entre aristocratas e burgueses holandeses; foram feitas revoluções na Inglaterra, onde surgiu a ditadura de Cromwell. Não obstante, existiam os conflitos religiosos que opunham reformistas e católicos e antagonismos dos mais profundos manifestaram-se na *consciência dos contemporâneos*, como grifa Granger.[6]

Velázquez e o pintar o pintar

No exame superficial, na primeira leitura, fruto do olhar distraído que normalmente se lança às obras em museus ou a uma imagem posta em meio aos milhares de outras imagens com que se defronta no cotidiano, pode-se descrever a tela *Las meninas* assim: em um salão escuro, cuja luz vem de uma janela à direita e de uma porta ao fundo, vê-se um conjunto de 11 pessoas: três meninas, dois anões, uma senhora, dois senhores – um deles no umbral da porta ao fundo –, um pintor com sua enorme tela, duas figuras, um homem e uma mulher refletidos num espelho, e um cachorro. A compreensão imediata possível é a de um pintor que retrata alguma coisa na tela à sua frente.

A obra, óleo sobre tela de 3,21 metros de altura por 2,81 metros de largura, parte permanente do acervo do Museu do Prado, manteve-se nas dependências do Alcázar de Madri, onde foi pintada, provavelmente na sala que serviu de ateliê a Velázquez e, de fato, em uma das suítes que pertenceu ao príncipe Baltasar Carlos, filho de Filipe IV com sua primeira mulher, Isabel de Bourbon.[7] Depois da morte de Velázquez foi levada ao quarto do rei, que teria pintado ele próprio no peito do artista a grande cruz de Cavaleiro da Ordem de Santiago. Permaneceu no palácio até um incêndio em 1734. Salva do fogo, voltou ao Palacio Nuevo, reconstruído. Acabou então no Museu Real de Pintura e Escultura (atual Museu do Prado) no começo do século XIX, com todas as obras procedentes da coleção real. Recebeu ao menos três nomes antes de se fixar o atual: *La familia real*, no seu tempo, *La señora emperatriz con sus damas y una enana*, em 1666, e *La familia del señor rey Phelipe Quarto*, em 1734. Virou definitivamente *Las meninas* no catálogo escrito por Pedro de Madrazo em 1834. Ele usou o vocábulo português ("meninas") que designava as acompanhantes das crianças reais no século XVII.[8]

Uma colagem das descrições do próprio Museu do Prado e de livros e catálogos independentes ajuda numa representação mais detalhada.

A cena transcorre dentro de uma sala do Alcázar de Madri, decorada com uma série de quadros. Os personagens se agrupam em um primeiro plano no qual a figura principal, a infanta Margarita, ocupa a parte central; a seu lado estão as "meninas" Isabel Velasco e Agustina Sarmiento; esta última oferece uma pequena jarra de água

Las meninas, de Diego Velázquez (Museu do Prado, Madri).

à infanta; perto dela estão os anões María Bárbola e Nicolás Pertusato (um bufão italiano),[9] que apóia seu pé esquerdo sobre o cão deitado, da raça dos mastins *de la Mancha* e que costumava aparecer com o rei nas pinturas de então. Atrás deles, na penumbra, aparecem a irmã Marcela de Ulloa (religiosa), dama de companhia, e dom Diego Ruiz de Ascona, "guardadama" da rainha, uma espécie de guarda-costas. À esquerda, encontra-se a figura de Velázquez, com seus instrumentos de trabalho, diante de uma grande tela que ocupa todo o ângulo do quadro. No fundo da sala, junto a uma porta aberta, encontra-se dom José Nieto de Velázquez, mordomo do palácio e centro perspectivo da obra. Fixado à parede do fundo há um espelho, no qual aparecem refletidas as figuras do casal real Filipe IV e Mariana de Áustria. As duas majestades modeladas pelo artista não são visíveis senão pelo espelho, reforçadas por uma iluminação não-natural – Velázquez forçou a luz no espelho – porque os quadros, visíveis na mesma parede, não estão iluminados. Entre esses quadros, um deles é cópia de obra de seu amigo Rubens (*Palas Atena e Aracne,* esta última, a bordadeira que desafiou Palas Atena e acabou punida, transformada em aranha) e o outro é cópia de Jacob Jordaens (*Apolo e Pã*). Ambos retratam a queda dos mortais que desafiam os deuses na arte.[10]

São intermináveis as análises que consideram *Las meninas* uma obra-prima. Mais do que isso, "a maior pintura do mundo", conforme pesquisa realizada entre artistas e críticos pelo *The Illustrated London News* e publicada em agosto de 1985.[11] O próprio Velázquez é considerado, "possivelmente, o maior pintor que já viveu", no comentário do suspeito site do Museu do Prado.

As interpretações mais sugestivas vão desde a definição desse quadro como "verdade, não pintura", conforme Antonio Palomino y Velasco (1655-1726),[12] autor da maior fonte de conhecimento da história da arte espanhola até o século XVIII, passando por Luca Giordano (1634-1705, pintor do barroco italiano), que o considerou a "teologia da pintura" – ele achava a teologia um ramo superior a todos os demais ramos do conhecimento e, portanto, via nessa obra o "exemplo supremo da pintura"[13] – e Théophile Gautier (1811-72, poeta, crítico e escritor francês), que se pergunta ante a tela: "Onde está o quadro?" Tudo isso sem falar na existência de interpretações matemáticas, políticas, morais e até astrológicas. Mais recentemente, em 1998, Jonathan Brown e Carmen Garrido colocam *Las meninas* – ao lado de outras peças famosas, como *A família de Carlos IV*, de Goya, *Olympia*, de Édouard Manet, e *Demoiselles d'Avignon*, de Pablo Picasso – como pertencente ao grupo de *puzzle pictures*, ou pinturas quebra-cabeças, obras abertas que requerem a participação do observador para serem completadas.[14]

Há ainda a leitura de Pérez Sanches, para quem Velázquez insere a infanta Margarita na condição de figura central e mais iluminada devido, provavelmente, a uma "intenção simbólica", uma vontade de apresentá-la na tela enquanto herdeira da Coroa espanhola – por conta da morte do irmão mais velho e da renúncia de sua irmã mais velha, noiva do rei da França.[15] Conforme Ortega y Gasset, não estamos diante de um simples retratista e sim de alguém que vai fazer do retrato um "princípio radical da pintura". E *Las meninas* é um quadro no qual "o retratista faz o retrato do retrato".[16]

Poucas leituras se comparam à que Michel Foucault realiza da obra na introdução de *As palavras e as coisas*. A mesma luz que Velázquez lança de propósito sobre o espelho que reflete os reis, Foucault lança sobre o quadro e a sua capacidade imanente de se oferecer como pura representação. Velázquez mostrou que a pintura também podia ser representada no ato de sua criação. Na interpretação de Foucault, *Las meninas* é o primeiro metaquadro, no qual o artista também se coloca, se vê e se representa. Pouco tinha a ver com a pintura feita até então, guardiã dos motivos divinos, mitológicos ou nobres. Esse jogo da representação também tem seus problemas quando se parte para a sua própria análise porque, anotou Foucault, "a relação da linguagem com a pintura é uma relação infinita".[17]

Antes de se tomar por corpo o que é água, como o fez Narciso, entenda-se, com a ajuda de Gian Paolo Caprettini, o que se pensa por imagem para que se chegue a algum lugar no seu uso como idéia de representação e se compreenda a mesma do ponto de vista da comunicação. Para Caprettini, "é provável que o significado da 'imagem' que se dá em primeiro lugar, ainda que apenas aos olhos de uma consideração ingênua ou apressada, seja o de 'cópia'; para a imagem se deveria falar então de reprodução mais do que de produção, de relação de dependência de um modelo, esteja ele fisicamente ausente ou presente no ato de tal reprodução".[18]

Não se prescinde aqui de um modo particular de conhecimento do objeto que toma como referência a própria cultura. Como ensina Caprettini, sem nomear Velázquez, é a leitura desse quadro à luz da cultura de então que ilumina o seu entendimento. Para se ter uma compreensão abrangente da questão da representação – e aqui se vai analisar a representação na pintura e na comunicação, seja por imagem, seja por palavras –, requer-se a possibilidade de comparação entre a imagem como figura literária, ou de escrita, para o caso da comunicação, e também a imagem como complexo comunicativo.[19]

Os modelos de Velázquez estão presentes no ato da reprodução, da representação. Ele próprio se encaixa no quadro na mais significativa aparição em um auto-retrato até então – o artista no ato de realizar sua obra.

Ao analisar a tela, Foucault traça uma linha que vai dos olhos do pintor até o que ele (pintor) vê. E ela desemboca no lugar em que o espectador do quadro está localizado, no mesmíssimo lugar em que estariam o rei e a rainha. Uma outra linha imaginária vai encontrar o espectador se traçada a partir dos olhos da infanta, porque ela também mira aquilo que o pintor fixa. Esse lugar em que está o casal real, e também virtualmente o espectador, é o lugar, segundo Foucault, da "pura reciprocidade". Segundo ele, "olhamos para um quadro de onde um pintor, por sua vez, nos contempla. Nada mais do que um face a face, uns olhos que se surpreendem, dois olhares frente a frente que se cruzam e se sobrepõem. E, no entanto, essa sutil linha de visibilidade envolve toda uma complexa rede de incertezas, de permutas e de rodeios".[20]

Isso porque o pintor só dirige o seu olhar para o espectador na medida em que este se encontre no lugar do seu motivo. Não é o espectador que estará naquele lugar e sim o real casal, refletido no espelho – mas o pintor olha o espectador no momento exato em que qualquer um olha o quadro. E ele, o pintor, vai aceitar quantos modelos aparecerem ali na sua frente, não importa o tempo nem o local em que esteja. Em função da possibilidade técnica de reprodutibilidade infinita da obra de arte,[21] coisa com a qual Velázquez sequer sonhava, os espectadores passam e repassam diante de *Las meninas* séculos depois de sua criação, seja para vê-lo pendurado num pôster de parede, seja num livro de arte, num simples catálogo ou numa página na internet.

A instigante pergunta de Foucault – "somos vistos ou somos nós que vemos?" – está no âmago do problema da comunicação: quem vê? Quem vê o quê? No quadro: o que Velázquez viu? O que vêem os personagens? O que vemos nós ao contemplar a tela? Que visão de mundo nos permite ver aquela situação e que visão de mundo permitiu a existência daquela situação mesma? Quando o comunicador representa alguma coisa, qualquer coisa, o que ele vê? E o representado, o que vê? E o espectador, vê o quê?

Observe-se, a propósito de fazer ver, como Velázquez lança as luzes na tela. A mesma luz que ilumina o próprio pintor e a cena "principal" vem de uma janela à direita da qual se vê apenas a sua moldura, e a sua luz é plena. É essa luz que também ilumina a grande tela escondida na qual o pintor trabalha (porque o espectador não vê o que está nela, mas ele pode intuir que ali estaria o casal real, por exemplo) e na qual ele teoricamente vai retratar aquilo que vê (talvez a si mesmo no ato de pintar, por meio de um grande espelho). Não é a mesma luz que vem da porta dos fundos e joga claridade apenas no corredor e não na sala, ela que não deixa ninguém saber nem mesmo se o camareiro da rainha está saindo ou entrando. E na parede escura na qual Velázquez fez questão de colocar telas com a representação de mortais caídos ao desafiar os deuses, ele ilumina de forma suave o espelho no qual se refletem os soberanos. Não se sabe de onde tirou a luz, provavelmente de sua vontade de iluminar. Se se traçar uma perspectiva a partir do espelho vai se ver que falta ali a exata representação do que estava à frente do espelho, como as próprias costas do artista e a parte de trás das cabeças da infanta e da menina à sua direita. Há quem diga, no entanto, que o espelho "inquestionavelmente reflete a superfície da tela sobre a qual Velázquez está criando o duplo retrato do monarca e sua consorte".[22]

Nada disso elide a possibilidade de o espelho ao fundo reproduzir, na sucessão infinita de imagens que só espelho contra espelho consegue realizar, as imagens que estão no grande espelho que o artista efetivamente deve ter usado para se olhar e compor a tela. O ameno vigor com que Velázquez lança luz sobre o espelho do fundo no qual ele retrata o casal real realça quanto de "irreal" tem a tela que se pretende como pura representação. "De todas as representações do quadro, esse espelho é a única visível", reforça paradoxalmente Foucault.[23]

Malgrado ele mesmo, Velázquez consegue a proeza de se fazer representar no ato da pintura, coisa que não havia sido feita dessa forma até então. E mesmo que reflita assim uma nova compreensão do mundo, ao lado de Descartes no seu pensar o pensamento, Velázquez não representa o mundo (ou parte dele) enquanto legítima "objetividade possível" – para ficar num conceito carregado de paradoxos. Ele usa artifícios para ressaltar o que achava essencial ressaltar, usando luz e sombra, usando perspectivas. Cria a representação que, por ser representação, carrega consigo uma formidável teia de complexidade.

Retorna-se aqui à complicada relação da linguagem com a pintura, relação infinita no dizer de Foucault.

> Não que a palavra seja imperfeita, nem que, em face do visível, ela acuse um déficit que se esforçaria em vão por superar. Trata-se de duas coisas irredutíveis uma à outra: por mais que se tente dizer o que se vê, o que se vê jamais reside no que se diz: por mais que se tente fazer ver por imagens, por metáforas, comparações, o que se diz, o lugar que estas resplandecem não é aquele que os olhos projetam, mas sim aquele que as seqüências sintáticas definem.[24]

O artifício usado por Foucault para se desvencilhar dos personagens do quadro de Velázquez auxilia no entendimento do ato da representação. Se, com a pintura, a própria representação é suspeita, imagine na comunicação, que une linguagem e imagem com o objetivo precípuo de representar aquilo que poderia estar no horizonte da verdade.

Descartes e o pensar o pensar

É no contexto dos antagonismos profundos na consciência de si e dos seus contemporâneos que Descartes elabora a dúvida hiperbólica, que é a dúvida elevada ao exagero máximo. Assim: qualquer um pode duvidar de tudo. Pode duvidar da cadeira na qual está sentado, da mesa na qual escreve, da vela sobre a improvável mesa, pode duvidar até da sensação de ardor que sente quando passa o dedo sobre a chama da vela. Descartes escreve no nono parágrafo da primeira das *Meditações metafísicas*:

> Todavia, há muito que tenho no meu espírito certa opinião de que há um Deus que tudo pode e por quem fui criado e produzido tal como sou. Ora, quem poderá me assegurar que esse Deus não tenha feito com que não haja nenhuma terra, nenhum céu, nenhum corpo extenso, nenhuma figura, nenhuma grandeza, nenhum lugar e que, não obstante, eu tenha os sentimentos de que todas essas coisas e que tudo isso não me pareça existir de maneira diferente daquela que eu vejo? E, mesmo, como julgo que algumas vezes os outros se enganam até nas coisas que eles acreditam saber

com maior certeza, pode ocorrer que Deus tenha desejado que eu me engane todas as vezes em que faço a adição de dois mais três, ou em que enumero os lados de um quadrado, ou em que julgo alguma coisa ainda mais fácil, se é que se pode imaginar algo mais fácil do que isso. Mas pode ser que Deus não tenha querido que eu seja decepcionado desta maneira, pois ele é considerado soberanamente bom. Todavia, se repugnasse à sua bondade fazer-me de tal modo que eu me enganasse sempre, pareceria também ser-lhe contrário permitir que eu me enganasse algumas vezes e, no entanto, não posso duvidar que ele mo permita.[25]

Descartes vai mais longe. No décimo segundo parágrafo da primeira meditação, ele supõe então que não haja um verdadeiro Deus que seria a soberana fonte da verdade:

... mas certo gênio maligno, não menos ardiloso e enganador do que poderoso, que empregou toda a sua indústria para enganar-me. Pensarei que o céu, o ar, a terra, as cores, as figuras, os sons e todas as coisas exteriores que vemos são apenas ilusões e enganos de que ele se serve para surpreender minha credulidade. Considerar-me-ei a mim mesmo absolutamente desprovido de mãos, de olhos, de carne, de sangue, desprovido de quaisquer sentidos, mas dotado da falsa crença de ter todas essas coisas. Permanecerei obstinadamente apegado a esse pensamento; e se, por esse meio, não está em meu poder chegar ao conhecimento de qualquer verdade, ao menos está ao meu alcance suspender meu juízo.[26]

Eis um dos momentos em que ele chega àquilo que sintetizou no *Discurso do método* e que lhe dá a razão de sua existência: ele pode duvidar de tudo, menos de sua capacidade de duvidar, de pensar. "Penso, logo existo" (*cogito, ergo sum*).

Tendo notado que nada há no *eu penso, logo existo*, que me assegure de que digo a verdade, exceto que vejo muito claramente que, para pensar, é preciso existir, julguei poder tomar por regra geral que as coisas que concebemos mui clara e mui distintamente são todas verdadeiras, havendo apenas alguma dificuldade em notar bem quais são as que concebemos distintamente.[27]

Essa dificuldade de notar bem quais são as coisas que se concebem distintamente está na raiz do problema da representação e, por conseguinte, do problema da comunicação.

O salto operado por Descartes é imenso. Até então tudo dependia unicamente de Deus. O Motor Primeiro, absolutamente imóvel, ato puro, seria Deus, conforme a herança de Aristóteles.[28] Praticamente toda a filosofia ocidental se baseava no princípio aristotélico do Motor Primeiro, aquele que dava a vida. Descartes afirmou que a sua faculdade de pensar o fazia existir. A novidade vinha do jeito de Descartes descrever como o fato de duvidar, portanto de pensar, estava no centro do conhecimento. Ele não descarta Deus. Ele explica o pensamento e dá lugar ao pensar na existência de cada um. Teve a liberdade necessária para isso.*

Spinoza e a liberdade de pensar

Baruch de Spinoza, ou Benedictus de Spinoza, ou Bento de Espinosa, "o abençoado" de Spinoza, nasceu em Amsterdã, na Holanda, filho de família judia, os sefardins advindos à Holanda desde a Espanha e Portugal, ou *marranos* (porcos), como eram pejorativamente chamados. Desde jovem, Spinoza realizava observações críticas sobre a Bíblia, considerava o Antigo Testamento repleto de "contradições e desatinos"[29] e não o reconhecia como totalmente verdadeiro. Acabou excomungado por uma assembléia de rabinos quando tinha apenas 23 anos:

> Os senhores do ma'amad,** tendo de há muito tomado conhecimento das más opiniões e obras de Baruch de Spinoza, diligenciaram por todos os meios e promessas desviá-lo do caminho do mal. Tendo fracassado em seus esforços para que se afastasse do caminho da iniqüidade e, pelo contrário, tendo recebido cada dia mais informações fundamentadas sobre as horrendas heresias que praticava e que ensinava sobre as enormes obras, e possuindo delas numerosas e fidedignas testemunhas que fizeram os seus depoimentos e deram o seu testemunho para este efeito na presença do dito Spinoza ... decidiram ... que o dito Spinoza deve ser excomungado e excluído do povo de Israel. Por sentença dos anjos, pelo juízo dos santos, nós, irmãos, expulsamos, amaldiçoamos e imprecamos contra Baruch de Spinoza com o consentimento do santo Deus e o de toda essa comunidade ... com o anátema lançado por Josué contra Jericó, com a maldição de Elias aos jovens, e com todas as maldições da lei. Maldito seja de dia e maldito seja de noite, maldito seja ao levantar-se e maldito seja ao deitar-se, maldito seja ao sair e maldito seja ao entrar. Que Deus nunca mais o perdoe ou aceite; que a ira e a cólera de Deus se inflamem contra esse homem, e que seu nome seja riscado do céu e que Deus, para seu mal, exclua-o de todas as tribos de Israel. Ordenamos que ninguém trate com ele verbalmente nem por escrito, que ninguém lhe preste nenhum serviço, que ninguém permaneça sob o mesmo teto que ele, que

* Santo Agostinho, 12 séculos antes, antecipou na *Cidade de Deus*, ao menos em parte, a reflexão cartesiana ao escrever: "Se eu me engano, eu sou, pois aquele que não é não pode ser enganado." Apud J.A. Motta Pessanha, p.15.

** O termo "ma'amad", ou "mahamad", nomeia a liderança da comunidade judia sefardim. Passou a ser usado depois da expulsão dos judeus da Espanha, em 1492, e de Portugal, em 1497.

ninguém se aproxime dele a menos de quatro côvados* de distância e que ninguém leia uma obra escrita ou concebida por ele.[30]

Spinoza foi o filósofo mais insultado em toda a história, tanto em vida, desde a excomunhão, quanto após sua morte. Os piores epítetos se multiplicaram: animal alienígena, arquijudeu blasfemo, ateu, bêbado, demente, diabo néscio, embusteiro, escritor obscurantista, fedelho miserável, funesto, idiota obcecado, louco, monstro atroz, saltimbanco cego, traste filosófico... Houve também quem tanto o odiasse quanto amasse, como Goethe, que confessou ter "sentido verdadeira paixão e cólera" por ele.[31] Se, durante três séculos (XVII, XVIII e XIX), ele e seus escritos faziam parte daquilo do qual não se devia falar, simultaneamente a sua obra passou a exercer uma curiosidade tão forte que professores recomendavam distância total dela para que ninguém ficasse preso à "máquina infernal", tamanho o seu poder de atração. Em contrapartida, para Hegel, "a modernidade filosófica começa com Spinoza e sem ele nenhuma filosofia será possível".[32]

Marilena Chaui lista ao menos seis teses inovadoras e minuciosamente demonstradas por ele, conforme ela escreve no livro em que resume sua própria tese sobre a filosofia da liberdade de Spinoza:

1. Deus e a Natureza são uma só e mesma coisa – *Deus sive Natura* (Deus, ou seja, a natureza).

2. Que Deus não seria um super-homem dotado de entendimento onisciente, não age tendo em vista fins misteriosos e não é, como crê a imaginação supersticiosa, uma Pessoa Transcendente, Monarca do Universo e Juiz do Homem.

3. Que o homem é livre não porque seria dotado de livre-arbítrio para escolher entre alternativas igualmente possíveis, mas por ser uma parte da Natureza divina, dotado de força interna para pensar e agir por si mesmo. [Isso ele traz de Descartes, de quem foi, talvez, o mais profundo leitor e comentador contemporâneo – em 1663 Spinoza publicou os *Princípios da filosofia de René Descartes*.]

4. Que a religião é um impulso natural para dar sentido ao mundo e à vida humana, servindo de consolação para a alma dos devotos e reduzindo-se a dois preceitos universais muito simples: crer na existência de um Deus bom e justo; amar a Deus e ao próximo. Por esse motivo, a verdadeira religião é uma relação espiritual entre a consciência individual e a divindade, dispensando o aparato de igrejas, cerimônias e teologia.

5. Que o poder político não nasce de um contrato social das vontades individuais, mas da força coletiva da massa reunida num só ato de decisão pelo qual

* Côvado é medida egípcia antiga que marca a distância entre o cotovelo e as pontas dos dedos. Um côvado corresponde a 18 polegadas, ou 45,7 centímetros. As pessoas deveriam ficar quase a dois metros de distância de Spinoza.

institui a si mesma como *sujeito político* detentor do poder; que esse poder é civil, não devendo jamais subordinar-se ao poderio religioso-teológico, sob pena de transformar-se em tirania sobre os corpos e os espíritos.

6. Que, portanto, a teologia difere da política e difere também da filosofia. Esta última é um saber livremente buscado pela razão humana, enquanto aquela forja mistérios revelados por Deus que não poderiam ser conhecidos por nosso entendimento. Em outras palavras, a teologia é uma ausência de saber verdadeiro que pretende conseguir a obediência e submissão das consciências e dogmas indemonstráveis, sendo por isso mesmo um poder tirânico e não um conhecimento.[33]

No dizer de Chaui, a obra de Spinoza "faz desabar os pilares que sustentam a superstição religiosa, a tirania política e a *servidão ética*", pois é o "radicalismo da razão livre e da alegria de pensar sem submissão a nenhum poder constituído – seja este religioso, político, moral ou teórico – e a decisão de afastar tudo quanto nos cause medo e tristeza que torna Spinoza perigoso e odiado, para uns, mas também tão amado, para outros".[34]

Pensar sem submissão, sem submissão moral, está na raiz do problema da filosofia e se insere na raiz do jornalismo, uma vez que desde seu nascedouro este se submete de forma inequívoca à questão dos poderes, sejam políticos, religiosos ou negociais. A partir do primeiro instante Spinoza se ocupa da liberdade de pensamento. O seu *Tractatus theologico-politicus*, publicado em 1670, depois de sua instalação em Haia, escrito num intervalo de tempo enquanto também redigia a *Ética*, e imediatamente proibido, deixa claro no seu longo título a que veio: *Tratado teológico-político contendo algumas dissertações nas quais se mostra que a liberdade de filosofar não apenas pode ser conciliada com a piedade e com a paz da República, mas não pode ser suprimida sem que, ao mesmo tempo, sejam suprimidas a paz da República e a piedade.*

Naquela época, ele verteu conceitos que parecem escritos aqui e agora, quando se valorizam atitudes e expressões "politicamente corretas" e sugere-se preferir a forma "correta" contra conceitos arraigados no imaginário popular (como não usar o verbo judiar, porque vem de judeu; denegrir, porque vem de enegrecer e lembra negro; ou evitar expressões como aidético, porque leva a preconceitos e deve-se referir aos doentes de Aids como soropositivos; não usar aleijado e sim portador de deficiência física...). Escreve Weischedel:

> Supondo que essa liberdade pudesse ser tão reprimida e que os homens pudessem estar tão reprimidos que não ousassem sequer mover-se sem a permissão dos poderes superiores, esse estado de coisas não poderia nunca conseguir que pensassem o que os outros quisessem. Uma conseqüência necessária seria a de que os homens falariam cotidianamente de forma diferente de como realmente pensam. Assim se corromperiam a confiança e a fé, as coisas mais necessárias no Estado, e reinariam a hipocrisia e a reticência desprezíveis, de modo que haveria corrupção e engano de todos os bons costumes.[35]

A *Ética* de Spinoza foi escrita como um tratado matemático. O título, tão longo quanto o do *Tratado teológico-político*, também é revelador: *Ética demonstrada em ordem geométrica e dividida em cinco partes nas quais se trata I De Deus II Da natureza e origem da mente III Da origem e natureza dos afetos IV Da servidão humana V Da potência do intelecto ou da liberdade humana.* Ele pretendeu ajudar todos a aprenderem que liberdade, compreensão e conhecimento são melhores do que servidão, obediência e superstição. A última proposição de sua ética, a de número 42, ensina: "A felicidade não é o prêmio da virtude, mas a própria virtude; e não gozamos dela por refrearmos as paixões, mas, ao contrário, gozamos dela por podermos refrear as paixões."[36] Como o poder do homem para refrear as afecções está na sua inteligência, na sua capacidade de pensar, de refletir, quanto mais a alma goza da felicidade (o "amor divino") maior será o poder que se terá sobre as afecções, as paixões. Ou seja, "o poder de refrear as paixões nasce da própria felicidade".[37]

Às paixões este livro vai se referir mais detalhadamente quando examinar Max Weber. Cabe agora entender o que Spinoza chamava de ética e quanto a inteligência humana tem a ver com isso e com a necessidade única da liberdade de pensar. Ele inverte aquele pensar clássico segundo o qual existiria um bem e uma felicidade para se buscar. Não existe um bem preexistente. Sobre o julgar, ele segue a trilha de Descartes, para quem "o conhecimento sobre o qual se pode estabelecer um julgamento indubitável deve não apenas ser claro, mas também distinto".[38] Spinoza, ao contrário de Sócrates (e isso ficará mais claro no próximo capítulo), considera que uma mesma coisa pode ser boa ou má.

> A música, por exemplo, é boa para o melancólico, má para o atormentado, indiferente para o surdo. Bem e mal se dizem apenas em uma relação. Não há bem nem mal em si, e uma coisa não é em si boa ou má. Assim, nem os prazeres, nem as riquezas, nem a honra são bons ou maus em si, são bons ou maus apenas na relação com aqueles que afetam.[39]

André Scala explica que na *Ética* Spinoza opera o conhecimento da união da mente com o todo da Natureza. Natureza para ele é Deus, e Deus é o todo, não precede a nada, está em tudo – daí as teorias panteístas que se seguiram e que distinguem Deus como a soma de tudo o que é real. Na *Ética*, as demonstrações são os olhos da mente, a liberação nos conduz ao conhecimento e o conhecimento é o conhecimento da essência e o conhecimento da essência é o sinônimo de definição e "que essas definições que localizam esse conhecimento sejam iniciais ou deduzidas, que da essência sejam deduzidas propriedades e que essa dedução se opera segundo a ordem das causas e que o intelecto seja causa nessa ordem". Spinoza usa o método dito geométrico* para mostrar como o mundo está implicado

* Método à maneira de um teorema: para cada proposição há uma demonstração. Ou, como explica G. Deleuze, em "Spinoza e o método geral de Martial Gueoult", p.5, esse método

em Deus e não criado por Deus. A essência de uma coisa não é a sua idéia, mas a essência de uma coisa pode ter uma idéia. A idéia do corpo não é o corpo. A idéia do círculo não é o círculo. Será a conexão da idéia de círculo com uma outra que fará que ela tenha uma relação com o círculo. Para ter-se a idéia da idéia é preciso, antes, ter-se uma idéia. Para saber se essa idéia é verdadeira não é preciso esperar ter tido a idéia. Assim, a verdade é, ao mesmo tempo, critério de verdade. Para Spinoza, o verdadeiro método é a via pela qual a própria verdade, ou as essências objetivas das coisas, ou as idéias (tudo isso quer dizer o mesmo) são buscadas na devida ordem, e a forma do verdadeiro, ou conhecimento reflexivo, é dedutiva.[40] Se há o modo de produção da idéia, há também a descrição da idéia – que são coisas distintas.

Tobias Peucer e o representar

Tobias Peucer é a primeira pessoa conhecida que registrou o pensar técnico do jornalismo e o inseriu burocraticamente na academia. Ele foi o pioneiro no estudo acadêmico do jornalismo com uma tese de doutorado na qual se conjugavam, de forma embrionária, elementos relevantes que sustentam teoricamente a imprensa e a maneira como ela se estabeleceu na sua forma tradicional.

Peucer lançou a pedra fundamental da reflexão sobre a comunicação. Considerado o "progenitor" da teoria do jornalismo e também o primeiro a martelar nela a "necessidade" do tripé "verdade, justiça e ética",[41] trabalhou em suas idéias sobre os relatos jornalísticos durante muitos anos, até defender, em 1690, sua tese na Universidade de Leipzig intitulada *De relationibus novellis* (*Os relatos jornalísticos*).[42] Como as congêneres daquele tempo, trata-se de um produto miúdo se comparado com as teses de hoje: nada mais que 29 "capítulos", de fato 29 parágrafos enxutos que cabem hoje em apenas nove páginas impressas, numa inegável lição de síntese e precisão.

O primeiro teórico do jornalismo, nascido na cidade de Görlitz, não era jornalista, e sim formado em teologia e medicina. Viveu o tempo de mudanças políticas e sociais estruturais após a reforma de Martinho Lutero, aquela que abalou o catolicismo e produziu o arcabouço de uma nova ética, que Max Weber detalhou depois na sua mais famosa obra, *A ética protestante e o espírito do capitalismo.* A burguesia comercial estava em ascensão e as discussões racionais sobre os negócios e a política ganhavam corpo. Vivia-se, pode-se dizer, a fase embrionária do "espaço público", conforme também sistematizou depois Jürgen Habermas ao explicar que essa é a instância na qual se forma a opinião. Espaço público entendido como

---

seria uma construção geométrica dos limites que afetam uma estrutura, enquanto ela própria se aplica aos seres da razão ou da imaginação que fazem incidir essa estrutura sobre seres reais.

esfera em que as informações são divulgadas de forma aberta e acessível e as comunicações que compõem o espaço público tratam de questões que concernem às questões sociais em geral.[43]

Então, para o acadêmico Peucer, por que não discutir o jornalismo? A tipografia era realidade havia mais de dois séculos (Gutenberg imprimira a *Bíblia* com tipos móveis em 1453); o pergaminho ganhara um substituto de sucesso, o papel; o capitalismo nascente carecia de informações; e o fluxo destas aumentava nas cidades, nos países, e também entre os países.[44]

Peucer sustenta, logo no começo de sua tese, nada existir que satisfaça tanto a alma humana como a história, não importa de que maneira for escrita. Por isso, pretende comentar a "publicação de notícias", que ele chama de *novellae*, que corriam com abundância por conta das necessidades crescentes de informação e do desenvolvimento comercial. Sua tese foi defendida em Leipzig, onde desde 1690 existia um diário, o *Leipziger Zeitung*.

Peucer vem ordenar o contexto da imprensa mercantil nascente. Antes disso, explica as diversas formas de história, como a clássica, aquela que se ordena como um "fio contínuo, conservando a sucessão precisa dos fatos históricos", denominada, segundo ele, universal, particular ou singular. Ou a forma que "discorre e resenha em uma determinada ordem os fatos ou as palavras escolhidas e dignas de serem contadas que se extraíram separadamente da narração contínua dos fatos históricos", ou seja, a história que trata das coisas esparsas. Ou, por fim, a forma de história que ele denomina "confusa" e os gregos chamavam de "miscelânea" (multiforme). Aquela história variada onde não há critério de ordem.

No entanto, ele quer tratar de outra forma de história, aquela que não é nem universal nem particular, ou singular, e que não se ordena como um fio contínuo. São as histórias do tipo *relationes*, os relatos que ele vincula ao jornalismo – as *relationes novellae* –, todos aqueles que "contêm a notificação de coisas diversas acontecidas recentemente em qualquer lugar que seja". Ele separa história e jornalismo e deixa clara a idéia de jornalismo como o relato de fatos acontecidos em qualquer lugar, e recentes.

Fala dos relatos que

> têm mais em conta a sucessão *exata* dos fatos que estão inter-relacionados e suas causas, limitando-se somente a uma simples exposição, unicamente a bem do reconhecimento dos fatos históricos mais relevantes, ou até mesmo misturam coisas de temas diferentes, como acontece na vida diária ou como são propagadas pela voz pública, para que o leitor curioso se sinta atraído pela variedade de caráter ameno e preste atenção.[45]

Vê-se, Peucer é pioneiro na introdução do conceito de exatidão (conforme os dicionários, aquela informação que tem a qualidade do exato, da precisão, da observância rigorosa), característica teórica essencial do jornalismo, ao explicar a que relatos ele se refere. É de notar, na citação anterior, como Peucer define o fazer jornalístico em apenas um parágrafo, ligando-o de forma definitiva ao interesse do público e responsabilizando o relator pela captação da atenção do leitor.

No sétimo parágrafo da tese, Peucer revela destreza no trato da questão do jornalismo enquanto *negócio*, um empreendimento que só vai ganhar escala mais de um século depois, na primeira metade do século XIX, mas que naquele momento se delineava de forma inequívoca: "Assim então, as causas da aparição dos periódicos impressos com tempestiva freqüência hoje em dia são em parte a *curiosidade* humana e em parte a busca do *lucro*, tanto da parte dos que confeccionam os periódicos como da parte daqueles que os comerciam, vendem."

Ou seja, a teoria do jornalismo nascia entendendo-o como negócio.

Peucer avança na explicação do modo como se produzem esses relatos e as maneiras da sua composição. Para ele, cabe ao intelecto o conhecimento das coisas que serão registradas nos relatos. Estas são obtidas por inspeção própria, quando o sujeito é espectador dos acontecimentos, ou por transmissão, quando uns explicam aos outros os fatos que presenciaram. É Peucer apresentando o jornalista como o dono da representação própria ou de terceiros. Ele considera, no entanto, que se dá mais valor para o relato "presencial" do que para aquele cuja narrativa foi extraída de outra pessoa. É o primeiro a dizer que o jornalista tem de estar junto dos fatos (Peucer pode ser eleito também o pai do repórter) e ainda vai adiantar a noção de fonte, além da idéia da própria representação. Algo necessário para a elaboração desse tipo de relato é o *juízo*, "a mais exímia qualidade do intelecto, para que, por meio dele, as coisas dignas de crédito sejam separadas dos rumores infundados que se fazem correr; as leves suspeitas e as coisas e ações diárias sejam separadas das coisas públicas e daquelas que merecem ser contadas", numa alusão ao discurso indiciário de Aristóteles, ou seja, da necessidade de indícios confiáveis para que se forme um relato. O juízo leva à racionalidade, à razão. Esses conceitos remetem à justiça, à responsabilidade. O juízo, Peucer considera ter faltado em outros tempos aos monges e também a "muitos escritores", em especial aos autores de crônicas. Vai assim ao âmago da questão ética porque critica a falta de juízo: "Falta freqüentemente [o juízo] aos redatores de periódicos quando procuram falar de banalidades e minúcias e omitem o que seria útil e fácil de ler, envernizam com documentos o que ouviram dizer por outros e, por fim, quando não têm coisas exatas, fazem passar por história as suspeitas e conjecturas dos outros."

Ele já se precavia em relação ao uso que as fontes iriam fazer do jornalista e adiantava o *modus operandi* de parte substancial dos meios de comunicação.

Seu próximo passo na definição do escritor adequado de periódicos, na seqüência do ordenamento ético, é a relação entre sua vontade, a credibilidade, e o *amor à verdade*, porque, quando preso por um "empenho partidário", pode misturar ali "alguma coisa de falso ou escrever coisas insuficientemente exploradas sobre temas de grande importância". Ele vai buscar ajuda em Cícero, o mais celebrado orador romano, quando afirma que "a primeira lei da história é que não se ouse dizer nada de falso, que não lhe falte [ao historiador, no caso, e ao jornalista, por decorrência] coragem para dizer o que seja verdade, que não tenha nenhuma suspeita de *parcialidade*". Via Cícero, Peucer introduz, ao lado da verdade, mais um conceito tão complexo quanto ineficiente na indústria da comunicação, o de imparcialidade, especialmente decantado pela indústria norte-americana de imprensa a partir do século XIX, e que será decodificado mais adiante, no capítulo 6 deste livro. Interessa agora saber que a idéia de imparcialidade está registrada no jornalismo desde sua primeira abordagem acadêmica. Não se erigem conceitos que se tornam ícones recorrentes da noite para o dia.

Peucer está com a mão na massa do principal problema da imprensa, que é representar com a acuidade possível (para evitarmos o termo imparcialidade antes de discuti-lo) a representação que se captura do outro. Ele sustenta que "se pode pensar que os compiladores de notícias têm maior licença que os historiadores mais rigorosos" porque nem eles mesmos intervêm diretamente nos fatos nem podem obter documentos fidedignos que estariam em locais distantes ou em arquivos inacessíveis. O compilador deve estar atento para não mentir "nem dizer coisas falsas de sorte que o outro forme uma opinião falsa ou seja enganado". Fatos anunciados em locais diversos devem ser confirmados pelo testemunho de muitos, por exemplo.

No décimo quinto parágrafo, Peucer trata da "matéria" dos periódicos. A matéria da qual se ocupam os periódicos são as coisas singulares, são os fatos. Ele os define como "realizados por Deus através da natureza, ou pelos homens na sociedade civil ou na igreja". Como os fatos são infinitos, cabe estabelecer uma *seleção* a fim de se dar preferência àqueles que merecem ser recordados ou conhecidos. Seleção pressupõe *hierarquização*. Sua listagem não deixa dúvidas quanto à hierarquização ao repassar os exemplos de fatos, panteão da comunicação: primeiro,

> os prodígios, as monstruosidades, as obras ou os feitos maravilhosos e insólitos da natureza ou da arte, as inundações ou as tempestades horrendas, os terremotos, os fenômenos detectados ou descobertos ultimamente. Depois, as diferentes formas dos impérios, as mudanças, os movimentos, os afazeres da guerra e da paz, as causas das guerras, os planos, as batalhas, as derrotas, as estratégias, as novas leis, os julgamentos, os cargos políticos, os dignitários, os nascimentos e as mortes dos príncipes, as sucessões em um reino, as inaugurações e cerimônias públicas ... o óbito de varões ilustres, o fim de pessoas ímpias, e outras coisas.

Ele não pára. Lista todos os temas eclesiásticos e literários, tudo para que "a alma do leitor receba o impacto de uma amena variedade".

Surgem as restrições, porque o contador desses relatos precisa tomar ao menos três precauções.

Primeira precaução: com tudo aquilo que a prudência comum sugere como coisas de pouco peso, as ações diárias dos homens, as desgraças humanas, "das quais há uma fecunda abundância na vida comum", e também os "atos privados dos príncipes", nítida preocupação tanto com a não-notícia quanto com a privacidade das autoridades.

Segunda precaução: "Que não se expliquem indiscriminadamente aquelas coisas dos príncipes que não se querem sejam divulgadas." Para essa precaução especial, que remete a segredos de Estado ou intolerância da autoridade autocrática, a justificativa é razoavelmente convincente: "Porque é coisa perigosa escrever sobre aquilo que pode lhe mandar ao degredo."

Terceira precaução, de caráter moral: "Que não se insira nos periódicos nada que prejudique os bons costumes ou a verdadeira religião, tais como coisas obscenas, crimes cometidos de modo perverso, expressões ímpias." Ele previne: quando se explicam, quando se mostram essas coisas "é como se as estivesse ensinando". Nessa, Peucer justifica a censura: "É por isso que em algumas cidades se estabeleceu com uma prudente decisão que não seja permitido imprimir periódicos sem que estes tenham sido aprovados pela censura."

Quando fala dos periódicos que publicam notícias de pouca importância, a maior parte deles, Peucer diz que aqueles que os produzem podem ter mais licença para errar que os historiadores, porque escrevem "quase precipitadamente", não para a posteridade, mas para satisfazer a curiosidade do povo. Introduz o conceito de *urgência*, no qual se funda o fazer jornalístico e o difere do fazer científico. Ele trata também da ordem e da disposição do fato histórico, a que chama de economia e *lexis* (o modo de dizer, o estilo dos periódicos), que "não há de ser nem oratório nem poético", porque a oratória distancia o leitor desejado de novidade e a poesia lhe causa confusão, "além de não expor as coisas com clareza suficiente". Se a finalidade da história é a conservação do registro dos fatos acontecidos, a finalidade dos novos periódicos é mais própria para o conhecimento de coisas novas acompanhadas de certa *utilidade* e *atualidade*.

Numa outra passagem notável, Peucer lança as bases do *lead*, aquela regra que impõe ao jornalista a resposta às perguntas básicas em qualquer notícia: "o quê, quem, quando, onde e por quê." No vigésimo primeiro parágrafo, ele diz que se alguém for preparar um relato terá que ordená-lo e deverá "ater-se àquelas circunstâncias já conhecidas que se costuma ter sempre em conta em uma ação, tais como *a pessoa*, *o objeto*, *a causa*, *o modo*, *o local* e o *tempo*".[46] Ou seja, em 1690 alguém já nomeava o *lead*. O *quê* é o objeto e o modo, *quem* é a pessoa, *quando* é o tempo, *onde* é o local e o *por quê* é a causa. Exatamente igual.

A leitura da tese de Peucer desconstrói uma idéia bastante difundida segundo a qual a imprensa "puramente noticiosa" seria uma invenção norte-americana do século XIX. A maneira de fazer jornal, analisada por Peucer, mostra que no século XVII os jornais já eram noticiosos, tradição iniciada com as *Actas Diurnas* romanas.[47]

Uma das características mais relevantes do texto de Peucer, e isso foi analisado por Jorge Pedro Souza, é a definição do seu conceito de notícia: relatos expositivos que tratam de singularidades, para os quais há seleção, são condicionados pelo fator tempo, orientam-se pelos acontecimentos e oferecem novidades. Ele faz a relação entre jornalismo e história, mostra que o historiador tem mais tempo e mais rigor (dois aspectos que ele releva quando trata do redator de notícias) e aborda a questão ética porque ética e qualidade se sobrepõem e dependem da vocação do redator – como se poderia dizer.

Peucer se ocupa igualmente da amenidade dos periódicos e de seus variados gêneros, mas o mais relevante foi resumido aqui, e a leitura do texto completo é uma aula de arqueologia do jornalismo, a partir do desenho de suas preocupações e de seus medos. Se hoje determinadas preocupações de Peucer ressoam fora de lugar ou *démodé* (quando aposta numa verdade absoluta ao falar em "amor à verdade"; que "não se ouse dizer nada de falso"; ou quando clama por "nenhuma suspeita de parcialidade"),[48] ele fundamenta conceitos éticos e estilísticos, além de fincar os pilotis da imprensa enquanto negócio e, assim, cimentar os três "pilares" com os quais o jornalismo lida de forma idealística, portanto normativa, desde sempre: verdade, justiça, ética.

Se ele se diz em contínua busca desses três conceitos, simultaneamente o jornalismo se relaciona de forma contraditória com eles, com seriedade ou com hipocrisia em função da situação específica. Ao ajuntar o conceito de *negócio*, Peucer introduz um dos maiores complicadores morais para muitos jornalistas e também para muitos analistas da imprensa. Não há jornalismo, desde seu nascimento enquanto indústria, que não seja simultaneamente prestação de serviço público e negócio. Quanto os três pilares são realidade ou retórica na comunicação jornalística é uma das questões centrais da própria questão ética da comunicação, e o quarto pilar, o do negócio, é normalmente relegado a um segundo plano. Por isso, a pergunta: é moralmente defensável considerar verdade, justiça e ética pilares do jornalismo?

Representação da representação

Quando o jornalista realiza a representação de uma representação ele está muito aquém da questão dos ditos pilares – verdade, justiça e ética. Porque nunca conseguirá uma representação "pura". Sempre estará reproduzindo visões de outrem – sem contar a presença de todos os outros que formaram a sua própria visão de mundo. Pode reproduzir, muitas vezes sem o saber, uma representação nem verdadeira, nem justa, nem ética. Nem no momento em que é testemunha ocular de um fato, um assassinato, por exemplo, ele estará sozinho com sua representação. Mormente porque o jornalismo não se dará apenas com a publicação de seu testemunho na primeira pessoa – e esse testemunho também vem carregado das representações que o formaram como ser humano e como técnico em jornalismo. O jornalismo não se fará sem as outras representações que propiciarão informações sobre o assassinato: o que diz a autoridade policial, a família da vítima, o agressor, o advogado do agressor, as outras eventuais testemunhas... O exemplo vale para praticamente todas as situações de cobertura jornalística.

A representação que se demonstra muito bem na história da arte, quando Velázquez se retrata no ato de pintar, e na história do conhecimento, quando

Descartes se exibe no ato de pensar, aliada à liberdade de pensar, que é a liberdade de conhecer reflexivamente, imanente no discurso de Spinoza, forma o cerne da questão da comunicação. Ela, a comunicação, não será nunca a pura representação, nem simples representação, mas sim a representação da representação – com toda a complexa rede de problemas decorrentes dessas infinitas possibilidades de interpretação e olhares em relação à própria representação.

Como define o ensaísta francês e professor de filosofia André Hirt, a "realidade" do jornal e, portanto, do jornalismo enquanto elemento da comunicação "é aquela da representação e não a da vida que inerva a subjetividade, a história e o mundo. Essa representação é ela própria redobrada e basicamente encoberta pela legislação do novo e do sensacional na representação". Ele vai ao ponto: "Porque o jornal é representação da representação na promoção da notícia. É nesse sentido que ele é redutor e orientado ao sabor dos interesses e das potências."[49]

Se a comunicação jornalística pode ser, paradoxalmente, tanto o verdadeiro do verdadeiro quanto o falso do falso, no limite, pragmaticamente, ela acaba se situando como o simulacro do simulacro – simulacro entendido no sentido do aspecto falso, da aparência enganosa, da cópia malfeita, grosseira, do arremedo. Ou, como dizia Nietzsche, "o jornalismo é a confluência de duas direções: engrandecimento e redução nele dão as mãos".[50] O fundador do diário francês *Le Monde*, Hubert Beuve-Méry, costumava citar uma frase de François Mauriac em que este dizia que "a informação é falsa por essência". Ele ia mais adiante: "Um jornalista profissional é um homem que deforma os fatos, conscientemente ou não."[51]

A dúvida, a liberdade de expressão e a representação andam juntas no caminho da comunicação, do ato de comunicar. Para alguém se entender ético, requer-se a dedução reflexiva e a capacidade de distanciamento e de intelecção no sentido de achar que se escolhe bem nas situações de escolha. Sem o primeiro movimento, o da dúvida, não existe a pergunta que pode encaminhar qualquer jornalista, qualquer comunicador, à possibilidade da representação. O comunicador não é necessariamente o pintor, apesar de estar submetido à mesma teia de complexidades. Porque no uso da sintaxe e das imagens ele vai trabalhar com representações de outrem e, a partir daí, tratar da sua representação, que será, no entanto, a representação da representação – por mais que ele pense estar mirando o horizonte da verdade. Irredutíveis uma à outra, linguagem e imagem se tornam uma outra representação, duplamente complicada em relação ao que se viu (e ouviu) e se diz que se viu (e ouviu). Ou, numa imagem que Ludwig Wittgenstein usou com precisão: "A linguagem é um labirinto de caminhos. Você entra por *um* lado e sabe onde está; você chega por outro lado ao mesmo lugar e não sabe mais onde está."[52]

A questão ética que perpassa o problema da representação precisa ser entendida, porque o comunicador vai sempre representar alguma coisa, e nunca a partir tão-somente de si próprio. Em nenhuma circunstância o comunicador vai realizar uma pura representação, ou uma representação pura.

Essa representação sempre será mediada por outra representação, aquela realizada por outro (a fonte da informação) ou por vários outros (outras fontes, testemunhas...). Mesmo quando, em jornalismo, alguém estiver dando um depoimento pessoal sobre algo do qual é testemunha ocular. Cada representação carrega consigo uma imagem do mundo, uma idéia ou não-idéia do mundo, uma intelecção qualquer – seja educacional, cultural, ideológica, ignorante, crítica ou acrítica, mas sempre erigida a partir do outro, de outras representações.

Comunicação como representação da representação leva inevitavelmente de novo a Foucault quando ele ensina que o lugar no qual as metáforas, as comparações e as imagens resplandecem não será aquele que os olhos projetam, mas sim aquele que as seqüências sintáticas definem. E, na comunicação jornalística, as seqüências vêm sempre representadas de alguma forma.

Não há na comunicação forma possível de representação sem o uso de outra representação, seja por meio da imagem fria e pseudo-objetiva de uma câmera de televisão ou cinema, ou pelo rigor matemático de uma fotografia, acompanhada ou não da palavra, da declaração taxativa de uma vítima ou personagem qualquer a respeito de um incidente ou de um fato qualquer. Ainda mais quando se vê, como constata Vilém Flusser, que "os textos podem tapar as imagens que pretendem representar algo para o homem".[53] Numa época em que as imagens se tornam cada vez mais conceituais e os textos cada vez mais representativos, se a "imagem se dá como representação do real"[54] então é ela própria a representação da representação daquele que a captou. Como lembra Flusser, não importa se o capturador é fotógrafo, escritor, pintor, contador ou administrador.[55] Não importa se ele é jornalista, publicitário, relações-públicas ou blogueiro, acrescente-se.

Nesse sentido, assim como é "falsa" e suave a luz com a qual Velázquez ilumina o espelho do casal real na tela *Las meninas*, não será menos falsa e menos suave a imagem dos destroços de um míssil numa reportagem ou num anúncio publicitário. Ou seja, ambos, espelho e destroços, são tão falsos ou tão verdadeiros quanto todas as falsidades e verdades que cabem na interpretação possível para cada imagem, independentemente dela mesma, reduzida à sua condição de "superfície que pretende representar algo".[56]

"O mundo é a minha representação." Assim Arthur Schopenhauer abre seu livro *O mundo como vontade e como representação*, o clássico no qual considera essa afirmação inicial "uma verdade que vale em relação a cada ser que vive e conhece, embora o homem possa trazê-la à consciência refletida e abstrata". Para ele, verdade alguma é mais certa, mais independente de todas as outras e menos necessitada de uma prova do que esta. O mundo é representação e isso vale para o presente, para o passado e para o futuro.[57]

O homem é um ser movido pelas paixões e aspirações. Elas formam a vontade que, para Schopenhauer, seria o princípio norteador das ações humanas. No seu conceito nuclear, se a vontade norteia, também pode desnortear, tirar o norte das pessoas, levar ao absurdo, ao irracional, transportar para qualquer outra direção. E o homem natural sempre atribuiu mais valor ao conhecimento imediato e intuitivo do que aos conceitos abstratos, aqueles que são "pensados" e necessitam de reflexão. "O que no espaço é o olho para o conhecimento sensível, corresponde, em certa medida, ao que no tempo é a razão para o conhecimento interior."[58]

O saber ver e o saber entender estão ligados à razão, independentemente da palpabilidade de qualquer coisa. Num mundo de representações, que é o mundo da comunicação, o jornalista reapresenta as representações de outrem para os outros. Ele encaixará nelas a sua própria representação, que manipula, maneja, hierarquiza as representações que lhe foram feitas pelas diversas fontes consultadas. Ele re-apresenta com sua capacidade de representar.

No jogo das representações visualizado neste capítulo, quando a arte do pintor, a palavra dos filósofos e a realidade da imprensa nascente ajudam a entender as razões que fundam a comunicação midiática, há que entender muito bem o lugar de cada um; do artista, do filósofo e do jornalista.

O jornalista e ensaísta vienense Karl Kraus, um dos personagens do capítulo 5 deste livro, costumava dizer que a língua é o material do artista literário. Acrescentava, no entanto, que ela não pertence só ao artista literato, ao contrário da cor, que pertence exclusivamente ao pintor. Assim, por decorrência, a língua não pertence somente ao jornalista; pertence ao público e à fonte de informação. Kraus questiona e sentencia, incluindo o jornalista neste pequeno jogo: "Não será o escrever senão a capacidade de apresentar uma opinião ao público com palavras? A pintura, então, seria a arte de dizer uma opinião através das cores. Mas os jornalistas da pintura se chamam justamente pintores de paredes."[59]

No quebra-cabeça no qual o jornalista representa aquilo que outrem lhe representa, a metáfora do jornalista como pintor de paredes se amalgama perfeitamente. Porque o ofício do pintor de paredes é diferente do trabalho criador do artista. E jornalismo é ofício. Não é arte. Tudo se torna um pouco mais complexo para esse ofício, porém, quando se mergulha nas surpresas das ambigüidades morais.

3.

Ambigüidade

A tragédia grega sobrevive e continua a ensinar, por conta de suas imagens universais, de seus diálogos conflituosos, da catarse que sempre provocou e insiste em provocar e de seu, quem sabe, eterno potencial dramático. Revivê-la para rever suas mensagens auxilia aqueles preocupados com as transformações em curso na mídia que afetam a comunicação entre as pessoas e com as novas formas pelas quais se produzem e se consomem informações. A tragédia ajuda a abordar o fazer comunicação dentro da moralidade. Porém, qual moralidade? Essa pergunta não se resolve neste capítulo, nem as tentativas de respostas se esgotam neste livro. Contudo, perguntar e ensaiar respostas pode iluminar caminhos.

Nada como voltar no tempo, bisbilhotar costumes, ouvir indicações para um relacionamento justo entre os cidadãos. Se, em outras épocas, a mídia não existia tal como se conforma na atualidade, a representação sim, sempre existiu. E a representação da representação é sinônimo de mídia, mais do que de jornalismo. Se a mídia hoje é quase onipresente, daqui a pouco será pervasiva. Os dilemas morais arrolados na história da humanidade, da literatura, da poesia ou da dramaturgia se acumulam na vida de cada cidadão e recheiam o dia-a-dia do profissional da mídia mesmo se não emergem com a necessária visibilidade.

Sófocles, talvez o maior dos poetas trágicos, nasceu no ano 495 a.C. e morreu em 406 a.C. Foi contemporâneo de Péricles, o estadista da democracia grega; de Eurípides, seu concorrente nos concursos trágicos; de Sócrates, o filósofo, 26 anos mais moço que ele; e do jovem Platão, que completou 21 anos quando Sófocles morreu, aos 89.

Durante sua vida, Sófocles pôde acompanhar o auge e a decadência da democracia ateniense. Viu erguerem o Partenon, aquele templo adornado pelas esculturas de Fídias, construído em 15 anos, cujas ruínas formam uma das maiores atrações turísticas em todo o mundo. Quando novo, Sófocles dançou em Atenas para comemorar a vitória sobre os persas na batalha de Maratona. Lutou em diversas expedições militares ao lado de seu amigo Péricles. Foi administrador do tesouro e comissário do Conselho. Além disso, foi o maior ganhador de concursos trágicos de seu tempo. Vinte e quatro vezes vencedor, nunca esteve aquém do terceiro lugar. Seu colega Ésquilo ganhou 13 vezes o concurso. Eurípedes apenas cinco. Escreveu muito, mas, infelizmente, sobraram apenas sete tragédias de sua lavra: *Ájax*, *As traquinianas*, *Antígona*, *Édipo rei*, *Electra*, *Filoctetes* e *Édipo em Colona*. Esta última, seu derradeiro trabalho, trata dos problemas da corrupção na cidade – e foi ele quem começou a retratar o declínio da democracia ateniense. *Antígona* arrebatou o primeiro lugar no concurso trágico de, provavelmente, 440 a.C. O sucesso da tragédia ajudou Sófocles a se eleger estrategista da expedição militar contra a ilha de Samos, exatamente em 440 a.C.[1]

Na cidade grega não existia a separação entre Deuses e Cidade, nada havia de parecido com a cisão moderna entre Igreja e Estado. Os sacrifícios aos deuses eram prática comum. Entre os gregos, não havia culpa no sentido cristão (aquela culpa formada na tradição judaico-cristã, a do pecado original carregado por todo cristão ao nascer), mas sim o destino. Esse destino individual podia ser "negociado" com os deuses na base de um sacrifício aqui e outro ali. Ninguém nascia culpado. Ao morrer, o grego ia para os infernos, para o reino de Hades, o deus dos mortos. Na morte, o defunto levava enfiado garganta abaixo um óbolo (moeda grega) para pagar a Caronte, o barqueiro que atravessaria sua sombra pelo rio Aqueronte, a separação do mundo dos vivos do Orco, o nome dos infernos, da morada dos mortos. Ali, a sua sombra viveria eternamente com sede, porque a água do rio era salgada. O morto estaria a salvo se os deuses o enviassem aos Campos Elísios, ou Elision, uma espécie de ilha dos bem-aventurados para onde iam somente os protegidos. Ali teriam uma outra vida, perfeita e agradável. Há quem posicione o Elision exatamente nas terras de Hades. Mesmo assim, estaria no Elision a origem da idéia de céu da cristandade. Ao contrário do céu cristão, o Elision não era um lugar pelo qual o grego "trabalhasse" para conseguir chegar, era uma benesse dos deuses. Deuses e cidade conviviam muito bem e os cidadãos negociavam o destino, ou o futuro, com eles na base de sacrifícios e de consulta a oráculos, os locais onde podiam conhecer o destino e a palavra dos deuses. A tragédia imortalizou vários desses costumes.

Bárbara Freitag descreve três funções básicas da tragédia grega: a da expressão artística propriamente dita; a da educação do público; e a catártica, assim delineadas:

1. A expressão artística do dramaturgo se revelava no domínio perfeito da linguagem para comunicar para um público mais amplo as emoções, os problemas ou os conflitos emocionais e morais de um grupo ou de uma coletividade.

2. A tarefa de educar o público usava o estratagema de encenar os vários pontos de vista de um problema ou de um conflito, sempre sob a forma do diálogo, o

que permitia ao público formar sua própria opinião, ouvidos os argumentos de todas as partes.

3. A função catártica acontecia quando a peça permitia reduzir, no público, a tensão pulsional, provocada pelos conflitos individuais e sociais encenados, por meio da identificação das pessoas do público com um ou outro personagem da peça.[2]

A tragédia grega exprime nos planos dramático e literário os traços essenciais da questão moral. Mostra de forma bastante nítida os dilemas e as contradições em que os seres humanos se envolvem quando inseridos em situações conflitantes que os impele para a ação. "Agir é perigoso. Mas é preciso agir, pois a ação exprime, em sua essência, a vida."[3] Dessa forma, sustenta Freitag, se a questão da moralidade encontrou na tragédia grega sua expressão dramática mais refinada e elucidativa, *Antígona* é um dos seus mais belos exemplos.

Antígona e o não-diálogo

A história de Antígona sucede a de seu pai, Édipo. Quando acontece a ação, Édipo, evidentemente, já havia se casado com a própria mãe, Jocasta, tivera os filhos, cegara a si próprio e correra as terras até morrer na Ática. São dez os personagens principais da tragédia. A própria Antígona, filha de Édipo, e Ismênia, sua irmã. Creonte, o rei de Tebas (que era irmão de Jocasta, mãe e mulher de Édipo, ambos mortos), e Eurídice, sua mulher. Etéocles e Polinices, irmãos de Antígona. Hémon e Megareu, filhos de Creonte com Eurídice. Corifeu, porta-voz de Creonte. Tirésias, filósofo, sábio e cego, chamado O Divino. Há ainda o coro, formado pelos anciãos de Tebas, e um mensageiro.[4]

Depois de Édipo se dar conta de ter casado com a própria mãe, trespassar seus olhos com um alfinete e errar cego pelo mundo, seu cunhado, Creonte, retoma-lhe o lugar no topo do poder em Tebas de uma forma definida pelos comentadores como usurpação do trono (Creonte se apossou uma primeira vez do trono quando Édipo assassinou Laio; e teve de entregar o poder a Édipo porque este o conquistou ao adivinhar o segredo da Esfinge e com isso ganhou também o direito de esposar, sem o saber, a própria mãe, Jocasta, viúva de Laio).[5] Creonte é cunhado (e tio) de Édipo porque é irmão de Jocasta, que deu quatro filhos ao filho e marido Édipo: Polinices, Etéocles, Ismênia e Antígona.

A tragédia começa a partir de um duelo travado entre Polinices e Etéocles às portas da cidade de Tebas. Etéocles não honrara a combinação de revezamento anual do trono com o irmão. Polinices se rebela e participa da expedição armada conhecida como "Sete contra Tebas", numa referência às sete portas que guarneciam a cidade. Em cada porta aconteceu uma batalha. Em um duelo na sétima porta os irmãos se matam. Creonte, que havia tomado o poder, nomeia o finado

Etéocles herói da cidade e pune Polinices com um decreto que relega seu corpo ao relento, ao sabor dos abutres e da podridão. Ficam proibidos os funerais tradicionais para o traidor da cidade. Além disso, Creonte decreta pena de morte a quem ousar enterrar Polinices. Negar funerais, largar defunto à própria sorte para se desfigurar era algo gravíssimo. Ninguém poderia ficar sem o enterro, sem o ritual da passagem ao mundo dos mortos. Estabelece-se então o conflito entre a lei dos deuses, que determinava o enterro digno, e a lei dos homens (da pólis, da cidade), emanada da autoridade do rei de Tebas.

As duas irmãs, Antígona e Ismênia, sabem do decreto do tio. Mesmo assim, Antígona decide dar ao irmão um enterro correto, porque não podia deixá-lo apodrecer nem impedir-lhe a justa entrada nos infernos. Com essa atitude, afronta o futuro sogro, porque estava noiva de seu filho Hémon. Flagrada pelos guardas despejando terra sobre o corpo do irmão, é levada a Creonte, que se vê obrigado a cumprir seu próprio decreto e manda que a encerrem viva numa caverna, até a morte. Tirésias, o sábio, prevê grandes desgraças se a condenação se mantiver. Creonte reluta, mas acaba cedendo. Muito tarde. Antígona se mata dentro da caverna. O noivo entra em desespero, atraca-se com o pai, não consegue feri-lo e acaba se matando. Eurídice também se suicida quando se vê sem os dois filhos e a futura nora – o outro filho, Megareu, morrera num combate em defesa da cidade (ou sacrificado pelo pai, a depender dos comentadores).[6] Sófocles encerra a tragédia com um Creonte se acabando em lamúrias.

Quem assiste ao drama, em geral, apaixona-se pela bravura de Antígona e o modo como defende a família, a partir de sua obediência aos deuses. Quase 25 séculos depois de levada ao palco em Atenas, Antígona continua a encantar o público, que continua a deplorar a atitude autoritária de Creonte e a se identificar plenamente com as razões religiosas que fundamentam a atitude de Antígona.

Os clichês, conforme Rosenfield, levam à seguinte visão: Antígona é uma heroína, a personificação da coragem, da justiça, da humanidade, da liberdade, da defesa da família, da obediência aos deuses, a guardiã da consciência religiosa contra a opressão do Estado. Ela é aquela que enfrenta sozinha o tirano.[7] Antígona é a santa, Creonte é o mal. Desde sempre, as diferentes representações da tragédia levam a essa leitura. Os espectadores saem compungidos do teatro. Não há como não se compadecer e não há como não se identificar com o drama familiar. Por pior que seja um irmão, ele merece no mínimo ser enterrado. O hábito faz com que todos vejam Creonte como o déspota egoísta. O espectador admira a intolerância da heroína – ela é a parte fraca atingida tanto na sucessão familiar quanto pelo edito de morte do rei.

Freitag acha que o espectador também aprende com a intolerância de ambos. Sófocles dá a Antígona traços egocêntricos. Seu nome soma os vocábulos "anti" (contra) e "gone" (de progenitura). É ela quem substitui os descendentes de Édipo. Ela personifica o contrário de Ismênia, que representa a mulher na pólis clássica: frágil, suspeita, insignificante, devia ser bonita e submissa. Antígona teria a presença de espírito, o faro e a truculência do pai.

Como, no fim, Creonte sobrevive e Antígona morre, Freitag acha "ingênuo acreditar que Sófocles quisesse demonstrar a vitória do mal sobre o bem". Para ela,

> ao contrário, Sófocles mostra que a bela alma de Antígona não consegue preservar a sua pureza, pois ela se torna culpada da morte de dois inocentes [o noivo Hémon e sua futura sogra Eurídice]. Em contrapartida, o tirano, castigado pelas conseqüências de sua ação moralmente condenável, transforma-se no homem tolerante, marcado pelo sofrimento, capaz de no futuro praticar o bem.[8]

É possível discernir claramente até nove planos de leitura do drama.

No primeiro, de entendimento do senso comum, se vê superficialmente a luta do bem (Antígona, a boa irmã) versus o mal (Creonte, o tirano).

No segundo plano se desenvolve a luta pela sucessão. Mortos os irmãos, Antígona seria a única capaz de parir o sucessor de Édipo. Pelas leis dos homens, ela se casaria com Hémon e seria a mãe do sucessor de Édipo e não do sucessor na linhagem de Hémon. Creonte estaria para encontrar o fim de sua própria linhagem porque Hémon iria gerar o sucessor de Édipo, uma vez que seu outro filho, Megareu, morrera.

No terceiro plano se estabelecem as razões da família versus as razões de Estado.

O quarto plano se encontra na luta entre os deuses e o Estado, as leis dos deuses versus as leis da cidade.

Num quinto plano há a luta entre os deuses de baixo, do inferno, aos quais Antígona obedece ao desejar um funeral correto para o irmão, contra os deuses de cima, do Olimpo, invocados por Creonte e também pelo coro, na qualidade de protetores da cidade.

O sexto plano coloca em cena o conflito entre as mulheres (Antígona) e os homens (Creonte), porque na Grécia de então a mulher não tinha direitos políticos, estava excluída do espaço público – conforme o olhar de hoje –, embora tivesse forte influência na formação das opiniões do marido.

O sétimo plano opõe o mais jovem ao mais velho, o conflito de gerações. A jovem Antígona ensina ao velho Creonte que não respeitaria suas ordens.

O oitavo e o nono planos merecem mais explicações e têm a ver com a liberdade de expressão e o diálogo, conceitos fundadores da democracia. Não há no drama nenhuma palavra usada para designar liberdade de expressão. Contudo, na cola de I.F. Stone, é "possível fazer uma leitura segundo a qual a peça mostra as conseqüências trágicas do gesto voluntarioso de um monarca que não respeita as opiniões mais humanitárias de seu povo. Para o povo – como para a platéia ateniense da tragédia –, a ordem do rei carecia de valor moral".[9] A reprodução do diálogo entre Creonte e seu filho Hémon ajuda, de certa forma, a entender o confronto entre os conceitos de monarquia, arraigado em Creonte, e de democracia, embrionário em Hémon.

Creonte: O que se ouve reflete quase sempre o que se quer ouvir. Estás descontente com as ordens de combate?
Hémon: Há um profundo descontentamento [quer dizer que o povo de Tebas não concorda com Creonte].
Creonte: Que pretendes agora? Me ensinar a governar?
Hémon: Te pergunto também, tenho que respeitar resposta tão infantil?
Creonte: Por quê? Achas que devo governar com a opinião alheia?
Hémon: Nenhum Estado pertence a um homem só.
Creonte: A cidade então não é de quem governa?
Hémon: Pensando assim serias um bom governador, mas de um deserto.[10]

Oitavo plano: Hémon, o filho de Creonte, estava mais alinhado com a idéia da pólis do que o pai, cujas razões o levavam a defender o Estado contra um provável desejo do povo de Tebas.

O nono plano é o do não-diálogo* que opõe Creonte à população de Tebas. Não há ainda nessa Tebas a democracia que irá se consolidar logo adiante na Grécia, mas o povo, como atesta o diálogo entre Hémon e o pai, Creonte, estava do lado de Antígona – e Creonte não conversa com ninguém do povo, não se explica, não ouve, não dialoga. Creonte é o rei, é a autoridade, é o Estado.

Há incontáveis comentários sobre *Antígona*. O drama não passa incólume entre grandes inteligências. Para o escritor e poeta alemão Johann Wolfgang von Goethe, e também para o romântico Friedrich Schlegel, Antígona seria a figura da justiça absoluta – tem o direito e a beleza do seu lado. Creonte seria a contradição que realçaria a natureza nobre da heroína enquanto revela seu próprio erro, infeliz e odioso. O poeta Friedrich Hölderlin captou toda a questão sucessória e ressaltou o lado sombrio e inquietante do drama político e genealógico que se revela em meio ao conflito jurídico. Mais recentemente, tanto Jacques Lacan quanto Jacques Derrida se ocuparam de *Antígona*. Lacan escreveu que

> Antígona leva até o limite a efetivação do que se pode chamar de desejo puro, o puro e simples desejo de morte como tal. Esse desejo, ela o encarna... O desejo da mãe é, ao mesmo tempo, o desejo fundador de toda a estrutura, aquele que fez vir à luz seus rebentos únicos, Etéocles, Polinices, Antígona, Ismênia, mas, ao mesmo tempo, é um desejo criminoso. Reencontramos aqui, na origem da tragédia e do humanismo, um impasse semelhante ao de Hamlet, e coisa singular, mais radical... A descendência da união incestuosa se desdobrou em dois irmãos, um que representa o poderio, o outro que representa o crime. Não há ninguém para assumir o crime senão Antígona. Entre os dois, Antígona escolhe ser pura e simplesmente a guardiã do ser criminoso como tal.[11]

* O conceito do não-diálogo em *Antígona* é de autoria do professor Eugênio Bucci e tem sido desenvolvido sistematicamente em suas aulas sobre ética e em suas palestras sobre *Antígona*.

E Derrida via a protagonista de Sófocles como a figura da orfandade, dentro de uma insuperável estranheza em relação a si mesma e ao mundo.[12] Em obra monumental, o jurista Fábio Konder Comparato sustenta que "o argumento central da peça é a *ilegitimidade* das leis humanas, quando contrárias à vontade dos deuses".[13]

O filósofo Friedrich Nietzsche, um dos que mais se debruçaram no estudo da tragédia grega, apontou que em Sófocles o mortal cai em desgraça pela vontade dos deuses; não a desgraça como punição e sim como algo por meio do qual o homem é consagrado como um santo – ou uma santa, no caso de Antígona –, numa espécie de "idealização da infelicidade". Também teria sido Sófocles o primeiro a escrever a tragédia do ponto de vista do povo. Com isso, atingira o ponto de vista propriamente trágico. Para Nietzsche, a visão trágica do mundo se encontra em Sófocles.[14]

Visão também distanciada no tempo, no lugar e no olhar, vem de Sérgio Buarque de Holanda. Ao escrever sobre *Antígona*, ele anota que "o Estado não é uma ampliação do círculo familiar e, ainda menos, uma integração de certos agrupamentos, de certas vontades particularistas, de que a família é o melhor exemplo". Em *Raízes do Brasil*, ele sustenta que "ninguém exprimiu com mais intensidade e oposição e mesmo a incompatibilidade fundamental entre os dois princípios [círculo familiar versus Estado] do que Sófocles. Creonte encarna a noção abstrata, impessoal da Cidade, em luta contra essa realidade concreta e tangível que é a família".[15]

Quem trabalhou em profundidade o dilema moral na peça foi o filósofo alemão Hegel. Ele considerava *Antígona* "a mais perfeita e a mais excelente" dentre "as obras-primas da arte dramática antiga e moderna"[16] e, diferentemente de Goethe e de seu amigo Hölderlin, apresenta uma interpretação mais complexa. Antígona e Creonte representam o choque entre a inconsciência natural e a consciência. Ambos, sobrinha e rei, formam a contradição entre a divina lei *natura* e a lei da comunidade humana. É Hegel quem eleva ao quinto plano (deuses de cima versus deuses de baixo) a leitura do drama. "Antígona reverencia os laços do sangue, os deuses subterrâneos; Creonte, ao contrário, [reverencia] somente Zeus, quer dizer, a potência que reina na vida pública e que vela pelo bem do Estado."[17]

Em Hegel, Antígona aparece como "defensora do princípio feminino e do mundo privado da casa, que se ergue contra a lei masculina e a ação na vida pública". Aqui ele vai ao ponto: "A trama dos conflitos permite mostrar a sinceridade de ambos os heróis – bem como a complexidade das ações e do caráter dos personagens."[18]

Sinceridade de ambos interessa aqui na medida em que se quer ir além da primeira leitura possível da peça dramática. Sem o saber, Antígona arrasta para a morte o noivo e a mãe do noivo, ambos inocentes. Com isso, feria também a lei divina e poderia até provocar a ira dos deuses por se colocar no lugar de alguém "que assumia o ponto de vista da justiça divina, infalível e absoluta", de acordo com Freitag.

Tarde demais ela se dá conta de que sofrerá, ela própria, o destino do qual quis preservar o irmão Polinices: não terá os funerais tradicionais que lhe assegurariam a vida eterna nos Campos Elísios. Finalmente, lamenta-se por ter abdicado da vida, antes de vivê-la e degustá-la. Os deuses não retribuem sua ação com reconhecimento ou compaixão.[19]

Creonte é firme em sua defesa das leis dos homens. No entanto, cogita retroceder – tanto por indicação de Tirésias quanto do filho Hémon – quando percebe a impopularidade da medida, mas os fatos o atropelam e ele se transforma num homem demolido ao final do drama.

O conflito moral entre Antígona e Creonte, elevado às últimas conseqüências por conta do absoluto não-diálogo entre ambos e o não-diálogo de Creonte com o povo de Tebas, resiste, divide opiniões, inspira as mais diferentes análises e se insere na cultura grega e universal como exemplo de polaridade, de pontos extremos.

O que isso remete à comunicação e, em especial, à questão ética no jornalismo? Mesmo confrontadas com as razões de Estado, seja Creonte um usurpador ou não do trono, as simpatias ficam com Antígona. Não bastam 25 séculos de interpretações intelectuais ou acadêmicas para fazer com que o público absorva a função pedagógica da peça e entenda, como queria Sófocles, "que toda ação é suscetível de erro, que cada ponto de vista defendido tem sua razão de ser".[20] Isso, sem dúvida, tem a ver com o jornalismo quando se fala na sua tarefa precípua de apresentar os diversos pontos de vista de uma questão contraditória, quando discute temas polêmicos sob prismas tão impalpáveis quanto imparcialidade ou independência. Como foi e tem sido difícil para Sófocles que seu público compreenda e entenda as distintas razões de Antígona e de Creonte, o mesmo continua difícil de conseguir na comunicação moderna, mesmo quando ela própria, a comunicação, reproduz o drama ou quando representa algum outro conflito qualquer.

Sófocles seria o cronista da passagem da aristocracia para a democracia na Grécia Antiga por revelar a cisão entre os valores éticos do indivíduo e as leis políticas. Essa é a interpretação de Marilena Chaui ao mostrar que *Antígona* é o momento de ruptura daquilo que Hegel definia como a "bela totalidade ética grega", quando valores éticos e políticos podiam ser idênticos e, no entanto e na realidade, nunca o foram. Não teria existido essa bela totalidade ética. A tragédia de Sófocles mostrou mesmo que os valores éticos e políticos não se amalgamavam jamais.[21]

Sófocles pretendia conscientizar o seu público e não há garantias de que isso tenha acontecido, apesar de a tragédia ter essa função. Se não tem por natureza a tarefa de conscientizar, a comunicação jornalística tem levado ao público o contraditório. Nos dilemas morais que reproduz e nos quais se envolve, o jornalismo peca (um termo que os gregos não conheciam, porque não tinham o pecado cristão) em geral por não revelar com grandeza os vários componentes, os vários planos dos problemas aos quais dá representação. Não que o foco se dirija para a vítima mais fraca, para os detentores da informação ou para os interesses dos poderosos. É sempre complicado enxergar nos textos, reportagens e documentários as diferentes razões de cada lado e, mais difícil ainda, vê-las nomeadas de forma consistente, equilibrada e devidamente contextualizada.

É o mesmo caso do dilema de Sócrates (abrir mão ou não dos seus princípios), cujo mito, construído a partir do relato parcial de seus discípulos, nos faz ver um homem comprometido com sua verdade, um homem que não se deixou intimidar pela possibilidade da execução e seguiu fiel ao seu ordenamento moral. O mito de um Sócrates vitimado sobrevive e alimenta o estudo da filosofia. "A morte de Sócrates é um evento que marcou a história da civilização ocidental. A imagem do Sábio, vítima da intolerância dos homens, admirável na coragem e na serenidade ante a morte, se tornou um *topos* [lugar] que 25 séculos em nada excetuam seu caráter exemplar", sustenta Claude Mossé, autor do clássico *Le procès de Socrate*.[22]

Sócrates e a justiça

Por acaso, foi um jornalista quem mais tentou buscar, nos limites das possibilidades documentais e etimológicas, um outro lado para se entender as razões pelas quais a democracia grega condenou à morte Sócrates, um senhor de 70 anos, no apogeu de sua capacidade de ensinar.

Sócrates nasceu em 469 a.C. e tomou o veneno mortal, cicuta, em 399 a.C. Seu discípulo Platão tinha 28 anos. Uma das duas representações sobreviventes do seu julgamento é a de Platão. A outra é a de Xenofonte, ex-soldado, ex-mercenário, historiador e também discípulo. Há contradição ao se comparar os relatos de ambos. Não há registro conhecido do julgamento feito por quem estava do lado da acusação, a cidade-Estado de Atenas. As representações sobreviventes contam só a visão dos partidários de Sócrates. E, embora tenham prevalecido as razões de quem estava do lado da cidade, que levaram à sentença de morte, a história de Sócrates que chegou até nós não aprofunda essas razões.

Sócrates é apresentado por Aristóteles como o primeiro a definir os conceitos relativos ao campo da moral. Embora existam discordâncias sobre isso, essa é mais uma razão para trazê-lo aqui onde se discute a ética, os princípios que guiam a ação privada do homem em um grupo social determinado num contexto em que a escolha é possível. Sócrates usou e abusou do contexto da escolha para mostrar aos seus interlocutores o que podia estar certo ou errado. Suas conversações em geral terminam sem se chegar a alguma conclusão cabal a respeito do tema debatido, mas pressupõem escolhas e escolhas. Esse mecanismo tem explicação. Para Sócrates, "a meta seria não o assunto em discussão, mas a própria alma do interlocutor, que, através do debate, seria levada a tomar consciência de sua real situação, depois que se reconhecesse povoada de conceitos mal formulados e obscuros".[23]

Ele ia atrás das ambigüidades e fazia seu interlocutor enxergar o assunto de outra forma, por outro ângulo. A isso se deu o nome de maiêutica, algo ligado à busca da verdade no interior do homem.

Para começar, deve-se deixar de lado, aqui, qualquer idéia preconcebida a respeito da verdade, em especial aquela ligada ao bom senso. Se o conceito de verdade é igualmente complexo para o jornalismo e para a historiografia, a verdade sobre o julgamento de Sócrates, por exemplo, é controversa.

Qual era exatamente a acusação que levou Sócrates ao tribunal? Sob o pórtico do magistrado supremo da cidade, o Arconte Rei, em abril de 399 a.C. estava afixada a acusação: "Acuso Sócrates como réu de irreligião, porque desconhece os deuses pátrios, e porque em seus discursos pratica a arte de demonstrar o falso e o justo como verdadeiro e injusto, e essa arte vai injustamente ensinando aos moços." Irreligião é palavra que vem do latim e está sendo usada no lugar de uma palavra grega que significa ausência de qualquer crença; ateísmo, em última instância. Além da acusação de desconhecer os deuses da pátria, ele era igualmente acusado de mostrar aos jovens como transformar o falso em verdadeiro e o injusto em justo. De quebra, era tachado de ser um sofista, sábios que ensinavam a retórica, o uso flexível das palavras e dos conceitos, sempre contra um pagamento – logo ele, Sócrates, que jamais aceitara um tostão sequer pelos ensinamentos ministrados.

A acusação vinha assinada por Meleto, Licão e Ânito. Meleto era poeta. Licão, um orador. Ânito, tido como o instigador do processo, era político, vinha de uma rica família de artífices do couro, comerciante de curtumes. Era também um orador respeitado.

Os acusadores não estavam sozinhos. Alguns anos antes, Sócrates havia sido ridicularizado em público na comédia *As nuvens*, de Aristófanes, à qual Sócrates se refere no julgamento.[24] A peça, no entanto, não foi muito bem cotada no concurso de tragédias, ficou em terceiro lugar, a pior colocada entre todas as peças de Aristófanes. O objetivo era claro: atacar Sócrates, menosprezá-lo, apresentando-o como sofista e adiantando a pecha de corruptor da juventude, porque nela Sócrates ensinava o jovem filho de um fazendeiro a ser corrupto. O título tinha por objetivo insinuar que Sócrates trocava os deuses por outro tipo de divindade, como o éter, o ar ou a persuasão; que vivia na transcendência; era uma referência ao mal das idéias. Entre os personagens havia o Raciocínio Justo e o Raciocínio Injusto. O primeiro defendia a verdade, a decência, o pudor. Já o Raciocínio Injusto proporcionaria dinheiro, fama, sexo. O Injusto ganha a parada. A comédia demonstra por si, além de qualquer outra evidência, que Sócrates não era uma unanimidade no seu tempo no que toca à sua sabedoria e à admiração dos atenienses. No entanto, há quem diga que Aristófanes admirava Sócrates.

No relato deixado por Platão, "Defesa de Sócrates", na tradução de Jaime Bruna, tudo começa com o exórdio (preâmbulo) de Sócrates no qual ele realça a força de persuasão de seus acusadores, embora afirme não terem proferido nenhuma verdade. Clamando por Zeus, Sócrates garante que vai trazer desmentidos com "os fatos" e pede desculpas por usar a mesma linguagem que sempre usou em praça pública.

Diz ter medo de seus acusadores. De muitos ele tem mais medo do que de Ânito e de seu pessoal. Porque educaram muitos dos presentes e fizeram crer a todos "que existe certo Sócrates, homem instruído, que estuda os fenômenos celestes, que investigou tudo o que há debaixo da terra e que faz prevalecer a razão mais fraca".[25] Referia-se também à comédia de Aristófanes. Para Sócrates isso era um boato despejado havia muito tempo sem defesa alguma de sua parte. Ele soma duas classes de acusadores: aqueles atuais (Ânito, Meleto e Licão) e os de sempre, "de antanho".

Ele próprio lê, textualmente, parte da acusação: "Sócrates é réu de pesquisar indiscretamente o que há sob a terra e nos céus, de fazer que prevaleça a razão mais fraca e de ensinar aos outros o mesmo comportamento." Pergunta aos presentes se alguma vez o ouviram proferir algo semelhante. Platão não conta se alguém protestou ou respondeu afirmativamente à pergunta e o faz afirmar não ter fundamento o boato de que ganha dinheiro lecionando. Sócrates aproveita para dizer que também não vê mal nisso e cita alguns sofistas que admira e que cobram para passar os ensinamentos. Essas seriam as acusações antigas.

Ele passa a explicar as razões que o levaram a ter essa reputação e as encontra no oráculo de Delfos, um templo no qual uma sacerdotisa do deus Apolo predizia o futuro depois de inalar um vapor advindo de uma fenda na terra. Conta a história de seu amigo Querefonte, que um dia foi ao oráculo e perguntou se havia alguém mais sábio que Sócrates. Pítia, a sacerdotisa, respondeu não haver ninguém mais sábio. Ao saber dessa resposta, Sócrates se pôs a perguntar: "Que quererá dizer o deus? Que sentido oculto pôs na resposta? Eu cá não tenho consciência de ser nem muito sábio nem pouco; que quererá ele, então, significar declarando-me o mais sábio? Naturalmente não está mentindo porque isso lhe é impossível."

Sócrates decidiu investigar as razões de tal afirmação e começou a procurar pessoas sabidamente mais sábias. Procurou um político e submeteu-o a um exame – sem dizer qual –, e o resultado foi que Sócrates meteu-se a explicar-lhe que supunha ser sábio e não o era. Diz o seguinte ao tribunal a respeito do que ia dizendo de si para si depois de ter com o político: "Mais sábio do que esse homem eu sou; é bem provável que nenhum de nós saiba nada de bom, mas ele supõe saber alguma coisa e não sabe, enquanto eu, se não sei, tampouco suponho saber. Parece-me que sou um nadinha mais sábio do que ele exatamente em não supor o que não sei."

Procurou outros que se julgavam tão sábios e de todos teve a mesmíssima impressão. Depois dos políticos, foi atrás dos poetas. Descobriu que eles tampouco compunham suas obras "por sabedoria, mas por dom natural, em estado de inspiração, como os adivinhos e profetas". Por fim, foi ter com os artífices. Achou-os com o mesmo defeito dos poetas: "Por praticar bem a sua arte, cada qual imaginava ser sapientíssimo nos demais assuntos, os mais difíceis, e esse engano toldava-lhes aquela sabedoria." Sócrates afirma ter sido essa investigação a responsável pelas inimizades "acirradas e maléficas" que deram nascimento às "calúnias" e, de outro lado, também à reputação de sábio.

Ainda no exórdio, Sócrates interroga Meleto, não sem antes ter o cuidado de ler mais um trecho da acusação: "Sócrates é réu de corromper a mocidade e não crer nos deuses em que o povo crê e sim em outras divindades novas." Pergunta se Meleto dá valor aos jovens e este responde afirmativamente. No uso pleno de seu método de perguntar e forçar resposta moralmente defensável, leva Meleto a concordar que ninguém, de moto próprio, deseja algum dano, mas não o leva a retirar a queixa de que ensina coisas erradas aos jovens, de que os corrompe. No diálogo sobre os deuses, Meleto também declara que Sócrates não crê em deus algum, apesar de a acusação sustentar que ele estaria servindo ao demônio. Sócrates reage: "Há quem acredite em poderes demoníacos, mas não que existam demônios?" Meleto responde: "Não há." Sócrates pergunta como é possível acreditar em demônios e não acreditar nos deuses, uma vez que os demônios são um tipo de deuses. Vai em frente com sua técnica de tentar derrubar os adversários por seus próprios argumentos e encurralá-los em encruzilhadas retóricas, mostrando-lhes quanto falta de substância no que dizem – técnica que os jovens que o acompanhavam copiavam e acabavam causando mais incompreensão. Ele fala bastante na sua justificação. Lá pelas tantas diz: "Outra coisa não faço senão andar por aí persuadindo-vos, moços e velhos, a não cuidar tão aferradamente do corpo e das riquezas, como de melhorar o mais possível a alma, dizendo-vos que dos haveres não vem a virtude para os homens, mas da virtude vêm os haveres e todos os outros bens particulares e públicos."

Clama: "Quer atendais a Ânito, quer não, quer me dispenseis, quer não, *não hei de fazer outra coisa*, ainda que tenha de morrer muitas vezes."[26] Diz em alto e bom som que continuará o mesmo e fará a mesma coisa de sempre.

O julgamento prossegue e, mais à frente, sempre conforme Platão, há a discussão das penas. Já foi feita a primeira votação, que determinava o veredicto, culpado, e o próprio Sócrates observa que com a transposição de "apenas 30 votos" ele seria absolvido. Decretaram a sentença de morte, mas Sócrates podia propor algo em troca. Ele sugere nada mais nada menos do que ir para o Pritaneu, um edifício público, o centro cívico e religioso da cidade. Heróis, grandes esportistas e cidadãos de bem eram sustentados no Pritaneu, onde faziam suas refeições sem pagar. Conforme Platão, Sócrates também diz que, se tivesse dinheiro, estipularia uma multa dentro de suas posses e, assim, poderia pagar uma mina de prata. Olha para os amigos Platão, Críton, Critobulo e Apolodoro, que lhe mandam estipular 30 minas: "Estipulo, pois, essa quantia; serão fiadores da soma essas pessoas idôneas."

Há aqui uma contradição com o testemunho de Xenofonte – que, ao contrário de Platão, não assistiu ao julgamento, mas o escreveu a partir do relato feito por Hermógenes, discípulo de Sócrates. Xenofonte escreve o oposto: "Primeiro convidado a fixar a taxa da multa, declinou e não o permitiu aos amigos, dizendo-lhes que tal fazer seria confessar-se culpado."[27]

Sócrates tinha a possibilidade de trocar a sentença por uma multa. Na realidade, prevaleceu a sentença fatal.

O fato de Sócrates não ter deixado nada escrito é uma dificuldade – e uma facilidade para a perpetuação de seu mito. Foi o jornalista americano Isidor Feinstein Stone, conhecido como I.F. Stone, em *O julgamento de Sócrates*, quem investigou detalhadamente esse mito, aprendeu grego arcaico para ir às fontes originais e se tornou um dos maiores especialistas no julgamento de Sócrates.[28]

Stone explica, por exemplo, que em Atenas e nas cidades-Estado gregas a política se dava numa espécie de luta de classes bipartidária e os dois lados estavam de total acordo em relação à idéia de que a cidade deveria ser governada por seus cidadãos. Discordavam em relação à forma de governo, se restrita (oligárquica) ou ampla (democrática). No entanto, os atenienses de então eram ferrenhos defensores do autogoverno. "Ser contra o autogoverno não era apenas ser antidemocrático: era ser antipolítico."[29] Essa seria a visão que a maioria dos contemporâneos tinha de Sócrates. Este não defendia nem uma nem outra; nem democracia nem oligarquia. Conforme realça Stone, no ideal de Sócrates – apresentado várias vezes tanto em Platão quanto em Xenofonte – o poder deveria ser exercido "por aquele que sabe". Isso soaria a seus contemporâneos como uma volta à monarquia, o fim da democracia. Stone realça que, nas "Memoráveis" ("Ditos e feitos memoráveis de Sócrates", de Xenofonte),[30] Sócrates se coloca na posição de adversário de todas as formas de governo existentes. Enumera uma por uma e rejeita todas.

O líder político de uma cidade, de uma pólis, o *politikós*, era eleito, tornava-se um funcionário com mandato, em geral de um ano, e prestava contas regularmente a uma assembléia e aos tribunais populares. Mesmo em tempo de guerra, os seus poderes eram limitados. Não havia poder absoluto. "Os cidadãos por ele governados não lhe eram inferiores quanto a seu status legal nem a nenhuma hierarquia, e sim (como observou Aristóteles na *Política*) eram seus 'iguais e semelhantes'. Tinham em comum uma mesma humanidade."[31]

Ninguém era diferente porque era um político e governava a cidade por um ano. No ano seguinte, outro cidadão, outro par, estaria no mesmo posto para servir à mesma lei e aos mesmos cidadãos, seus iguais.

Esse é o conflito fundamental que opõe Sócrates aos cidadãos do tribunal. Ele representava a volta ao passado, ao governo de um só – por mais sábio que fosse –, o retorno ao indesejado governo de apenas um. Pior: ele se reconhecia o mais sábio, por saber um nadinha mais do que outros, que nada sabiam. Dos 501 cidadãos no júri, conforme conta do próprio Sócrates, 280 o consideraram culpado. As divergências fundamentais atestam que ele e seus discípulos, no dizer de Stone, encaravam a comunidade humana como um rebanho que precisava ser governado por um rei, como ovelhas por um pastor. Os atenienses acreditavam, conforme descreveu depois Aristóteles, que o homem era um "animal político" dotado de *logos*, ou seja, dotado de razão, capaz de distinguir o bem do mal e de se autogovernar numa cidade.[32]

I.F. Stone insiste em que nenhum outro povo deu mais valor à liberdade de expressão do que os gregos, os atenienses em particular. Os gregos tinham no mínimo cinco palavras ligadas à liberdade de expressão. *Isotes* significa igualdade, ou *isonomia*, igualdade de todos perante a lei. *Isegoria* e *isologia,* sinônimos, designam o direito de se exprimir livremente – *isegoria* virou até sinônimo de igualdade política. *Parrhesia* possui tanto o significado de franqueza, sinceridade, quanto de liberdade de expressão, no sentido político. Stone foi cavoucar esses conceitos para se perguntar se teria dado certo Sócrates basear sua defesa na liberdade de expressão.[33] Sócrates fez uso prático dela quando pôde se defender, mas sem se referir a ela.

Após examinar a obra de Xenofonte e de Platão, Stone conclui que nenhuma das palavras que significavam algo relacionado à liberdade de expressão aparece nem nas "Memoráveis" nem na "Apologia" de Xenofonte. Em Platão, quando aparece, é em "tom de desdém". Ele encontrou somente quatro referências à liberdade de expressão nas obras de Platão e há apenas uma não pejorativa, nas *Leis*, quando o porta-voz de Platão diz:

> Quando os persas, no reinado de Ciro, atingiram o devido equilíbrio entre servidão e liberdade, eles se tornaram primeiro homens livres e depois senhores de muitos outros ... Se acaso houvesse entre eles algum homem sábio, capaz de dar conselhos, como o rei não era invejoso e permitia a liberdade de expressão [*parrhesia*] e respeitava aqueles que poderiam proporcionar alguma ajuda com seus conselhos, tais homens tinham oportunidade de contribuir para o cabedal comum com os frutos de sua sabedoria.[34]

Sócrates não se defendeu com o recurso da liberdade de expressão porque esse conceito não era relevante nos seus pensamentos e, evidentemente, estava longe das suas preocupações.

Claude Mossé defende não ser simples pensar a morte de Sócrates como uma coisa secundária na história de Atenas ou uma prova da intolerância da democracia ateniense quando em face de um espírito livre. Por responder a um processo de irreligião – Mossé usa o francês *impiété,* que significa impiedade, blasfêmia, sacrilégio –, havia ali uma dimensão política,[35] localizada no centro e na história de uma cidade construída diariamente por seus cidadãos livres, excetuando-se mulheres e escravos. Formavam uma espécie de condôminos participativos capazes de trocar o seu "síndico" com a regularidade necessária e em função dos erros e dos acertos. Construíam juntos e em conjunto aquela democracia. Sentiam-se tão senhores do Estado quanto o síndico por eles designado. Num determinado ano um deles podia ser o síndico; em outro, o ex-síndico estaria na assembléia; no outro, apenas acompanhando e fiscalizando a administração. Por que precisariam de um único homem para governar?

Stone sugere que o gênio de Platão transformou Sócrates num santo profano, num homem superior capaz de enfrentar a turba ignara com serenidade e senso de humor. "Sócrates precisou da cicuta, tal como Jesus da cruz, para cumprir sua missão. Essa missão deixou uma nódoa indelével no nome da democracia; é esse o crime trágico de Atenas." São 25 séculos de construção do mito e poucas cabeças dispostas a enfrentá-lo sem se deixar influenciar por ele. Passado e repassado todo esse tempo, sobram defesas apaixonadas e incondicionais do mito Sócrates. Na realidade atual, mitos se constroem e desabam à velocidade da luz, e o jornalismo é uma das ferramentas dessa vertiginosa engrenagem que os erige, que os mantém ou que os destrói da noite para o dia. A verdade sobre Sócrates inclui a verdade sobre Atenas. Na impossibilidade de voltar no tempo para ver o acontecido, é mais fácil analisar a possibilidade de visões distintas. Assim como nos apaixonamos por Antígona e somos contra Creonte, também nos apaixonamos por Sócrates e somos contra seus acusadores.

O jornalismo, na sua forma clássica – que nasceu muito depois de Sócrates –, é um instrumento teoricamente capaz de nos fazer ver o outro lado bem antes que as coisas se tornem mitos ou sejam varridas na história e da história sem dar tempo aos historiadores. De modo paradoxal, o jornalismo pode ser simultaneamente uma das maiores ferramentas na construção e na perpetuação de mitos. Assim, independentemente de suas diferenças em relação à história, ajuda a manter o mito de Sócrates.

A verdade, Sócrates cansou de dizer que a mostrava aos seus julgadores, mas o tribunal acabou por condená-lo. Se aquele Sócrates, logo depois saudado como o fundador da ética, foi incapaz de dobrar os juízes, ou ao menos a maioria deles, isso sugere o quanto de relativo havia na sua verdade e na sua capacidade de exibi-la para aquela platéia. A verdade da democracia da cidade-Estado opunha a maioria da corte a Sócrates, assim como a verdade familiar de Antígona a opunha às razões de Estado de Creonte.

A lei moral é tratada por Sócrates de forma natural, algo que nasce na natureza como uma de suas propriedades. Não vem designada por algum deus nem desenvolvida pelos homens. Há um diálogo de Sócrates com Menon no qual ele demonstra que nenhum homem está em busca senão do bem. Quando deseja e procura fazer o mal, ele estaria supostamente buscando o bem.[36] Sócrates julga eticamente positivas todas as ações que conduzem o homem à felicidade. Introduziu uma hierarquia de valores levando em conta que o desejo humano se orienta para o bem. O homem pode passar sem as vantagens exteriores da saúde, da beleza, da riqueza e das honras políticas, graus inferiores nessa primeira etapa da hierarquia. Os prazeres do corpo e da sensibilidade, ligados diretamente aos sentidos, seriam apreciáveis, mas exigiriam alguma regra ou vontade para impedir os excessos – segunda etapa. O governo de si mesmo libertaria o homem do jugo das próprias paixões e dos instintos, submetendo-o à razão. Representaria um dispositivo para o alcance de bens maiores. O autocontrole das paixões e dos instintos efetivamente se apresenta como condição preliminar para dar entrada aos bens espirituais – terceira etapa. A quarta e última etapa dessa hierarquia seria a da sabedoria e da virtude. Essas seriam as duas qualidades capazes de tornar o homem feliz. Essas duas categorias eram consideradas de tal modo elevadas que Sócrates as julgou suficientes em si mesmas para produzirem a felicidade, embora sem o concurso dos elementos materiais e sensíveis.

O esclarecimento seria fundamental. É absolutamente necessário ter consciência do que é preciso fazer, para que o ato se diga ético. Sócrates aprofundaria esse princípio do esclarecimento moral quando identifica a virtude com o saber. Seria preciso conhecer o bem para praticá-lo. Sócrates radicalizou o princípio do esclarecimento moral na identificação da virtude com o saber. Bastaria conhecer o bem a praticar para garantir sua prática. Ninguém buscaria o mal voluntariamente. "O paradoxo socrático está nessa identificação da ciência do bem com a virtude. Sócrates não considerou a virtude como disposição volitiva, conforme a definição futura de Tomás de Aquino: 'disposição dificilmente móvel, segundo a qual o agente age bem, fácil e agradavelmente'."[37]

Na hierarquia dos valores estabelecidos por Sócrates, o mais elevado grau seria o da sabedoria e da virtude. Ali estacionaria a inclinação humana – feliz. Dessa forma, ele reduz a felicidade à virtude. Obtida a virtude, o homem possui a felicidade completa e definitiva. A ética socrática estaria marcada então por uma recompensa inteiramente ligada à vida presente. De certa forma, ele reafirmou isso no seu julgamento quando enfrentou com suas velhas e conhecidas armas da retórica o tribunal democrático – há que se concordar.

Quanto à verdade propriamente dita, qual seria a verdade no julgamento de Sócrates? Há mais de uma resposta e há maneiras distintas de responder, como se viu atrás. Além disso, questionam-se também aqui não só as representações que do julgamento se fizeram, mas também as representações que dele não se fizeram.

Como não há concordância entre o resultado do tribunal, que julgou Sócrates culpado, e a convicção dos discípulos, que o consideravam inocente, é possível concluir não haver uma verdade nessa história – como não poderia haver em qualquer material sobre o qual não haja concordância. A verdade estaria na controvérsia.

Em geral, vê-se Sócrates como vítima – o sábio injustiçado, o homem que não arredou pé dos seus princípios. É incomum buscar o outro lado desse acontecimento, uma vez que os relatos sobreviventes reforçam e mitificam apenas o lado mais fraco, porém mais espetacular. Além disso, tais relatos foram produzidos por discípulos obviamente partidários do filósofo. O mais difícil – e, nesse ponto, o historiador e o jornalista se encontram – é não apenas procurar, mas achar o outro lado. Na história do julgamento, um jornalista foi atrás da outra verdade sobre Sócrates. A ambigüidade moral que reside no mecanismo do tribunal em Atenas não está na resposta à pergunta se se deve acreditar que Sócrates foi condenado injustamente, mas quanto uma democracia suporta alguma liberdade de expressão capaz de alardear a necessidade de retrocesso da própria idéia de democracia. E esse diagnóstico, tão palpável na decisão moral dos juízes de Atenas, soa para nós ocidentais como algo tão questionável quanto soa irreversível o mito de Sócrates, tristemente condenado à cicuta.

Epicuro e o prazer

Felicidade é o tema de Epicuro, famoso pelo seu jardim, quase sinônimo de hedonismo – se isso se referir à busca de prazeres moderados. Nascido em 341 a.C. e morto em 270 a.C., com 71 anos, veio à luz 88 anos depois da morte de Péricles, 65 depois da morte de Sófocles, 58 depois da morte de Sócrates e seis anos depois da de Platão. Conhecer melhor Epicuro ajuda a entender o significado de alguns termos, como *philia* (amizade), *isegoria* (já visto como liberdade de expressão) e *ascese* (práticas e disciplinas necessárias à austeridade e ao autocontrole do corpo e do espírito).

Um dos melhores guias do pensamento de Epicuro em relação à ética é o trabalho de José Américo Motta Pessanha intitulado "As delícias do jardim", proferido no curso de ética promovido por Adauto Novaes em 1991.[38]

Conforme relata Motta Pessanha, foi um cidadão de Enoanda e professor em Rodes, conhecido como Diógenes de Enoanda, o responsável, no século II, por uma inscrição na muralha de Enoanda, cidade na Capadócia, no centro da Turquia, com a fórmula de um remédio para a humanidade encabeçada pelo seguinte enunciado: "Hoje a maioria dos homens está doente." Era uma mensagem filosófica para uma humanidade enferma e trazia a receita para sua cura. Dizia que, em função das falsas crenças a respeito do mundo, o mal se agravava porque, por imitação, os homens transmitiam o mal uns aos outros. Epicuro tinha um remédio para isso num tempo em que o termo "remédio" tinha dois significados: para os gregos podia ser tanto o veneno quanto o seu antídoto. A fórmula terapêutica de Epicuro era chamada de *tetraphármakon*, o quádruplo remédio, composto da seguinte receita:

1. Não há o que temer quanto aos deuses;
2. Não há nada a temer quanto à morte;
3. Pode-se alcançar a felicidade;
4. Pode-se suportar a dor.

O remédio era o próprio *logos* filosófico capaz de livrar a humanidade dos tormentos e das aflições. Havia uma dupla natureza na proposta epicurista: "Aliar razão iluminadora e amor à humanidade, lúcida compreensão dos fenômenos naturais e procura da felicidade terrena, ciência e ética."[39]

Para tanto, ele criou um espaço, um jardim, ou uma escola, onde recebia os amigos e qualquer um que quisesse se distanciar dos problemas da cidade. A salvação seria buscada não pela trilha da crença, mas por meio do conhecimento, nunca pela adesão ao mistério, ao empiricamente insondável. Epicuro teria sido, então, o primeiro teólogo da morte de Deus. É nele, por exemplo, que se vão encontrar as bases do materialismo marxista. Profundamente influenciado, Karl Marx viu em Epicuro "o combate desalienador à ética e à religião tradicionais".[40]

Motta Pessanha explica o quádruplo remédio ao contar que, para Epicuro,

> tudo que existe é feito de átomos, vazio, movimento. Também a alma humana. A morte é simplesmente a desagregação desse conjunto atômico, nada mais. Por isso, não há por que temê-la. Na verdade, quando advém, já não somos: ela não nos concerne. Ensina Epicuro: "Habitua-te a pensar que a morte nada é para nós, visto que todo mal e todo bem se encontram na sensibilidade: e a morte é a privação da sensibilidade."

Ou ainda: "Viverá como um deus entre os homens e não terá nada de mortal, pois possuirá os bens dos imortais."[41] A propósito, Motta Pessanha usa como epígrafe de seu texto o verso final de um poema de Friedrich Hölderlin dirigido às Parcas, as divindades do destino, em que arremata: "Vivi como os deuses, é quanto basta."

Epicuro estava agarrado aos limites da liberdade interior. Dizia que dos homens só se devia temer o ódio, a inveja e o desprezo. No seu jardim, as mulheres e escravos eram bem-vindos, era o lugar da amizade, aquele sentimento que na ética epicurista está na metade do caminho entre a indiferença e o amor. Para ele, o certo era buscar as emoções medianas: "Uma boa comida, mas sem exageros, uma relação amorosa, mas dentro dos devidos limites", explica Luciano de Crescenzo. "Sossego em demasia é indolência e atividade exagerada é demência", escreveu Epicuro.[42]

A *philia*, a amizade, era o instrumento indispensável ao "artesanato ético", na expressão de Motta Pessanha. Não havia vínculo político nem religioso. O indivíduo tinha de escolher entre a ética e a política. Ou ia para a política ou seria ético. Evidentemente, a Grécia de Epicuro não é a Grécia da democracia, aquela que condenou Sócrates e cujos homens dirigiam em conjunto. Era uma Grécia cujas cidades viviam o momento da perda da liberdade política, eram os tempos da dominação macedônica, das injustiças e da decadência.

No horizonte das verdades e mentiras e no reino das ambigüidades morais, a história registra inúmeras interpretações para o que se fazia no famoso jardim, que de fato era uma horta comprada por 80 minas por Epicuro na periferia de Atenas. Usado como local de encontro para os amigos conhecidos como "aqueles do jardim", era um espaço no qual se plantavam repolhos, nabos e pepinos, a entrada era franca e a presença de mulheres virou motivo de fofocas e escândalo. Um estóico chamado Diotimo chegou a escrever 50 cartas obscenas assinando-as como Epicuro e com isso reforçou a "má" reputação do jardim. Outro estóico afirmou que Epicuro incitava o irmão menor à prostituição. Num livro chamado *Contra Epicuro*, Teodoro acusou-o de embebedar-se com a mulher de um certo Leonteu. Outro livro o chamava de "galanteador do ventre". Plutarco conta que Epicuro tinha um diário no qual registrava quantas vezes tinha feito amor e com quem. Os epicuristas foram perseguidos e as autoridades da Messênia (parte sudoeste do Peloponeso, península extensa e montanhosa no sudeste da Grécia) mandaram os soldados enxotar os seguidores de Epicuro e purificar suas casas com fogo. Cícero descrevia a escola como "um jardim de prazer, onde os discípulos entregavam-se molemente aos mais requintados gozos".[43]

Para Epicuro, o homem deixava de ser uma unidade política inserida na sociedade para se tornar um ser particular, conforme o resumo de Crescenzo, que sistematizou aquilo que ficava bem, ou mal, no jardim.

- Se quiseres enriquecer ... não aumentes tuas posses, mas sim limita os teus desejos.
- É bom ter muita consideração pela frugalidade, não porque precisemos viver continuamente entre privações, mas sim para sermos menos preocupados.
- Livremo-nos dos grilhões dos negócios e da política.
- É melhor dormir sem receio num leito de folhas do que inquieto numa cama dourada.
- Nenhum prazer é um mal em si, mas podem ser um mal os meios para consegui-lo, quando provocam mais perturbação do que alegria.
- Não estraga o bem que tens com o desejo daquele que não tens.[44]

Incomodava no epicurismo o desprezo pelos políticos e a atitude incomum em relação aos "inferiores" de então: mulheres e escravos eram bem-vindos. A amizade não era para todos naquela Grécia, apenas para o do mesmo estrato social. Se Sócrates foi o inventor da ética, se Aristóteles a sistematizou, Epicuro a fez prevalecer acima da física e da política – ele buscava a felicidade individual. Na reação contra a dominação macedônica, ante a *débâcle* da cidade-Estado democrática, ele erigiu o pilar do individualismo. Ou ética ou política, essa seria sua mensagem, em resumo. "Ser mortal, o homem constrói sua liberdade no tempo, no tempo desta vida que deve ser transformado em tempo de felicidade."[45] Se Sócrates e Platão queriam formar o cidadão, Epicuro queria formar a cidade interior.

Montaigne e a covardia

Se há algo que a individualidade propicia, e a Epicuro pouco importava, porque não havia nele a menor preocupação em educar o cidadão para a política tradicional, é a covardia. Entre as ambigüidades morais, esta é talvez a mais reconhecível entre as não-virtudes, entre as intemperanças abrigadas na comunicação entre os homens.

Há um texto nos *Ensaios* de Michel de Montaigne (1533-95), "A covardia é a mãe da crueldade",[46] que trata exclusivamente da covardia e, tanto pelas imagens que propicia quanto pelo valor metafórico e pelas analogias capaz de produzir, cabe aqui como ilustração para a questão da covardia na comunicação. O covarde não é apenas aquele que foge das situações, distancia-se das adversidades e perigos, mas também quem usa suas armas – sejam de fogo, sejam de palavras – para cometer crueldades, provocar sofrimentos, perpetrar injustiças.

"Ouvi dizer muitas vezes que a covardia é a mãe da crueldade e observei por experiência como uma falsa e perversa coragem, impregnada de maus sentimentos e de inumanidade, se une a certa fraqueza de alma bem feminina." Essas são as primeiras palavras do texto no qual Montaigne atira também contra as mulheres – o que deve ser entendido no contexto e aliado à propensão de Montaigne de desconsiderar as mulheres porque as via como objetos e frágeis. Diz ter visto "gente cruel ter a lágrima fácil a propósito de coisas insignificantes". Dá exemplos como o de Alexandre, o tirano de Feres, que não podia assistir no teatro à representação de tragédias, "de medo que seus súditos o vissem enternecer-se, ele que impiedosamente todos os dias mandava torturar gente com requintes de crueldade". Montaigne não tinha como dar um exemplo mais gritante, porque ele viria muito depois, mas sua própria França assistiu ao guilhotinamento de Camille Desmoulins, um dos líderes da Revolução Francesa, condenado à morte por ter sentido "piedade".

Montaigne se pergunta se não será por "pusilanimidade" que esses indivíduos passam de um extremo a outro, do enternecimento à crueldade. Pusilanimidade vem do latim *pusillanimitas*. Além de medo e covardia, o termo significa ânimo fraco, timidez, falta de energia, de firmeza, de decisão. Tiranos sanguinários podem se enternecer ante uma cena sensível de uma tragédia, ou com o pequeno sofrer de quem lhe é próximo, e não têm a mais remota possibilidade de condescendência em relação não somente aos inimigos, como também em relação aos desconhecidos.

> A valentia, que se exerce somente contra o que lhe resiste, "só se compraz em imolar um touro quando esse se defende" [aqui ele cita Cláudio, escritor e retórico romano], susta o golpe se vê o inimigo à sua mercê; mas a pusilanimidade, não tendo figurado neste primeiro ato e querendo participar da festa, entra em cena no segundo, o do massacre e do sangue. As carnificinas que se seguem às vitórias são obra em geral das massas inconscientes e dos que se ocupam das bagagens; e o que faz que presenciemos tantas e incríveis crueldades nas guerras de que participa o povo é o fato de a canalha, acostumada ao assassínio, se tornar cruel pelo hábito de chafurdar no sangue e esquartejar cadáveres a seus pés, não tendo outra concepção de valentia: "o lobo, o urso, os animais menos nobres encarniçam-se contra os agonizantes" [cita Ovídio, poeta latino]; assim os cães poltrões rasgam com os dentes, em casa, as peles dos animais selvagens, que não ousariam atacar em pleno campo.

Para Montaigne, ninguém duvida haver mais bravura em vencer o inimigo do que exterminá-lo, mais bravura em forçá-lo a ceder do que em matá-lo; a vingança seria mais completa quando provoca o ressentimento do inimigo e matar alguém seria colocar essa mesma pessoa a salvo de nossas ofensas.

> Lamentável é a vingança quando privada dos meios de fazer sofrer a vítima e alegrar o vingador ... Uma bala de pistola na cabeça fará com que alguém se arrependa? ... Prestamos-lhe em suma o melhor serviço, o de uma morte rápida e indolor. Temos de nos esconder, fugir à justiça enquanto ele descansa. Matá-lo impede apenas que

nos ofenda no futuro, mas não nos vinga da ofensa recebida; há nisso mais temor do que bravura, mais previdência que vontade de castigar. É evidente que assim renunciamos ao fim real da vingança e prejudicamos nossa reputação; demonstramos tão-somente o receio de que, vivo, renove o insulto. Não é contra ele que agimos, é em nosso benefício.

Nós queremos vencer, diz Montaigne, mas queremos ter a certeza do êxito antes, não nos preocupamos em vencer de modo honroso, nós buscamos o resultado e não a glória. Ele usa o exemplo de Asínio Pólio, que escrevera uma diatribe (uma crítica severa, em geral em tom violento, que se faz a respeito de alguma obra) contra um poeta e aguardava a morte deste para publicá-la. "Em vez de correr o risco do ressentimento que ia provocar, era como se desafiasse um cego com gestos indecorosos ou um surdo com palavras ofensivas, ou ainda como se violentasse uma pessoa desfalecida ... Quem aguarda a morte de um autor para criticar-lhe a obra demonstra que é fraco e vil."

Em retrospectiva, Montaigne conta que a geração anterior, a de seus pais, contentava-se em responder à injúria (injustiça, insulto, ofensa, dano) com um desmentido, e a um desmentido com pancadas, e assim por diante porque eram valentes o bastante para não temer o adversário. "Nós trememos de pavor enquanto o vemos [o adversário] de pé. Nossa conduta atual leva-nos a buscar a morte de quem ofendemos da mesma forma que buscamos a de quem nos ofende." Ao falar dos duelos, ele também explica ser um abuso usar uma espada perfeita contra alguém que só tenha um pedaço da sua, ou alguém ileso jogar-se contra um ferido, "mas se tais vantagens são obtidas em combate, lícitas se fazem". Impressionado com o que a destreza manual e a experiência podem fazer com um combatente (porque a destreza não é uma qualidade em si como a coragem), Montaigne dizia que a honra no combate consiste em apelar para o caráter e não para a habilidade. Cita o exemplo de um amigo muito bom de esgrima que escolhia, quando tinha que defender a própria honra, as armas que não lhe dessem vantagem, pois não queria atribuir a vitória mais à sua superioridade técnica do que ao seu valor real.

Para Montaigne, o que torna os tiranos tão sanguinários é a preocupação com a própria segurança. "A covardia que trazem no coração não lhes sugere outras medidas de salvaguarda senão exterminar os que os podem ofender, mulheres inclusive, incapazes de um arranhão: 'tudo abate porque tudo teme'", diz, citando Cláudio novamente. Assim, os tiranos passaram a prolongar a morte que infligiam com o objetivo duplo de matar o adversário ao mesmo tempo que os faziam sentir os efeitos de sua cólera. "Queriam que os inimigos não perecessem rapidamente. E lhes permitissem saborear a vingança ... Daí os engenhosos suplícios da Antiguidade, alguns dos quais ainda conservamos." Em seguida, Montaigne escreve uma das frases mais reveladoras do pequeno ensaio: "Tudo o que ultrapassa a morte pura e simples se me afigura cruel."

Ao definir a covardia como mãe da crueldade e ao delinear suas razões, Montaigne estava se referindo à pusilanimidade dos que usam de sua força para subjugar o adversário e dos que usam requintes de crueldade como sintoma maior da própria fraqueza de espírito.

Se a violência e os próprios requintes sobrevivem há séculos, o que dizer do uso dessa mesma covardia com as armas da comunicação, com as armas das palavras? O que dizer do poder de escrever, gravar e divulgar fatos e usá-los com os requintes da técnica contra as pessoas, contra qualquer pessoa? Uma coisa é o tirano, que conhece o seu inimigo. Outra coisa é o jornalista que, muitas vezes, não sabe por que causa trabalha nem quais são os inimigos, na teia difusa da comunicação que se estabelece na sua forma mais assimétrica e impessoal e, ao mesmo tempo, cruel na apuração dos fatos e nos resultados de sua publicação.

A covardia contemporânea incrustada na mídia se revela sobretudo na ignorância de quem seria o inimigo e, muitas vezes, na definição errônea do mesmo. Uma única câmera de televisão escondida e manipulada sem que a vítima o saiba pode provocar estragos irreparáveis junto a inocentes demonizados pela mídia e cuja inocência, se comprovada, jamais irá aparecer com a ênfase idêntica à da denúncia, mesmo depois de inocentados pela justiça tradicional, enfatize-se.

Francês, neto de comerciantes burgueses ricos a ponto de adquirir a propriedade que lhes deu o título de *signeur* de Montaigne, Michel Eyquem de Montaigne nasceu no castelo de Montaigne, no Périgord, por onde passa o rio Dordogne e às margens do qual existem mais de mil castelos. Educado em latim, teve um preceptor alemão e era acordado todos os dias ao som da espineta (um pequeno cravo) para que seus ouvidos se acostumassem ao refinamento da boa música. Teve uma infância cercada de todos os cuidados e, conforme seus comentadores, pouco fala, em seus escritos, sobre a mãe (e todas as referências sobre as mulheres serão quase sempre negativas), e falará muito bem do pai, um humanista atento às idéias novas. Formou-se em direito e chegou a exercer as funções de magistrado, mas jamais gostou de lidar com as condenações.

Em 1557 conheceu o jovem Étienne de la Boétie no tribunal em Bordeaux em que ambos eram magistrados e dele se tornou amigo fraterno e dedicado. Essa será uma amizade que marcará profundamente Montaigne. Ele admira no amigo a exigência moral, o estoicismo e o engajamento na causa política. "Enquanto Etienne vivia, Michel dedicou-se aos divertimentos mundanos, gostando de enfeitar-se, beber bom vinho e deliciar-se com as mulheres, vendo-as apenas como objeto de prazer sensível e achando-as, além de possessivas, incapazes de elevação espiritual."[47] A morte repentina de Étienne, tomado pela peste, em 1563, aos 33 anos, levou Montaigne a uma total melancolia. Dois anos depois, mesmo a contragosto (ele teria se negado a "desposar a própria sabedoria se ela o houvesse querido"),[48] casou-se com Françoise de la Chassaigne, a quem deu seis filhas, mas apenas uma, Leonor, sobreviveu.

Considerado o inventor do ensaio (um texto que versa sobre um tema específico de forma mais livre, sem esgotá-lo), Montaigne está mais para um pensador ético do que para um filósofo que deixasse um sistema ou um código moral com princípios. Nos seus ensaios, pergunta sempre o que estaria certo e errado na conduta dos homens. Encaixa-se no perfil daquele tipo de pensador que mais pergunta do que responde. Atrás de perguntas e imerso em quadro melancólico, ele se instalou na torre de seu castelo, aos 34 anos, para, "inteiramente desprovido de qualquer assunto específico", tomar a si mesmo como objeto de análise e discussão. Nos ensaios, ele usa o único texto de La Boétie, o *Discurso da servidão voluntária,* como elemento principal para descrever o que é a amizade. Neles se encontra a célebre passagem interpretada "como um dos primeiros sinais do individualismo moderno".[49] A frase está lá: "Par ce que c'estoit luy, par ce que c'estoit moi" (porque era ele, porque era eu).[50]

O *Discurso da servidão voluntária* é considerado o precursor das reflexões sobre o poder político, espetacularizadas mais tarde por Hobbes, Rousseau, Nietzsche e Marx. Ele adianta, com todas as letras, a famosa passagem de Hegel – na *Fenomenologia do espírito* – sobre a dialética do senhor e do escravo, na qual demonstra que o senhor é, paradoxalmente, o servo de seu servo.

Ainda no tema da covardia, La Boétie se pergunta se podemos chamar as pessoas tiranizadas de covardes.

> Diremos que os que servem são covardes e moídos? ... Se cem, se mil agüentam um só [tirano], não se diria que não querem, que não ousam atacá-lo, e que não se trata de covardia e sim de desprezo ou desdém? ... Será covardia? ... Então, que monstro de vício é esse que ainda não merece o título de covardia, que não encontra um nome feio o bastante, que a natureza nega-se a ter feito e a língua se recusa a nomear?[51]

O seu objetivo, mesmo sem responder como resolver a questão, antes preocupado em nomeá-la, é o de descobrir por que os homens aceitam tão facilmente a servidão, os homens que nascem naturalmente livres porque são iguais. Estejas resolvido a não servir, diz ele, e serás livre. Mas ele não entende como, ao contrário, os homens aceitam sua condição de servo. Ele não propõe nenhum método para sair dessa condição. Evoca, no entanto, a amizade que une as pessoas de bem e longe do alcance do tirano.

Na comunicação tradicional reina em grande forma essa mesma dialética, esse mesmo mecanismo tão bem traçado por La Boétie que em nada desfaz os mecanismos da comunicação tradicional que tornaram a ação de servidão tão aparentemente despercebida quanto poderosa na imposição dos costumes. Na indústria da comunicação e na tirania, que diferença há entre aqueles quatro ou cinco que mantêm o tirano e entre os quatro ou cinco magnatas da imprensa que conservam um país em servidão?

> Sempre foi assim: cinco ou seis obtiveram o ouvido do tirano e por si mesmos dele se aproximaram; ou então por ele foram chamados para serem os cúmplices de suas crueldades, os companheiros de seus prazeres, os proxenetas de suas volúpias e sócios dos bens de suas pilhagens. Tão bem esses seis domam seu chefe, que ele deve ser mau para a sociedade não só com suas próprias maldades, mas também com as deles.

> Esses seis têm 600 que crescem debaixo deles e fazem de seus 600 o que os seis fazem ao tirano. Esses 600 conservam debaixo deles 6 mil, cuja posição elevaram, aos quais fazem dar o governo das províncias ou o manejo dos dinheiros para que tenham nas mãos sua avareza e crueldade e que as exerçam no momento oportuno ... Grande é o séqüito que vem depois e quem quiser divertir-se esvaziando essa rede não verá os 6 mil mas os 100 mil, os milhões que por essa corda agarram-se ao tirano.[52]

Troque a palavra "tirano" por "conglomerado global de comunicação" e refaça a leitura do texto acima transcrito para entender a necessidade moral de conhecer melhor o termo covardia e compreender os mecanismos que a definem.

Hamlet e a angústia

"Antes ser vil do que vil ser considerado." Assim começa o *Soneto 121* de William Shakespeare (1554-1616). Nele, o poeta explica que quando acontece de, mesmo sem ser mau, lhe imputam uma culpa, então ele perde o verdadeiro prazer de ser mau, uma vez que todos o condenam, menos ele próprio. Ele se pergunta por que olhos espúrios de outras pessoas poderiam ter a capacidade de julgar, por exemplo, o seu sangue quente. Ou por que os mais frouxos poderiam espiar as fraquezas do poeta, considerar ruim o que ele considera bom. Não, diz o poeta, eu sou o que sou.[53] A seu ver, quem estiver preocupado com os seus desmandos é que se expõe, porque ele é franco e os outros são dissimulados, não podem sujeitar as ações do poeta a seus próprios juízos. A não ser que acreditem que todos os homens são maus e que na maldade reinam.*

Numa de suas frases imortalizadas, o príncipe Hamlet considera não haver "nada de bom ou mau sem o pensamento que o faz assim" – conforme se lê na tradução de Millôr Fernandes.[54] Quem chama a atenção para essa frase, numa conferência sobre ética que será visitada mais adiante, é um dos últimos filósofos, Ludwig Wittgenstein. Para ele, "o bom ou o mau, embora não sejam qualidades do mundo externo a nós, são atributos de nossos estados mentais".

* A partir do original, com ajuda de versões em francês e em espanhol, fiz a seguinte tradução do *Soneto 121*: "Antes ser vil do que vil ser considerado/ Quando, mesmo sem sê-lo, esta culpa te imputam/ E então perdes um prazer verdadeiro, dado/ Que tua alma não, mas os demais condenam./ Então, por que os olhos espúrios dos outros/ Hão de julgar meu sangue quente?/ Ou espiar minhas fraquezas os mais frouxos/ E considerar ruim o que considero um presente?/ Não, eu sou o que eu sou; e os preocupados/ Com meus desmandos, eles próprios se expõem:/ Eu sou franco enquanto eles são dissimulados,/ E que seus juízos podres não sujem minhas ações./ A não ser que esta máxima eles mantenham:/ Todos os homens são maus e na maldade reinam."

Ele quer dizer que "um estado mental entendido como um fato descritível não é bom ou mau no sentido ético".[55]

Como em *Antígona*, descarta-se aqui a bondade ou a maldade do príncipe Hamlet. Nesse passeio pelos dilemas a que a dramaturgia, a história ou a poesia podem nos levar, importa entender as razões das forças em jogo quando se julgar os protagonistas. Mesmo que o público adore os personagens e os tenha perdoado de tudo (caso de Hamlet, de Sócrates e de Antígona) porque se identificou com eles. Isso é necessário para que se possa entrar mais fundo na ambigüidade das ações do príncipe e entender o drama universal de consciência carregado por ele e, como se diz, ainda não superado na dramaturgia – e que muito ensina na questão moral.

O poema resumido anteriormente profetiza e sintetiza, de certa forma, a angústia vivida pelo príncipe Hamlet. Embora não se saiba exatamente quando Shakespeare fez o soneto, tudo indica que tenha sido antes de escrever a versão completa de *Hamlet*, provavelmente acabada em 1600.* Em 1585, no entanto, ele batizara seu único filho com o nome de Hamnet, quase igual ao do príncipe, talvez numa pré-homenagem ao seu nobre jovem da Dinamarca.

Hamlet vivia no castelo de Elsinor, do espanhol *el señor*, como conta Harold Bloom. O nome do príncipe vem de Amleth (Shakespeare teria apenas trocado de lugar a letra "h"), derivado do nórdico antigo cujo significado é "tolo" ou "esperto que finge ser tolo", uma síntese da ação de Hamlet na mais longa peça de Shakespeare. São quase 4 mil linhas na versão sem cortes que consolida todos os textos conhecidos; só o papel do príncipe consome quase 1.500 linhas de solilóquios, monólogos e diálogos.

A ação começa de noite, dois meses depois de o rei Hamlet, da Dinamarca, morrer de forma súbita.[56] Oficiais do castelo vêem a figura do rei na forma de um fantasma e chamam Horácio, amigo e confidente do príncipe Hamlet, para comprovar a visão. O fantasma aparece novamente, Horácio leva um susto, tenta inutilmente falar com ele, se convence de sua identidade e decide comunicar o fato ao príncipe.

A cena dois do primeiro ato se passa na sala de cerimônias do castelo onde se encontram o rei Cláudio, irmão do finado rei Hamlet, recém-casado com a rainha Gertrudes (viúva do rei e mãe do príncipe), além do próprio príncipe Hamlet. Shakespeare faz notar que um nobre vizinho, o jovem Fortinbrás, herdeiro do trono da Noruega, deseja retomar a terra perdida em combate para a Dinamarca.

---

* A maioria dos especialistas em Shakespeare considera que *Hamlet* se baseia na peça *Ur-Hamlet*, desaparecida e atribuída a Thomas Kyd, autor de *A tragédia espanhola*. Os estudiosos Harold Bloom e Peter Alexander acham, no entanto, que foi Shakespeare quem escreveu *Ur-Hamlet* e, na grande peça de 1600, teria revisado a si mesmo e escrito a versão completa que se conhece hoje (H. Bloom, *Hamlet: poema ilimitado*, p.15, e *Shakespeare: a invenção do humano*, p.482).

O príncipe pede ao tio Cláudio que não o chame de filho. A mãe sugere a Hamlet que arranque de seu semblante a "coloração noturna" e pergunta por que lhe parece tão singular e comum atravessar a vida para a eternidade. "Parece, senhora? Não, madame, é", responde Hamlet, que explica não conhecer o "parece". O príncipe não esconde sua tristeza e discordância. Quando rei e rainha deixam o aposento, lamenta o fato de a mãe se casar tão pouco tempo depois de enviuvar. "Fragilidade, teu nome é mulher", exclama. Horácio chega com o oficial Marcelo para informar ter visto o fantasma do rei. Hamlet decide ir vê-lo, não sem antes implorar segredo total: "E seja o que for que aconteça esta noite, tenham os olhos abertos – e a língua imóvel."

Na cena três, o público conhece Polônio, conselheiro do rei, lorde camarista, pai de Ofélia, namorada do príncipe, e também pai de Laertes, este de partida para viagem. É exatamente nesse ato que Polônio aconselha o filho Laertes com o famoso "sê fiel a ti mesmo" e orienta a filha a não conversar mais com o príncipe, para que "teus encontros tenham um preço mais alto".

A cena seguinte trata do encontro entre Hamlet e o fantasma do pai, por volta da meia-noite, enquanto o rei Cláudio promove uma noitada no castelo. O fantasma o chama para falar a sós enquanto o oficial Marcelo, sabedor da visão, exclama outra sentença imortalizada: "Há algo de podre no Estado da Dinamarca."

Filho e fantasma finalmente conversam na quinta cena do primeiro ato. O pai lhe pede que vingue o seu assassinato. "Assassinato?", espanta-se Hamlet. Apesar de sua morte ter sido atribuída a uma picada de serpente, o pai revela que estava dormindo de manhã no seu jardim quando o irmão Cláudio entrou furtivamente e derramou um suco da "ébona maldita" no seu ouvido. Perdeu "a coroa, a rainha e a vida" pelas mãos do irmão. O fantasma pede a Hamlet que proteja a mãe. Hamlet se exaspera, pede calma a si mesmo, suplica aos próprios nervos para se manter tranqüilo e jura vingança. Faz Horácio e Marcelo, que nada ouviram de sua conversa com o fantasma, jurarem manter em segredo o acontecido. É nessa cena que Hamlet emite outra locução notória: "Há mais coisas no céu e na terra, Horácio, do que sonha a tua filosofia." Hamlet também faz um alerta que explica bem seus ardis futuros e como ele planeja rápido e com muita antecedência suas ações: "Talvez, de agora em diante, eu tenha que adotar atitudes absurdas." Pede aos amigos, novamente, para jurarem que em nenhum momento soltarão ambigüidades capazes de dar a entender que conhecem segredos seus.

O segundo ato começa com Polônio mandando alguém levar dinheiro para o filho Laertes, em Paris, e, ao mesmo tempo, espioná-lo. Quer saber como ele vive, com quem anda e o que faz. Dá instruções matreiras para conseguir as informações desejadas. Surge Ofélia para dizer que o príncipe Hamlet entrou no seu quarto de "olhar apavorado, de quem foi solto do inferno". Polônio quer saber se era como se ele estivesse louco de amor por ela. "Meu senhor, eu não sei; tenho medo que sim." Polônio conclui tratar-se de um delírio de amor, uma violência que arrasta o ser para ações tresloucadas. Pretende contar tudo ao rei.

A cena posterior encontra o rei dando as boas-vindas aos jovens Rosencrantz e Guildenstern, chamados com urgência para ajudar a esclarecer a aflição e as razões da "metamorfose" do príncipe. Ambos foram amigos de infância, colegas de universidade do príncipe, descrito ali como um jovem de temperamento mais intelectual do que guerreiro, como o do pai. Ambos deixam a cena. Polônio chega garantindo saber a causa da "loucura" de Hamlet. A rainha Gertrudes, no entanto, duvida que haja outra causa além da essencial: a morte do pai e seu casamento apressado. Afirmando ser a concisão "a alma do argumento", Polônio vai ao ponto: "Vosso nobre filho está louco." Exibe uma carta de Hamlet para Ofélia em que a chama de "ídolo celestial da minha alma", louva a "excelsa alvura nívea de seu seio" e lhe jura amor para sempre. Polônio conta ter mandado Ofélia evitar o príncipe e por isso ele teria caído em melancolia, inapetência, insônia, fraqueza, delírio e, finalmente, loucura. Combinam então, para provar a loucura, instar Ofélia a conversar com Hamlet a fim de ouvirem o diálogo escondidos atrás de uma tapeçaria.

Hamlet chega lendo alguma coisa. Polônio roga ao rei e à rainha que os deixem a sós. Hamlet mostra não reconhecê-lo. Questionado sobre sua leitura, Hamlet responde: "Palavras, palavras, palavras." Polônio tem a exata impressão de que as respostas do príncipe são mesmo um sinal de loucura. Chegam Rosencrantz e Guildenstern, felizes por não serem excessivamente felizes, e Hamlet lhes pergunta o que eles fizeram para que a sorte os jogasse naquela prisão. "A Dinamarca é uma prisão", informa o príncipe. "Não pensamos assim, meu senhor", diz Rosencrantz. "Então para você não é", concorda Hamlet. "Não há nada de bom ou mau sem o pensamento que o faz assim", emenda, para cunhar mais uma proposição recheada de complicados desdobramentos morais. Deixa claro a ambos que sabia terem sido chamados ao castelo pelo rei e pela rainha. Interroga-os para saber por que vieram, mas explica ele mesmo as razões de estarem ali: porque ele, o príncipe, perdera toda a sua alegria. Na conversa, se inteira da iminente chegada de um conhecido grupo de comediantes. Depois de testá-los na frente de Polônio, a quem pede que os trate bem, Hamlet chama o Primeiro Ator e lhe pede que representem à corte *O assassinato de Gonzaga*. Solicita que intercalem na peça "12 ou 16 versos" escritos por ele próprio. O Primeiro Ator concorda. A vertiginosa capacidade de planejamento de Hamlet está em ação. Num longo monólogo, explica precisar de provas do assassinato do pai "mais firmes do que uma visão". O estratagema para conseguir a prova está montado: "O negócio é a peça – que eu usarei para explodir a consciência do rei." Rei e rainha serão convidados para assistir.

Na primeira cena do terceiro ato, Hamlet expressa no início de um solilóquio o intrigante "Ser ou não ser – eis a questão". Ele sabe que Polônio e o rei o ouvem muito bem, escondidos; portanto, o mais famoso dos solilóquios não é um solilóquio – é um estratagema no qual Hamlet finge, quer dar a impressão de que pensa em se matar.[57] Ele se pergunta se é mais nobre sofrer flechadas na alma ou "pegar em armas contra o mar de angústias". Morrer ou dormir? Suportar os males ou fugir? "E assim a reflexão faz todos nós covardes", diz um pouco antes de avistar Ofélia, sua ninfa que chega e a quem pede se lembrar de todos os pecados dele nas suas orações. Ofélia lhe diz palavras carinhosas, lhe dá presentes. Ele pergunta se ela é honesta e bonita, em seguida sugere que o poder da beleza transforma a honestidade em meretriz. Ofende-a. Declara-se arrogante, vingativo, ambicioso, "com mais crimes na consciência do que pensamentos para concebê-los, imaginação para desenvolvê-los, tempo para executá-los". Chama o pai dela de idiota, roga-lhe uma praga segundo a qual ela não escapará à calúnia. "Vai prum conventilho, um bordel; vai depressa! Adeus." Ofélia se considera uma desgraçada. O rei a conforta e aproveita para determinar naquele instante o envio do enteado para a Inglaterra (acompanhado dos amigos Rosencrantz e Guildenstern), com a desculpa de cobrar tributos atrasados. O rei e Polônio ouviram tudo o que Hamlet dissera a Ofélia. Polônio pede ao rei que a rainha fique a sós com o filho e lhe suplique discutir sua angústia. Polônio também quer bisbilhotar essa conversa e promete ficar oculto: "A loucura dos grandes deve ser vigiada."

Vai começar a peça. Hamlet pede a Horácio que observe atentamente a reação do rei quando os atores representarem o momento exato da morte de seu pai. Ele o introduziu na peça. Para Hamlet, "se a culpa que ele esconde não se denunciar nesse momento, então o que vimos era um espírito do inferno". Quer checar a informação do fantasma, cruzá-la com a reação do acusado. Antes, diz a Horácio: "Eles chegam para o espetáculo. Devo fazer o louco." Pede que Ofélia deixe-o se "enfiar" no seu colo. Ela não permite. Ele se deita a seus pés e refaz a pergunta: "Quero dizer, posso pôr minha cabeça no seu colo?" Ela concede. Um diálogo aparentemente sem nexo se dá entre os dois. Começa a pantomima. Os atores representam a cena de um homem que entra e derrama veneno no ouvido de um rei. A rainha o encontra morto e demonstra paixão e dor. O envenenador corteja a rainha e ela se rende. A cena do envenenamento se repete. Nesse instante o rei Cláudio se levanta, a rainha Gertrudes pergunta se ele sente alguma coisa. Polônio manda parar a peça. O rei pede luz. Hamlet confidencia a Horácio que agora apostaria "mil libras na palavra do fantasma". A rainha manda chamar Hamlet e Polônio se esconde atrás da tapeçaria. O rei, transtornado, se pergunta se é possível alguém ser perdoado mesmo quando retém os bens do crime. Pede socorro aos anjos, mas conclui que tudo pode sair bem e se ajoelha.

Entra Hamlet, que o vê de joelhos, rezando. Pensa em agir naquele momento e enviar o "canalha para o céu". Esse é o principal momento de hesitação na peça, quando ele tem a oportunidade fácil de levar a cabo a vingança porque tem o rei ali à sua mercê, ajoelhado. Pensa. Manda a si mesmo parar sua espada à espera de ocasião "mais monstruosa". Vai ter com a mãe. Ela se sente ameaçada e grita por socorro. Escondido por detrás da tapeçaria, Polônio a segue no grito. Assustado com o barulho, e sem saber que coisa estava escondida, Hamlet golpeia a tapeçaria com o florete e mata Polônio. A mãe o chama de louco enquanto Hamlet vê o fantasma do pai novamente e pergunta se ele veio repreendê-lo por ter deixado escapar a hora certa para executar a ordem de vingança. O fantasma assegura que a visita é apenas para aguçar-lhe a resolução e sugere que Hamlet fale com a mãe. A rainha não enxerga o fantasma, mas passa a ter mais certeza do delírio do filho ao vê-lo conversando sozinho. Ele pede que ela não se deite mais com Cláudio (eis o Hamlet-Édipo, na leitura da psicanálise). É quando ele se inteira de sua partida iminente para a Inglaterra, operação na qual enxerga uma "armadilha".

Ofélia enlouquece com a morte do pai e acaba se afogando ao cair num riacho. De volta à Dinamarca, Laertes toma a decisão de vingar a família. Despachado para a Inglaterra junto com Rosencrantz e Guildenstern, Hamlet descobrira toda a armadilha: seria morto ao chegar à Inglaterra. Desfaz a trama mandando Rosencrantz e Guildenstern em seu lugar para serem mortos. Reaparece no quinto ato para a famosa conversa com um coveiro, o único representante do povo com voz na peça. O coveiro cava a sepultura de Ofélia e é mordaz com o príncipe, a quem não reconhece. Hamlet acaba assistindo ao enterro e agüenta uma investida de Laertes, a quem pede desculpas. O rei convence Laertes a bater o sobrinho em duelo. Laertes, para não sucumbir ao confronto, envenena a ponta de sua espada. O rei, também para evitar que Hamlet sobreviva, prepara um cálice de veneno para o caso de Laertes ser abatido pelo príncipe. Ao comemorar com a bebida uma eventual vitória, Hamlet morreria.

A cena final é estonteante. Como sugere David Ball, se relida a peça de trás para a frente, todos vão saber melhor por que Hamlet matou o rei somente ali. O duelo começa, Hamlet tem gotas de suor no rosto, a rainha quer lhe dar o vinho, ele recusa: "Não, ainda não, senhora." O rei não prevenira a rainha sobre o cálice e é ela quem toma o vinho. Laertes fere Hamlet mortalmente e, na confusão, as espadas são trocadas e cabe a Hamlet então estocar Laertes com a mesma ponta de florete envenenada. Laertes diz a Hamlet que ele está morto e que sua mãe foi envenenada: "O rei é o culpado", revela. Hamlet finalmente fere o tio com a espada de ponta envenenada, além de forçá-lo a beber da mesma taça com a qual matara sua mãe. "Toma, rei maldito, assassino – incestuoso dinamarquês." Para David Ball, Hamlet mata Cláudio não porque o Fantasma falou com ele no início da peça. Mata-o devido à revelação de Laertes sobre o assassínio de Gertrudes. Ball conclui: "De tais elos adjacentes, a vida – e o drama – se faz."[58] Estava vingada a mãe, mas também estava vingado o pai. Horácio pretende beber da mesma taça, Hamlet o impede e suplica que ele viva para contar a sua história. Agonizante, pronuncia as célebres palavras finais: "O resto é silêncio." Na leitura de Harold Bloom, o resto é silêncio porque fala é perturbação, traição, inquietação, tormento nosso e de terceiros.

A peça se encerra com a chegada de Fortinbrás ao castelo em meio àquela cena sombria e repleta de mortos ilustres. Fortinbrás ordena uma salva de tiros em honra aos mortos, em celebração a Hamlet. As últimas palavras da peça são dele: "Que os soldados disparem."

Existem quatro movimentos muito claros em *Hamlet*: aqueles que são conduzidos pelo personagem principal. São movimentos que dizem muito não somente para a ação teatral, mas ensinam e remetem a regras para o mundo da captação, planejamento e execução de uma ação, ou da informação. O primeiro movimento é o da *revelação*; o segundo é o do *planejamento*; o terceiro é o da *apuração*; e o quarto é o da *execução*.

A revelação se dá no primeiro encontro do príncipe com o fantasma do pai. É o momento do *vis-à-vis* de Hamlet com sua fonte principal. O fantasma do pai revela ter sido assassinado, conta como aconteceu o crime e exige vingança. No final desse mesmo ato tem início o planejamento, exatamente quando Hamlet pede aos amigos que não o denunciem quando ele tomar "atitudes absurdas" – porque na sua cabeça já se desenha a possibilidade de fingir-se de louco. O planejamento se evidencia na sua capacidade de escolher a peça de teatro que a trupe deve representar, *O assassinato de Gonzaga*, e no seu pedido para incluírem uma fala nova escrita por ele. Esse movimento serve como isca para a apuração que virá na própria representação do assassinato do pai, na frente do rei Cláudio e da mãe, momento exato em que Hamlet tem certeza absoluta do crime e pede o testemunho de Horácio, instado a olhar a reação do rei – que, irritado, suspende a peça.

O planejamento, e menos a dúvida, continua nas ações de Hamlet. Ele se detém quando o rei rezava e poderia tê-lo morto. Hamlet pára, não o mata, espera ocasião "mais monstruosa". O planejamento está presente quando ele desvela a armadilha embutida na sua viagem à Inglaterra e monta o ardil para que os amigos Rosencrantz e Guildenstern morram em seu lugar quando desembarcarem. A execução virá no ato final, quando Hamlet finalmente, instado pela revelação de Laertes, inflamado pelo assassínio da mãe e encontrando-se – enfim – apto à vingança, mata o rei, quem sabe cego pela morte da mãe. Todavia, além de tudo, exige que Horácio transmita ao mundo o seu olhar. Quer impedir a preponderância da versão do rei que havia passado à população a idéia do enlouquecimento do príncipe.

Em todos os movimentos, depois do pedido a Horácio para não questionar nem se assustar com seu comportamento, Hamlet coloca em ação o *disfarce* de louco. É o uso desse estratagema que mais o aproxima do jornalista quando este utiliza meios semelhantes para apurar e comprovar fatos difíceis de serem capturados. Há em *Hamlet* traições, espionagem, conflitos psicológicos (relativos ao amor materno e paterno), problemas de sucessão, crimes, amor, drama de consciência, fingimentos, representações dentro da própria representação (a aparente loucura do príncipe, a trupe teatral e a peça dentro da peça) e, sobretudo, questionamentos – menos em relação à vingança. O príncipe, "habituado a questionar tudo, pouco questiona a vingança, mesmo sentindo-se tão desestimulado a levá-la a termo".*

* Este e os cinco parágrafos seguintes trazem comentários de H. Bloom resumidos por mim sobre *Hamlet*. As citações, inclusive as de terceiros (a não ser as indicadas em nota à parte), provêm de dois livros de Bloom: *Shakespeare: a invenção do humano*, p.479-535, e *Hamlet: poema ilimitado*, p.15-61.

Algo mais a reter é a necessidade de a história ser contada por alguém que aceitasse Hamlet "sem julgá-lo". Desde o início, redunde-se, com cada movimento devidamente planejado, Hamlet pede a Horácio que nunca o questione, por pior que seja a sua atitude. Ao final, impede-o de se matar para contar a sua história, num desejo egoísta, individual. Trata-se de um Shakespeare, no começo do século XVII, preocupado com a versão desejada, com a necessidade de outros saberem uma história do ponto de vista do interessado e, naquele caso, a vítima principal. Sem julgamento – neutro.

Bloom dialoga com as opiniões de T.S. Eliot sobre *Hamlet* num ensaio publicado em 1922 no qual Eliot, mesmo considerando a peça "uma obra-prima de Shakespeare", tacha-a de "fracasso artístico".[59] Bloom acha que essa opinião decorre da desproporção entre o príncipe e a peça. O príncipe teria uma consciência que não caberia em *Hamlet*, a peça. Não seria a tragédia de vingança que finge ser, mas sim teatro do mundo (como também considera David Ball) como o é *A divina comédia*, de Dante, ou *Fausto*, de Goethe, ou *Em busca do tempo perdido*, de Proust. Hamlet disputaria com o rei Davi e com Jesus Cristo o título de mais carismático entre os carismáticos. A corte podre de Elsinor seria uma ratoeira pequena demais para pegar Hamlet.

Assim como Antígona, Hamlet não fica impassível. Ele vinga não só o pai, não só a tradição familiar, não somente a mãe. Vinga também a usurpação do Estado, mesmo que todos os da sua estirpe morram na patética cena final. "Houvesse Hamlet ficado impassível após a visita do Fantasma, não teriam sofrido mortes violentas Polônio, Ofélia, Laertes, Rosencrantz, Guildenstern, Cláudio, Gertrudes e o próprio príncipe. Todos os acontecimentos da peça dependem da reação de Hamlet ao Fantasma, reação essa tão dialética quanto tudo o mais em Hamlet."

Assim como em *Antígona* e no julgamento de Sócrates, há muitos equívocos capazes de obnubilar a compreensão de Hamlet e desfocar a ajuda extraordinária que ele nos dá para entender as ambigüidades morais, as escolhas e o momento das escolhas, a decisão por uma determinada ação. Para Nietzsche, Hamlet se assemelha ao indivíduo dionisíaco.

> O conhecimento aniquila a ação, a ação depende dos véus da ilusão: eis a doutrina de Hamlet, e não essa balela do sonhador que pensa demais e que, devido a um excesso de opções, não consegue agir. Não é a reflexão – absolutamente –, mas o conhecimento, a percepção da verdade terrível, que interfere com a motivação de agir, tanto em Hamlet como no indivíduo dionisíaco.[60]

O poeta anglo-americano W.H. Auden segue a trilha da "sua incapacidade de agir, pois só pode fingir". Ao contrário, além de fingir quase o tempo todo – menos quando fala com Horácio – ele age o tempo todo. Além disso, fingir também é agir. Hamlet reflete rápido, decide, manda, toma a dianteira, monta armadilhas, desfaz armadilhas. Sua mente é tão privilegiada "que os julgamentos, as atitudes e os valores mais contrários podem nela coexistir de maneira coerente", diz Bloom. Ele é a "convergência de opostos", o "paradigma da dor". Ele se recusa a agir precipitadamente, diz Bloom, porque sua liberdade consistiria em não se antecipar, em não tomar atitudes prematuras. Antecipar, sim, mas no planejar.

Na própria escolha do nome do protagonista (esperto que se finge de tolo), Shakespeare descarta centenas de interpretações da peça que consideram Hamlet um homem incapaz de agir. A ambigüidade moral da peça não abarca a incapacidade da ação, mas sim a consciência de alguém que pensa com extrema clareza e dialoga com a dúvida. Se na tragédia antiga – no dizer de Nietzsche – o destaque era para o sofrimento, na tragédia moderna o destaque é para o agir. Somente nos dois primeiros atos Hamlet desencadeia "mais ação direta que muita gente consegue em um ano", comenta David Ball.[61]

No entanto, há que se concordar com Bloom quando considera mais adequado considerá-lo um vilão-herói em vez de herói-vilão, pois sua transcendência, em última instância, triunfa, ainda que ele seja responsável pela morte de oito pessoas, inclusive a dele próprio. "Mesmo que ele seja um herói-vilão, será sempre o herói da consciência no mundo ocidental."

Shakespeare teria construído um personagem cuja consciência é a mais ambivalente e dividida que uma peça coerente pode conter. Seria talvez o personagem mais inteligente de toda a literatura, afirma Bloom, para quem "é impossível ir além de Hamlet, que demarca os limites da teatralidade, assim como o próprio Hamlet é a fronteira da consciência, ainda a ser transposta". Ele diz mais: "Não se trata apenas de Hamlet surgir depois de Maquiavel e Montaigne; Hamlet surge depois de Shakespeare, e ninguém ainda conseguiu ser pós-Shakespeare." Se Maquiavel inaugura o pensamento político moderno (como se verá mais adiante), Shakespeare inaugura o teatro moderno e talvez ninguém o tenha superado – a se acreditar na frase enfática de Bloom.

A ambigüidade moral corre numa linha tênue entre a exata consciência da justeza da vingança e a certeza da ação, que requer frieza, ceticismo e planejamento, nada diferente das necessidades de qualquer comunicador que vá tratar com dilemas morais nos quais a privacidade, a família, a fé e as razões de Estado se embaralham e requerem um olhar que decidirá e julgará. A angústia vem da capacidade, e também da incapacidade, de ir fundo no drama da própria consciência.

Hamlet é a autoconsciência. Para ele, segundo Oscar Wilde, o estético nada teria de místico e, ao contrário, constituiria o único elemento moral ou normativo da consciência. Por causa de Hamlet, dizia Wilde, o mundo tornara-se "mais triste".[62]

O super-herói versus o anti-herói ético

É possível dialogar com a questão do herói-vilão, ou vilão-herói, que Hamlet representa, por meio de um poema lírico do poeta, crítico e jornalista brasileiro

Mário Faustino (1930-62). Ele construiu uma das mais eloqüentes imagens do hipotético super-herói ético, aquele sujeito puro e incorruptível cujo limite é a própria vida e cuja derrota não o verga. O que não é o caso de Hamlet, cuja vida foi ceifada sem que ele a tivesse colocado à prova, como o fez Antígona, a quem não importava nada além de dar um enterro digno ao irmão, mesmo que isso custasse sua vida.

Os brasileiros conhecem alguma coisa desse poema de Mário Faustino. Ao menos parte dele pôde ser lida por quem viu o filme *Terra em transe* (1967), de Glauber Rocha. Logo no início da obra-prima de Glauber, que traça a história de uma derrota política, há um letreiro com três versos e o refrão do poema que inspirou o filme:

> Não conseguiu firmar o nobre pacto
> Entre o cosmo sangrento e a alma pura
> ...
> Gladiador defunto, mas intacto
> (Tanta violência, mas tanta ternura)

Sim, o poema de nome "Balada",* dedicado a um poeta suicida, certamente Hart Crane (1899-1932), e não a "*uma* poeta suicida", como consta nas duas publicações da poesia de Mário Faustino consultadas,[63] faz a apologia da história do poeta que não consegue de forma alguma firmar um pacto entre o cosmo, considerado sangrento, e a alma, considerada pura. Mas ele também não se dobra, não se entrega à vitória do caos sobre a vontade augusta, ou seja, divina, de ordenar que houvesse, ao menos, luz ao sul da tempestade. Tratava-se de um gladiador, um guerreiro que, embora defunto, continuava intacto. Aí vem o refrão composto também, como o poema, de sentimentos aparentemente contraditórios entre si:

---

* "Balada (em memória de uma poeta suicida)", de Mário Faustino: "Não conseguiu firmar o nobre pacto/ Entre o cosmo sangrento e a alma pura/ Porém, não se dobrou perante o fato/ Da vitória do caos sobre a vontade/ Augusta de ordenar a criatura/ Ao menos: luz ao sul da tempestade./ Gladiador defunto mas intacto/ (Tanta violência, mas tanta ternura)/ Jogou-se contra um mar de sofrimentos/ Não para pôr-lhes fim, Hamlet, e sim/ Para afirmar-se além de seus tormentos/ De monstros cegos contra um só delfim,/ Frágil porém vidente, morto ao som/ De vagas de verdade e de loucura./ Bateu-se delicado e fino, com/ Tanta violência, mas tanta ternura!/ Cruel foi teu triunfo, torpe mar./ Celebrara-te tanto, te adorava/ Do fundo atroz à superfície, altar/ De seus deuses solares – tanto amava/ Teu dorso cavalgado de tortura!/ Com que fervor enfim te penetrou/ No mergulho fatal com que mostrou/ Tanta violência, mas tanta ternura!/ *Envoi*/ Senhor, que perdão tem o meu amigo/ Por tão clara aventura, mas tão dura?/ Não está comigo nem conTigo:/ Tanta violência, mas tanta ternura." (M. Faustino, *O homem e sua hora e outros poemas*, p.158, *Poesia completa, poesia traduzida*, p.115).

"tanta violência, mas tanta ternura." Ele então se joga contra um mar de sentimentos, como Hamlet. Ao contrário do príncipe da Dinamarca, não quer pôr fim aos sentimentos, mas sim afirmar-se além deles, além de todos os tormentos que incluem monstros cegos contra um só delfim, talvez ele próprio este único delfim – palavra que designa tanto um golfinho quanto o primogênito do rei. É frágil, mas é vidente, tem a capacidade de prever o futuro. Morre literalmente ao som das vagas, das ondas ditas de verdade e de loucura. Paradoxalmente, ele bateu-se, delicado e fino, com violência e com muita ternura. O mar torpe, infame, triunfou de forma cruel porque se vingou de alguém que tanto o amava, que o celebrara, que adorava o seu dorso cavalgado de tortura. O poeta penetrou o mar por sua conta e, com fervor, atirou-se dentro dele no mergulho fatal no qual mostrou novamente a mesma violência e a mesma ternura.

A balada termina com o poeta perguntando ao Senhor que perdão teria seu amigo por aquele gesto que o levou para longe – tanto longe do amigo quanto do próprio Senhor –, mas o fez, ele repete pela terceira vez, com tanta violência e com tanta ternura.

O poema é cristão (ao contrário de Hamlet, que não é cristão nem anticristão), é romântico (ao contrário de Hamlet, que é calculista), é lírico no mais tradicional estilo lírico, aquele que pode ser cantado como uma ode, como um hino à honestidade e à capacidade de não transigir em nenhum momento – tudo ao contrário de Hamlet. Não é o poema da coragem, nem da covardia, nem da angústia – é o poema da ilimitada capacidade de ir além e conjugar o arranjo do caos, de buscar a luz impossível. É a expressão dramática e ética do sentimento de pureza, como convém a um poema lírico. É sisudo, altivo, intransigente – não há reflexões, não há dúvida, como em *Hamlet*. Há consciência do futuro e da incapacidade de qualquer pacto possível com a realidade sangrenta.

O contraponto a esse super-herói ético veio muito antes, na segunda metade dos anos 1910, veio por antecipação contra um lírico tardio – caso de Faustino. A contraposição surge num poema de Fernando Pessoa, aquele que definiu o poeta como o fingidor de sua própria dor, ou seja, um eterno Hamlet.[64] Chegou por intermédio de Álvaro de Campos o heterônimo classificado como o "vate da era industrial, da violência da vida e do expressionismo mais concreto".[65] Baixado em Fernando Pessoa por volta de 1914-15, Álvaro de Campos teria nascido na portuguesa Tavira, cidade do Algarve, em 15 de outubro de 1890. Estava "na inatividade" em Lisboa quando Pessoa o apresentou aos leitores. Com 1,75 metro de altura, era dois centímetros mais alto que seu hospedeiro. Magro, meio curvo, entre branco e moreno, tipo que lembrava vagamente um judeu português de cabelo liso penteado de lado, usava monóculo, teve a educação "vulgar" de liceu quando foi mandado para a Escócia, onde estudou engenharia mecânica e engenharia naval, em Glasgow. Numa viagem ao Oriente escreveu "Opiário". Aprendeu latim com um tio beirão (do litoral português) que era padre.[66]

Na criação daquilo que pode ser chamado de anti-herói ético, Pessoa/Campos pretende que os leitores se conscientizem de uma realidade medíocre na qual o fracasso é a vergonha e o sucesso é tudo. A essência do poema pode ser encontrada também em "Ode marítima", onde o poeta canta contra a "selvageria desta selvageria", lança "merda pra toda a vida como a nossa" e suspira por não poder agir de acordo com o seu delírio, "por andar sempre agarrado às saias da civilização".[67] A era industrial avizinhada muito antes descobre o seu dissecador no poeta que encontrara numa canção do pirata ao morrer ("quinze homens no peito do homem morto/ Yo-ho-ho e uma garrafa de rum")[68] uma linha reta mal traçada dentro dele. Dali viria certamente o "Poema em linha reta", que traça a caricatura cínica do anti-herói ético, ideal para anular qualquer idealismo do super-herói faustiniano, para trazer à civilização industrial o mais debochado vilão-herói da consciência.

O anti-herói ético nunca conheceu alguém que tivesse levado alguma porrada. Todos os seus conhecidos eram campeões em tudo. Ele, que teria sido tantas vezes reles, tantas vezes porco, tantas vezes vil, tantas vezes irrespondivelmente parasita, indesculpavelmente sujo. Ele, que tantas vezes não teve paciência para tomar banho, foi tantas vezes ridículo, absurdo... Ele, aquela pessoa que enrolava os pés publicamente no tapete das etiquetas, um sujeito grotesco, mesquinho, submisso e arrogante, que se calava quando sofria enxovalhos e que, quando não se calava, tinha sido mais ridículo ainda. Ele, o mesmo sujeito que tinha sido cômico às criadas de hotel, que sentia o piscar de olhos dos moços de fretes, que havia feito vergonhas financeiras, pedido emprestado sem pagar e que se abaixou quando a hora do soco surgiu, se agachou para fora da possibilidade do soco. Ele, que vivia a sofrer a angústia das pequenas coisas ridículas, ele verificou não ter par nisso tudo neste mundo.

Isso porque toda a gente que ele conhecia, e que falava com ele, nunca tivera um ato ridículo, nunca sofrera um enxovalho, nunca fora senão príncipe – todos eles foram príncipes na vida. Quem lhe dera ouvir de alguém a voz humana para confessar não um pecado, mas uma infâmia; alguém que lhe contasse não uma violência, mas uma covardia! Não, reclamou, todos se consideravam a pessoa ideal. Então o poeta se perguntou se havia alguém neste largo mundo que confessasse ao menos uma vez ter sido vil. Exclamou: Ó príncipes meus irmãos! Lamentou: arre, estou farto de semideuses! Perguntou: onde é que há gente no mundo? Examinou: então sou só eu que é vil e errôneo nesta terra? Respondeu e analisou: poderão as mulheres não os ter amado, podem ter sido traídos – mas ridículos não o foram nunca! E ele, que tinha sido ridículo sem ter sido traído, como é que podia falar com os seus superiores sem titubear? Ele, que tinha sido uma pessoa vil, literalmente vil, vil no sentido mais mesquinho e infame da vileza.*

* "Poema em linha reta", de Fernando Pessoa: "Nunca conheci quem tivesse levado porrada./ Todos os meus conhecidos têm sido campeões em tudo./ E eu, tantas vezes reles, tantas vezes porco, tantas vezes vil,/ Eu tantas vezes irrespondivelmente parasita,/ Indesculpavelmente

Enquanto um herói se atira ao mar por conta da impossibilidade de fazer qualquer acordo entre a realidade sangrenta e a alma pura, o anti-herói se confessa o mais ridículo dos seres em oposição a uma humanidade perfeita, incapaz de fazer algo errado, imperfeito, ridículo ou covarde. Ele é o retrato da sinceridade de alguém que observa o mundo e as aparências que ele exibe. Reclama, exatamente, não da pureza do super-herói, mas da hipocrisia que cerca as relações sociais. Ao tratar de Álvaro de Campos, o biógrafo Roberto Bréchon consegue lhe dar uma dimensão precisa, que cabe como uma luva na leitura desse poema ao falar da "desproporção entre a imensidade da consciência do homem e o espaço estreitamente limitado de sua vida real".[69]

Balzac e a hipocrisia

Entre heróis e anti-heróis da literatura e do jornalismo, há um Balzac. Foi quem despejou a moral do jornalista na sarjeta no primeiro romance no qual se tem como tema o jornalismo em toda a história da literatura, *As ilusões perdidas*, parte da *Comédia humana*, a monumental crônica do século XIX. Apesar de vivo desde as *Actas Diurnas* e tratado em tese de doutorado em 1690, o jornal não ganhara até então uma participação no romance. Balzac teve o privilégio de ser o primeiro a representá-lo em livro escrito entre 1835 e 1843. Ele o faz de uma maneira capaz não só de escancarar a realidade do jornalismo, mas também de modelá-lo, de conceber a fôrma na qual ele se sedimentará. Talvez ninguém tenha escrito romance tão útil para se entender os paradoxos da moral do jornalista quanto Balzac.

---

sujo,/ Eu, que tantas vezes não tenho tido paciência para tomar banho,/ Eu, que tantas vezes tenho sido ridículo, absurdo,/ Que tenho enrolado os pés publicamente no tapete das etiquetas,/ Que tenho sido grotesco, mesquinho, submisso e arrogante,/ Que tenho sofrido enxovalhos e calado,/ Que quando não tenho calado, tenho sido mais ridículo ainda;/ Eu, que tenho sido cômico às criadas de hotel,/ Eu, que tenho sentido o piscar de olhos dos moços de fretes,/ Eu, que tenho feito vergonhas financeiras, pedido emprestado sem pagar,/ Eu, que, quando a hora do soco surgiu, me tenho agachado/ Para fora da possibilidade do soco;/ Eu, que tenho sofrido a angústia das pequenas coisas ridículas,/ Eu verifico que não tenho par nisto tudo neste mundo./ Toda a gente que eu conheço e que fala comigo/ Nunca teve um ato ridículo, nunca sofreu um enxovalho,/ Nunca foi senão príncipe – todos eles príncipes – na vida.../ Quem me dera ouvir de alguém a voz humana/ Que confessasse não um pecado, mas uma infâmia;/ Que contasse, não uma violência, mas uma covardia!/ Não, são todos o Ideal, se os oiço e me falam./ Quem há neste largo mundo que me confesse que uma vez foi vil?/ Ó príncipes meus irmãos,/ Arre, estou farto de semideuses!/ Onde é que há gente no mundo?/ Então sou só eu que é vil e errôneo nesta terra? / Poderão as mulheres não os terem amado,/ Podem ter sido traídos – mas ridículos nunca!/ E eu, que tenho sido ridículo sem ter sido traído,/ Como posso eu falar com os meus superiores sem titubear?/ Eu, que tenho sido vil, literalmente vil,/ Vil no sentido mesquinho e infame da vileza." (F. Pessoa, *Obra poética*, p.418-9.)

Desvela a mecânica da hipocrisia motora do fazer jornalístico desde sempre, ou melhor, representa-o no momento exato em que se transforma em indústria de escala, o que ocorre exatamente no século XIX, quando as tiragens aumentam, os livros assumem o formato de folhetim nas gazetas (publicação em capítulos), o público consolida o hábito de ler notícias diariamente, os títulos se multiplicam e as tiragens explodem. Somente entre as datas de nascimento e de morte de Balzac, por exemplo, é possível contar 90 títulos diferentes de jornais, almanaques e revistas publicados na França, grande parte disponível no museu Maison de Balzac, em Paris.[70]

Honoré de Balzac, um dos mais prolíficos romancistas de todos os tempos (em um único ano, 1830, escreveu 19 romances), nasceu em Tours, na França, em 1799, e morreu em Paris com 51 anos, em 1850. Formado em direito, começou a ganhar a vida compondo romances sentimentais, dramalhões que assinava com pseudônimos. Levou uma vida social agitada e repleta de paixões adúlteras. Tentou a política, sem êxito. Tentou a atividade empresarial, também sem êxito. Com a ajuda de uma de suas amantes, Laure de Berny, montou uma impressora de livros que faliu porque publicava obras completas de autores famosos numa época em que o público aprendia a consumi-las em forma de folhetim. Esteve endividado durante praticamente toda a vida.

Nomeou o conjunto de sua obra de *Comédia humana* em oposição à *Divina comédia*, de Dante Alighieri. Nela cabiam quase todos os seus escritos, menos os dramalhões anteriores ao romance histórico *Os Chuans*, de 1829. A *Comédia humana* divide-se em três partes. "Estudos de costumes" é a primeira, formada por 63 títulos, entre os quais *As ilusões perdidas*. A segunda parte é composta pelos "Estudos filosóficos", como *Pele de onagro*, de 1831. A terceira, "Estudos analíticos", compõe-se apenas de *Fisiologia do casamento*, de 1829.

Viveu abundantemente as contradições de seu tempo. Era um conservador assumido, um católico-monarquista em momento de ascensão burguesa que tentou enobrecer seu nome com atributos de nobreza considerados duvidosos. Seu registro de nascimento não inclui a partícula nobiliária "de", símbolo da nobreza que ele incorporou de moto próprio ao nome. De fato, era filho de um lavrador do sul da França de sobrenome Balssa. O aristocrático De Balzac ele foi buscar no nome de um dos primeiros membros da Academia Francesa, Jean-Louis Guez de Balzac.[71] Transformou-se em um burguês antiburguês porque várias vezes demonstrou detestar os grandes industriais. Essa condição o posicionou, no entanto, como observador privilegiado da sociedade burguesa, por dentro e por fora.

As ilusões perdidas incorpora uma de suas criações mais completas, o personagem Lucien de Rubempré, jornalista e homem de letras que encarna o tipo universal do talento provinciano seduzido pelo brilho do capital, no dizer de Paulo Rónai. Nele, Balzac retrata um jornalismo novo, em estado de total frenesi, expõe os poderes ambivalentes da imprensa, flagra situações típicas da vida jornalística, ou suas situações-limite, exemplifica o tráfico de influência, denuncia a corrupção já existente no meio e se estende sobre os poderes que se abrem graças a essa paraliteratura de mercado, aos negociantes de frases e aos espadachins das idéias e das reputações, conforme a abertura de uma conferência de José Miguel Wisnik sobre *As ilusões perdidas*.[72]

Uma das histórias mais relevantes para a questão das ambigüidades morais está na contratação do protagonista, o poeta Lucien de Rubempré, para criticar um livro por meio de uma resenha em jornal.* Lucien é introduzido por várias pessoas no mundo do jornalismo, mas Étienne Lousteau, jornalista e redator-chefe de uma pequena gazeta, para quem "o jornal toma como verdade tudo o que é provável", é um de seus principais mentores. Lucien deseja publicar seus sonetos *As margaridas*, mas o livreiro Dauriat rejeita a publicação, considerada "invendável". Lucien fica consternado e Lousteau propõe que ele se vingue do livreiro resenhando um livro recém-editado por Dauriat, escrito por Raoul Nathan, cuja primeira edição esgotara e a segunda estava para sair. Lucien havia lido e gostado do livro. Lousteau lhe pede que releia a obra e escreva um artigo demolindo-a. Lucien não vê como e, num longo monólogo, Lousteau vai lhe mostrar quanto é possível desancar uma obra transformando belezas em defeitos, convertendo obras-primas em bobagens disparatadas.

Eis o monólogo com a receita para demolir:

> Meu caro, um jornalista é um acrobata, é preciso nos habituarmos aos inconvenientes do estado. Olha, como bom camarada, vou indicar-te a maneira de proceder em casos como este. Presta atenção, meu pequeno! Começarás por achar muito bela a obra e podes te dar o gosto de escrever então tudo o que pensas. O público pensará: este crítico não tem inveja, sem dúvida há de ser imparcial. Desde então o público há de considerar a tua uma crítica conscienciosa. Depois de haver conquistado a estima do leitor, lamentarás ter de reprovar o sistema para o qual semelhantes livros vão fazer entrar a literatura francesa. A França, dirás, não orienta acaso a inteligência do mundo inteiro? Até hoje, século após século, os escritores franceses têm mantido a Europa no caminho da análise, do exame filosófico, pela pujança do estilo e pela forma original das idéias. Aqui colocas, para o burguês, um elogio de Voltaire, de Rousseau, de Diderot, de Montesquieu, de Buffon. Explicarás como na França a língua é impiedosa, provarás que é um verniz distendido sobre o pensamento. Deixarás escapar alguns axiomas, como: um grande escritor, em França, é sempre um grande homem, ele é forçado pela natureza da língua a pensar sempre, o que não acontece em outros países etc. Demonstrarás tua assertiva comparando Rabener, um moralista satírico alemão, a la Bruyère. Não há nada para dar autoridade a um

* Veja, em especial, seis capítulos de *As ilusões perdidas* ("Os arcanos do jornal", "Redauriat", "A primeira luta", "O livreiro em casa do autor", "Estudo sobre a arte de cantar a palinódia" – palavra que significa retratação – e "Grandezas e misérias do jornal"), na tradução de Ernesto Pelanda e Mário Quintana, in H. Balzac, *As ilusões perdidas*, p.190-211.

crítico como o falar de um autor estrangeiro desconhecido. Kant é o pedestal de Cousin. Firmado nesse terreno, lanças uma palavra que resume e explica aos tolos o sistema dos nossos homens de gênio do último século, chamando a sua literatura de "literatura de idéias". Armado dessa expressão, jogas todos os mortos ilustres à cabeça dos autores vivos. Explicarás então que em nossos dias surge uma nova literatura na qual se abusa do diálogo (a mais fácil das formas literárias) e das descrições que dispensam a idéia. Oporás os romances de Voltaire, de Diderot, de Sterne, de Lesage, tão substanciais e incisivos, ao romance moderno, em que tudo se traduz por meio de imagens, e que Walter Scott *dramatizou* em demasia. Em tal gênero, não há lugar a não ser para o inventor. O romance à moda de Walter Scott é um gênero, não um sistema, dirás tu. Fulminarás esse gênero funesto no qual se diluem as idéias, no qual elas são passadas num laminador; gênero acessível a todas as inteligências, gênero no qual qualquer um pode se transformar num escritor sem grande custo, gênero que enfim denominarás "literatura de imagens". Farás incidir essa argumentação sobre Nathan, demonstrando ser um imitador e que tem apenas a aparência de talento. Dirás que falta ao seu livro o grande estilo compacto do século XVIII; provarás que o autor substituiu nele os sentimentos pelos acontecimentos. O movimento não é a vida, o quadro não é a idéia! Formula sentenças assim, e o público as repetirá. Apesar do seu mérito, a obra te parecerá então fatal e perigosa, por abrir para a multidão o templo da Glória. Deixarás entrever ao longe um exército de autores de segunda ordem, ansiosos por imitar a tua forma. Nessa altura poderás entregar-te então a estrondosas lamentações a respeito de decadência do bom gosto e insinuarás o elogio dos srs. Étienne, Jouy, Tissot, Gosse, Duval, Jay, Benjamin Constant, Aignan, Baour-Lormian, Villemain, os corifeus do partido liberal napoleônico, sob cuja proteção se encontra o jornal de Vernou. Mostrarás essa gloriosa falange resistindo à invasão dos românticos, batendo-se pela idéia e pelo estilo contra a imagem e o palavreado, continuando a escola voltairiana e se opondo à escola inglesa e alemã, tal como os 17 oradores da Esquerda combatem pela nação contra os ultras da Direita. Protegido por esses nomes venerados pela imensa maioria dos franceses, que hão de ser sempre pela oposição de esquerda, podes esmagar o Nathan, cuja obra, apesar de conter belezas superiores, dá em França direito de cidadania a uma literatura sem idéias. Desde então, não se trata mais de Nathan nem de seu livro, compreendes?, mas da glória do país. O dever das penas honestas e corajosas é opor-se vivamente a essas importações estrangeiras. Aí tu lisonjearás o assinante. Dirás que a França é muito esperta, e que não é fácil surpreendê-la. Se o livreiro, por motivos nos quais não podes penetrar, escamoteia um grande livro, o verdadeiro público faz imediatamente justiça aos erros causados pelos 500 simplórios que constituem sua vanguarda. Dirás que depois de ter tido a felicidade de vender uma edição desse livro, o livreiro é bem audacioso de tirar a segunda, e lamentarás que tão hábil editor conheça tão pouco os instintos do país. Aí tens o arcabouço. Polvilha-me de espírito esse arrazoado, aviva-lhe o sabor com um fio de vinagre, e Dauriat estará frito na panela dos artigos. Não esqueças, porém, de terminar com ar de quem

> lamenta em Nathan o erro de um homem ao qual, se ele abandonar esse caminho, a literatura contemporânea deverá belas obras.

Estupefato depois de ouvir essa lista completa de argumentos absolutamente lógicos, Lucien considera Lousteau cheio de "razão e de verdade". Acabara de ver como podia funcionar a "picareta do crítico", uma forma de crítica que cabe em qualquer lugar no jornalismo e sob qualquer forma, não importa se o assunto é política, economia, música... "Estas formas de crítica literária empregam-se igualmente na crítica política", explicita Lousteau.

Enfim, absolutamente convencido, Lucien escreve o artigo que é publicado de imediato e lhe confere glória no mundinho dos atores, escritores e jornalistas no qual iniciava a convivência. A crítica fez o livreiro Dauriat depor as armas e procurar Lucien, pagar-lhe 3 mil francos por *As margaridas* e com isso fazer um acordo com o jornalista para que não atacasse mais nenhuma das obras por ele editadas. O passo seguinte, arquitetado por Lousteau, aproximaria Lucien de Nathan, também jornalista necessitado de uma vacina, para não atormentar Lucien quando as *As margaridas* saíssem a público. "Vimos Nathan esta manhã, está desesperado; mas vais escrever um artigo em que lhe borrifarás elogios pela cara", diz Lousteau a um sempre estupefato Lucien, que não entendia ser possível elogiar um livro que destratara.

"Como! Depois do meu artigo contra seu livro, vocês querem...", reage Lucien.

O primeiro artigo, demolidor, não saíra assinado, levara apenas uma letra C. ao pé. Pedem que Lucien publique um outro artigo, assinado L., que seja um elogio. Lucien ainda não via como dizer algo a favor do livro que esculhambara. Com a ajuda de outros jornalistas, Lousteau explica como agir. Blondet vai dar a receita da apologia. Sugere dizer que a inveja persegue todas as obras como os vermes aos bons frutos, e que para encontrar defeitos no livro de Nathan o crítico foi obrigado a inventar teorias capazes de distinguir duas literaturas: a que se entrega às idéias e a que recorre às imagens. Deveria dizer que exatamente a última perfeição da arte literária era exprimir a idéia por meio de imagens. Afinal, todas as idéias têm direito e avesso e ninguém podia arcar com a responsabilidade de dizer qual o avesso.

Procure "provar que a imagem é toda a poesia", diz.

> Lamentarás ser tão pouca a poesia que a nossa língua comporta. Falarás nas censuras que nos são feitas pelos estrangeiros sobre o *positivismo* do nosso estilo e louvarás Canalis e Nathan pelos serviços que prestam à França poetizando a sua língua. Combate tua argumentação precedente, fazendo ver que evoluímos do século XVIII para cá. Invente o Progresso! (uma admirável mistificação destinada aos burgueses).

Ele segue num monólogo tão extenso quanto o de Lousteau propondo que ele diga que existe apenas uma única literatura, a dos livros interessantes.

Vinha ainda com a idéia de mais um artigo, o terceiro, que Lucien assinaria finalmente com o seu próprio sobrenome, De Rubempré, no qual criticaria tanto o artigo de C. quanto o de L. e terminaria por afirmar ser o livro de Nathan o mais belo da época. Lucien fica aturdido, é incentivado pela amante, Corália, a se divertir com os três artigos, pelos quais, ainda mais, ganharia algum dinheiro. "Lucien, seduzido pelo paradoxo", escreve Balzac, "fez com que seu espírito montasse essa caprichosa mula." Produziu mais dois artigos, devidamente publicados.

As ilusões perdidas trata do poder de intimidação da imprensa graças à derrisão. Estabelece a maneira como o jornalismo toma como verdade tudo o que é provável, de como converte o real na estatística dos verossímeis possíveis, de seu poder de fazer e de desfazer contextos, de sua capacidade de transitar com tranqüilidade no maquiavelismo das circunstâncias. Conforme Wisnik, Balzac mostra que a imprensa terá o domínio no jogo das representações e que esse jogo estará sempre desconectado do "horizonte da verdade" – a expressão usada por Wisnik que relativiza a questão da verdade em jornalismo. A imprensa domina a manipulação dos verossímeis sem lastro nem sentido que os fundamentem. Trata-se de um livro sintetizado como o "poema tragicômico da capitalização do espírito", na definição de Georg Lukács.[73]

O que mais atualiza o romance é que os jornalistas que ele retrata manifestam uma consciência absoluta de todos os processos em marcha para usar e abusar do poder da imprensa. Um século e meio de desenvolvimento de uma indústria calcada na busca de uma inalcançável imparcialidade não conseguiu depurar nem desmontar a máquina de representação do mundo focada por Balzac naquela Paris repleta não só de transações mercantis, mas de transações de consciências.

Síntese dos dilemas éticos

Ao trazer à discussão os dilemas apresentados até agora, é possível esquematizá-los, mesmo correndo o risco da vulgarização, para sintetizar quanto carregam de escolhas para seus protagonistas e quanto o olhar do bom senso tem dificuldade de enxergar a escolha e facilmente opta por um lado, sem questionar. A síntese a seguir tem o intuito de realçar os dilemas éticos vistos até aqui, tirá-los do contexto para universalizá-los e aproximá-los da realidade que os carrega inelutavelmente, dilemas que fazem parte do fazer jornalístico.

1. Os dilemas que emergem em Antígona:
   - O bem versus o mal;
   - A lei dos homens versus a lei dos deuses;
   - A família versus o Estado;
   - A "religião" versus o Estado;
   - Os deuses de baixo (dos infernos) versus os deuses de cima, do Olimpo;
   - Viver ou morrer pela dignidade da família;

- O jovem versus o velho;
- A mulher versus o homem;
- A família versus a família (o problema sucessório);
- O povo versus o governo.

2. Os dilemas contidos no julgamento e no mito de Sócrates:
   - Verdade versus aparência;
   - Verdade versus retórica;
   - Condenar ou absolver o antidemocrata;
   - Aposentar-se à custa do Estado ou ser condenado à morte;
   - Permitir ou censurar a livre expressão;
   - O fato versus o mito.

3. Os dilemas entranhados nos ensinamentos de Epicuro:
   - O individual versus o coletivo;
   - O domínio das sensações versus as perturbações do espírito;
   - Prazer ou política?;
   - Felicidade ou política?;
   - Ética ou política?

4. Os dilemas carregados pelos textos de Montaigne e de La Boétie:
   - Vingança versus justiça;
   - Torturar e ao mesmo tempo enternecer-se;
   - Abusar da destreza (ou do domínio da técnica) para ferir;
   - Servir para perpetuar tiranos.

5. Os dilemas do solitário príncipe Hamlet:
   - Fingir ou aceitar;
   - Tristeza ou alegria;
   - Amar ou vingar;
   - Não vingar ou vingar com certeza dos fatos;
   - Vingança ou resignação;
   - Agir precipitadamente ou esperar a hora certa;
   - Planejar ou improvisar;
   - Consciência versus aparência;
   - Família versus o Estado (como em *Antígona*);
   - Família versus a família (o problema sucessório).

6. O dilema do super-herói ético:
   - Pacto (nobre) ou morte.

7. O dilema do anti-herói ético:
   - Aceitar o ridículo ou fingir o sucesso.

8. O dilema do jornalista:
   - Sinceridade ou distorção;
   - Anonimato ou fama;
   - Fidelidade ou hipocrisia.

Todos esses dilemas pressupõem uma resolução, estão devidamente abastecidos de ambigüidades morais e a escolha mora no território da ética. Não se pode falar em ética sem a possibilidade de uma decisão a ser tomada em função de alguma regra moral ou até da falta dela, seja esta regra particular, corporativa ou universalmente impossível, seja essa regra sólida, trivial ou relativa – ou líquida, como vão nos dizer mais adiante Ludwig Wittgenstein (trivial, relativa) e Zygmunt Bauman (líquida), no sentido de poder se adaptar a qualquer conformação, da mesma forma como os líquidos se adaptam aos seus receptáculos. Qualquer situação mais complexa nesse território vai pressupor uma decisão. A ética funcionaria como uma operacionalização das regras morais. A decisão poderá ser ética, poderá ser antiética, poderá ser aética ou poderá estar no vácuo da ética, lugar onde se diz que o jornalista trabalha. Nada que Kant e Weber não tenham ajudado a iluminar.

4.

Razão

"Duas coisas enchem o ânimo de admiração e veneração sempre novas e crescentes quanto mais freqüente e mais persistentemente a reflexão ocupa-se com elas: o céu estrelado acima de mim e a lei moral em mim." A frase é de Immanuel Kant (1724-1803) na conclusão da *Crítica da razão prática*,[1] uma das duas obras nas quais trata longamente da moral. Explica não lhe caber presumir que ambas as coisas – o céu estrelado e a lei moral – estejam envoltas em obscuridade; ele as vê e as conecta com a consciência de sua existência. A frase lhe serve de epitáfio em Kaliningrado, enclave russo entre a Polônia e a Lituânia, mas que era Könisgberg, na Prússia, quando ele foi enterrado na cidade onde viveu por 79 anos e de onde nunca saiu para longe de um raio de 40 quilômetros.

A imagem evocada pelo filósofo tem inúmeras leituras. Além de remeter para a maravilha do cosmo e da ambigüidade por ele definida (o mundo é ao mesmo tempo limitado e infinito segundo o tempo e o espaço), leva à beleza instalada no poder de enxergar o passado quando se olha para o céu estrelado, coisa que obviamente a física não lhe permitia saber então com os detalhes e o conhecimento atuais. Vê-se no céu estrelado tanto a cintilação de estrelas extintas quanto o fulgor de algo que não brilha mais neste preciso instante exatamente com o brilho que se enxerga. As estrelas estão tão longe que, quando suas luzes chegam até a Terra, muitas delas nem existem mais. Se olhar para o céu é olhar para o passado, tanto quanto ver a grandeza do cosmo, olhar dentro de si seria ver a lei moral que cada um carrega além do passado, da experiência e do conhecimento que a determinam.

A ética de Kant

O que Kant queria dizer com sua frase? No que os seus conceitos vão ajudar neste caminho de discussão da ética na comunicação?

Kant foi o primeiro dos filósofos modernos a destruir todos os argumentos tradicionais da existência de Deus: "A existência não é nenhum predicado."[2] Predicado é aquela característica inerente a um ser, um atributo, uma qualidade, uma propriedade. Kant também rejeitou a versão do pecado original, da revelação divina, descartou a concepção de uma natureza humana má e perversa e, diferentemente de seu próprio ídolo, Rousseau, discordou da idéia deste de uma natureza humana essencialmente boa. Kant surgiu e "pontificou", em pleno século XVIII, tempos de racionalidade crítica, centralidade da ciência, profundo questionamento filosófico, recusa sistemática dos dogmatismos, especialmente os das doutrinas políticas e religiosas tradicionais. Viveu o Século das Luzes, cujos precursores são os filósofos racionalistas, como Descartes e Spinoza, e os filósofos políticos ingleses, como Thomas Hobbes e John Locke. Kant vem depois deles com fé no poder da razão e com um lema então agressivo: "Atrever-se a conhecer." Como analisa Hegel, seu sistema – e ele deixou um sistema – trata da oposição entre fé e saber. Esse sistema explode a filosofia da subjetividade desde seu interior. A razão teria o "poder da unificação".[3]

Conta entre seus contemporâneos com inúmeras cabeças dispostas a colocar a razão no centro. Entre 1694, quando nasceu Voltaire, e 1826, quando morreu Thomas Jefferson, o mundo pôde ver florescer na França, além de Voltaire (liberdade de pensamento), as idéias de Rousseau (democracia, igualdade para todos), de Montesquieu (os três poderes) e da dupla Diderot e D'Alembert (ambos criaram a enciclopédia, que aglutinou o conhecimento que havia até então). Pôde ver na Escócia um David Hume (ateu, partidário da independência americana); na Itália, o filósofo e jurista Cesare Beccaria (prevenir em vez de castigar); e, nas colônias britânicas, esgrimirem idéias e ações Benjamin Franklin (independentista) e o próprio Jefferson (também independentista). Não sem razão, em 1776 os Estados Unidos declaram sua independência e, em 1789, estoura a Revolução Francesa, que Kant acompanhou com redobrada atenção. Reza a lenda que o único dia em que ele desviou o caminho no seu passeio diário após o almoço, sempre às 15h30 (e os vizinhos aproveitavam sua pontualidade para acertar o relógio), foi quando se dirigiu em direção ao carteiro para buscar notícias sobre o movimento em curso na França revolucionária.

O imperativo categórico

Além da *Crítica da razão prática*, a outra obra de Kant sobre moral é a *Fundamentação da metafísica dos costumes*, na qual ele conceitua o imperativo categórico, marco da ruptura com a filosofia moral da Antiguidade clássica e também com a moralidade cristã. Kant rompeu com a filosofia grega ao não aceitar a felicidade ou o interesse de cada pessoa como um princípio norteador da ação moral.[4]

O filósofo alemão Jürgen Habermas, nascido em 1929 e um dos expoentes vivos do pensamento oriundo da Escola de Frankfurt, chama a atenção para quatro aspectos simultâneos da ética de Kant.[5]

1. *O aspecto deontológico.* A deontologia é o estudo dos princípios, fundamentos e sistemas da moral. Ou então, por exemplo, o conjunto de deveres de uma determinada categoria profissional como se entende hoje – e isso não estava nas preocupações de Kant e ele nem se ocupou disso enquanto categoria.

2. *O aspecto cognitivista.* Ou seja, relativo ao conhecimento, à capacidade de adquirir conhecimento, chamada de cognição. Ou tudo aquilo relativo ao processo mental de percepção, de memória, de juízo e de raciocínio.

3. *O aspecto formalista,* no sentido da exigência de um rigor exagerado no cumprimento das normas e princípios.

4. *O aspecto universalista,* aquela tendência para universalizar, tornar geral, uma obra, uma idéia ou um sistema.

"As éticas clássicas diziam respeito a *todas* as questões do 'bem viver'; a ética de Kant diz apenas respeito a problemas da ação correta ou justa. Os juízos morais explicam como os conflitos de conduta podem ser contornados com base num acordo de motivação racional."[6] Isso porque, segundo Habermas, o fenômeno fundamental que aguarda explicação por parte da teoria da moral é precisamente aquele da *validade moral* das obrigações ou das normas de conduta. Para Habermas, a busca da correção normativa, do agir corretamente e com validez moral é uma pretensão de validade igual à pretensão de verdade. Exatamente por essa razão, ele vê em Kant uma ética cognitivista. Essa cognição, essa capacidade de adquirir conhecimento, virá de maneira imperativa, mas na forma de um princípio de justificação da ação. Para entender melhor tal questão é preciso conhecer o raciocínio que leva Kant ao imperativo categórico – além do próprio imperativo.

Para tanto, as ajudas de Bárbara Freitag[7] e de Otfried Höffe[8] serão fundamentais, somadas à leitura da própria *Fundamentação da metafísica dos costumes.* Toda a explicação do imperativo categórico a seguir se baseia nas leituras de Freitag e Höffe, que se complementam. A começar por aprender com Höffe que a visão do imperativo categórico como um *princípio moral* é enganosa, uma vez que, tanto na ética quanto para Kant, essa questão, a dos princípios, tem um duplo significado. Isso porque, se de um lado procurar-se-ia um padrão de medida supremo, absoluto, para todo o agir moral, de outro lado se trata de um fundamento último e definitivo capaz de determinar uma ação conforme um conceito ou um padrão de medida.

O imperativo categórico nomeia o conceito e a lei sob os quais a autonomia da vontade se encontra, e será ela, a autonomia, que possibilitará cumprir as exigências do imperativo categórico. Também nos interessa a firme razão que fundamenta essa lei porque Kant substituiu a busca da felicidade – baseada na ética dos gregos – como princípio norteador da ação moral pela ação calcada na razão. Mais adiante verá como Max Weber vai remexer nisso e como, no mundo contemporâneo, razão pode não conjugar com firmeza moral.

No sistema filosófico criado por Kant, os imperativos categóricos expressam a necessidade de agir segundo certas regras. Conforme explica Bárbara Freitag, Kant divide os imperativos em duas grandes categorias:

1. Os imperativos hipotéticos.
2. Os imperativos categóricos.

Os primeiros, hipotéticos, dividem-se também em duas categorias:

1.1. Os imperativos problemáticos, ou técnicos, pertencentes à arte.
1.2. Os imperativos assertórios (aqueles que contêm afirmação, são assertivos), ou pragmáticos, práticos, pertencentes ao bem-estar.

Os imperativos hipotéticos não têm valor moral porque formulam somente regras de ação para lidar com as coisas (imperativos técnicos) ou com o bem-estar (pragmáticos). Eles se encontram fora do âmbito da moralidade. Nele a ação é boa em vista de qualquer intenção possível ou real; e a ação não é ordenada de maneira absoluta, mas somente como meio para outra intenção.

A felicidade, por exemplo. O imperativo hipotético que representa a necessidade pragmática, prática, da ação como meio para fomentar a felicidade é assertórico, o mesmo que assertório, afirmativo. A ação não é ordenada de maneira absoluta, mas somente como meio para outra intenção.[9] Kant considera o conceito de felicidade tão indeterminado que, mesmo que todo homem deseje alcançá-la, nunca vai poder dizer ao certo e de acordo consigo mesmo o que é que propriamente deseja e quer. "A causa disto é que todos os elementos que pertencem ao conceito de felicidade são na sua totalidade empíricos, quer dizer, têm de ser tirados da experiência, e que, portanto, para a idéia de felicidade é necessário um todo absoluto, um máximo de bem-estar, no meu estado presente e em todo o futuro."[10]

É impossível para um ser finito, como o homem, mesmo sendo o mais perspicaz e o mais poderoso, fazer idéia daquilo que propriamente deseja. Com três exclamações e uma pergunta, Kant explicita quão difícil é definir felicidade:

> Se é a riqueza que ele quer, quantos cuidados, quanta inveja e quanta cilada não pode ele chamar sobre si!
>
> Se quer muito conhecimento e sagacidade, talvez isso lhe traga uma visão mais penetrante que lhe mostre os males, que agora ainda se lhe conservam ocultos e que não podem ser evitados, tanto mais terríveis, ou talvez venha a acrescentar novas necessidades aos desejos que agora lhe dão já bastante fazer!
>
> Se quer pelo menos saúde, quantas vezes a fraqueza do corpo nos preserva de excessos em que uma saúde ilimitada nos teria feito cair!
>
> Se quer vida longa, quem é que lhe garante que ela não venha a ser uma longa miséria?[11]

Em resumo, conforme Kant, o homem não é capaz de determinar, segundo qualquer princípio e com plena segurança, o que é que verdadeiramente o faria feliz, pois para isso precisaria da onisciência. O imperativo da felicidade é hipotético, pois não se pode agir segundo princípios determinados para ser feliz, mas apenas segundo conselhos empíricos como os que determinam a dieta, a vida econômica, a cortesia, a moderação, tudo em busca do bem-estar.

Nesse sentido, somente os imperativos categóricos têm para Kant um valor moral. Exprimem a necessidade de se agir segundo uma lei geral, exigindo um comportamento racional que todos devem seguir. Como diz Höffe, não é um princípio. Ou, conforme Freitag, a rigor, no imperativo categórico, Kant

> formula uma lei moral preocupada com as condições da possibilidade do exercício da liberdade. Esse imperativo nos é ditado pela razão. Visto que todos os homens são seres vivos dotados de razão, o imperativo categórico, a lei moral, é uma lei universal. Mas é preciso lembrar que esse imperativo é ditado pela razão pura, ou seja, por uma faculdade de conhecer, julgar e querer que dispense a experiência e seja anterior a ela. O imperativo categórico tem no campo da prática o mesmo estatuto que as categorias *a priori* do pensamento têm no campo da razão teórica, ou seja, um estatuto epistemológico, metafísico.[12]

Um estatuto epistemológico, metafísico, significa um estatuto além dos fundamentos lógicos, além da física.

Para compreender a extensão e a profundidade do imperativo categórico é preciso se familiarizar com alguns conceitos kantianos. Eles o sustentam e lhe dão o estatuto racional. São eles, na trilha de Freitag:

- Vontade;
- Liberdade;
- Autonomia;
- Preço;
- Dignidade;
- Meios e fins;
- Universalidade;
- Dever;
- Máxima; e, finalmente,
- O próprio conceito de imperativo.

A *vontade* é pensada por Kant como a faculdade de autodeterminação das próprias ações segundo certas regras. Para ele, a vontade é legisladora.

O exercício dessa vontade pressupõe, por sua vez, a *liberdade* – a existência de um espaço indeterminado dentro do qual a vontade se exprime, agindo segundo regras auto-estabelecidas e perseguindo fins autodeterminados. A liberdade não tem realidade fora da razão. Ela não existe senão sob a forma de uma idéia produzida por essa mesma razão.

A *autonomia* é um conceito inseparavelmente ligado à idéia de liberdade. Ela é definida no contexto da liberdade e em contraposição à heteronomia (ausência de autonomia, o funcionamento da natureza segundo leis alheias à nossa vontade). A autonomia refere-se às leis (morais) fixadas por nossa vontade. Mas existe a heteronomia, a vontade do outro. A determinação alheia versus a autodeterminação caracteriza heteronomia e autonomia. Não há autonomia sem que se observe a determinação do outro, alheia.

Preço e *dignidade* humana são as categorias que orientam as leis fixadas pela vontade reguladora do homem racional. Para Kant, o preço representa um valor exterior e a manifestação de interesses particulares. A dignidade representa um valor interior de interesse geral. A legislação elaborada pela razão prática que visa ao interesse de todos não pode ter como valor fundamental o preço, mas sim a dignidade humana. Esse valor é transformado em finalidade última pelo imperativo categórico.

"No reino dos fins tudo tem ou um *preço* ou uma *dignidade*. Quando uma coisa tem um preço, pode-se pôr em vez dela qualquer outra como equivalente; mas quando uma coisa está acima de todo o preço, e, portanto, não permite equivalente, então ela tem dignidade", escreve Kant na *Fundamentação*.[13]

A defesa da dignidade humana em cada um e na humanidade como um todo pressupõe o respeito mútuo, explica Freitag. A humanidade é o *fim*, nunca deve ser usada como *meio*. Eis aqui, então, a formulação do imperativo prático: "Age de tal maneira que uses a humanidade, tanto na tua pessoa como na pessoa de qualquer outro, sempre e simultaneamente como fim e nunca simplesmente como meio."[14] A *universalidade* vem daí e aí tem o seu sentido.

Há que se entender a distinção entre *máxima* e lei. "A máxima é o princípio subjetivo da ação e tem de se distinguir do princípio objetivo, quer dizer, da lei prática." A máxima "contém a regra prática que determina a razão em conformidade com as condições do sujeito (muitas vezes em conformidade com sua ignorância ou suas inclinações), e é, portanto, o princípio segundo o qual o sujeito age; a lei, porém, é o princípio objetivo, válido para todo ser racional, princípio segundo o qual ele deve agir, quer dizer, um imperativo", explica o próprio Kant na *Fundamentação*, para dar conta do significado de máxima e de *imperativo*.

Agir de acordo com o imperativo categórico passa a ser um dever. "Não se trata de uma sujeição cega à lei. Trata-se de seguir uma diretriz racional, compreendida como tal, que se impõe à consciência de cada um como necessária e justa, tendo em vista como finalidade última a defesa e o respeito à dignidade humana", diz Freitag.[15]

Com isso, chega-se à formulação definitiva do imperativo categórico. Nas palavras de Kant, "o imperativo categórico é, portanto, só um único, que é este": *Age apenas segundo uma máxima tal que possas ao mesmo tempo querer que ela se torne lei universal.**

* I. Kant, *Crítica da razão pura e outros textos filosóficos*, p.223. Em alemão: "Handle nur nach derjenigen Maxime, durch die du zugleich wollen kannst, dass sie ein allgemeines Gesetz werde."

Ou, na tradução de Bárbara Freitag: *Age de modo que a máxima de tua vontade possa servir simultaneamente como o princípio de uma legislação geral.*[16]

Você age em função de uma máxima e não de uma regra. O princípio regulador da tua vontade, que é a máxima, vai servir simultaneamente de base, de princípio, para uma legislação que valha para todas as pessoas, que tenha valor geral.

Em sua forma mais abreviada, desenha Höffe, o imperativo poderia expressar-se assim: "Age moralmente." O imperativo categórico não propõe nada moral, nem moralmente neutro. Ele exorta a humanidade a agir de uma determinada maneira baseada em princípios de valor universal. Para Freitag,

> agir bem, de forma moralmente correta, significa ao mesmo tempo respeitar a dignidade do homem e esforçar-se por aperfeiçoá-la. Visto que a lei moral defende a dignidade humana de cada um, ela defende a dignidade da humanidade como um todo. O desrespeito à dignidade de um homem significa, pois, um insulto à humanidade como um todo. A moral kantiana, consubstanciada no imperativo categórico, propõe uma regra de conduta que evita ferir a dignidade humana. Ao mesmo tempo, ela incentiva o indivíduo a aperfeiçoar-se, contribuindo assim para o aperfeiçoamento da humanidade como um todo.[17]

Essa fortaleza começou a ser demolida em 1797, quando o escritor e político franco-suíço Benjamin Constant (1767-1830) entrou numa complicada discussão com Kant sobre a mentira. Em 30 de março de 1797, Constant fez publicar, numa revista chamada *A França no Ano de 1797*, o texto "Das reações políticas",[18] no qual se referia a "um filósofo alemão" sem citá-lo diretamente, mas esse filósofo era Kant. Constant atacou:

> O princípio moral, por exemplo, de que dizer a verdade é um dever, se fosse considerado de uma maneira absoluta e isolada tornaria impossível toda sociedade. Temos a prova disso nas conseqüências muito diretas que um filósofo alemão tirou desse princípio, chegando até mesmo a pretender que a mentira seria um crime em relação a assassinos que vos perguntassem se o vosso amigo, perseguido por eles, não está refugiado em vossa casa.

Kant, que disse não se lembrar exatamente onde teria se expressado dessa forma, confessou poder ter dito isso em algum lugar e, alguns meses depois, em 6 de setembro de 1797, contrapôs argumentos em um artigo publicado numa revista berlinense (*Berlinische Blätter*) intitulado "Sobre um pretenso direito de mentir por amor aos homens".[19] Considerando que Kant não era uma pessoa muito ágil (deixou de se casar por duas vezes, por exemplo, porque a primeira candidata já estava casada quando ele se decidiu e, na segunda vez, quando finalmente tomou a decisão, a noiva havia mudado de cidade fazia tempo), até que a resposta veio rápida, em apenas cinco meses e seis dias – longo tempo até para aquela época, mas pouco para os padrões kantianos.

Os argumentos de Constant eram os seguintes:

a) Dizer a verdade é um dever;
b) A idéia de dever é inseparável da idéia de direitos;
c) "Um dever é o que, em um ser, corresponde aos direitos de um outro";
d) Lá onde não existem direitos também não existem deveres;
e) "Dizer a verdade só é, portanto, um dever em relação àqueles que têm direito à verdade. Ora, nenhum homem tem direito à verdade que prejudique a outrem".

A mentira, portanto, para Constant, seria possível na tal situação do assassino que chega para matar um amigo abrigado na casa de alguém e esse alguém mente, afirmando não haver ninguém escondido em sua casa. Segundo Constant, qualquer um poderia mentir aos assassinos com o intuito de proteger a vida do amigo sob abrigo, não importa qual o crime do amigo, importa, sim, a vida em jogo. Constant relativiza a questão da verdade e admite a mentira numa situação em que o fim é altruísta porque protege a vida humana.

Kant não se dobrou. Achou desprovida de sentido a expressão "ter um direito à verdade". Considerava muito mais preciso dizer que o homem tem direito à sua própria veracidade, isto é, "à verdade subjetiva em sua pessoa". A veracidade nas declarações que não se pode evitar é dever formal do homem. Para ele, mesmo a mentira "bem-intencionada" poderia tornar-se punível segundo as leis civis. Quem mente tem de responder pelas conseqüências de sua mentira. Kant não transigiu. Seria um "mandamento sagrado da razão" ser verídico, ou honesto, em todas as declarações.

Sua posição contra o assassinato e a favor da pena de morte, dever do Estado, era igualmente intransigente, além de ser um imperativo:

> Se ele matou, *deve morrer*. Não há nenhum sucedâneo, nenhuma comutação de pena que possa satisfazer a justiça. Não há nenhuma comparação possível entre uma vida, ainda que penosa, e a morte; e, por conseguinte, nenhuma outra compensação entre o delito e a punição, salvo a morte juridicamente infligida ao criminoso, mas despojada de toda maldade que poderia, na pessoa de quem a padece, revoltar a humanidade.[20]

A veracidade como mandamento sagrado da razão, dizem seus comentadores, é um dos temas mais recorrentes na obra de Kant. De acordo com ele, o dever da veracidade seria um dever incondicional mesmo se tratando de um tema político. Kant acreditava que a política precisava adequar-se ao direito, que o problema político era um problema moral e que a política "não pode dar um passo sem antecipadamente ter prestado homenagem à moral".[21] No entanto, o sistema moral, por mais estruturada e consistente que fosse a defesa deKant, esteve desde sempre em conflito com a política. Irremediavelmente em conflito. Desde Maquiavel. Desde quando este mostrou que "do bem não decorre o bem", conforme explica o professor de filosofia Renato Janine Ribeiro. O mesmo que discorda da constatação segundo a qual, com isso, Maquiavel teria separado a ética da política e proclamado a política como imoral, ou amoral. Para Ribeiro, Maquiavel é exigente com seu príncipe e não o imagina destituído da ética pessoal ou religiosa.[22]

Mas 60 anos depois da morte de Kant vai nascer um neokantiano tão crédulo quanto o pensador de Königsberg em relação ao equilíbrio entre moral e política, e, paradoxalmente, disposto a explicitar quão relativa é a questão ética na política, mesmo quando busca firmar as bases teóricas para uma política moralmente responsável. Vai surgir alguém que introduz conceitualmente o relativismo dos meios. Os conceitos solidificados no Iluminismo e no pós-Iluminismo, firmemente sustentados pelos pilares de Kant e erguidos com segurança pela plataforma de Hegel, vão se esgarçar mais rapidamente. O que a modernidade começara simultaneamente a coser e a descoser, desde Maquiavel, vai se desmanchar de forma mais palpável. No caminho há o jornalismo, instrumento de comunicação entre os homens, mas também de vulgarização e de manipulação do conhecimento.

Weber e a vocação

O neokantiano se chama Max Weber e nasceu em 1864 em Erfurt, na Alemanha. É o pai da sociologia. Morreu em Munique, em 1920, de pneumonia. Os portugueses traduzem o título de uma conferência dada por ele em Munique, em 1919, *Politik als Beruf*, por *A política como profissão.* Nos Estados Unidos e no Brasil, preferiu-se verter, respectivamente, para *Politics as a vocation* e *A política como vocação,* em especial na tradução de Maurício Tragtenberg aqui utilizada. Os franceses, mais discursivos, optaram por usar ambas as expressões, "vocação" e "profissão": *La profession et la vocation de politique.**

Se em alemão *Beruf* quer dizer profissão (reconhecer publicamente, professar), a palavra liga-se inexoravelmente, na conferência de Weber, à questão da vocação, *Berufung*. No caso, a vocação enquanto chamamento para a profissão de político para aqueles que, no inverno de 1919, na Alemanha, poderiam ter aptidão para a política "apesar de tudo" – nas palavras de Weber aos estudantes de centro-esquerda que o convidaram para palestrar, recém-saídos do serviço militar e abatidos pela derrocada da Alemanha na Primeira Guerra Mundial.

A pedido da Associação Livre dos Estudantes, Weber fez duas conferências na Universidade de Munique cujas transcrições estenográficas foram trabalhadas

* Ver M. Weber, *A política como vocação*, para a tradução no Brasil, e *The Vocation Lectures: Science as a Vocation, Politics as a Vocation*, para a tradução em inglês. Sobre traduções de Portugal ver, por exemplo, *A política como profissão* e *A ciência como profissão*, publicadas em 2000 pelas Edições Universitárias Lusófonas de Lisboa, Portugal. Para a tradução francesa, ver *Le savant et la politique*.

e transformadas em texto por ele mesmo pouco antes de morrer. A primeira conferência foi *A ciência como vocação*, em 7 de novembro de 1917; e a segunda, *A política como vocação,* em 28 de janeiro de 1919, da qual este capítulo se ocupa. Nela, Weber situa o jornalismo como âmbito privilegiado do fazer político. Essa fala tem, para a configuração ética do jornalismo, a importância de uma rigorosa delimitação, algo que ultrapassa, porque relativiza, a noção do próprio imperativo categórico e cria categorias capazes não de justificar, mas de sustentar, do ponto de vista normativo, comportamentos tão díspares quanto questionáveis por parte de qualquer político, qualquer chefe de Estado, qualquer revolucionário, qualquer "terrorista", para usar uma palavra cuja conotação varia conforme o ponto de vista.

Nessa palestra Weber realiza uma análise seminal da questão ética na política e, de passagem, da própria imprensa. Nela, o negócio da imprensa tem sua dimensão moral argüida, decifrada e reconceitualizada. A título de explicar a vocação para a política, ele endereça a questão ética à platéia majoritária de estudantes, evita se agarrar sistematicamente ao conceito de verdade,* apesar de citar a palavra ao menos quatro vezes, e descortina os elementos morais necessários ao homem político. Esses elementos são os mesmos que vão mostrar quanto os quatro pilares de Peucer, vistos no capítulo 2 deste livro, se erguem de forma idealística e alicerçam de forma superficial a ética na imprensa. Weber demonstra que para o político – e para o jornalista, portanto – não cabe a chancela de "santo".

Nove anos antes, em 1910, Weber havia se debruçado com total curiosidade sobre a questão do jornalismo num texto pouco conhecido, "Sociologia da imprensa: um programa de pesquisa",[23] no qual faz perguntas tais como:

- O que aporta a imprensa à conformação do homem moderno?
- Que influência exerce sobre os elementos culturais objetivos supra-individuais? Que deslocamentos produz neles?
- O que se destrói é novamente criado no âmbito da fé e das esperanças coletivas, do "sentimento de viver"?
- Que possíveis atitudes são destruídas para sempre, que novas atitudes são criadas?

Ele esclarece que o material necessário para dar as respostas a essas questões é constituído pelos próprios jornais.

Por isso vale a pena se estender um pouco sobre sua fala posterior, de 1919. É nessa conferência – resumida aqui a partir da tradução de Maurício Tragtenberg[24] – que Weber conceitua o Estado fundado na força, na violência legalizada, na rei-

---

* M. Tragtenberg prefere a palavra "sinceridade" (M. Weber, *A política como vocação*, p.93) para traduzir "*wahrheit*", que L. Hegenberg e O.S. da Mota (M. Weber, *Ciência e política: duas vocações*, p.113) e R. Livingstone (M. Weber, *The Vocation Lectures: Science as a Vocation, Politics as a Vocation*, p.83) traduzem por "verdade" e "*truth*".

vindicação que o mesmo faz do monopólio do uso legítimo da força física. Weber o afirma conforme declaração do revolucionário russo Leon Trotski quando esteve em Brest-Litovsky, na Bielo-Rússia, para discutir o fim da participação soviética na Primeira Guerra Mundial, e emplacar uma estratégia nem de guerra nem de paz. "Qualquer Estado baseia-se na força", declamou Trotski na ocasião, afirmação que impressionou Weber. Ele a usa para explicar existirem três razões para tal legitimidade.

1. A autoridade do passado eterno, dos costumes consagrados.
2. A autoridade do carisma, o dom da graça em que se fundam os poderes extraordinários de um indivíduo.
3. A autoridade que se impõe em razão da legalidade, fundada na crença da validade do estatuto legal e da competência funcional baseada em normas racionalmente definidas.

O Estado moderno, enquanto agrupamento de dominação, apresenta um caráter institucional. Esse Estado procurou monopolizar, com êxito, nos limites de um território, a violência física legítima como instrumento de domínio e, tendo esse objetivo, reuniu nas mãos dos dirigentes os meios materiais de gestão. A política se transformou numa "empresa" e fez nascerem os políticos profissionais.

A aproximação com o jornalismo surge na página 42 de *A política como vocação*, quando Weber diz que "atualmente a política é feita predominantemente no âmbito público, por meio da fala ou da escrita". Tanto na fala quanto na parte escrita, o jornalismo é parte integrante do fazer político, exatamente no uso que o político faz da imprensa, quando não é ele próprio a exercer funções jornalísticas. Note que rádio, televisão e internet inexistiam comercialmente, a revista não tinha a função que têm os semanários de hoje e o jornal era o meio prioritário de comunicação. A evolução dos meios de comunicação em nada contradiz a fala de Weber; ao contrário, reforça-a.

Weber define o demagogo como o chefe político do Ocidente desde a existência de Estados constitucionais, desde a existência da democracia. Por isso o "publicista político", que é o jornalista, o articulista, vai utilizar preferencialmente a palavra impressa, mais duradoura. Por esse motivo, avança Weber, o "publicista político é o representante mais notável da demagogia".

O jornalista partilha da condição de todos os demagogos e pertence a uma "espécie de casta de párias que a sociedade julga a partir de seus representantes mais indecorosos". Essa afirmação continua encontrando eco depois de passado quase um século. Ele acredita vir dessa crença a veiculação das mais estranhas idéias sobre o jornalismo e sobre os próprios jornalistas porque, explica, as pessoas ignoram o fato de que "um trabalho jornalístico de valor requer tanta inteligência como qualquer trabalho erudito", se esquecem tratar-se de uma tarefa de execução rápida, em obediência a ordens, que exige eficiência imediata e que se faz em condições opostas aos outros tipos de atividade intelectual – um professor tem mais tempo para preparar suas aulas, o tempo de pesquisa e escrita de um livro é largamente superior ao de pesquisa e preparação de uma reportagem. "Dificilmente se reconhece", diz, "que a responsabilidade do jornalista é muito grande, e o sentido de responsabilidade de qualquer jornalista que se preze nada fica a dever a qualquer outro intelectual."

Weber precisa justificar, no entanto, por que o público enxerga o jornalismo com desconfiança. A sua introdução em defesa da profissão é uma manobra defensiva a bem da imprensa, porque, para ele, o "descrédito do jornalismo aos olhos do público deu-se pelo fato de este ter guardado em sua memória os erros e os abusos de jornalistas irresponsáveis, cuja influência na maioria das vezes foi deplorável". Refere-se à habilidade humana de condenar a medicina em função de um erro médico, de deplorar a advocacia por causa da atuação do advogado incompetente, de ter medo de avião por conta do último acidente fatal – os exemplos são meus. Considerava difícil convencer as pessoas de que a discrição de um jornalista possa ser superior à de outras pessoas, e isso leva o público a olhá-lo com "um misto de desdém e piedosa covardia" por conta das "tentações" que rodeiam o trabalho jornalístico.

Assim como hoje, política e jornalismo estavam intimamente ligados, e a Weber interessava analisar a influência dos políticos na imprensa, a maneira de cultivarem o meio. Era comum a carreira política germinar e avantajar-se no jornalismo, coisa corriqueira no avançar das democracias – só no Brasil, por exemplo, foram publicistas, fizeram (e alguns ainda fazem) farto uso da imprensa com suas análises, políticos como Ruy Barbosa, Carlos Lacerda, Delfim Netto, José Sarney e Fernando Henrique Cardoso, para ficar em apenas cinco nomes de projeção nacional.

Os jornalistas nasceram interligados e continuaram indispensáveis à política, criando com ela uma interdependência. "Essa situação foi determinada pelo crescimento espantoso da força da empresa jornalística e de sua relação com a atualidade." Ao mesmo tempo, dado o "enorme" crescimento das empresas jornalísticas, o próprio jornalista perdeu parte da influência pessoal à medida que o "magnata capitalista", o dono da imprensa, aumentava o seu poder. As grandes empresas, os grandes grupos capitalistas, no dizer de Weber, criaram o "apoliticismo" dos jornais e desenvolveram mais uma forma de receita, além da proveniente da venda avulsa dos periódicos, os anúncios populares [os classificados], para, de certa forma, tentar desfazer as relações promíscuas com as verbas publicitárias públicas, governamentais, que mantiveram a imprensa – e ainda a mantêm nas democracias e nos países socialistas. Sem essa fonte adicional de receita, jornais profissionalizados não conseguiriam lucro por conta de sua política dita independente e, sobretudo, diz Weber, "não poderiam contar com a vantajosa benevolência dos poderes dominantes".

Ele conta que, na Primeira Guerra, o governo alemão havia recorrido ao sistema de anúncios para exercer influência política sobre a imprensa. Comprava anúncios para manter os jornais sob controle. (Weber parece falar do Brasil de quase um século depois: a imprensa local e regional, por exemplo, não consegue fugir desse sistema; situação agravada pelo fato de muitas empresas – jornais, rádio e repetidoras de televisão – serem de propriedade de políticos, que conseguem as licenças radiofônicas e televisivas por conta da relação fisiológica com o poder central, federativo.)

Weber faz questão de ressaltar que não critica a necessidade das promoções de vendas e afirma que o fenômeno do sensacionalismo irresponsável não é universal e nunca foi nem será o caminho para a formação de dirigentes autênticos ou para o exercício responsável da política. "Apesar de tudo", conclui ele, a carreira jornalística segue sendo uma das vias de atividade política das "mais significativas".

Adentra, então, o terreno das definições éticas, quando explica as "exigências interiores" a que o jornalista "de nome" está sujeito. Weber as define como "avassaladoras e cruéis", porque, por razões profissionais, o jornalista é obrigado a freqüentar aquilo que ele chama de "salões dos donos da vida", os ambientes nos quais circulam suas fontes – sejam os políticos e empresários que comandam os processos políticos e econômicos, sejam os salões sindicais, associativos ou institucionais. Nesses ambientes, será "adulado ao mesmo tempo em que é temido". Quando deixa o salão, escreve Weber, o jornalista de nome costuma ter total consciência de que o anfitrião estará se desculpando ante os convidados pela presença daquele "lixeiro da imprensa".

Além disso, Weber realça os elementos tempo e mercado, o primeiro como imposição do segundo. Ele mesmo destaca a palavra mercado: "Não é nada fácil se manifestar sobre os temas mais complexos da vida social com a rapidez que o *mercado* exige sem cair na vulgaridade ou sem perder a própria dignidade."

Prossegue analisando o fazer político e o seu desenvolvimento, em especial na Europa, para, a partir da página 83, adentrar o terreno específico das questões éticas para a política – e aqui se intensificará o esforço deste livro em relacioná-las com as que se referem à imprensa. De outra forma: até que ponto a ética no jornalismo dialoga com as proposições de Weber para a ética na política?

Ele propõe uma questão específica e momentosa: "Que tipo de personalidade é necessário ser para poder interferir na roda da história?" Ele quer buscar o tipo de homem ideal para realizar a tarefa de enfiar "os dedos entre os raios da história"[25] e com perfeitas condições morais para tanto. A analogia com o jornalista vai ficar mais clara no decorrer das explicações que se seguem.

Weber enumera três qualidades decisivas para o político:

1. Paixão;
2. Sensação de responsabilidade, ou sentimento de responsabilidade;
3. Sentido das limitações, ou senso de proporção.

Explica: não se trata da paixão enquanto "excitação estéril", mas daquela devoção apaixonada a uma "causa", ao "Deus ou ao demônio que é soberano nela". Não basta a paixão, mesmo autêntica, por si só. Sem o correspondente sentimento de responsabilidade, a paixão não cria o político – como não criaria o jornalista completo imaginando que também lhe caibam as três qualidades. É a sensação da responsabilidade que vai proporcionar o sentido dos limites e vai lhe dar o senso da proporção. O senso de proporção garante o sentido da "distância" ante os homens e as coisas e a "habilidade para permitir que os fatos ajam sobre si", com calma interior do espírito.

A "ausência de distância" condena gerações e gerações de intelectuais à impotência política. Para ele, o maior desafio é o convívio simultâneo, numa mesma pessoa, da paixão ardente por uma causa e o sentido exato das proporções. A política (assim como o jornalismo) "é feita com a cabeça, e não com as demais partes do corpo ou da alma". Isso não elimina o fato de que a devoção política deva nascer e alimentar-se da paixão, mas sim submetida ao firme controle da razão.

A vaidade seria o inimigo vulgar e muito humano que o homem político deve combater diuturnamente. Talvez ninguém esteja a salvo dela, observa Weber, mas, se ela é praticamente inócua no intelectual, no político pode ser devastadora quando se torna pura exaltação pessoal – o que também cabe como uma luva para o jornalista. Isso pode levar o político a se converter num "ator", desempenhando o papel de um histrião porque sua preocupação será mais de impressionar os outros do que se dedicar à sua causa, o que vai fazê-lo buscar a aparência de poder, em vez do poder real – e o mesmo vale para o jornalista. Se a ânsia de poder "constitui uma das molas propulsoras de qualquer política, não existe distorção mais prejudicial à ação política que o fanfarrão que se diverte com o poder como um novo-rico ou como um Narciso, cultivando a vaidade de seu poder – ou seja, toda a adoração do poder pelo poder".

Na busca do *ethos* da política, ou melhor, do costume, do caráter, da moral da política como causa a ser defendida – suficiente para permitir a analogia com o jornalismo –, Weber pergunta que papel a política deve desempenhar dentro da economia ética total da ação humana. Nesse território, se enfrentam as *visões de mundo*, e o grifo é dele. Weber usa exemplo prosaico para combater uma visão "falsa e vulgar", segundo a qual a ética pode desempenhar papel comprometedor e, com isso, comprometer o próprio conceito. O homem que abandona a esposa com o pretexto de que ela não mereceria o seu carinho por tê-lo desiludido, revelaria "falta de cavalheirismo" em relação ao fato de que ele não ama mais aquela mulher e ela teria que passar a conviver com isso. Nessa falta de cavalheirismo, se geraria uma "legitimidade" pela qual ele se dá o direito e até pode desejar "o infortúnio e o prejuízo dela". O vencido seria indigno por ter perdido a batalha. À atitude desse homem corresponderia a daquele que, após a batalha vencida, afirma ter vencido porque estava com a razão. A mesma atitude ele vê naquele que, ante a barbárie de uma guerra, entra em crise com a autojustificativa de que não podia suportar a guerra porque era obrigado a combater por uma causa injusta; o mesmo pode ser dito do vencido na guerra que procura sempre o "responsável" pela derrota.

Tudo para deixar claro que ele considera "abjeto" o uso da ética como meio de se ter razão, de sempre ter razão. Se a pergunta que ele se faz – "é certo não haver relação alguma entre a ética e a política?" – continua presente, e até virou senso comum, ele considera mais certo dizer que a mesma ética é válida tanto para o ato político como para qualquer outro tipo de ação. Weber pergunta se é possível acreditar na neutralidade ética, no sentido de que a mesma ética valeria para as relações sexuais, comerciais, matrimoniais, filiais, entre amigos, entre inimigos, quando se sabe, conforme ele mesmo explicara no início da conferência, que toda política utiliza, como forma específica de realização, a força que é fundada na violência.

Quase um século depois dessas palavras, quantas nações abandonaram a necessidade do exército? Costa Rica? Panamá? Liechtenstein? Mônaco? Quantos pequeninos mais? Se o Vaticano não tem exército, tem a Guarda Suíça. Qual a diferença entre um déspota e a dominação de um partido operário? Entre um ditador fascista e um ditador comunista? Entre um chefe de Estado democrático que invade países e um líder religioso que incita ataques suicidas e destruidor de civis? As perguntas são minhas – a partir das de Weber – para tornar contemporâneas suas questões de 1919.

Segundo ele, o que está em discussão na política são os *meios*, porque todos os políticos – situação e oposição, adversários ou não – reivindicam com sinceridade a nobreza de intenções: "Quem recorre à espada, morrerá pela espada." Weber utiliza o Sermão da Montanha para definir o contraponto à questão da nobreza das intenções, que seria o que ele chama de "ética absoluta", porque o sermão dado por Jesus (ver o Evangelho de são Mateus), quando subiu num monte para falar a seus seguidores, corporificaria a ética absoluta do Evangelho, ou seja, uma "ética do tudo ou nada", que não se trata, evidentemente, de um carro (ele fala em "fiacre") que se toma para andar um pouco e se deixa quando se deseja. Não se toma emprestada a ética para usá-la e depois descartá-la. Segundo o ensinamento do Sermão da Montanha, o imperativo ético tem na sua essência a entrega de tudo: "dá a outra face!", sem se perguntar se o outro tem o direito de bater. Weber conclui que essa é uma ética para *santos*. "É precisamente isto: é necessário ser um santo ou pelo menos viver como Jesus, como os apóstolos, como são Francisco de Assis e seus monges para que a ética tenha um sentido e exprima dignidade." Weber, como se vê, aplaina o caminho da relativização.

Em conseqüência, o político vai usar a sentença bíblica ao contrário. Em vez do "não resistas ao mal pela força", vai agir no sentido de resistir ao mal pela força, porque senão acabará se vendo responsabilizado pelo triunfo do mal. Quem seguir a ética do Evangelho, por exemplo, jamais poderá fazer greve, fazer revolução, fazer guerra; os vencidos responsabilizarão aqueles que usaram a ética do Evangelho e que os proibiram da possibilidade de resistência. Então a paz, e não a guerra, é que estará desacreditada. Além disso, a ética absoluta requer, por princípio, o dever da sinceridade, algo incompatível com a própria noção de Estado, de segredo de Estado – ou do segredo a respeito da fonte, na analogia com o jornalismo. O Estado não mostra o coração em público. Assim, o público "sabe tudo", mas não sabe nada da política e a esfera da intimidade toma o lugar da esfera pública.

Weber desfecha o derradeiro "ataque" ao definir de maneira decisiva: a ética absoluta é imune a conseqüências. Não importa o que ocorra depois que você deu a outra face, se entregou, não reagiu ou ficou passivo. Nada mais importa porque você estava sendo fundamentalmente ético.

Nessa altura, Weber apresenta os dois conceitos que acabaram fazendo história e introduzem normativamente uma defesa funcional para o relativismo. Explica que "qualquer conduta ética" estará sempre calcada, ou inspirada, em dois preceitos básicos e "irreconciliavelmente opostos".

Para ele, qualquer ação pode se orientar rumo a uma *ética da convicção* (também definida como ética dos fins) ou rumo a uma *ética da responsabilidade*.

A ética da convicção

A ética dos fins, ou dos princípios, ou da convicção, como ficou mais conhecida, não é irresponsável. Nem a da responsabilidade é oportunista e destituída de princípios. Ele não considera que falte responsabilidade na ética da convicção nem que falte convicção na ética da responsabilidade. No entanto, há um "abismo" entre as duas, exatamente por conta de tudo o que resulta de uma ética baseada nos fins aos quais se quer chegar e de uma ética baseada na prestação de contas das ações tomadas e de suas conseqüências.

Renato Janine Ribeiro diz que a ética da convicção pode ser a do indivíduo privado e, apesar de ser a mais próxima de uma ética tradicional, com ela não deve ser confundida, uma vez que a tradição consiste em seguir de forma acrítica uma lista de mandamentos, uma cartilha do certo e do errado. Porque "uma ética dos princípios, ou valores, supõe que estes tenham sido meditados, ponderados, refletidos antes de um sujeito os incorporar e assumir como seus". A ética da convicção atribui aos valores uma "vigência forte", um "caráter absoluto".[26]

É perfeitamente possível demonstrar a um sindicalista (adepto da ética dos fins), como no exemplo usado por Weber, que sua ação pode aumentar as possibilidades de reação, agravar a opressão dos sindicalizados, frear o progresso da categoria rumo a uma vida melhor e nada disso demovê-lo de seus objetivos últimos, porque é adepto de uma ética finalista. "Se uma ação bem-intencionada produz más conseqüências do ponto de vista do agente, o responsável não é ele, mas o mundo, a estupidez dos outros ou a vontade divina, que assim o quis." O adepto da ética da convicção só se sentirá responsável pela necessidade de zelar pela pureza da doutrina a fim de que ela continue viva, para que se mantenha a chama do protesto ou a chama da pureza de princípios de suas ações. Reanimar constantemente essa chama é o objetivo de seus atos racionais ou irracionais, julgados segundo suas possibilidades de êxito.

Para ficar num exemplo bastante palpável, os fundamentalistas muçulmanos ligados a Osama Bin Laden teriam agido então segundo a ética da convicção, ao comandar os ataques aos Estados Unidos que destruíram parte do Pentágono, em Washington, e as Torres Gêmeas em Nova York, em 2001, matando milhares de civis.

Por paradoxal que pareça, há a possibilidade de entender a ação dos fundamentalistas de outra forma, impulsionada pela ética da responsabilidade, como se verá agora.

A ética da responsabilidade

Definida a ética da convicção, Weber se vale do filósofo alemão Johann Gottlieb Fichte (1762-1814) para explicar a ética da responsabilidade e diz, como Fichte, que "quem acredita numa ética da responsabilidade conta com os defeitos humanos".[27] O seguidor dessa ética sequer pressupõe perfeição ou bondade e não se sente em condições de lançar a outros a responsabilidade por suas próprias ações. É aquele que dirá: "Essas conseqüências derivam de minha ação."

Como afirma Ribeiro, "a ética da responsabilidade é aquela que se aplica na política – não: melhor dizendo, é aquela que vale sobretudo para quem *age politicamente*".[28] Ou seja, trata-se de uma ética da ação política, muito mais do que da instituição política.

O então presidente dos Estados Unidos George W. Bush teria agido de acordo com a ética da responsabilidade ao ordenar a invasão do Afeganistão para caçar Osama Bin Laden e, com isso, também ter matado milhares de civis. Idêntico diagnóstico serve para a atitude do mesmo Bush na invasão do Iraque.

O raciocínio vale ainda para a ação do grupo Al-Quaeda – já citada como exemplo de ética da convicção – nos ataques aos Estados Unidos. Porque, segundo Ribeiro, a ética da responsabilidade não é apenas a ética do governante. "É também a do rebelde." Ou: "É a de todo aquele que vê o social como podendo e/ou devendo ser plasmado por uma ação criadora – e pouco importa se esta é a do indivíduo ou a do grupo. A essa ação que cria o social, cabe chamar de ação política."[29] O leitor ocidental certamente não irá concordar que o ataque de Bin Laden aos Estados Unidos seja uma ação "criadora" e possa ser vista como ligada à ética da responsabilidade. Mas o leitor muçulmano, para o qual Bin Laden é um herói, certamente concordará que a ação foi criadora. Olhada com o distanciamento recomendado por Weber, vê-se que aquela ação, carregada de simbolismo, inova ao usar aviões repletos de civis como armas contra o povo americano.

De volta a Weber, ele diz que ambas as éticas consideram em diversas ocasiões que os homens são obrigados a recorrer a meios "duvidosos" ou, no mínimo, perigosos, para alcançar fins "bons" e aceitam a possibilidade de surgirem conseqüências desagradáveis. "Nenhuma ética nos diz em que medida um fim moralmente bom justifica meios e conseqüências moralmente perigosos." Weber cita os socialistas revolucionários de então, que denunciavam moralmente os políticos do *Ancien Régime* por usarem a política de força, enquanto eles mesmos, socialistas, como os bolcheviques da Revolução Russa, por exemplo, se valiam exatamente dos mesmos meios. O *Ancien Régime*, Antigo Regime, era o sistema vigente na França até a Revolução Francesa, baseado na monarquia absolutista.

No entanto, conforme Weber, a ética da convicção é colocada em questão pela justificação dos meios pelos fins. Levada ao pé da letra, não lhe restaria alternativa a não ser condenar qualquer ação que recorra a meios censuráveis, no plano da racionalidade lógica. Mas Weber mostra que, no mundo real, verifica-se que o adepto da ética da convicção se converte quase automaticamente num profeta milenarista, aquele que defende uma crença cega e absoluta. Pode ser alguém que se opõe à força a favor do amor e que depois pode invocar o uso da força como último ato necessário para levar à negação da violência como tal. "O defensor de uma ética da convicção com seu finalismo não suporta a irracionalidade ética do mundo." Weber completa o raciocínio tachando o partidário da ética da convicção de "racionalista ético-cósmico".

Para dar maior clareza ao perfil desse finalista ético-cósmico, ele se refere a uma história contada por Fiódor Dostoievski em *Os irmãos Karamazov*, livro no qual o autor gravou a base da afirmação segundo a qual "se Deus não existe, então tudo é permitido". Nele, Dostoievski combate seu principal inimigo, o ateísmo. "Os que leram Dostoievski recordarão a cena do grande inquisidor [a Igreja católica], na qual o dilema [convicção versus racionalidade] é exposto de forma precisa", diz Weber. O educador Rubem Alves nos ajuda a recordar a cena e a entender a referência de Weber. Ele explica a cena assim:

> Jesus havia voltado à terra e andava incógnito entre as pessoas. Todos o reconheciam e sentiam o seu poder, mas ninguém se atrevia a pronunciar o seu nome. Não era necessário. De longe o Grande Inquisidor o observa no meio da multidão e ordena que ele seja preso e trazido à sua presença. Então, diante do prisioneiro silencioso, ele profere a sua acusação. "Não há nada mais sedutor aos olhos dos homens do que a liberdade de consciência, mas também não há nada mais terrível. Em lugar de pacificar a consciência humana de uma vez por todas mediante sólidos princípios, Tu lhe ofereceste o que há de mais estranho, de mais enigmático, de mais indeterminado, tudo o que ultrapassava as forças humanas: a liberdade. Agiste, pois, como se não amasses os homens... Em vez de Te apoderares da liberdade humana, Tu a multiplicaste, e assim fazendo, envenenaste com tormentos a vida do homem, para toda a eternidade..." O Grande Inquisidor estava certo. Ele conhecia o coração dos homens. Os homens dizem amar a liberdade, mas, de posse dela, são tomados por um grande medo e fogem para abrigos seguros. A liberdade dá medo. Os homens são pássaros que amam o vôo mas têm medo dos abismos. Por isso abandonam o vôo e se trancam em gaiolas.[30]

Segundo Weber, não é mesmo possível colocar ambas as éticas, a da convicção e a da responsabilidade, num mesmo saco ou decretar de forma ética quais fins devem justificar quais meios. Nem mesmo a idéia (metafísica, é preciso registrar) de que o bem só poderia produzir o bem e o mal só produziria o mal consegue superar o dilema, porque, se isso fosse possível, então o problema não se colocaria. Ele se espanta com o fato de esse ponto de vista perdurar em seu tempo e apresenta-o como uma questão colocada pelas religiões e não resolvida: como é que um poder apresentado como bom e onipotente pode ter "criado um mundo irracional, de sofrimento imerecido, injustiça impune e estupidez incorrigível"? Ou esse poder não é onipotente, ou não é benévolo, afirma Weber, concluindo que esses princípios só poderão ser interpretados por via metafísica ou pela convicção de que escapam totalmente à nossa compreensão – Wittgenstein vai melhorar a compreensão disso no capítulo seguinte.

Ainda para Weber, a experiência da irracionalidade no mundo é a força motriz de todas as religiões. Nesse momento da conferência, ele realiza uma pequena, mas muito abrangente, história das religiões para chegar à Reforma de Martinho Lutero e mostrar que o protestantismo acabou legitimando o Estado como instituição divina e, conseqüentemente, legitimando a violência como meio. "Lutero subtraiu ao indivíduo a responsabilidade ética, transferindo-a às autoridades." Obedecê-las não constituiria pecado. Não haveria pecado quando se mata em guerra. O protestantismo também legitimou as guerras de religião, que haviam sido legitimadas pela Igreja católica durante as Cruzadas.

Weber sugere que quem deseja a salvação da alma, sua ou de outros, não deve utilizar o caminho da política, que, por vocação, realiza tarefas outras que somente pela violência podem ser viabilizadas. "Quem, por meio da ação política, utilizando a violência como instrumento, procura atingir objetivos, age de acordo com a ética da responsabilidade, colocando em perigo a salvação da alma." E aqueles que procuram atingir seus objetivos fundados numa ética da convicção, desprezando as conseqüências de sua ação, "correm o risco de provocar grandes danos e cair no descrédito durante gerações, pois o sujeito da ação não tem consciência dos poderes diabólicos que estão em jogo".

Não é possível aconselhar a quem quer que seja, conforme Weber, que atue segundo uma ética ou outra, assim como não cabe uma receita de quando e como agir. Mesmo assim, uma ética da convicção e uma ética da responsabilidade obrigatoriamente não são excludentes. Elas se complementariam e, juntas, moldariam "o homem autêntico, um homem que pode ter a vocação para a política". O político capaz de "enfiar os dedos entre os raios da história" seria o homem hábil em trabalhar conjuntamente a convicção e a responsabilidade, a paixão e o equilíbrio, os fins e os meios.

A violência no jornalismo, para estabelecer agora a vocação para o jornalismo, está em usar manchete num veículo de massa para, de forma inconsciente ou consciente, destruir reputações; dar morte a empresas ou instituições; destroçar indivíduos; bombardear ações públicas ou privadas. Os variados meios pelos quais a indústria da notícia investiga denúncias – disfarces, falsas identidades, gravações clandestinas, câmeras escondidas, invasões de privacidade – são defendidos por conta do fim: denunciar uma falcatrua, o desvio do dinheiro público, a corrupção em todos os níveis, políticos e privados, a espoliação, a exploração da mão-de-obra, os preconceitos, o racismo, a maldade.

Se, na primeira tese de doutorado sobre o jornalismo, Tobias Peucer se baseava no quarteto "verdade, justiça, ética, negócio" e com isso tentava definir teoricamente a vocação de uma profissão nascente, Weber vem ensinar que a "responsabilidade" se conjuga com a "convicção" e dita as características do território da política, que seriam as mesmas do território do jornalismo, as mesmas para a vocação do jornalista como tal. Características iguais a fuzis, morteiros, tanques, minas e bombas, não importa o grau de tecnologia envolvida. As decisões sobre o que publicar e o que não publicar; os textos, títulos, manchetes e chamadas se transmutam em armas poderosas carregadas pelas tintas da imprensa, pela voz do locutor, pela imagem escolhida, pelo *hiperlink*. Se ao político é dada a possibilidade de enfiar os dedos nos raios da roda da história, o jornalista não só revela esse gesto do político como representa de que maneira ele se dá e tem, ele mesmo, a capacidade de realizar gesto igual nos limites de seu território – local, regional, nacional ou mundial.

Weber não se ancora, e sim repele a noção de verdade absoluta, aquela verdade idealizada de Peucer. Nem corrobora o "relativismo ético" de Nicolau Maquiavel nem o de Thomas Hobbes. Para o primeiro, o príncipe viveria numa esfera ética superior à de seu povo e não se submeteria às normas que ele próprio elabora; para o segundo, a prática religiosa dependeria da autorização do soberano.[31]

Weber respeita as diferentes versões e busca entender o equilíbrio possível entre elas. Ao mesmo tempo, segue na esteira definida em 1835 e 1840 pelo historiador e político francês Alexis de Tocqueville, quando este publicou, respectivamente, a primeira e a segunda partes do clássico *A democracia na América*, no qual define a democracia, enquanto sistema que traz em seu bojo partidos políticos livres, como a forma mais relevante de associação voluntária e cuja condição preliminar é a imprensa livre, a liberdade de imprensa.[32]

Conforme resumo de Eugênio Bucci em seu livro sobre ética jornalística, para Weber o homem moderno age "tendo em vista as conseqüências de seus atos, assumindo a responsabilidade pelos seus atos e também pelos seus efeitos".[33] A ele interessa desenhar o perfil vocacional do profissional da política dentro de seu campo de ação, intimamente ligado ao desenrolar do publicista, do jornalista, o que permite estender o perfil do político ao do jornalista, indiretamente convocado por Weber a entrelaçar as éticas da convicção e da responsabilidade.

Weber foi trazido aqui por conta daquilo que Sérgio Paulo Rouanet considera necessário para compreender as estruturas da modernidade, na qual o próprio Weber estava imerso. A modernidade é o produto de processos cumulativos de racionalização. Eles se deram tanto na esfera econômica quanto na política e cultural e, por conseguinte, pode-se falar em modernidade econômica, política e cultural.

A modernidade econômica implica a livre mobilidade dos fatores de produção, o trabalho assalariado, a adoção de técnicas racionais de contabilidade e de gestão, a incorporação incessante da ciência e da técnica ao processo produtivo. A modernidade política implica a substituição da autoridade descentralizada, típica do feudalismo, pelo Estado central, dotado de um sistema tributário eficaz, de um exército permanente, do monopólio da violência, de uma administração burocrática racional. A modernidade cultural implica a secularização das visões de mundo tradicionais e sua diferenciação em esferas de valor, até então embutidas na religião: a ciência, a moral, o direito e a arte.[34]

A concepção de Max Weber do substrato do homem dito "moderno", combustível das engrenagens que moveram o mundo até pelo menos o fim da Guerra Fria, será questionada pela ética inserida no patamar do indizível, de acordo com Ludwig Wittgenstein, o mesmo que desconstrói, de certa forma, o imperativo categórico. A ética será desenhada como indizível – algo a ver com alguma impossibilidade prática – enquanto se erige como ideal normativo. Esse duplo movimento se verá amplificado com o aprofundamento do individualismo na dita pós-modernidade, seja ela entendida como franja da própria modernidade ou a sua possível superação. Pós-modernidade que vai desconstruir hábitos como, por exemplo, o do trabalho assalariado, e vai questionar instituições, como a da família, da escola, do sindicato, da própria política. Vai inserir conceitos que viram a modernidade de ponta-cabeça – como o da dita globalização. Vai instaurar uma situação capaz de triturar a tradicional indústria da comunicação, tão detalhadamente desenhada por Weber no seu aspecto jornalístico.

Antes de adentrar os caminhos da pós-modernidade, no entanto, faz-se necessário entender melhor os meandros da linguagem, da objetividade, do espetáculo que funda a comunicação, porque é ela, a linguagem, o seu próprio instrumento, que a define.

5.

Linguagem

Em novembro de 1929, Ludwig Wittgenstein (1889-1951), considerado um dos últimos filósofos, no sentido tradicional do termo, tocou fundo na questão ética numa reunião de um grupo conhecido como Os Heréticos. Essa sua única conferência para um grande público foi transformada no texto "Conferência sobre ética" a partir das anotações de seus discípulos.[1] Nela, ele afirmou existirem falsas expectativas entre os presentes e por isso decidira-se por um tema de importância geral, mesmo que a platéia estivesse em total desacordo com o que iria dizer. Pediu paciência. Partiu da definição dada pelo colega e mentor George Edward Moore, filósofo que, em *Principia ethica*, diz que a ética é "a investigação geral sobre o que é bom".

O palestrante informou pretender usar naquele início de encontro a palavra "ética" num sentido mais amplo que incluísse o que geralmente se denomina "estética". Tomando como exemplo uma foto na qual se sobrepunham rostos de diferentes chineses para obter uma imagem coletiva de um rosto típico, ele passou a nomear diferentes sinônimos para ver os traços característicos da ética.

Em vez de dizer que "a ética é a investigação sobre o que é bom", ele disse que "poderia ter dito" que a ética é a investigação sobre:

- O valioso;
- O que realmente importa;
- O significado da vida;
- O que faz com que a vida mereça ser vivida; ou
- A maneira correta de viver.

Ao observar todas essas frases, sugeriu que então se teria uma idéia aproximada do que se ocupa a ética.

A primeira coisa que ressaltou foi que expressões relativas à ética – como "bom" ou "correto" – são usadas em dois sentidos distintos. Denominou-os, por um lado, de sentido trivial ou relativo, e, de outro, de sentido ético ou absoluto. O sentido trivial teria a ver com sua referência à estética – e não com o uso que o revolucionário russo Lenin fizera alguns anos antes da mesma imagem: "A ética de hoje é a estética do futuro." Adaptada, a frase acabou imortalizada no começo dos anos 1960 pelo cineasta suíço-francês Jean-Luc Godard no filme *Le petit soldat*, quando Bruno, o pequeno soldado do título, a distorce e a lança sem a palavra "hoje" da sentença original, dando-lhe um sentido pretensamente absoluto: "*L'Éthique, c'est l'esthétique de l'avenir*" ("A ética é a estética do futuro").

Wittgenstein não estava usando a palavra "estética" no sentido leninista, nem se antecipando ao sentido de Godard.

Então prosseguiu, com o exemplo da boa poltrona:

> Se digo que esta é uma boa poltrona, isso significa que esta poltrona serve para um propósito predeterminado e a palavra "bom" aqui tem somente significado na medida em que tal propósito tenha sido previamente fixado. A palavra "bom" no sentido relativo significa simplesmente que satisfaz um certo padrão predeterminado.

Deu mais três exemplos, o do pianista, o do resfriado e o da estrada:

> Assim, quando afirmamos que este homem é um bom pianista, queremos dizer que pode tocar peças de um certo grau de dificuldade com um certo grau de habilidade. Igualmente, se afirmo que para mim é importante não me resfriar, quero dizer que apanhar um resfriado produz em minha vida certos transtornos descritíveis, e se digo que esta é a estrada correta significa que é a estrada correta em relação a uma certa meta.

Usadas dessa forma, as expressões *bom* e *correta* não apresentariam problemas difíceis ou profundos. "Mas esse não é o uso que delas faz a ética", afirmou, antes de dar mais um exemplo para contrapor o sentido trivial ao sentido absoluto.

Para o trivial: "Suponhamos que eu soubesse jogar tênis e alguém de vocês, ao ver-me, tivesse dito 'Você joga bastante mal', e eu tivesse contestado 'Sei que estou jogando mal, mas não quero fazê-lo melhor', tudo o que poderia dizer meu interlocutor seria 'Ah, então tudo bem'."

Para o absoluto: "Mas suponhamos que eu tivesse contado a um de vocês uma mentira escandalosa e ele viesse e me dissesse 'Você se comporta como um animal' e eu tivesse contestado 'Sei que minha conduta é má, mas não quero comportar-me melhor', poderia ele dizer 'Ah, então, tudo bem'? Certamente, não. Ele afirmaria 'Bem, você deve desejar comportar-se melhor'."

Assim, no segundo exemplo há um juízo de valor absoluto, enquanto no primeiro um juízo relativo.

A essência dessa diferença lhe parece óbvia: "Cada juízo de valor relativo é um mero enunciado de fatos e, portanto, pode ser expresso de tal forma que perca toda a aparência de juízo de valor." Em vez de dizer: "Esta é a estrada correta para Granchester", ele poderia dizer: "Esta é a estrada correta que deves tomar, se queres chegar a Granchester no menor tempo possível." Para ele, a afirmação "este homem é um bom corredor" significa simplesmente que corre certo número de quilômetros num certo número de minutos. Juízo relativo.

Nesse instante, ele sintetizou para começar o "ataque" ao juízo de valor absoluto: "Embora se possa mostrar que todos os juízos de valor relativo são meros enunciados de fatos, nenhum enunciado de fato pode ser nem implicar um juízo de valor absoluto."

Explicou mais:

> Suponham que alguém de vocês fosse uma pessoa onisciente e, por conseguinte, conhecesse todos os movimentos de todos os corpos animados ou inanimados do mundo e conhecesse também os estados mentais de todos os seres que viveram. Suponham, além disso, que esse homem escrevesse tudo o que sabe num grande livro. Então tal livro conteria a descrição total do mundo. O que quero dizer é que esse livro não incluiria nada do que pudéssemos chamar juízo ético nem nada que pudesse implicar logicamente tal juízo. Conteria, certamente, todos os juízos de valor relativo e todas as proposições científicas verdadeiras que se pode formar. Mas tanto todos os fatos descritos como todas as proposições estariam, digamos, no mesmo nível. Não há proposições que, em qualquer sentido absoluto, sejam sublimes, importantes ou triviais.

Wittgenstein chamou Shakespeare para intervir no debate ao dizer que alguém na platéia poderia invocar aquelas célebres palavras de Hamlet: "Nada é bom ou mau, mas é o pensamento que o faz assim."* Hans-Johann Glock ensina como entender melhor aquilo que Wittgenstein disse em seguida. Para ele, a ética não seria somente algo transcendental, mas também transcendente. Transcendental é aquilo que é apriorístico, em oposição ao empírico. Transcendente seria aquilo que está além de qualquer experiência. Nesse caso, os valores, diz Glock,[2] não podem estar no mundo porque este não seria bom nem mau em si mesmo: quem porta os valores seria uma vontade metafísica que se encontra fora do mundo.

Considerando possível um mal-entendido a partir da proposição do príncipe, Wittgenstein cavou mais fundo: "O que Hamlet diz parece implicar que o

* No original: "... *for there is nothing either good or bad, but thinking makes it so*" (W. Shakespeare, *Hamlet, prince of Denmark*, p.1042). Em português, ver *Hamlet*, com tradução de Millôr Fernandes, p.49.

bom ou o mau, embora não sejam qualidades do mundo externo a nós, são atributos de nossos estados mentais." Ou seja, seriam transcendentais. "Mas o que quero dizer", complementou, "é que um estado mental entendido como um fato descritível não é bom ou mau no sentido ético."

Mais um exemplo, ligado ao referido livro do mundo:

> Em nosso livro do mundo lemos a descrição de um assassinato com todos os detalhes físicos e psicológicos, e a mera descrição nada conterá que possamos chamar de uma proposição ética. O assassinato estará exatamente no mesmo nível que qualquer outro acontecimento, como, por exemplo, a queda de uma pedra. Certamente, a leitura dessa descrição pode causar-nos dor ou raiva ou qualquer outra emoção, ou poderíamos ler acerca da dor ou da raiva que esse assassinato suscitou em outras pessoas que tiveram conhecimento dele, mas seriam simplesmente fatos, fatos e fatos, e não ética.

Se ele considerasse o que a ética deveria realmente ser – se existisse tal ciência, se a ética fosse uma ciência, ele fez questão de frisar –, o resultado lhe soaria bastante óbvio: "Parece-me evidente que nada do que somos capazes de pensar ou de dizer pode constituir-se em objeto." Ou seja, os fatos não são nem podem ser a coisa, mas sim casos. "O mundo é a totalidade dos fatos", ele já havia escrito na proposição número um do seu *Tractatus*. Ele insistiu:

> Não podemos escrever um livro científico cujo tema venha a ser intrinsecamente sublime e superior a todos os demais. Somente posso descrever meu sentimento a esse respeito mediante a seguinte metáfora: se um homem pudesse escrever um livro de ética que realmente fosse um livro de ética, esse livro destruiria, com uma explosão, todos os demais livros do mundo.

Nem a *Ética a Nicômaco* de Aristóteles, nem a *Crítica da razão prática* de Kant, e muito menos a *Ética* de Spinoza, conseguiram explodir todos os livros do mundo, acrescente-se em favor de Wittgenstein. Para ele, com relação aos fatos e às proposições, "há somente valor relativo e acerto e bem relativos". Antes de prosseguir, deu mais um exemplo cujo alvo era o imperativo categórico, sem dúvida: "A estrada correta é aquela que conduz a um fim predeterminado arbitrariamente, e a todos nós parece totalmente claro que não há sentido em falar da estrada correta independentemente de tal alvo predeterminado."

Aproveitou o exemplo da estrada para contrapor o valor absoluto ao relativo. "Vejamos agora o que possivelmente queremos dizer com a expressão 'a estrada absolutamente correta'. Creio que seria aquela que, ao vê-la, todo mundo deveria tomar como necessidade lógica ou envergonhar-se de não fazê-lo." Falou do bom absoluto: "Do mesmo modo, o bom absoluto, se é um estado de coisas descritível, seria aquele que todo mundo, independentemente de seus gostos e inclinações, realizaria necessariamente ou se sentiria culpado de não fazê-lo." E pontificou:

“Quero dizer que tal estado de coisas é uma quimera [uma ilusão]. Nenhum estado de coisas tem, em si, o que gostaria de denominar poder coercitivo de um juiz absoluto.” Ou seja: o bom absoluto é um produto apenas da imaginação, algo fictício, sem consistência real.

Wittgenstein discorreu então sobre sua dificuldade em concentrar-se no que seria um valor absoluto ou ético. Para tanto, referiu-se às experiências capazes de fazer alguém se assombrar ante a existência do mundo. Falou daquelas experiências autorizadas a produzirem expressões como “que extraordinário que as coisas existam” ou “que extraordinário que o mundo exista”, ou aos estados de alma vividos por alguém quando se sente absolutamente seguro, aconteça o que acontecer. Para ele, a “expressão verbal” dada a essas experiências carece de sentido. Se alguém afirmasse “assombro-me ante a existência do mundo” estaria usando mal a linguagem.

> Tem perfeito e claro sentido dizer que me assombra que algo seja como é. Todos entendemos o que significa que me assombre o tamanho de um cachorro que é maior do que qualquer outro visto antes, ou qualquer coisa que, no sentido ordinário do termo, seja extraordinária. Em todos os casos desse tipo, assombro-me de que algo seja como é, quando eu poderia conceber que não fosse assim.

Esclareceu:

> Assombro-me com o tamanho deste cachorro porque poderia conceber um cachorro de outro tamanho, isto é, de tamanho normal, diante do qual não me assombraria. Dizer “assombro-me de que tal ou tal coisa seja como é” somente tem sentido se posso imaginá-la não sendo como é. Assim, alguém pode assombrar-se, por exemplo, com a existência de uma casa quando a vê depois de muito tempo sem vê-la e tinha imaginado que ela havia sido demolida neste intervalo.

A situação de inconsistência real fica mais explícita com a frase que se segue: “Mas carece de sentido dizer que me assombro da existência do mundo porque não posso imaginá-lo como não existindo.” Certamente, acrescentou, alguém poderia de fato assombrar-se de que o mundo que o rodeia seja como é.

Wittgenstein apresentou à platéia um exemplo caro a Kant:

> Se, por exemplo, enquanto olhasse o céu azul eu tivesse essa experiência, poderia assombrar-me de que o céu seja azul em oposição ao caso de estar nublado. Mas não é isso que quero dizer. Assombro-me do céu seja lá o que ele for. Poderíamos nos sentir inclinados a dizer que estou me assombrando com uma tautologia, isto é, de que o céu seja ou não azul. Mas precisamente não tem sentido afirmar que alguém está se assombrando com uma tautologia.

Uma tautologia é uma redundância, o uso de termos redundantes; mesmo que sejam palavras distintas para expressar uma mesma idéia, é a repetição do que se quer demonstrar com outras palavras. É aquela proposição analítica que – conforme ensinam os dicionários –, por ter sujeito e predicado com conceitos iguais, será sempre verdadeira, uma vez que o atributo repete o sujeito. "Amanhã há de ser outro dia", por exemplo, é uma tautologia.

De volta à fala aos Heréticos, Wittgenstein explicou que esse assombrar-se com o mundo ser como é podia aplicar-se à experiência mencionada da segurança absoluta.

> Todos sabemos o que significa na vida cotidiana estar seguro. Sinto-me seguro em minha sala, já que um ônibus não pode atropelar-me. Sinto-me seguro se já tive coqueluche e, portanto, não poderei tê-la novamente. Sentir-se seguro significa, essencialmente, que é fisicamente impossível que certas coisas possam ocorrer-me e, por conseguinte, carece de sentido dizer que me sinto seguro aconteça o que acontecer.

Para ele, mais uma vez, tratava-se de um mau uso da palavra "seguro", da mesma forma que o outro exemplo era um mau uso das palavras "existência" e "assombrar-se".

Manifestou o desejo de convencer a platéia de que "um característico mau uso de nossa linguagem subjaz a todas as expressões éticas e religiosas". Segundo ele, quando se usa, em sentido ético, a palavra "correto", embora o que se queira dizer não seja correto no seu sentido trivial, incorre-se em impropriedade similar.

> Quando dizemos: "É uma boa pessoa", embora a palavra "boa" aqui não signifique o mesmo que na frase "Este é um bom jogador de futebol", parece haver alguma similaridade. E quando dizemos "A vida deste homem era valiosa", não o entendemos no mesmo sentido de quando falamos de alguma jóia valiosa, mas parece haver algum tipo de analogia. Desse modo, todos os termos religiosos parecem ser usados como símiles ou alegorias. Quando falamos de Deus e de que ele tudo vê, e quando nos ajoelhamos e oramos, todos os nossos termos e ações parecem ser partes de uma grande e completa alegoria que o representa como um ser humano de enorme poder cuja graça tentamos cativar etc. etc. Mas essa alegoria descreve também a experiência a que acabo de aludir. Porque a primeira delas é, segundo creio, exatamente aquilo a que as pessoas se referem quando dizem que Deus criou o mundo; e a experiência da segurança absoluta tem sido descrita dizendo que nos sentimos seguros nas mãos de Deus. Uma terceira vivência desse tipo é a de sentir-se culpado, que pode ser descrita também pela frase: "Deus condena nossa conduta." Dessa forma parece que, na linguagem ética e religiosa, constantemente usamos símiles.

Um símile deve ser símile de algo, de alguma coisa. E se alguém pode descrever um fato mediante um símile, deve também ser capaz de abandoná-lo e descrever os fatos sem a ajuda de um símile. Mas: "Em nosso caso, logo que tentamos deixar de lado o símile e enunciar diretamente os fatos que estão por trás dele, deparamo-nos com a ausência de tais fatos. Assim, aquilo que, num primeiro momento, pareceu ser um símile, manifesta-se agora como um mero sem sentido." Quem viveu as experiências mencionadas, disse ele, poderia talvez encontrar nelas algum sentido, algum valor intrínseco e absoluto. Uma vez consideradas as experiências, no entanto, elas são também fatos porque aconteceram em algum lugar e duraram certo tempo e, por isso, são descritíveis. Por serem descritíveis, ele sugeriu que carece de sentido afirmar que elas têm valor absoluto.

Refinou sua argumentação buscando um exemplo sobrenatural e começou precisando que "é um paradoxo que uma experiência, um fato, pareça ter valor sobrenatural". Veja como ele tentou solucionar esse paradoxo.

> Permitam-me considerar, novamente, nossa primeira experiência de assombro diante da existência do mundo descrevendo-a de forma ligeiramente diferente. Todos sabemos o que na vida cotidiana poderia denominar-se um milagre. Obviamente é, simplesmente, um acontecimento de tal natureza que nunca tínhamos visto nada parecido. Suponham que esse acontecimento ocorreu. Pensem no caso de que em alguém de vocês cresça uma cabeça de leão que comece a rugir. Certamente isso seria uma das coisas mais extraordinárias que sou capaz de imaginar. Tão logo nos tivéssemos recomposto da surpresa, o que eu sugeriria seria buscar um médico e investigar cientificamente o caso e, se não pelo fato de que isso causaria sofrimento, mandaria fazer uma dissecação. Onde estaria então o milagre? Está claro que, no momento em que olhamos as coisas assim, todo o milagroso haveria desaparecido; a menos que entendamos por esse termo simplesmente um fato que ainda não tenha sido explicado pela ciência, coisa que significa, por sua vez, que não temos conseguido agrupar esse fato junto com outros num sistema científico. Isso mostra que é absurdo dizer que "a ciência provou que não há milagres". A verdade é que o modo científico de ver um fato não é vê-lo como um milagre. Vocês podem imaginar o fato que puderem e isso não será em si milagroso no sentido absoluto do termo. Agora nos damos conta de que temos utilizado a palavra "milagre" tanto num sentido absoluto como num relativo. Agora, vou descrever a experiência de assombro diante da existência do mundo dizendo: é a experiência de ver o mundo como um milagre.

A conferência chegou ao seu auge: "Sinto-me inclinado a dizer que a expressão lingüística correta do milagre da existência do mundo – apesar de não ser uma proposição na linguagem – é a existência da própria linguagem." O problema está em ter consciência desse milagre em certos momentos e não em outros. "Tudo o que disse ao transladar a expressão do milagroso de uma expressão por meio da linguagem à expressão pela existência da linguagem é, mais uma vez, que não podemos expressar o que queremos expressar e que tudo o que dizemos sobre o absolutamente milagroso continua carecendo de sentido."

Para muitos dos ouvintes a resposta (a existência da própria linguagem) pareceria clara, conforme reconheceu o palestrante. Se certas experiências levavam as pessoas a atribuir-lhes uma qualidade capaz de ser chamada de valor absoluto ou ético, isso mostrava que aquilo a que as pessoas se referiam com tais palavras não era algo sem sentido. Quando se dizia que uma experiência tinha valor absoluto era porque simplesmente se tratava de um fato como qualquer outro e que ainda não se encontrara uma análise lógica daquilo que se queria dizer com as expressões éticas e religiosas.

> Sempre que me salta isso aos olhos, de repente vejo com clareza, como se se tratasse de um lampejo, não somente que nenhuma descrição que possa imaginar seria apta para descrever o que entendo por valor absoluto, mas que rechaçaria *ab initio* [desde o começo] qualquer descrição significativa que alguém pudesse possivelmente sugerir em razão de sua significação.

Em outras palavras, essa expressão "carente de sentido" não carecia de sentido porque ainda não teria encontrado a expressão correta; a sua falta de sentido constituiria sua própria essência. Vale a redundância: a falta de sentido de determinadas expressões constitui a sua essência. Ele explicou, num apelo à vulgaridade da metafísica:

> Isso porque a única coisa que eu pretendia com elas [as expressões] era, precisamente, ir além do mundo, o que é o mesmo que ir além da linguagem significativa. Toda minha tendência – e creio que a de todos aqueles que tentaram alguma vez escrever ou falar de ética ou religião – é correr contra os limites da linguagem.

Para ele, essa "corrida contra as paredes de nossa jaula é perfeita e absolutamente desesperançada". Nas últimas frases da palestra, ele reafirmou então que a ética, na medida em que brota do desejo de dizer algo sobre o sentido último da vida, sobre o absolutamente bom, o absolutamente valioso, não pode ser uma ciência. "O que ela diz nada acrescenta, em nenhum sentido, ao nosso conhecimento, mas é um testemunho de uma tendência do espírito humano que eu pessoalmente não posso senão respeitar profundamente e que por nada neste mundo ridicularizaria", finalizou. Diplomaticamente, ele disse que respeitava a busca de atitudes consideradas éticas. Com firmeza, assegurou não haver nada de científico na equação ética.

Estaria Wittgenstein autorizando certa objetividade jornalística, sugerindo, por exemplo, a objetividade dos fatos contra a subjetividade dos juízos? Não. Ao contrário, problematizou-a ainda mais ao notar a separação entre ética e ciência, entre fatos e sentido absoluto, porque chamou a atenção para as dificuldades da linguagem, cuja importância nas representações do jornalismo é crucial – e a questão da objetividade jornalística se verá com acuidade no próximo capítulo. Sim, o que ele fez foi dar sentido ao relativo em relação à interpretação dos fatos – porque a interpretação estaria no reino da subjetividade, do indizível, para ficar nas suas palavras – que os agentes da própria modernidade foram incorporando desde que ela se configurou como tal.

Tem sentido a reprodução quase literal da conferência de Wittgenstein (conforme tradução de Darlei Dall'Agnol)[3] proferida 11 anos depois de ter finalizado o seu *Tractatus logico-philosophicus*. De certa forma, ele aproveita a fala aos Heréticos para corrigir mal-entendido corrente em relação ao *Tractatus* que o considerava obra positivista e antimetafísica. Nessa conferência, fez uma espécie de "vulgarização" (no sentido de tornar as suas idéias mais palatáveis) do pensamento expresso na sua primeira obra filosófica, da primeira à última linha.

Há uma concordância generalizada entre seus comentadores de que todo o conteúdo do *Tractatus* cabe perfeitamente na sua frase de abertura, "o mundo é tudo que é o caso", e na frase final, "sobre aquilo de que não se pode falar, deve-se calar"[4] – esta última, uma tautologia.

Para Wittgenstein, ou melhor, para aquele que é considerado o primeiro Wittgenstein, o mundo é a totalidade dos fatos, não das coisas. O mundo é determinado pelos fatos por ser exatamente *todos* os fatos. É a totalidade dos fatos que determina o que é o caso e também tudo o que não é o caso. Os fatos no espaço lógico são o mundo e o mundo resolve-se em fatos.[5] Importa reter que para ele não há como conceber significado como *coisa*, pois o significado de uma expressão não é senão o modo como ela é usada[6] – e o raciocínio vale tanto para a representação como para o uso que se faz dela, da representação.

Um pouco antes de encerrar o texto do *Tractatus*, Wittgenstein havia pontificado:

> O método correto da filosofia seria propriamente este: nada dizer, senão o que se pode dizer; portanto, proposições da ciência natural – portanto, algo que nada tem a ver com filosofia; e então, sempre que alguém pretendesse dizer algo de metafísico, mostrar-lhe que não conferiu significado a certos sinais em suas proposições.[7]

Nas suas afirmações se engajaria o ápice da tradição realista, ao atribuir importância aos fatos como constituintes do mundo independentemente das mentes que os percebem. Wittgenstein, junto com Bertrand Russell, é aquele que passou a "compreender os fatos como aquilo que torna verdadeiras as proposições (quando são verdadeiras)", no dizer de Glock.

Wittgenstein foi rigoroso no tratamento lógico dos fatos, disse que somente os nomes possuem um significado porque são sucedâneos dos objetos; que as proposições são descritivas; que um estado de coisas é uma ligação de objetos; e que existe diferença entre estado de coisas e fatos. Essa diferença estaria entre o que possivelmente é o caso e o que, de fato, é o caso. Ele chega até mesmo a uma sofisticada "ontologia de fatos atômicos". Distingue fatos de "complexos". Uma planta seria um complexo: um objeto espacial composto de partes espaciais menores que o todo, o caule, a flor, por exemplo. "Ao contrário dos complexos, os fatos não são ocupantes espaço-temporais do mundo (não possuem localização espacial e não podem mover-se)." Ao enunciar um fato, como o de que o cabo da vassoura está preso à piaçava, "pode-se estar descrevendo um complexo, a vassoura, que é algo que tem localização no espaço. Da mesma forma, não se pode apontar um fato, mas apenas assinalá-lo".[8]

No nosso caso, importa a questão central de assinalar um fato na raiz das representações de representações que realiza a comunicação; importa ressaltar e desconstruir, para entendê-las, as relações que o homem imagina éticas nessas representações que o jornalismo realiza e, para tanto, usa a linguagem, o instrumento de mediação. Se Wittgenstein tinha uma "postura moral egocêntrica e contemplativa", conforme diz Glock, na questão ética ele foi influenciado por um livro, *Sexo e caráter*, de Otto Weininger, para quem ética e lógica são fundamentalmente a mesma coisa e apenas deveres que temos para conosco. Teríamos a obrigação moral de buscar a clareza lógica. Por isso, Wittgenstein distingue *dizer* de *mostrar*. Conforme Glock, a ética não é somente transcendental, como o próprio filósofo exemplifica na palestra, é também "transcendente" porque os valores não podem estar *no* mundo, que, em si mesmo, como se viu Wittgenstein falar a partir de *Hamlet*, não é bom nem mau. Quem porta os valores é uma vontade metafísica, uma vontade fora do mundo. Desejar o bem ou o mal não é algo que possa alterar os fatos, mas sim "a atitude do sujeito para com o mundo".[9]

Para que se entendam os problemas entre ética e linguagem é necessário fazer, como ele, a separação entre dizer e mostrar, ou seja, "representar um fato objetivo e manifestar qualquer coisa irrepresentável", conforme análise de Pierre Hadot.[10] Nas próprias palavras de Wittgenstein: "A proposição pode representar toda a realidade, mas não pode representar o que deve ter em comum com a realidade para poder representá-la – a forma lógica. Para poder representar a forma lógica, deveríamos poder nos instalar, com a proposição, fora da lógica, quer dizer, fora do mundo."[11]

Chega-se aqui ao momento em que fato, linguagem e representação se apresentam em toda a sua complexidade por conta da dificuldade, ou melhor, da impossibilidade de se estar fora do mundo para poder representar qualquer fato por meio da linguagem. Desvela-se assim a intrincada rede de tensões entre fato, linguagem e representação: a coisa pode ser toda a situação e, ao mesmo tempo, cada uma das coisas ser auto-suficiente.

O filósofo José Arthur Giannotti estudou o esforço de Wittgenstein no sentido de separar os domínios do "representar" e do "querer dizer". Discorreu sobre a "necessidade de uma teoria da proposição que elucide como suas partes se articulam para representar e configurem uma síntese que esteja na realidade representada". Explicou ter sido nas *Investigações filosóficas*, livro póstumo, publicado em 1953, marco de outro momento do pensamento de Wittgenstein – conhecido como o do segundo Wittgenstein –, que ele escapou do dilema kantiano segundo o qual a existência é ou não um predicado real, "pois para um elemento simples, existência significa tão-só adquirir uso num dado jogo de linguagem, não incorporando assim a propriedade que ele ajuda a dizer".[12] Giannotti usa o exemplo da unidade de medida padrão do metro: "O metro de Paris não tem necessariamente um metro; isso depende de *como* se escolhe falar dessa existência",[13] ou seja, e o destaque é dele, de *como* a fala sobre o metro vai se encaixar em cada discurso e em cada necessidade. Ele pode ser apenas um padrão, e como padrão funcionaria. Mas não seria mais um padrão se tivesse se expandido com o tempo e não refletisse com acuidade o padrão.

Wittgenstein e a linguagem

Deixei para inserir aqui a parte da conferência de 1929 na qual Wittgenstein discorre sobre a questão da linguagem: "Nossas palavras, usadas tal como o fazemos na ciência, são recipientes capazes somente de conter e transmitir significado e sentido naturais." Para ele, a ética, se é algo, então é algo sobrenatural. As palavras somente expressam fatos, "do mesmo modo que uma taça de chá somente pode conter um volume determinado de água, por mais que se despeje um litro nela". No seu diário da época há uma frase não usada na conferência, mas recolhida por seu biógrafo e capaz de resumir muito bem sua posição: "O que é bom é igualmente divino. Tão bizarro quanto isso possa soar, isso resume minha ética."[14]

O uso da linguagem está no cerne da questão da representação da representação realizada pelo comunicador e, portanto, no cerne da questão ética tal como enunciada normativamente por diferentes visões – muitas vezes relativa, apesar de se pretender "absoluta". Quando a própria ética é reivindicada como parâmetro, o uso da linguagem pode ser ético, antiético ou aético – e o jornalismo pode andar até no vácuo ético, conforme a própria noção absoluta da ética que, como se vê com Wittgenstein, é facilmente refutável quando se entende o que se fala. A linguagem, usada para expor os fatos, tem servido também de mediação para apreendermos as coisas e carregar conteúdo ético, mesmo quando alguém se cala, porque o calar também faz parte da linguagem, como o silêncio é parte da música. Se Moore, mestre de Wittgenstein, acreditava que o "bem" é indefinível na ética porque "bem é bem" e chega-se a ele pela intuição, a moral sempre esteve para Wittgenstein como parte de uma área que pode ser mostrada, mas não comentada. Ela se revela na maneira como as pessoas conduzem suas vidas, mas não escapa a uma análise lógica rigorosa.[15]

Em nenhum momento de sua obra Wittgenstein abandonou a idéia básica segundo a qual a maior parte dos "embaraços filosóficos" provém de um mau uso das expressões da linguagem que estão à nossa disposição.[16] Isso Popper não entendeu, ou não quis entender. Estava imbuído da falsa idéia de que Wittgenstein seria o inimigo número um da filosofia e veio armado para combatê-lo em Cambridge – conforme se viu no Prólogo deste livro.

De acordo com Edmonds e Eidinow, Wittgenstein dividiu as proposições em dois grupos: "Aquelas que podem ser ditas e aquelas sobre as quais devemos silenciar. As proposições científicas pertencem à primeira categoria, as proposições éticas à segunda." Mas, ajuntam seus comentadores, ele não pensava que o indizível deveria ser condenado como algo sem sentido. "Ao contrário, as coisas sobre as quais nada pode ser dito eram as que tinham verdadeira importância." Eles contam que Wittgenstein explicou em detalhes isso em uma carta a um editor a propósito do *Tractatus*: "A tese do livro é ética ... Minha obra tem duas partes: a que está aqui representada e tudo o mais que eu não escrevi. E é precisamente essa segunda parte a mais importante."[17]

Bakhtin e a palavra neutra

Em relação ao existir, à investigação do próprio ser, "o homem é um ser de linguagem e, socialmente, é alguém vinculado a uma língua", define Sérgio Paulo Rouanet.[18] Assim o homem se situa em relação à ferramenta primordial do comunicador. Tanto para o bem quanto para o mal. Está irremediavelmente atado à linguagem, não importa que sentido filosófico se queira dar às palavras "bem" e "mal".

Como ensina Mikhail Bakhtin (1895-1975), "a palavra é o modo mais puro e sensível de relação social". O pensador russo Bakhtin, um dos primeiros a desenvolver a semiótica, pensou sobre as palavras e é dono de uma obra à qual Wittgenstein não teve acesso, porque estava restrita às trevas da União Soviética stalinista enquanto o vienense viveu. No entanto, Bakhtin e Wittgenstein dialogam mesmo que nunca tenham se lido nem se encontrado pessoalmente.*

Segundo Bakhtin, a palavra não é somente o signo mais puro ou mais indicativo dessa relação entre os homens. Ela é igualmente um "signo *neutro*", e o grifo é dele. Se os sistemas de signos são criações específicas das ideologias, se o signo, conforme ensinam os dicionários, é aquela designação comum a qualquer objeto, se ele é a forma ou fenômeno que remete para algo diferente de si mesmo usado numa série de situações (a balança significa justiça, por exemplo), se ele é criado por uma função ideológica específica e se é parte dela, a palavra, ao contrário, "é neutra em relação a qualquer função ideológica específica". Por ser *neutra*, a palavra "pode preencher qualquer espécie de função ideológica: estética, científica, moral, religiosa".[19] Ela é o material neutro que vai adquirir significado no conjunto de seu uso e na maneira como será usada no jogo das representações.

Carlos Drummond de Andrade tem um poema em que reforça a idéia da neutralidade da palavra. Com isso, sugere a capacidade manipuladora dela quando olhada mais de perto. Insinua a dificuldade de lidar com ela sem uma "chave" (a ideologia seria um exemplo de chave), porque é desabitada de melodia e de

* Numa dessas coincidências notáveis, Wittgenstein teve como um de seus mais próximos amigos e entusiasmado interlocutor o semiótico Nikolai Bakhtin (1894-1950), irmão de Mikhail, professor e fundador do Departamento de Lingüística da Universidade de Birmingham. Os dois irmãos, no entanto, não mais se viram depois da Revolução Russa e Nikolai imaginava que Mikhail havia sucumbido na prisão soviética. Ver T. Eagleton, "Wittgenstein's friends", in *New Left Review*, p.74-6; e K. Clark e M. Holquist, *Mikhail Bakhtin*, p.45-6.

conceito. Solitária, rola em rio difícil e pode se transformar em desprezo. Veja as palavras que formam um pedaço do poema "Procura da poesia", publicado em 1945 no livro *A rosa do povo*:[20]

> Penetra surdamente no reino das palavras.
> Lá estão os poemas que esperam ser escritos
> ...
> Chega mais perto e contempla as palavras,
> Cada uma
> Tem mil faces secretas sob a face neutra
> E te pergunta, sem interesse pela resposta,
> Pobre ou terrível, que lhe deres:
> Trouxeste a chave?
>
> Repara:
> Ermas de melodia e conceito
> Elas se refugiam na noite, as palavras.
> Ainda úmidas e impregnadas de sono,
> Rolam num rio difícil e se transformam em desprezo.

A professora Cristina Mungioli, em correspondência enviada a este autor na qual comenta a questão da palavra "neutra" em Bakhtin, observa que, para o estudioso russo, a palavra existe como parte de um discurso, dentro de uma situação concreta de comunicação que ele chama de enunciado concreto. Para ela, isso está bastante claro no livro *Estética da comunicação verbal*.

> A oração como unidade da língua, à semelhança da palavra, não tem autor. Ela é de ninguém, como a palavra, e só funcionando como um enunciado pleno se torna expressão da posição do falante individual em uma situação concreta de comunicação discursiva ... Todo enunciado é um elo na cadeia da comunicação discursiva. É a posição ativa do falante nesse ou naquele campo do objeto e do sentido.[21]

Wittgenstein disse nas *Investigações filosóficas* que, quando ouvia alguém dizer "chove", e não sabia se ouvira o início ou o fim do período, isso não queria dizer nada para ele. Essa frase ainda não seria um meio de comunicação. Ele se perguntou, na mesma ocasião, quantas espécies de frases existem. Respondeu haver *inúmeras*, ou seja, "inúmeras espécies diferentes de emprego do que denominamos signos, palavras, frases". E sua preocupação se voltava para a possibilidade infinita de novos jogos de linguagem. Exemplificou:

> Tenha presente a variedade de jogos de linguagem nos seguintes exemplos, e em outros:
>
> - Ordenar e agir segundo as ordens;

- Descrever um objeto pela aparência ou pelas medidas;
- Produzir um objeto de acordo com uma descrição (desenho);
- Relatar um acontecimento;
- Levantar uma hipótese e examiná-la;
- Apresentar os resultados de um experimento por meio de tabelas e diagramas;
- Inventar uma história e ler;
- Representar teatro;
- Cantar cantiga de roda;
- Adivinhar enigmas;
- Fazer uma anedota; contar;
- Resolver uma tarefa de cálculo aplicado;
- Traduzir de uma língua para outra;
- Pedir, agradecer, praguejar, cumprimentar, rezar.[22]

Wittgenstein considera interessante poder comparar a variedade de instrumentos da linguagem e seus modos de aplicação, inclusive as que usa no *Tractatus*.

A palavra é objetiva, embora o seu uso possa ser subjetivo e comportar mil faces secretas sob sua "face neutra". Cada entonação ou uso pode emitir diferentes recados, significados diversos, mensagens completamente contraditórias. O seu uso, não importa a situação, depende necessariamente da enunciação, e a própria enunciação é o "produto da interação de dois indivíduos socialmente organizados e, mesmo que não haja um interlocutor real, este pode ser substituído pelo representante médio do grupo social ao qual pertence o locutor. *A palavra dirige-se a um interlocutor* ... não pode haver interlocutor abstrato", explica Bakhtin.[23]

Além disso, toda palavra comporta "duas faces", no dizer de Bakhtin. Ela tanto procede de alguém como se dirige a alguém. Ela se torna um produto da interação entre locutor e ouvinte, escritor e leitor, jornalista e leitor. Ela serve de expressão de um em relação ao outro. É o território comum a ambos e não pertence totalmente a nenhum deles, cada um será dono de sua metade e a estrutura social mais imediata e o meio social mais amplo é que vão determinar a estrutura da enunciação. No limite, para ir além de Bakhtin em seu livro, ambos (estrutura social e meio social) vão determinar também a relação considerada ética. E se a palavra significa algo, aquilo ao qual ela se refere nem sempre é a mesma coisa para todas as pessoas.

Um bom exemplo do uso contraditório das palavras ligado às diferentes maneiras de ver e entender está na figura usada por Wittgenstein em *Investigações filosóficas*[24] com base no desenho original de Joseph Jastrow, de 1900.

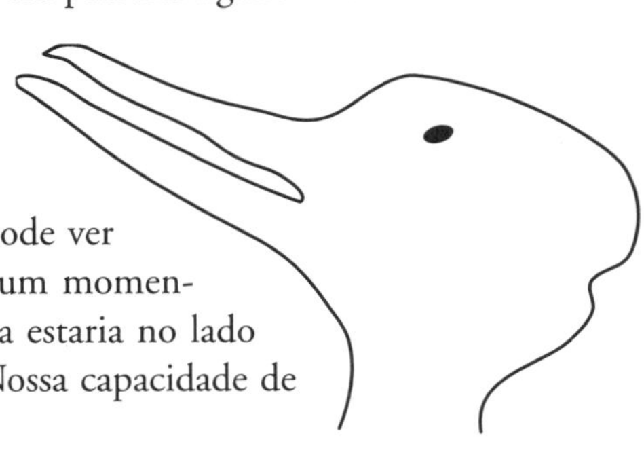

Olhe com atenção e diga o que você pode ver ao lado. Um pato? Olhe melhor – não há um momento em que se pode ver um coelho cuja boca estaria no lado direito daquilo que era a cabeça do pato? Nossa capacidade de representar está intimamente conectada à nossa capacidade de intelecção. Muitos jamais conseguiriam ver um coelho, a não ser quando orientados para tanto. Esse alguém que não viu o coelho teria relatado ter visto um pato e esse relato, baseado nas representações de outros que também viram um pato, seria o relato que iria para as páginas de um veículo qualquer de comunicação. Mas outro tanto poderia ver somente o coelho. Muitos também poderiam ver ambos, o pato e o coelho. Você agora pode ver os dois, não? Porque eu expliquei. E se eu tivesse visto somente o pato e discorresse apenas sobre o pato? Seria menos "verdadeiro"? Wittgenstein nomeou de *pato-coelho* essa figura.

Há uma situação exemplar sobre os problemas que a linguagem acarreta, a do paradoxo do mentiroso. Existem vários. Um deles pode ser sintetizado na história de como uma moça, Grace, pretende "curar" o hábito que o seu amigo Dick tem de mentir, conforme diálogo estruturado por quatro pesquisadores lógicos.

> Dick costuma mentir sempre que lhe convém. Grace acha isso irritante e quer curá-lo. Grace então resolve propor a Dick:
> – Cada vez que você mentir, eu lhe darei um soco no nariz e, cada vez que você disser a verdade, eu lhe darei um dólar.
> – Isso é muito generoso de sua parte – retruca Dick, que ganha um dólar e emenda rapidamente:
> – Dois mais dois é igual a quatro.
> Grace lhe estende mais um dólar.
> Dick se anima:
> – Agora você vai me dar mais um dólar.
> Grace lhe dá um soco no nariz.
> Dick fica confuso, massageia o nariz dolorido e solta:
> – Agora você vai me dar um soco no nariz![25]

O que faz Grace? Se der um soco em Dick estará provado que ele disse a verdade e, portanto, ela teria que lhe dar um dólar. Se lhe der um dólar então ele estaria falando a verdade e mereceria um soco. O exemplo mostra quanto a linguagem é limitada para expressar conceitos como o de falsidade e verdade e quanto, ao mesmo tempo, tem recursos ilimitados para falar de si mesma e por isso leva a esses paradoxos nos quais é impossível definir onde está a verdade e a mentira.

O mesmo se dá no clássico paradoxo do mentiroso que exibe a seguinte proposição: "Este enunciado é falso."

Se o enunciado acima for verdadeiro, então o que ele diz é verdade, ou seja, ele é falso. Se o enunciado for falso, então, uma vez que isso é o que ele declara a respeito de si mesmo, ele é verdadeiro. "Logo, ele é tão verdadeiro quanto falso!", conclui o mesmo quarteto de pesquisadores.

Todo ato comunicativo é mediatizado pela linguagem e se funda em determinados pressupostos. Numa "situação lingüística ideal",[26] os pressupostos para uma ação comunicativa normal incluiriam a certeza de que o interlocutor teria de ter a capacidade de distinguir entre a verdade e a ilusão, e o locutor deveria mostrar provas e argumentos para apresentar e justificar a validade das afirmações feitas. Ou então – no dizer de Rouanet na trilha de Habermas – na argumentação cognitiva em torno de fatos, ou na argumentação prática em torno de normas, "os pressupostos incluem o de que todos os interessados tenham direito de participar do discurso, de que todos eles tenham iguais oportunidades de apresentar e refutar argumentos, de que todos os argumentos sejam submetidos ao livre exame de todos, e de que nenhum dos participantes sofra qualquer coação".[27] Na situação ideal, a palavra objetiva poderia ser usada por todos no sentido do entendimento, do contraditório, da argumentação, da apresentação dos fatos. Mas não é assim que funciona nem nunca funcionou na indústria tradicional da comunicação, meio em que ela é muito pouco usada no sentido das iguais oportunidades em relação à representação dos fatos e aos diferentes agentes dos mesmos.

Mas as palavras têm múltiplos significados. "Se as palavras tivessem sempre um sentido óbvio e único, não haveria literatura, não haveria mal-entendido e controvérsia. Se as palavras tivessem sempre o mesmo sentido e se indicassem diretamente as coisas nomeadas, como seria possível a mentira?" É isso o que afirma e pergunta Marilena Chaui, que também usa o poema de Drummond para explicitar o sentido das palavras.[28]

Para não restringir a palavra ao seu mau uso, pode-se convocar Maurice Merleau-Ponty e entender o seu bom uso. Num livro inacabado, *A prosa do mundo*, ele disse que "uma língua é capaz de assinalar o que ainda nunca foi visto", porque se falamos e escrevemos é porque a língua "contém o germe de todas as significações possíveis, é porque todos os nossos pensamentos estão destinados a serem ditos por ela, é porque toda a significação que aparece na experiência dos homens traz sua fórmula no próprio cerne" e "nossa língua reencontra no fundo das coisas a fala que as fez".[29]

Merleau-Ponty sabia que essas convicções moram no senso comum e permeiam as ciências exatas, mas não estão na lingüística e muito menos na filosofia, como visto com o próprio Wittgenstein. Ele é do tipo que quer ajudar todos a compreender que a palavra, que a linguagem, não pode ser um empecilho para a consciência e que a linguagem "é o gesto de retomada e de recuperação que me reúne a mim mesmo e aos outros".[30] Ele concorda com a visão bakhtiniana quando sugere que "os signos, os morfemas [a menor unidade lingüística com significado], as palavras isoladas nada significam, que eles só passam a ter significação por sua combinatória, e que enfim a comunicação vai do todo da linguagem falada ao todo da linguagem ouvida".[31]

Merleau-Ponty teve também uma ajuda póstuma, um pouco à maneira de Wittgenstein, do escritor italiano Antonio Tabucchi: "... E afinal o mundo é feito de atos, de ações ... de coisas concretas que acabam por passar, porém, porque a ação, escritor, verifica-se, acontece ... e acontece apenas naquele preciso momento, e depois desaparece, deixa de existir, foi. E para ficar são necessárias palavras que façam com que continue a ser, que testemunhem. Não é verdade que *verba* volant. Verba manent*", escreve Tabucchi em *Tristano morre*.[32] Quanto ao ditado latino *verba volant, scripta manent* (as palavras voam e os escritos permanecem), Tabucchi discorda. Segundo ele, as palavras *permanecem*.

No prefácio do *Tractatus*, Wittgenstein reforçou estar preocupado com a formulação dos problemas filosóficos que "repousa sobre o mau entendimento da lógica de nossa linguagem". Para ele, de novo, "o que se pode em geral dizer, pode-se dizer claramente: e sobre aquilo de que não se pode falar, deve-se calar". Usa como epígrafe uma citação de Ferdinand Kürnberger: "Motto: ... e tudo que se sabe, e não se ouviu como mero rumor ou ruído, pode-se dizer em três palavras." Esta é a mesmíssima citação usada por outro vienense empenhado na integridade da linguagem e devotado a ridicularizar o pensamento confuso oriundo do seu mau uso, Karl Kraus. Não importa se Wittgenstein tenha chegado à citação via Kraus, fato provável,[33] ou a tenha captado diretamente de Kürnberger, mas havia um homem tão empenhado quanto Wittgenstein na necessidade de a linguagem ser usada corretamente. E esse homem foi um jornalista, talvez o mais polêmico de todos os tempos.

Karl Kraus e a estupidez

Contaram uma vez ao jovem Elias Canetti, tempos depois imortalizado com o prêmio Nobel de literatura, que o maior e mais austero dos homens de Viena se chamava Karl Kraus (1874-1936). Diante de seus olhos ninguém encontraria clemência. Em sua revista, *Die Fackel* (*O Archote*), e em suas 701 conferências, sempre com casa lotada, atacava tudo o que era mau e corrupto. Desde o ano de 1899 até morrer, 37 anos depois, publicou 922 exemplares de seu periódico, 30 mil páginas ao todo. A partir de 1891 esteve na condição de seu único redator e compunha toda a revista sozinho. Na média, foram dois exemplares por mês. Mas, muitas vezes, um único exemplar aglutinava várias edições. Considerada a mais gigantesca obra literária de todos os tempos, os seus textos publicados na revista acompanham em detalhes a decadência do império austro-húngaro, além de crítica e autocrítica constante contra os judeus – origem do próprio Kraus. A tiragem de 30 mil exemplares, quase inteiramente financiada com seu próprio dinheiro, herdado do pai, um rico industrial – e, curiosamente, o inventor da sacola de papel –, sempre se esgotava. A revista era religiosamente consumida em todas as suas linhas pelos intelectuais e *enragés* da Áustria, Alemanha, Hungria e adjacências da língua alemã, além de acompanhada de perto pelos conservadores e radicais da direita. Há rumores de que o ministro da propaganda nazista, Joseph Goebbels, guardava em casa uma coleção de *O Archote*.

Karl Kraus morava em Viena quando nela se concentrou grande parte da genialidade do século XX. Na definição dele mesmo, a cidade era como um "laboratório de pesquisa para a destruição mundial". No dizer de seu biógrafo, ali nasceu o sionismo e o nazismo, foi o berço da psicanálise, foi o lugar onde Gustav Klimt,

Egon Schiele e Oskar Kokoschka lançaram o movimento artístico Jugendstil (versão alemã da Art Nouveau), foi onde Arnold Schoenberg inventou a música atonal e Adolf Loos criou o estilo de arquitetura nu e funcional.[34] Kraus vivia em Viena enquanto por ela passava gente como Elias Canetti, Theodor Adorno, Walter Benjamin, e onde trabalhou Sigmund Freud. Na cidade moraram e estudaram os meninos Adolf Hitler e Ludwig Wittgenstein, ambos na mesma escola primária – apesar de nunca terem se encontrado pessoalmente.

No periódico de Kraus, as coisas se davam claramente como num tribunal. Nada era disfarçado ou sutil como sói acontecer na imprensa tradicional. "Ele próprio era o acusador, ele próprio era o juiz. Não havia advogado de defesa, isso era supérfluo, pois ninguém era acusado sem que o merecesse", diz Canetti a propósito de suas lembranças de adolescente numa temporada em Viena, na casa de amigos, em 1924, recém-chegado da Alemanha. "Karl Kraus jamais se enganava, não podia se enganar. Tudo o que proferia era rigorosamente exato, jamais houvera tanta exatidão na literatura." Ele se ocupava até mesmo da revisão dos textos. Não havia erros de impressão em *O Archote.*

No dia 17 de abril de 1924, uma quinta-feira de primavera, teria lugar a trecentésima conferência de Kraus e o Salão Grande do Konzerthaus de Viena foi escolhido para a ocasião. Acostumado às discussões sobre os assuntos publicados em *O Archote* na casa da família que o acolhera, Elias Canetti, então secundarista recém-formado, decidiu ouvir pessoalmente o que aquele grande homem tinha a dizer. Os amigos o prepararam devidamente: não devia se assustar com os aplausos turbulentos. As pessoas ali reunidas formavam a verdadeira intelectualidade vienense, "do melhor e do mais sadio que havia nesta cidade aparentemente decaída". Ele ficaria admirado com a rapidez com que aquele público entendia imediatamente a mais sutil alusão porque já ria quando o orador começava uma frase e botava a casa abaixo quando ele terminava a mesma frase – a platéia era composta em geral de profissionais liberais e de estudantes.

Tão logo ocupou seu lugar, na parte de trás do salão, Canetti aproveitou para observar a platéia. A distância era grande demais entre sua poltrona e o palco. Karl Kraus surgiu e foi saudado com aplausos tão entusiásticos como Canetti nunca tinha ouvido, nem mesmo em concertos. Canetti recorda:

> Ele, aparentemente, mal tomou conhecimento do aplauso – meus olhos ainda eram inexperientes –, hesitou um pouco, de pé; seu porte parecia ligeiramente curvado. Quando se sentou e começou a falar, fui surpreendido por sua voz, que tinha uma vibração pouco natural, como um lento cacarejar. Mas essa impressão logo se desfez, pois a voz se alterou, e continuou a se alterar sempre, deixando-me surpreso pela multiplicidade de timbres de que era capaz. O silêncio com que foi recebida de início lembrou-me, mesmo, um concerto, mas a expectativa que dominava o auditório era de uma espécie bem diferente. Desde o começo, e durante toda a apresentação, o silêncio era aquele que antecede a tempestade. Já o primeiro chiste – aliás, era apenas uma insinuação – foi precedido de uma risada que me assustou. O som era de entu-

> siasmo e de fanatismo, ao mesmo tempo de contentamento e de ameaça, e eclodiu ainda antes que fosse pronunciado do que se tratava.

Canetti não se lembra do que Kraus falou naquela noite do primeiro "encontro" de ambos, mas ele estaria com o palestrante em cerca de 100 conferências dali em diante, e todas elas se acumulariam à primeira. Ele se lembra bem de uma na qual Kraus leu parte da peça de teatro de sua autoria a respeito da Primeira Guerra, *Os últimos dias da humanidade*, um drama de 800 páginas no qual ele entendia ter contado tudo o que aconteceu na guerra, que odiava. Quando Kraus fazia leituras de partes da peça, lembra Canetti, os ouvintes ficavam aniquilados.

> Nada se movia no auditório, mal se ousava respirar. Ele mesmo lia os papéis de todos os personagens, dos aproveitadores e dos generais, dos velhacos e dos pobres-diabos que eram as vítimas da guerra. Todos pareciam tão genuínos em sua interpretação como se estivessem à nossa frente. Quem o ouvisse, nunca mais desejaria freqüentar um teatro, pois o teatro era enfadonho em comparação a Karl Kraus. Ele sozinho era um teatro inteiro, porém melhor, e este milagre da humanidade, este monstro, este gênio tinha um nome tão comum como Karl Kraus.

Ele seria talvez o primeiro exemplo de um escritor que viveria simultaneamente o seu escrito como um ator de teatro, conforme ele próprio se via e como conta Walter Benjamin em ensaio sobre ele, além de acrescentar: "Situando sua própria vaidade no lugar adequado, a de um momo." Ou seja, um imitador de pantomima, aquele mascarado que ridiculariza, que zomba, que mofa.

O jovem Kraus abandonou os cursos de direito, filosofia e letras, tentou a vida de ator, mas foi parar na grande imprensa austríaca, onde iniciou sua carreira jornalística aos 20 anos, em 1894, no jornal *Neue Fraie Presse*. Escreveu para vários jornais e revistas, mas via todos eles como instrumentos de corrupção e partiu para carreira solo. Foi sem dúvida o mais ácido e destrutivo jornalista que o século XX pôde ver. Levou surras, sofreu processos, viu organizarem manifestações contra si. Nenhum mecanismo da imprensa forjada na esfera da indústria cultural, e já grávida de conceitos morais fluidos, escapou de seu ataque, permanente ataque. Foi convocado aqui pelo seu visível método de processar, atacar e julgar, que é exatamente o que acaba fazendo a imprensa democrática, ou a autocrática, sob o manto de uma reiterada objetividade ou da defesa de classe. Mas aquilo que a imprensa democrática ou autocrática realiza de maneira subjacente, opaca, com interposições lingüísticas cujo disfarce é a propalada imparcialidade jornalística, Kraus o faz de forma direta, de maneira absolutamente transparente, com o carimbo de uma inegável sinceridade. "Karl Kraus desceu ao inferno para julgar os vivos e os mortos", disse dele o artista vienense Oskar Kokoschka. "Karl Kraus foi alguma coisa como o precursor da bomba atômica, sua linguagem continha desde então os horrores daquilo", completou Canetti.*

A linguagem era para ele, assim como para Wittgenstein, um dos maiores problemas a atacar. "A alteração da linguagem provoca uma balbúrdia de elementos separados. Karl Kraus, excessivamente sensível ao mau uso da língua, tinha o dom de captar *in status nascendi* [em estado nascente] os produtos desse mau uso e de jamais o perder", no dizer de Canetti.[35] Para ele, conforme a imagem usada por Edward Timms, "a língua é a única quimera cujo poder enganador é infinito, o recurso inesgotável em que a vida não é empobrecida". Para Timms, Kraus

> faz distinção entre "linguagem como comunicação" e "linguagem como figuração". É a mesma linguagem em cada caso, mas o jornalista honesto e o poeta talentoso usam-na de maneiras diferentes. Imagens poéticas têm múltiplos propósitos, mas o jornalista deve reportar eventos com boas e claras palavras. As cargas contra a linguagem jornalística existem porque ela se desvia dessa regra primordial.[36]

Escreveu copiosamente. Foi um insuperável criador de jogos de palavras e talvez o jornalista que mais os usou. Nas frases curtas de seus aforismos se encontram as diatribes definitivas que iluminam o jornalismo em sua mais crua capacidade de ser rápido, inexato, manipulável e suspeitável em todas as suas linhas e entrelinhas.

"Imprensa, estupidez, política" e "Escrever e ler" são os dois capítulos nos quais trata majoritariamente do jornalismo nos seus *Ditos e desditos*, um de seus três livros de aforismos. Neles agrupa a mais formidável coleção de ditos e contraditos sobre a mulher, a moral, o cristianismo, o homem e seu próximo, o artista, o escrever e o ler, as terras e as gentes, além da política, da estupidez, da imprensa e dos próprios ditos e desditos: "O aforismo jamais coincide com a verdade; ou é meia verdade ou verdade e meia", alertava Karl Kraus.

Uma colagem de seus próprios aforismos[37] feita com as citações que se seguem sobre a imprensa – tiradas de *Ditos e desditos* (1909) e de *Nachts* (1915) – poderia produzir um texto de certa forma profético na sua truculência moral:

■ O progresso mecânico só vem em proveito da personalidade que, além de obstáculos da vida interior, chega mais rapidamente a si mesma. Mas os cérebros medianos não estão à altura de tal hipertrofia. Ainda hoje não se pode fazer a me-

* O perfil de K. Kraus está baseado nas informações dadas por E. Canetti em *Uma luz em meu ouvido: história de uma vida* (a tradução do inglês, literalmente, é *Um archote em meu ouvido* – o título é homenagem a Kraus), p.68-75; pelo mesmo E. Canetti, "Karl Kraus: école de la resistance", in K. Kraus, *La littérature démolie*, p.23; por J. McVity, "The twist, dicta and contradicta in context", in K. Kraus, *Dicta and contradicta*, p.129-61; por W. Benjamin, "Karl Kraus", in K. Kraus, *Cette grande époque*, p.40; e em K. Kraus, *Ditos e desditos*, p.168.

nor idéia da devastação provocada pela imprensa. O dirigível é descoberto, mas a imaginação rasteja como uma diligência. Automóvel, telefone e grandes tiragens de estupidez – quem pode dizer como serão formados os cérebros daqui a duas gerações? A retração da fonte natural que opera a máquina, a repressão da vida pela leitura e a absorção de toda possibilidade artística pelo espírito factual terão concluído sua obra com uma rapidez espantosa. O despontar de uma nova era glacial só poderia ser entendido nesse sentido. Nesse meio-tempo, que se permita toda política social, que a deixem ser ativa em suas pequenas tarefas; que lhe seja permitido lidar com a instrução do povo e outros substitutivos e opiatos. Passatempo até a dissolução. As coisas tomaram um rumo para o qual não há exemplos em outras épocas historicamente observáveis. Quem não sente isso em cada nervo pode manter a cômoda divisão de Antiguidade, Idade Média e Idade Moderna. De repente perceber-se-á que não se vai adiante. Pois esse moderníssimo tempo iniciou a produção de máquinas novas para fazer funcionar uma ética antiga. Nos últimos 30 anos aconteceram mais coisas que, antes, em 300. E um dia a humanidade se sacrificará pelas grandes obras que produziu em seu alívio.

■ Estávamos complicados o bastante para construir a máquina e somos demasia-dos primitivos para nos servirmos dela. Impelimos um tráfego mundial em vias cerebrais de bitola estreita. Política e teatro: o ritmo é tudo; o significado, nada. A multiplicação só é um progresso à medida que possibilita a difusão do simples. Tempo e espaço se tornaram as formas cognitivas do sujeito jornalístico.

■ A providência de uma época ímpia é a imprensa, que elevou mesmo a crença numa onisciência e onipresença à categoria de convicção.

■ Os jornais têm mais ou menos a mesma relação com a vida que as cartomantes com a metafísica.

■ O cabeleireiro conta novidades quando deve simplesmente cortar o cabelo. O jornalista é espirituoso quando deve simplesmente contar novidades. Aqui estão dois que aspiram mais alto.

■ Há falta de caixeiros. Todos correm para o jornalismo.

■ A ortodoxia da razão estupidifica mais a humanidade que qualquer religião. Enquanto pudermos imaginar um paraíso, as coisas estarão bem melhores para nós do que se tivermos de viver exclusivamente na realidade de uma redação de jornal. Nela, podemos honrar a crença de que o homem descende do macaco. Mas por uma ilusão, que é uma obra de arte, seria uma pena.

■ Jornalista é aquele que exprime o que o leitor, de resto, já havia pensado, numa forma da qual nem todos os caixeiros seriam capazes. Numa cabeça oca entra muito saber. Há cabeças ocas rasas e profundas. Os cabeças-ocas vencem em toda a linha. Essa constatação envolve como uma muralha atrás da qual justamente só resta o direito de desesperar. Mas muralha não fica parada, cada vez mais se aproxima. É a visão de Poe [Edgar Allan Poe], do poço e do pêndulo: "Para baixo e sempre mais para baixo!"

■ Que a palavra escrita seja a encarnação naturalmente necessária de um pensamento, e não o invólucro socialmente adequado de uma opinião. "Escrever bem" sem personalidade pode bastar para o jornalismo. Eventualmente, para a ciência. Nunca para a literatura.

■ A idéia de que um jornalista escreve tão corretamente sobre uma nova ópera quanto sobre um novo regulamento parlamentar tem algo de angustiante. Certamente ele também poderia ensinar a um bacteriologista, a um astrônomo e talvez até a um padre. E se um especialista em matemática superior lhe cruzasse o caminho, lhe provaria que está à vontade com matemáticas ainda mais superiores.

■ Temas jornalísticos: não importa a grandeza do alvo, mas a distância.

■ Para proteger a verdade, é permitido ser hipócrita.

■ Se, de repente, um padre declara que não acredita no paraíso e que jamais desmentirá tal declaração, então se entusiasma a imprensa liberal, cujos redatores, como se sabe, por nenhum preço renunciam à convicção. Mas será que um papa da imprensa não dispensaria imediatamente um empregado a quem ocorresse a idéia de reconhecer ante os leitores que acredita no paraíso? Este é o espetáculo mais repugnante oferecido pela modernidade: um padre possuído pela razão cercado pelos latidos dos cães da imprensa aos quais ele lança a costela de Adão. É para mim enigmático como um teólogo possa ser louvado por ter conseguido, após muito esforço, não mais acreditar nos dogmas. O verdadeiro reconhecimento como herói sempre me pareceu ser mérito daqueles que conseguiram, após muito esforço, acreditar nos dogmas. Para quem o acreditar não significa mais do que o não saber nada, é possível sacudir ostensivamente a cabeça sobre os dogmas. Mas é deplorável ter de se superar para chegar a um ponto de vista que um professor auxiliar de física chegou há muito tempo.

■ Surge a inquietante questão de saber se o jornalismo, onde silenciosamente são entregues ao saque as melhores obras, já não corrompeu também para os tempos vindouros a receptividade à arte da língua.

■ Ora, então não há garantia contra o erro de impressão que tantas vezes quanto for preciso falar de uma erudição estúpida a transforme em estupenda?

■ A espirituosidade de um escritor de jornal é, no máximo, o relâmpago de uma convicção caída em alguma parte. Só é fulminante o pensamento seguido pelo trovão de um *pathos* [sentimento de dó, paixão, excesso, compaixão despertado pelo texto, pelo drama].

■ O substantivo é a cabeça, o verbo é o pé, o adjetivo é a mão. Os jornalistas escrevem com a mão.[38]

■ O jornalista tem a palavra na mão. Isso me constrange. Tenho sido somente um jornalista na mão! Mas eu lhe tomaria a palavra das mãos e lhe daria, em troca, um tapa nas mãos.[39]

■ O jornalismo pensa sem o prazer de pensar. Exilado em tal território, o artista se assemelha a uma hetera [cortesã] coagida à prostituição. Só que esta sucumbe indene à coerção. Para ela, a coação ao prazer pode significar prazer; para o artista, apenas desprazer.

■ A prostituição do corpo partilha com o jornalismo a capacidade de não ter que sentir, mas leva sobre ele a vantagem de poder sentir.

■ A missão da imprensa é a de difundir o espírito e, ao mesmo tempo, destruir toda a capacidade de assimilação.

■ O jornalismo serve apenas aparentemente ao dia-a-dia. Na verdade, destrói a receptividade espiritual da posteridade.

■ O que a sífilis poupou será devastado pela imprensa. Nos amolecimentos cerebrais do futuro, a causa não poderá ser determinada com precisão.

■ O leitor considerará perfeita sua capacidade de leitura degenerada pelo jornalismo.

No profundo ensaio que escreveu sobre Kraus, Walter Benjamin, o mais delicado dos homens da Escola de Frankfurt, o nomeia simultaneamente "homem universal", "demônio" e "inumano". Considera absolutamente errôneo considerá-lo uma "personalidade ética" e afirma serem falsos todos os argumentos apologéticos a seu respeito. Na sua análise, o fundo obscuro do qual se destaca a sua imagem não seria a sociedade contemporânea de então, mas sim o mundo pré-histórico ou o mundo do demônio. A luz do dia da criação cairia sobre ele e assim ele emergiria da noite.

Benjamin explica a natureza do ódio de Kraus pela gente de imprensa como "um ódio mais vital do que ódio moral". Conta quanto desagradava a Kraus o termo "opinião pública", para ele uma "atrocidade". As opiniões seriam coisas privadas. O público só teria interesse em julgamentos. A opinião pública ou seria orientadora ou não seria nada. Aí moraria exatamente o sentido da opinião pública, que a imprensa desfiguraria, tornando o público incapaz de julgar e sugerindo-lhe uma atitude de irresponsabilidade uniforme. Kraus caracteriza o jornalista como "um homem com pouco interesse por si mesmo e sua existência, assim como para com a mera existência das coisas, que só capta as coisas em suas relações, especialmente quando formam parte do acontecimento – e que só neste momento se converte em compacto, essencial e vivente".[40]

Para Kraus, ainda com Benjamin, a fraseologia da imprensa seria uma derivação da técnica:

> Exatamente como uma fábrica, a maquinaria de um periódico requer mão-de-obra e mercado. Em determinados momentos do dia – duas ou três vezes para os grandes jornais – é preciso encontrar e preparar uma certa quantidade de trabalho para a máquina. Mas não se trata de qualquer material: tudo o que ocorreu nesse ínterim em qualquer lugar e num domínio qualquer da vida, da política, da economia, da arte etc., tudo deve ser coberto e tratado jornalisticamente.

Ou, então, da forma que Benjamin considera lapidarmente formulada por Kraus: o jornal "deveria nos abrir os olhos sobre o fato de que se a técnica é incapaz de formar uma nova fraseologia, ela deixa o espírito dos homens, no entanto, num estado que os impede de ultrapassar as frases feitas. É nessa ambigüidade de uma vida em mutação e uma forma de vida induzida que vive e cresce o mal no mundo".[41] Com essa última e única frase, Benjamin considera que Kraus cortaria com um golpe o nó onde se encontram a técnica e a fraseologia do jornalismo. De quebra, há de se ajuntar, Kraus colabora para encher a pá de cal que os teóricos de Frankfurt despejarão sobre a indústria cultural, a indústria da imprensa aí incluída – conforme se verá mais adiante, no capítulo 7, sobre o espetáculo.

O jornalismo, tal como se configurou desde sua produção em massa, seria para Kraus, no filtro benjaminiano, a expressão da função alterada da linguagem no mundo do capitalismo avançado.

> A fraseologia cujo sentido Kraus persegue com tanta tenacidade é a marca registrada que permite comercializar as idéias e que, como a flor da retórica, como um ornamento, confere à idéia seu valor enquanto curiosidade. É precisamente por essa razão que a libertação da linguagem coincide com a libertação da fraseologia.[42]

Para Benjamin, *O Archote* contém exemplos dessa libertação. Suas fórmulas são aquelas que aterrorizam, não são do tipo que consolam o leitor.

No que nos toca, trata-se de um jornalista angustiado com a idade moderna e que enxerga profeticamente o paradoxal relacionamento das pessoas e instituições com a propalada ética na difícil equação de uma modernidade que se delineia visivelmente decadente entre a Primeira e a Segunda Guerra Mundial. Antevê a rapidez com que a tecnologia avança e a morosidade com que a cultura se desenvolve. Esboça, de forma embrionária, recortada, multifacetada ("passatempo até a dissolução"), todo o arcabouço que vai sustentar anos depois a teoria da indústria cultural. Enxerga o poder do uso das palavras, o poder do seu mau uso pelo jornalismo, pois "o nacional-socialismo não aniquilou a imprensa; ao contrário: a imprensa criou o nacional-socialismo".[43]

Entre os aforismos de Karl Kraus encontra-se aquele no qual diz que "em qualquer língua é muito difícil fazer-se compreender apenas na língua", e outro onde dizia dominar apenas a língua dos outros porque a sua fazia dele próprio o que ela queria. Ou exortações do tipo: "Que a língua não vista o pensamento mais do que o pensamento pulse na própria língua, aí está algo de que o modesto inventor jamais conseguirá passar aos insolentes costureiros." Ou a idéia de que "entre as linhas pode no máximo estar escondido um sentido" e "entre as palavras há lugar para mais: para o pensamento". Pensamento de um homem que, quando não conseguia avançar mais, jogava-se contra o "muro da língua" para, então, recolher "a cabeça em sangue". O muro da língua está para Kraus como as grades de nossa jaula estão para Wittgenstein. Mas Kraus, ao contrário do desesperançado Wittgenstein, gostaria de avançar porque "a língua, aquela lá, na verdade, não tem a palavra, mas somente o brilho que a faz desejar, emitir e conceber a palavra".[44] Karl Kraus não apareceu aqui por ser o mais polêmico dos jornalistas, mas também porque o foi no uso da língua e porque, entre os jornalistas, talvez seja quem muito garimpou a pureza da palavra.

Cioran e o pensar contra si próprio

Na tentativa de sacudir a própria linguagem, numa imagem usada por Merleau-Ponty, nada mais instigante do que pensar contra si mesmo, usar a palavra no exercício da decomposição do discurso para servir-se dela como instrumento de crítica do próprio pensamento. Os clássicos chamariam a isso um exercício individual de ética. Mas aqui será um exame de alguém que com a palavra pensa e representa contra si. "Não há salvação possível fora da *imitação* do silêncio. Mas nossa loquacidade é pré-natal. Raça de tagarelas, de espermatozóides verbosos, estamos *quimicamente* ligados à palavra", escreve Emil Michel Cioran (1911-95) nos seus *Silogismos da amargura*.[45]

Um pouco à maneira de Karl Kraus, Cioran, autor de nacionalidade romena, mas de expressão francesa, notabilizou-se pelo uso dos aforismos, pelo método fragmentado de argumentação, por um movimento de interrupção e começo não no sentido de espelhar os aspectos disjuntivos do mundo, mas no sentido de pensar contra si próprio, na interpretação da ensaísta norte-americana Susan Sontag, cujo ensaio sobre Cioran[46] mostra a utilidade desse exercício de autoflagelação e permite aqui indicá-lo como método eficaz para quem exerce a representação da representação como *métier*.

"Penser contre soi", em francês, é o título reutilizado por Sontag neste seu ensaio ("Pensar contra si próprio – Reflexões sobre Cioran") e retirado do primeiro capítulo do livro *A tentação de existir*,[47] de Cioran, publicado em Paris em 1956. Em seu ensaio, Sontag se debruça sobre o espírito que, tanto quanto o corpo, fala pela vida intensa e enumera os mestres da arte de pensar contra si mesmo: Nietzsche, Baudelaire e Dostoievski. Dá razões para tanto porque eles nos teriam ensinado a apostar nos perigos, a alargar a esfera dos nossos males, a adquirir a existência pela divisão de nosso ser. Se quisermos recuperar nossa liberdade, diz Cioran, é necessário dispor do fardo da sensação, não mais reagir ao mundo pelo sentido e romper nossos laços, resistir à felicidade, porque ela vem de todas as partes e a infelicidade é igualmente insidiosa. Porque o absoluto corresponde a um sentido que nós não soubemos cultivar, livrando-nos de todas as rebeliões, e elas terminarão muito bem por se voltarem contra elas mesmas, contra nós mesmos. Sofrer: única modalidade para adquirir a sensação de existir. Existir: único meio de salvar nossas perdas. Como rotula Sontag, Cioran é tanto o Prometeu quanto o abutre que lhe devora as entranhas.

Poucos se comparam a Cioran no uso da palavra e dos fragmentos para destruir um jeito de pensar, de levar a vida. Como foi realizado com Karl Kraus, um recorte e um agrupamento de aforismos a partir dos *Silogismos da amargura* traduzem esse tão melancólico quanto iluminado exercício de auto-reflexão.

▪ A busca do signo em detrimento da coisa significada; a linguagem considerada como fim em si, como rival da "realidade"; a mania verbal, mesmo dos filósofos; a necessidade de renovar-se no nível das aparências; característica de uma civilização na qual a sintaxe prevalece sobre o absoluto e o gramático sobre o sábio.

■ Que uma realidade se oculte atrás das aparências é, em todo caso, possível; que a linguagem possa reproduzi-la, seria ridículo esperar. Por que, então, adotar uma opinião em lugar de outra, recuar ante o banal ou o inconcebível, ante o dever de dizer ou escrever qualquer coisa? Um mínimo de sabedoria nos obrigaria a defender todas as teses ao mesmo tempo, em um ecletismo do sorriso e da destruição.

■ Com certeza, o estilo é impossível: a preocupação com a expressão é própria dos que não podem adormecer em uma fé. Por falta de um apoio sólido agarram-se às palavras – sombras da realidade –, enquanto os outros, seguros de suas convicções, desprezam sua aparência e descansam comodamente no conforto da improvisação.

■ Toda palavra me faz sofrer. No entanto, como seria doce ouvir flores tagarelando sobre a morte!

■ Um livro que, após haver demolido tudo, não se destrói a si mesmo, exasperou-nos em vão.

■ Só os espíritos superficiais abordam as idéias com delicadeza.

■ Só cultivam o aforismo os que conhecem o medo no meio das palavras, esse medo de desmoronar com todas as palavras.

Cioran também dispara farpas contra Wittgenstein, que, tanto quanto ele e Karl Kraus, usou e abusou do estilo fragmentário, os três unidos igualmente a Nietzsche e a Sören Kierkegaard:

> Formados na escola dos veleidosos, idólatras do fragmento e do estigma, pertencemos a um tempo clínico em que só importam os *casos* [alusão ao filósofo vienense]. Só nos interessa o que um escritor calou [outra alusão], o que poderia ter dito, suas profundidades mudas. Se deixa uma *obra*, se explica, assegura nosso esquecimento.

Talvez esteja aí a razão pela qual Cioran evitou sair em busca de um sistema.

Sontag anota, com razão, o rompimento das formas tradicionais do discurso filosófico na explicação de mentes como a do próprio Cioran nessa nova forma de filosofar: pessoal, aforística, lírica, anti-sistemática. "Para Cioran, o estilo aforístico é menos um princípio de realidade do que um princípio de conhecimento: o destino de toda idéia profunda é ser logo colocada em xeque por outra idéia que, de maneira implícita, ela mesma gerou."[48]

Cioran está absolutamente preocupado com a integridade do pensamento, com a redução do pensamento ao pensar sobre o pensar, conforme Sontag, que o cita: "A única mente livre é aquela que, depurada de toda intimidade com seres ou objetos, provê a sua própria vacuidade."[49]

Inspirada em Cioran, uma experiência reveladora para um jornalista poderia ser a de usar a palavra para tentar se expressar contra si mesmo. No limite, ele vai se entender um pouco melhor, quem sabe sentir-se mais confortável dentro de sua pele, conforme escrevi em texto publicado na "Revista da Folha"[50] um pouco antes de sua morte num hospital, em Paris, em 20 de junho de 1995, vítima do mal de Alzheimer, aos 84 anos. Escrevi sobre um homem preocupado em não fazer outra coisa senão pensar com radicalismo, perseguir o bom gosto espiritual, destruir a vulgaridade intelectual, desvendar a substância da existência sob as aparências do cotidiano medíocre – uma espécie de Nietzsche do século XX.

Contei que ele vivia miseravelmente da pouca renda advinda de seus livros e habitava um pequeno apartamento em Paris. Deixara a Romênia no final dos anos 1930 criando problemas para o pai, padre ortodoxo, porque se revelou sem fé e reclamou, em livro, que havia dois mil anos Jesus de Nazaré descontava em nós "o fato de não ter morrido num sofá". Ele sempre se recusou a trabalhar de forma "normal". Aceitaria, disse certa vez, apenas trabalho físico, como o de varrer ruas. De toda forma, ganhou a vida escrevendo. Seu livro de maior sucesso, *Silogismos da amargura*, editado em 1952 na França, foi descoberto depois e chegou ao Brasil só em 1991. Em 1987 ele havia resolvido parar de escrever e se autodecretou em estado de silêncio. Rompeu a mudez poucas vezes, para dar entrevistas. Uma delas acabou publicada alguns meses antes de sua morte.[51]

Nela ele sintetizava toda uma vida dedicada à negação da mediocridade, do lugar-comum e das aparências enganadoras. Foi talvez quem levou uma das vidas mais céticas que se pode imaginar. Pouco sobrava na ponta de sua língua: "O drama do liberalismo e da democracia é que nos momentos mais graves eles estão perdidos." É possível emendá-la com uma afirmação feita havia muito tempo, em livro: "A aspiração de 'salvar' o mundo é um fenômeno mórbido da juventude de um povo."

Na entrevista, Cioran despejou com generosidade detalhes de uma vivência destinada à negação reveladora. O que se segue, sem aspas, enfeixa conceitos seus. O único mundo verdadeiro é o primitivo, onde tudo é possível e nada está atualizado. O segredo da vida está no sono. A insônia mostra que o sono, um breque no cotidiano, é que torna a vida possível. Ela só é suportável por causa da descontinuidade. Se alguém passar a noite toda acordado, quando chega a manhã não começa nada. Dorme-se menos para descansar do que para esquecer e quem levanta de manhã para começar um novo dia tem a ilusão de que alguma coisa começa. A vida só é suportável porque não se vai às últimas conseqüências. Quem não tem consciência do tempo não se entedia. Suporta-se a vida somente quando inexiste a consciência de cada momento que passa. A experiência do tédio é a consciência de tempo exasperada. Cioran não disse isso, mas "cemitério" vem do grego *koimeterion*, o lugar onde se deita para dormir, *koma* é dormir. Ele concluiu a entrevista dizendo que, talvez, no fundo, a vida seja isto: fazemos as coisas às quais aderimos sem acreditar. Num outro recado sutil, lá nos anos 1950, havia atirado: "Ser moderno é remendar no Incurável."

Janet Malcolm e o caso MacDonald-McGinniss

Inexiste jogo de palavras mais cruel em relação ao jornalismo, nem exercício tão radical de pensar contra si próprio, do que o levado a cabo pela jornalista e escritora Janet Malcolm, nascida em 1934, no seu livro *O jornalista e o assassino.* Publicado em 1990 nos Estados Unidos, no mesmo ano ganhou tradução no Brasil e começa assim: "Qualquer jornalista que não seja demasiado obtuso ou cheio de si para perceber o que está acontecendo sabe que o que ele faz é moralmente indefensável." Se ele não for muito burro nem muito egocêntrico saberá que não há defesa moral para o seu fazer. Essa é a tese central do livro, contida inteiramente na sua primeira frase.

Ela prossegue: o jornalista "é uma espécie de confidente, que se nutre da vaidade, da ignorância ou da solidão das pessoas". Faz a analogia: "Tal como a viúva confiante, que acorda um belo dia e descobre que aquele rapaz encantador e todas as suas economias sumiram, o indivíduo que consente em ser tema de um escrito não-ficcional aprende – quando o artigo ou livro aparece – a *sua* própria dura lição." O grifo é dela e se refere a qualquer jornalista que se dedique a investigar um assunto e transformá-lo em reportagem ou em livro. A advertência é genérica e vale para qualquer momento do jornalismo quando está em jogo a relação entre jornalista e fonte.

Ela continua: "Os jornalistas justificam a própria traição de várias maneiras, de acordo com o temperamento de cada um. Os mais pomposos falam de liberdade de expressão e do 'direito do público a saber'; os menos talentosos falam sobre Arte; os mais decentes murmuram algo sobre ganhar a vida." Quando a reportagem ou o livro são publicados, o personagem do escrito vai perceber o engano do qual foi vítima. Enquanto o material ia sendo apurado não faltaram mesuras, sorrisos amigáveis e cumplicidades por parte do jornalista.

> Ao ler o artigo ou livro em questão, ele [o entrevistado] tem de enfrentar o fato de que o jornalista – que parecia tão amigável e solidário, tão interessado em entendê-lo plenamente, tão notavelmente sintonizado com o seu modo de ver as coisas – nunca teve a menor intenção de colaborar com ele na sua história, mas pretendia, o tempo todo, escrever sua própria história. A disparidade entre o que parece ser a intenção de uma entrevista quando ela está acontecendo e aquilo que no fim ela estava de fato ajudando a fazer é sempre um choque para o entrevistado.

Janet Malcolm reproduz em *O jornalista e o assassino* a história de um entrevistado que moveu um processo contra um jornalista na década de 1980 nos Estados Unidos e cujo resultado se transformou num livro, *Fatal Vision.* O entrevistado era Jeffrey MacDonald, médico, condenado por três assassinatos, e o jornalista era Joe McGinniss.

McGinniss tinha 26 anos, em 1968, quando publicou com sucesso outro livro, *The Selling of the President* (cuja tradução poderia ser *O marketing do presidente*), no qual revelava técnicas usadas na campanha presidencial dos Estados Unidos e, em especial, aquelas para que o candidato Richard Nixon parecesse menos feio na televisão. Ele se imiscuiu na agência de publicidade contratada pela campanha e suas revelações foram de grande impacto porque a televisão estava sendo usada pela primeira vez no marketing político. Nixon ganhou a eleição. O candidato derrotado, Hubert H. Humphrey, lamentou: "O maior erro que já cometi em minha vida política foi não ter aprendido a usar a televisão."[52]

Janet Malcolm conseguiu capturar um pedaço da alma de McGinniss numa pré-conversa tida com ele antes dela própria se debruçar sobre o caso MacDonald-McGinniss e escrever o metalivro *O jornalista e o assassino*. Ao recapitular a própria história de vida, ele confessou que seu objetivo inicial quando começou a trabalhar casos para transformar em livro era cobrir a campanha do candidato democrata Hubert H. Humphrey, seu preferido, mas o pessoal de Humphrey não permitiu. Então ele procurou o escritório de Nixon, republicano, já que o lado democrata não quis ser retratado. Do lado de Nixon tudo foi mais fácil: "O pessoal de Nixon era tão ingênuo que chegava a comover. Disseram: 'Oh, nossa, é mesmo – um livro? Sim, claro'." Segundo ele, eram pessoas desacostumadas a que se escrevesse sobre elas. Revela com todas as letras sua hipocrisia, quem sabe inconsciente, porém natural:

> Mas não se pode dizer que eu tenha sentido que fosse minha obrigação dizer todas as manhãs, quando chegava no escritório deles: "Senhores, tenho que lembrar mais uma vez que sou um democrata registrado que pretende votar contra o senhor Nixon e que acha que o que vocês estão fazendo – tentar enganar o povo americano – é sinistro e malévolo, e que tenho a intenção de retratá-los em termos que não vão considerar lisonjeiros." Não me sentia na obrigação de fazer essa declaração.

O caso começou assim: em 1979 McGinniss leu uma nota num jornal de Los Angeles que informava que a Associação de Oficiais da Polícia de Long Beach, na Califórnia, patrocinaria um jantar com a finalidade de arrecadar dinheiro para defender um médico da região que seria julgado por assassinato. Nove anos antes, em 17 de fevereiro de 1970, acontecera um quádruplo crime: Colette MacDonald, esposa grávida do médico dos boinas-verdes, Jeffrey, havia sido morta junto com as duas filhas, Kimberly, cinco anos, e Kristen, dois anos e meio, a pauladas e facadas em seu apartamento em Fort Bragg, Carolina do Norte.

Na época, o marido, Jeffrey, acusado, fora absolvido pelo tribunal do Exército americano. Contara ter sido acordado com os gritos da mulher e da filha mais velha e testemunhara ter visto três homens armados de porretes e facas. Fora nocauteado, sofrera cortes mas não morrera, ao contrário da mulher grávida e das filhas. Os criminosos jamais foram encontrados. Por pressão do padrasto de Colette, as investigações foram reabertas em 1971 com base em provas contra MacDonald. Nesse meio-tempo ele se mudara, virara diretor do pronto-socorro de um hospital em Long Beach e levava uma vida absolutamente normal.

Depois de ler a nota publicada nove anos após o crime, McGinniss foi atrás de Jeffrey a fim de entrevistá-lo para sua coluna no jornal *Herald Examiner*. Ambos conversaram e MacDonald acabou convidando-o para escrever um livro do ponto de vista de sua defesa. McGinniss topou, integrou-se à equipe da defesa e a editora lhe proporcionou um adiantamento de 16,5% de um total de US$300 mil. Teria mais 33% dos direitos autorais da venda do livro; o restante seria do acusado e de sua defesa. Publicado, o livro acabou apresentando Jeffrey MacDonald como um assassino psicopata, um narcisista patológico, numa visão totalmente contrária à que McGinniss deixara entender ao personagem que escreveria.

O livro de Malcolm mostra exatamente como McGinniss ludibriou o entrevistado para fazer uma obra que, a seu ver, pudesse ter algum sucesso. Ela sugere a má intenção de McGinniss porque ele deixou "atrás de si – na forma de 40 cartas a MacDonald – um registro escrito de sua má-fé".[53]

Nos quatro anos em que esteve intimamente ligado ao seu objeto de trabalho, McGinniss ganhou a confiança da fonte, comungou de suas convicções, concordou com sua inocência, porém acabou escrevendo um livro no qual traiu abundantemente a fonte, concluiu por sua culpa total e atacou sua personalidade. Em tese, estava garantido por um contrato no qual o acusado se comprometia a não processá-lo caso não gostasse do resultado. Mas o acusado processou. E ganhou.

O livro de Janet Malcolm, escritora, biógrafa, colaboradora constante da revista *The New Yorker*, fez sucesso no começo dos anos 1990 tanto pela recomposição milimétrica do caso quanto pelas palavras introdutórias nos quais generaliza a questão da falta de defesa moral para aquela parte do trabalho jornalístico que coloca em tensão fonte e jornalista. Ela mesma havia sido acusada de algo semelhante e o livro pôde funcionar como um mea-culpa. Malcolm tinha sido processada por calúnia pelo protagonista de um livro seu, *In the Freud Archives* (*Nos arquivos de Freud*). Curiosamente, a sua "vítima" tinha o mesmo prenome da vítima de McGinniss, Jeffrey. A primeira vítima leva aspas porque, ao contrário da segunda, não ganhou o processo contra Janet Malcolm. Ela fora acusada de inventar citações de Jeffrey Masson e, com isso, desqualificá-lo profissionalmente. Nas disputadas declarações, Masson chamava a si mesmo de "gigolô intelectual"; dizia haver dormido com cerca de mil mulheres; queria transformar o legado de Freud em um abrigo de "sexo, mulheres e divertimento"; e reivindicava ser nada menos de que "o maior analista vivo após Freud". Apesar de Janet Malcolm não ter mostrado uma gravação com essas declarações, mas apenas suas anotações, ela acabou inocentada mesmo e apesar das várias apelações de Masson. Portanto, ela conhecia muito bem o terreno pedregoso sobre o qual começara a pisar quando entrou de cabeça na apuração do caso MacDonald-McGinniss.

Inverdade

As ginásticas lingüísticas com as palavras "verdade" e "inverdade" no jornalismo são notáveis – além de remeterem, como uma patética paródia, ao embate entre Kant e Benjamin Constant. Num dos momentos cruciais do livro sobre o caso MacDonald-McGinniss, Malcolm reconstitui a parte do julgamento no qual são ouvidos escritores acostumados a fazer livros-reportagem, ou livros de ficção baseados em depoimentos de protagonistas. Apesar de a defesa ter arrolado seis escritores (William F. Buckley Jr., Tom Wolfe, Jimmy Breslin, Victor Navasky, J. Anthony Lukas e Joseph Wambaugh), apenas dois foram ouvidos: Buckley e Wambaugh.

Buckley, nascido em 1925, escritor e jornalista, foi o fundador da *National Magazine*, em 1955, uma revista política conservadora. Wambaugh, ex-policial, ficou conhecido por suas obras ficcionais e não-ficcionais sobre o trabalho policial. É autor, entre outros, de *The Onion Field*, ou *Crime em campo de cebolas*, um livro que virou filme e se baseia em acontecimentos verídicos.

Ambos foram chamados pelos advogados do jornalista McGinniss para depor por conta de suas convicções sobre a maneira de o escritor colher dados e na qualidade de "peritos na relação entre escritor e personagem". Esses dois seriam a salvação de McGinniss. No interrogatório das testemunhas,[54] o advogado de defesa de MacDonald, Gary Bostwick, foi direto:

Bostwick: O senhor não estaria tentando dizer ao júri que acredita que um escritor pode mentir para o protagonista de um livro que esteja escrevendo, ou está?
Buckley: Bom, depende do que o senhor quer dizer com a palavra mentira.
Bostwick: Uma mentira é uma exposição falsa dos fatos, senhor Buckley. Sinto muito que o senhor esteja tendo tantas dificuldades.
Buckley: Bem, veja bem, veja bem...
Bostwick: Posso tentar dar-lhe a definição da palavra mentira.
Buckley: Veja bem, não é assim tão fácil. Eu li o livro de Sissela Bok [escritora e educadora sueca, autora de *Lying: Moral Choice in Public and Private Life*, publicado em 1978, sem tradução no Brasil, mas cujo título em português poderia ser *Mentir, escolha moral na vida pública e privada*] sobre a mentira, e não é tão fácil assim. Por exemplo, se a Gestapo chegasse e perguntasse: "O juiz Rea estava aqui? Para onde foi?" E eu respondesse: "Bom, ele foi por ali", estaria mentindo? Tomás de Aquino diria que sim, e muitas outras pessoas diriam que não, que eu estava simplesmente defendendo uma vida inocente.
Bostwick: Estou apenas perguntando se é costume e prática no terreno literário que os escritores mintam para seus entrevistados a fim de obterem mais informações.
Buckley: Dependeria realmente da situação. Se, por exemplo, o senhor estivesse escrevendo um livro sobre alguém que fosse um notório conquistador e ele dissesse: "Quer dizer, você acha mesmo que a minha mulher é impossível, não acha?", o senhor poderia dizer: "É, deve ser difícil conviver com ela", simplesmente com o propósito de lubrificar a discussão de modo a obter mais informações...
Bostwick: De maneira que, se for preciso, o senhor pega e vai tomar uma cerveja com o cara para obter mais informações, certo?
Buckley: É certo.
Bostwick: E, se for preciso, fica escutando três horas de conversa aborrecida da pessoa para extrair mais dela, certo?

Buckley: É isso mesmo.
Bostwick: E, se for preciso, o senhor diz a essa pessoa algo em que não acredita realmente para poder obter mais informações dela, não é assim?
Buckley: Sim. É assim mesmo, entendido em um contexto.

A outra testemunha foi Wambaugh. Ele afirmou taxativamente que enganar os indivíduos sobre os quais se escreve é uma espécie de dever sagrado do autor e acabou criando a "categoria da inverdade", usada posteriormente por McGinniss em outra parte de sua defesa. Sempre conforme a transcrição de Malcolm, vamos agora ao interrogatório que o advogado de McGinniss, Daniel Kornstein, submete Wambaugh:

Kornstein: Existe, no mundo literário, algum tipo de costume ou prática sobre se o escritor deve ou não revelar as suas opiniões ao personagem?
Wambaugh: Acho que não se deve nunca revelar as próprias opiniões, pois isso poderia encerrar qualquer comunicação posterior.
Kornstein: Isso aconteceu alguma vez, na sua experiência?
Wambaugh: Sim. Freqüentemente [os personagens] me faziam perguntas que, se fossem respondidas com a verdade, encerrariam qualquer comunicação posterior.
Kornstein: E como é que o senhor lhes respondia?
Wambaugh: Eu diria uma inverdade se fosse preciso.
Kornstein: Será que o senhor poderia dar-nos um exemplo?
Wambaugh: Sim. Ao escrever *The Onion Field*, lembro-me de que um dos assassinos perguntou-me se eu acreditava quando ele dizia que não havia atirado no policial, e nessa altura eu já havia entrevistado dezenas de testemunhas e tinha uma montanha de informações, e não acreditava nele, mas disse que sim, porque queria que ele continuasse falando. Pois a minha responsabilidade suprema não era para com aquela pessoa, a minha responsabilidade era para com o livro.

O defensor de MacDonald entrou com bastante firmeza na sua vez de interrogar o escritor:

Bostwick: O senhor diria uma inverdade aqui, hoje?
Wambaugh: Não, senhor.
Bostwick: Por que é que o senhor diria uma inverdade naquela ocasião, mas não hoje?
Wambaugh: Para começar, eu não estava sob juramento.
Bostwick: Essa é a diferença?
Wambaugh: Não, senhor, o meu trabalho é chegar até a verdade, com o propósito de contar uma história coerente, de modo que eu tinha que encorajar aquela pessoa a fazer isso. Posso descrever a diferença entre uma inverdade e uma mentira?

Malcolm se alonga sobre o conceito de inverdade de Wambaugh: mentira seria algo não verdadeiro dito com intenção malévola ou má-fé. Uma inverdade seria parte de um mecanismo segundo o qual se pode alcançar a verdade de fato.

Essa parte do processo terminou após seis semanas de duração sem que se chegasse a um veredicto. De alguma forma, cinco dos seis jurados "foram persuadidos de que um homem que estava cumprindo três sentenças consecutivas de prisão perpétua pelo assassinato da esposa [grávida] e de duas filhas pequenas merecia mais simpatia do que o escritor que o enganara", escreve Malcolm.[55]

Impactado pelo resultado do julgamento e pela possibilidade de um novo julgamento, o advogado de McGinniss enviou uma carta para cerca de 30 jornalistas na qual pedia apoio à sua causa. Janet Malcolm era uma das destinatárias. Um dos pontos centrais da carta escrita por Daniel Kornstein era este: "A queixa de MacDonald sugere que os repórteres de revistas e jornais, bem como os escritores, podem ser, e serão, processados por escreverem artigos verdadeiros, mas pouco lisonjeiros, se por acaso tiverem agido de modo a indicar uma atitude solidária em relação ao entrevistado." Foi isso que fez Malcolm se mover. Em decorrência, o seu livro acabou condenando de vez McGinniss e, de quebra, os jornalistas que enganam suas fontes com disfarces, mentiras e seduções de cumplicidade duvidosa. O processo acabou três meses depois do julgamento. Em 23 de novembro de 1987 foi selado um acordo no qual McGinniss, sem reconhecer que havia errado, se comprometia a repassar US$325 mil para MacDonald. Malcolm insinua que a indenização foi paga pela companhia de seguros da editora de McGinniss.

Mesmo imersa numa sociedade anglo-saxã, cuja moralidade protestante difere em muito da tolerância moral de sociedades latinas como a brasileira, Malcolm chega a uma conclusão que se encaixa como uma luva no que se pretende mostrar neste livro:

> A sociedade funciona entre os extremos de, por um lado, uma moralidade intoleravelmente estrita e, por outro, uma permissividade perigosamente anárquica, mediante um acordo tácito pelo qual temos licença para romper as regras da moralidade mais estrita, contanto que o façamos de maneira discreta e silenciosa. A hipocrisia é o lubrificante que mantém a sociedade funcionando de modo satisfatório, fazendo concessões para a falibilidade humana e reconciliando as necessidades humanas, aparentemente inconciliáveis, de ordem e de prazer.[56]

No uso da palavra, as nuances são reveladoras, como o são nas explicações dos dois escritores à corte, a mesma que levou uma das juradas a sair de lá dizendo que daria milhões e milhões de dólares para dar um exemplo a todos os escritores de modo que eles ficassem sabendo que não podem dizer inverdades àqueles que entrevistam.[57]

A utilização da mentira em jornalismo, que soa indefensável do ponto de vista moral para Janet Malcolm e que parece moralmente defensável para os dois escritores presentes ao tribunal, não ganha mais contornos de polêmica e sim de uma ambígua jurisprudência, com defesas de ambos os lados. O duplo mecanismo também encontra apoio no senso comum, seja para o lado contrário à hipocrisia, seja para o outro. Seja para combater o uso da mentira, seja para defendê-lo.

Desde 2003 realizo anualmente com alunos do quarto ano de jornalismo um exercício de "ética aplicada" que consiste em pedir-lhes que escrevam se acham correto ou incorreto o uso de câmera oculta para denunciar corrupção, por exemplo. As respostas, por escrito, invariavelmente vêm divididas. Enquanto pouquíssimos, por volta de 5%, não têm opinião formada, bem mais do que a metade costuma considerar válido o uso da câmera oculta em casos de denúncia de corrupção e menos da metade a favor do "não", porque não se deve invadir privacidade e os fins não justificam os meios, mesmo quando o uso desse estratagema for empregado para denunciar corrupção, crimes hediondos, assassinatos, uso de drogas, exploração de menores ou de mão-de-obra escrava – entre outros crimes, contravenções ou mesmo problemas morais.

Quando se muda a pergunta para "você acha correto usar a *mentira* [a palavra mentira substitui *câmera oculta*] como recurso jornalístico?", parte daquele pessoal, mais da metade, que havia votado a favor do uso do "sim" em relação ao uso de câmera escondida reflete e costuma mudar de opinião. Ou seja, o uso de um conceito moral, a *mentira*, contra o uso de um termo "técnico", *câmera oculta*, muda o resultado, apesar de ser uma maneira mais teórica, e menos "técnica", de se referir ao mesmo dilema ético.

Dispostos então em grupos, eles são convidados a sair do senso comum, da idéia que cada um tem individualmente da questão ética. São instados a pensar mais aprofundadamente sem ficar no "eu acho que", "eu fui criado segundo tal educação", ou no celebrado conceito "minha ética como jornalista é a mesma do marceneiro – não tenho duas", visão popularizada por um livro póstumo do jornalista Cláudio Abramo, bastante disseminada nas escolas de comunicação e que será examinada mais detidamente no último capítulo.[58]

Como a ética do cidadão é em geral uma ética baseada em tradições orais e muito pouco discutida no cotidiano das relações sociais, os grupos de estudantes discutem e acabam divididos. Chamados a abordar o assunto com maior agudeza e expostos à contradição na qual foram pegos, aumentam um pouquinho suas posições a favor do uso da mentira. Mesmo quando já conheceram ambigüidades morais clássicas, e ampliaram o conhecimento de noções sólidas a partir de Kant e Weber, as classes seguem divididas, assim como continua de certa forma dividida a indústria tradicional de comunicação em relação a essa questão. Basta ver, nacional e internacionalmente, as emissoras de TV que usam e abusam da câmera oculta e as que não a utilizam jamais. Para ficar num exemplo nacional, se a TV Cultura, de São Paulo, tem como norma não usar câmeras ocultas, a TV Globo tem até repórter especializado nisso, além de usar o recurso de forma corriqueira com outros repórteres e cinegrafistas.

Reportagem assinada por Olga de Mello para a revista[59] do programa *Fantástico* relata o trabalho do jornalista Eduardo Faustini, da Rede Globo, cujo rosto nunca foi mostrado, nem em fotos e muito menos na televisão. Intitulada

"O repórter que nunca estava lá", conta como ele vive, quais os seus medos, como faz o trabalho de forma anônima e como realiza os flagrantes com a câmera de TV sempre invisível aos olhos de seus alvos ou vítimas – a definição varia conforme o ponto de vista. Especializado no uso da câmera oculta, ele mesmo conta: "Só utilizo câmera oculta com parcimônia. É arriscado, um verdadeiro vôo cego. Sem imagem, eu não tenho notícia. E não posso refazer a gravação." Ele também diz: "Não devemos banalizar o uso da câmera oculta, até para não vulgarizar esse tipo de trabalho e não correr o risco de ferir a ética." Não ferir a ética, ele diz, e é bom repetir. A principal emissora de televisão do Brasil mantém um repórter que não pode ter seu rosto revelado porque sua especialização é andar pelo país usando disfarces e câmeras escondidas para conseguir material que não conseguiria se fosse identificado como profissional da imprensa.

Outro jornalista investigativo, o radialista Agostinho Teixeira (cuja foto foi banida do site de sua emissora, a Rádio Bandeirantes) é um defensor convicto da estratégia de disfarces e adepto indireto da "teoria" da inverdade protagonizada no caso MacDonald-McGinniss. Ele explica por que utiliza esse mecanismo: "Você pode ser qualquer pessoa", conforme declarou numa apresentação à platéia da Semana de Jornalismo 2007 na Faculdade Cásper Líbero.[60] Mesmo sabendo que o uso de disfarce pode acarretar processo por falsidade ideológica, multa e prisão de um a cinco anos, ele justifica o recurso propugnando a "defesa do interesse público". Para ele, o "interesse público" define qual reportagem vai levar ao ar. Aproveitou a ocasião para ensinar à platéia, majoritariamente composta de estudantes de jornalismo, as técnicas de criação de um personagem para conseguir notícia. Revelou como se passou por dono de posto de gasolina para denunciar esquema de adulteração de combustível, como se disfarçou de vendedor ambulante para denunciar fiscais corruptos e como se tornou consumidor de objetos contrabandeados para denunciar venda de contrabando dentro da própria Assembléia Legislativa do estado de São Paulo.

O planejamento e a execução do disfarce exigem quatro etapas.

Primeira: criar o personagem.

Segunda: "projetar" o diálogo com o alvo e se preparar para todas as perguntas e respostas possíveis para não ser desmascarado.

Terceira: "Usar bem o silêncio."

Quarta: saber que as pessoas acreditam piamente na sensação de impunidade quando cometem falcatruas e "continuam a fazer errado por mais que se use a câmera escondida". Ou seja, ir em frente com o disfarce até conseguir todas as informações necessárias para a montagem da notícia.

Não houve contestação à fala de Agostinho Teixeira. O uso de disfarces e da mentira em jornalismo, se é um estratagema que divide alunos no quarto ano de jornalismo, que divide instituições (como a TV Cultura, contrária aouso, versus a Rede Globo, a favor), não atrai crítica pública de forma consistente.

Virada lingüística

Karl Kraus, Wittgenstein, Merleau-Ponty e Bakhtin morreram antes do advento da internet e não viveram o suficiente para ver a comunicação em rede e as transformações na linguagem por conta do desenvolvimento da informática – embora tenham visto a indústria da cultura se amalgamar numa realidade de complexidades lógicas.

Em artigo[61] no qual se refere à "virada lingüística" de Wittgenstein e aborda a forma como as "redes cibernéticas" questionaram o próprio estatuto da linguagem, o professor Ciro Marcondes Filho, da Universidade de São Paulo, traz à tona o pensamento do austríaco Frank Hartmann, professor de teoria da comunicação da Universidade de Viena que propõe o termo "virada medial" para os novos tempos. Esses mesmos tempos que teriam mudado o papel da linguagem inviabilizando as análises lingüísticas clássicas e tradicionais porque "a questão transcende em muito a linguagem, chegando até a desorganizá-la e outra vez a recombiná-la". Nesse contexto, propõe-se inclusive que se mude o termo "realidade virtual" para "virtualidade real". Marcondes Filho também se apega a Félix Guattari e Gilles Deleuze – em especial no composto *Mil platôs* (no qual ambos tratam de capitalismo e esquizofrenia e, no volume dois, cuidam da questão da linguagem e da máquina abstrata da língua) – para falar no "imperialismo da linguagem", porque, evidentemente, não teria sido apenas a eletrônica "que pôs por terra o sonho dos lingüistas em transformar tudo o que se vê, se ouve e se fala em derivativo do universo da linguagem".

Veja como Gilles Deleuze e Félix Guattari se referem à linguagem em *Mil platôs*:

> A linguagem só pode ser definida pelo conjunto das palavras de ordem, pressupostos implícitos ou atos de fala que percorrem uma língua em um dado momento ... A palavra de ordem é, em si mesma, redundância do ato e do enunciado. Os jornais, as notícias, procedem por redundância, pelo fato de nos dizerem o que é "necessário" pensar, reter, esperar etc.

Para ambos, a linguagem não é informativa nem comunicativa, sequer comunicação da informação, mas de fato "transmissão de palavras de ordem". E essa transmissão de palavras de ordem seria feita de um enunciado a outro, no interior de cada enunciado, "uma vez que um enunciado realiza um ato e que o ato se realiza no enunciado".[62]

O enunciado pode até, no limite, dispensar a alfabetização. E uma particularidade envolvendo a alfabetização acrescenta um ingrediente explosivo à questão da linguagem como um todo. Agora, *verba volant*. Existe uma peculiaridade cara à modernidade e perfeitamente cabível na realidade imagética. Trata-se da possibilidade de se "alfabetizar" alguém apenas por imagens e símbolos. Essa pessoa não precisaria ler e poderia dispensar a escrita na forma tradicional, o e-mail, o mensageiro instantâneo. Na internet, comunicar-se-ia por voz e vídeo. Poderia trabalhar e ganhar a vida normalmente. Não necessitaria ir à escola para aprender a ler porque o mundo ficou imagético e os símbolos dispensam a alfabetização. A experiência seria tudo se essa pessoa conseguisse se expressar bem em alguma língua. Só escreveria para assinar seu nome, transformado em ideograma.

Em relação às coisas prosaicas da vida, como essa pessoa faria, por exemplo, para reproduzir uma receita de bolo? Não haveria problema, ela pegaria um DVD de receitas e seguiria as instruções do vídeo. Como escolheria o DVD sem saber ler? Guiar-se-ia pela foto, pelas imagens, pelos símbolos da capa, inclusive pelo símbolo formado pelas letras das palavras. Numa rua ou estrada desconhecida, que orientação seguiria? Pensaria com a imagem da palavra. Cada nome de rua, cada nome de cidade seria uma imagem para ela. Enquanto nós lemos a palavra Dallas ela a veria como um bloco só, um símbolo. Quando desconhecesse algum símbolo poderia demandar seu significado a alguém. Isso lhe tiraria a independência, a possibilidade de entender as coisas por si só? Essa pessoa poderia responder que ninguém faz nada sozinho e que o conhecimento é uma acumulação de experiências trocadas entre os homens.

Quanto às tarefas menos prosaicas, como lidaria com a literatura? Problema dos mais fáceis, porque começam a proliferar os *audio books*, os livros gravados em voz por um locutor. A propósito, esse analfabeto poderia até citar uma poeta como Silvia Plath: "*What ceremony of words can patch the havoc*?", ou seja, qual cerimônia de palavras pode remendar a devastação? Ele a teria ouvido no *audio book*. E quando precisasse ler e entender um assunto de biologia ou de matemática, quando necessitasse do saber contido num livro ainda não transformado em *audio book*? Usaria um *software* qualquer de transformação de letras em sons. Se precisasse escrever um relatório, ditá-lo-ia para o seu computador, que o transformaria em palavras, em texto.[63]

Um princípio de redução já pode ser facilmente percebido. Nunca foi tão palpável a possibilidade de um dia o ser humano dispensar o alfabeto tradicional. A *International Picture Language* (Linguagem Internacional de Figuras), ou Isotypes, desenvolvida antes da Segunda Guerra na Áustria pelo positivista lógico Otto Neurath, membro do Círculo de Viena, antecipou-se a toda linguagem iconográfica que se vê naturalmente em ambientes públicos e em todas as esferas da comunicação, principalmente nos ícones usados na internet. Foi ele quem desenvolveu um sistema para se escrever usando figuras e o chamou de Isotype. Por exemplo: a silhueta de um sapato sobreposta à silhueta de um quadrado com chaminé significaria uma fábrica de calçados.[64]

Outra experiência é a redução operada na internet pela canadense Sonja Elen Kisa. Com exatas 118 palavras ela desenvolveu uma linguagem que considera capaz de dizer praticamente todo o necessário para expressar "as boas coisas da vida", conforme escreve no seu site. A linguagem minimalista foi arquitetada para expressar o máximo com o mínimo. São 14 sons básicos compostos numa gramática fácil de aprender e de usar. Ela combina significados. Em português, seria como se referir a bebida alcoólica como "água doida", cama como "superfície de dormir" ou menina como "pequena mulher". O próprio nome, Toki Pona, quer dizer "boa linguagem" ou "linguagem simples". As palavras são fáceis de pronunciar em qualquer cultura – ao menos nas ocidentais e acostumadas com o inglês. As letras "l" e "r" têm o mesmo som, "t" e "d" também são a mesma coisa. A criadora diz que seus fonemas são comparáveis aos fonemas japoneses ou aos das línguas da Polinésia. Assim, "ma mama" quer dizer terra mãe; "ona li pona", que ele é bom, ela é boa; e "waso laso", pássaro azul.[65] No começo de 2008 a revista *Época* anotava a existência de quase 2 mil idiomas criados pelos internautas e disponíveis na rede mundial. Isso sem contar conhecidas "conlangs" – a forma pela qual são designadas as línguas construídas –, como o esperanto, o klingon, a língua falada na saga cinematográfica *Star Trek*, ou o quenya, da obra de J.R.R. Tolkien.[66]

Mesmo com a possibilidade de infinitas linguagens, uma coisa é certa – elas ajudam a perenizar a idéia, tão disseminada junto ao senso comum quanto bombardeada na academia, de uma "objetividade possível" em jornalismo. E essa maneira de agir tem enorme responsabilidade na comunicação.

6.

Objetividade

Os argentinos Jorge Luis Borges (1899-1986) e Adolpho Bioy Casares (1914-99) escreveram vários textos a quatro mãos com o pseudônimo comum de Honório Bustos Domecq. Publicaram em 1942 o primeiro livro, *Seis problemas para don Isidro Parodi*. O nome Bustos provinha do bisavô de Borges, e Domecq do bisavô de Bioy Casares. Na década de 1970, sob o verdadeiro nome de ambos, usaram Bustos Domecq como personagem principal dos *Nuevos cuentos de Bustos Domecq*, onde aparece um texto singular sobre jornalismo: "El enemigo número 1 de la censura". Nele, o repórter de artes e letras do jornal *Última Hora*, Bustos Domecq, anteriormente apresentado como poeta, prosista, inspetor de ensino e defensor dos pobres, viaja até uma cidade ao norte de Buenos Aires para matar uma enorme curiosidade.*

O inimigo número um da censura

Bustos Domecq recebeu em sua casa um convite formal para participar da *Primeira antologia aberta da literatura nacional*. Intrigado porque escrevia contos sem revelar a ninguém, comovido por terem se lembrado dele e curioso para entender como alguém podia saber de sua produção literária, pegou o trem e foi procurar quanto antes aquele organizador de "fino olfato". Seu destino era Maschwitz, a

* O conto foi escrito pela dupla em 1971. Ver J.L. Borges, *Obras completas en colaboración*, p.13, para as características de Domeq, e p.433-7 para o conto, também publicado em *Nuevos cuentos de Bustos Domecq*, p.155-64. As partes utilizadas neste capítulo vêm de tradução feita por mim (J.L. Borges e A.B. Casares, *O inimigo número 1 da censura*) que integra a tese de doutorado *Moral provisória*, disponível na Biblioteca da ECA-USP.

47 quilômetros ao norte de Buenos Aires, terra do remetente identificado como Ernesto Gomensoro.

Ao chegar à casa do coordenador da *Antologia*, deu-se conta de que Gomensoro nada adivinhara sobre seus dotes literários, nem havia qualquer honraria na sua escolha, porque o convite fora enviado para todo mundo. Gomensoro usara as listas telefônicas do país para despachar uma espécie de circular às pessoas listadas. O gesto tinha um sentido missionário para Gomensoro. Ele conquistara uma extraordinária posição em sua biografia na qualidade de maior inimigo da censura. Não da censura fácil e imediatamente reconhecível, como a censura de costumes ou a censura política. "Gastamos tanta saliva contra a censura moral e contra a censura política que passamos por cima de outras variedades que são muito mais atentatórias", explicou Gomensoro a Bustos Domecq quando este, no primeiro encontro, afoito, se pôs a criticar a censura moral.

A história da luta contumaz contra a censura levada a cabo por Gomensoro teve origem em um pequeno trauma. Ele se iniciara nas letras muito jovem, ao compor poemas que ficaram conhecidos na cidade. Os elogios provenientes do boca-a-boca o fizeram tomar coragem e mandar uma poesia, uma ode intitulada "En camino", para algumas publicações. Ficou estarrecido com a falta de resposta. Ninguém lhe dizia se publicaria ou não o texto, se era bom ou ruim, nem se estava à altura dos leitores. Logo ele, que havia dedicado tanto de si ao poema. "A resposta foi a conspiração do silêncio, com a honrosa exceção de um suplemento que o devolveu sem nada dizer", reforçou ele, enquanto Bustos Domecq acabava de ver na parede da casa de Gomensoro uma moldura com o envelope da resposta muda. Gomensoro não desanimou. Numa segunda carga, mandou um soneto, umas décimas, um poema e uma novelinha para cerca de 40 publicações. Tamanho bombardeio deu certo. Acabou nomeado diretor do suplemento literário semanal do diário *La Opinión*.

Ressentido com a inesquecível reação silenciosa à sua primeira investida, pôs mãos à obra. Começou a publicar tudo o que chegava à redação, absolutamente tudo, sem a menor censura. Passava de forma automática os conteúdos diretamente dos envelopes à linotipo: "Eu nem me dava ao trabalho de averiguar se eram em prosa ou verso." Na falta de critério justo, adotou o que achava melhor. Publicava os textos pela ordem de chegada à redação. Sim, pela ordem de chegada. "Fui, acima de tudo, imparcial", exultou. Não durou um ano aquela "magistratura civil", conforme sua definição. Foi posto no olho da rua porque não publicou de imediato uma réplica na forma de versos escrita por um sobrinho do dono do jornal. Os versos não saíram, confessou, "porque nunca deixei de respeitar a ordem de chegada".

Bustos Domecq queria saber mais, não estava entendendo bem a história. Gomensoro explicou melhor a sua teoria, colocando as palavras, como ele disse, no "nível" do jornalista. Para o maior inimigo da censura, aqueles que socavam com textos os bons costumes ou o Estado estavam apenas dispostos a enfrentar a censura com todos os seus rigores, mas rigores conhecidos. Ele achava a censura inqualificável. No entanto, explicou, ela comportava certas regras conhecidas e quem as infringia sabia o que estava fazendo. O problema não estava naquela censura conhecida, estava num outro lugar, num outro espaço, num outro ângulo.

> Vejamos o que se passa quando você aparece numa redação com um original que é, por onde se quiser olhá-lo, uma verdadeira salada. Lêem-no, devolvem-no e lhe dizem que o coloque onde quiser. Aposto que você sai com a certeza de que fizeram de você a vítima da mais desapiedada censura. Suponhamos agora o inverossímil. O texto submetido por você não é uma cretinice e o editor o leva em consideração e manda imprimi-lo. Bancas e livrarias o colocarão ao alcance dos incautos. Para você, tudo é êxito, mas a irretorquível verdade, meu estimado jovem, é que o seu original, maljeitoso ou não, passou pela humilhação da censura. Alguém o observou, mesmo que apenas dando uma olhada, que tenha só dado uma olhada, alguém o julgou, alguém o meteu num baú ou encaminhou para a tipografia. Por mais infamante que pareça, este fato se repete continuadamente, em todo jornal, em toda revista. Sempre topamos com um censor que elege ou descarta. É isso o que não agüento nem agüentarei.

Bustos Domecq entendeu então a chamada geral para participar da *Antologia*. Assessorado pelas listas telefônicas, Gomensoro convidou para a empreitada todos os seres vivos e listados do país. Como critério, na falta de um melhor, decidiu que iria publicar por ordem alfabética o material recebido: "Tudo sairá em letra de imprensa, por mais porcaria que seja."

Terminada a conversa, Bustos Domecq voltou a Buenos Aires. Antes de morrer, fiel a seus princípios, Gomensoro sorteou quem deveria ficar com o dinheiro e levar até o fim os trabalhos da *Antologia*. Surpreso, Bustos Domecq viu-se sorteado, mas absolutamente sem recursos suficientes para publicar a produção amealhada por Gomensoro. Em função do enorme volume das respostas, ele não conseguiria ir além da letra "a", ou melhor, do nome Añañ. Como o seu próprio sobrenome iniciava-se com "b", o seu conto ficou de fora. Com responsabilidade moral e legal para a tarefa, Bustos Domecq começou a ser procurado e processado por todos os que sobraram. Todos queriam se ver na *Antologia*. Aconselhado por seu advogado, foi buscar refúgio com nome falso em um pequeno hotel, com o nome à altura de sua tarefa: O Novo Imparcial. Assim, o texto "El enemigo número 1 de la censura", escrito por Bustos Domecq, serviu de prólogo à inacabada *Antologia* de Ernesto Gomensoro.

Talvez não se encontre na literatura autor tão engenhosamente preciso nos paradoxos quanto Borges. Ao encontrar um editor que desdenha a censura tradicional, cujas regras são por demais conhecidas, mas que batalha sobretudo contra aquela censura que elege em vez de descartar, Borges e seu colega Bioy Casares deram à luz o exemplo mais acabado do antijornalismo, o exemplo de tudo o que não se deve fazer em jornalismo – porque o jornalismo se funda precisamente no processo de escolha, de decisão, de descarte, de hierarquização.

Não existe jornalismo sem a eleição do que se vai publicar. O jornalista é um "censor" por excelência, não importa que sentidos essa palavra carregue. Descarta para compor, descarta para construir, descarta porque escolhe. A censura, comumente associada ao sentido pejorativo ("ação ou efeito de censurar; exame a que são submetidos trabalhos de cunho artístico ou informativo, geralmente com base em critérios de caráter moral ou político, para decidir sobre a conveniência de serem ou não liberados para apresentação ou exibição ao público em geral; restrição à publicitação de informações, pontos de vista ou produções artísticas, com base nesse exame"),[1] de um lado; e, de outro, o ato de louvor (eleger), conforme a leitura que Sandra Laugier faz de Aristóteles, "é um discurso sujeito às mesmas regras de veridicidade de qualquer outro discurso cognitivo. O elogio ou a censura são verdadeiros se, e somente se, a ação evocada é boa ou vergonhosamente, absolutamente digna de elogio ou censura."[2] E não importa se Laugier trabalha com o sentido oposto ao de elogiar. Importa, sim, o ato da censura, seja uma censura crítica, seja no sentido de impedir, cortar, proibir.

Não se faz jornalismo, da maneira como a sociedade o conhece desde o nascimento dessa indústria, sem censura. Borges e Bioy Casares vão além, ao escancararem uma das técnicas mais "objetivas" do processo jornalístico: a da escolha. A censura está implícita, portanto, em qualquer momento do jornalismo.

Gomensoro diz ter sido "imparcial". Adotou um critério que, no horizonte da verdade, lhe pareceu o mais adequado. Ao publicar tudo por ordem de chegada, considerava estar livre de qualquer ato de julgamento do conteúdo daquilo que chegava às suas mãos. Reconhece ter publicado coisas obtusas e, algumas delas, até repetidas. No entanto, declara: "Fui, acima de tudo, imparcial." Essas suas palavras são enfáticas.

A imparcialidade

Ao nomear Gomensoro "imparcial", Borges e Bioy Casares carregam todo o sentido que o conceito adquiriu na técnica jornalística desde a teorização inicial de Tobias Peucer, que não usa a palavra "imparcial", mas fala da "sucessão exata dos fatos inter-relacionados e suas causas".[3] O conceito ganhou reforço, por exemplo, em 1878, quando um jovem de 20 anos, Adolph Ochs, tornou-se dono do *Chattanooga Times*, do Tennessee, nos Estados Unidos. Mr. Ochs comprou logo em seguida, em 1896, o *New York Times*, moldado por suas mãos no mesmo tipo de jornal "imparcial" em que havia transformado o *Times* de Chattanooga porque percebeu ter algo para *vender*: notícia. Os jornais também vendiam anúncios classificados e publicavam folhetins, campanhas, opiniões, posições a favor ou contra determinadas causas, fossem elas candentes, internacionais, federais ou municipais. Mr. Ochs, entre outros donos de jornais, compreendeu que se uma notícia mostrasse apenas um único lado, uma única versão, ela venderia menos exemplares do que se exibisse simultaneamente os dois lados da mesma moeda, quando poderia atingir mais público. Se se mostrasse "neutro", interessaria a mais pessoas. Quanto mais abrangente, quanto mais lados o jornal dele pudesse abrigar, mais poderia vender. Quanto menos pudesse tomar partido em alguma notícia, quanto mais "independente" se mostrasse, mais valor teria a notícia, porque interessaria aos vários lados, interessaria a todos. Mr. Ochs foi um dos mais ferrenhos editores empenhados em transformar o diário "num jornal de notícias, em vez de uma gazeta de opiniões, uma plataforma para as estrelas das letras, um defensor dos oprimidos, ou um cruzado das reformas políticas e sociais". Precisava vender notícia de "forma desapaixonada, com a garantia de que era confiável, sem inspirações tortuosas".[4]

Do latim *impartialis*, derivado de *pars, partis*, "parte, quinhão, porção, região, país, partido, facção", o adjetivo "imparcial" significa aquilo que não é parcial ou é isento de parcialidade. Conforme o dicionário, diz-se de alguém que se abstém de tomar partido ao julgar, ou alguém que julga sem paixão (*juiz, juízo imparcial*), que não sacrifica a verdade ou a justiça a considerações particulares.

Já a palavra "objetivo", que vem do latim *objectivus*, derivado de *objectus*, define a ação de colocar adiante, exprime algo que está no campo da experiência sensível. O substantivo feminino "objetividade", sempre conforme o dicionário, fixa a qualidade, caráter ou condição do que é objetivo; ou a qualidade do que dá, ou pretende dar, uma representação fiel de um objeto (a objetividade da ciência); caráter daquele que age rápido, que não perde tempo em lucubrações; é a característica do que não é evasivo, é direto ou, em filosofia, a realidade exterior ou dessemelhante ao sujeito (o intelecto cognitivo humano) passível de por ele ser conhecida ou transformada. Para arrematar, Antônio Houaiss inclui no seu dicionário que a objetividade é "a qualidade do que é imparcial" e dá um exemplo: "A objetividade de uma notícia."[5]

Desde que o jornal virou produto industrial e de massa estabeleceu-se, com o forte empurrão da imprensa americana, o clichê segundo o qual o bom jornalismo seria sinônimo de imparcialidade, senso comum definitivamente dicionarizado.[6] O negócio do jornal começou a ganhar contornos de indústria de escala no começo do século XIX e, a partir da metade dele, se estabeleceu na Europa e nos Estados Unidos efetivamente como veículo de massa. De 1803 a 1870, para se ter uma idéia, a tiragem dos jornais de uma cidade como Paris saltou de 36 mil para um milhão de exemplares por dia. O primeiro romance a tratar do jornalismo, escrito entre 1835 e 1843 e publicado logo depois, *As ilusões perdidas*, de Honoré de Balzac, introduz a preocupação com aquela inovação diária que publicava livros em capítulos (os folhetins) e poderia tirar mercado dos livros (a mesma preocupação recorrente desde que o mundo passou a se comunicar de forma industrial e que aparece com o rádio em relação ao jornal, com a televisão em relação ao rádio, com o vídeo em relação ao cinema, com a internet em relação às mídias tradicionais). Nesse romance, conforme visto no capítulo 3 deste livro, Balzac revela as inexistentes preocupações éticas do editor e as trapalhadas possíveis em torno da objetividade – que permitia a um único jornalista, com pseudônimos diferentes, esgrimir argumentos "objetivos" primeiro contrários e depois favoráveis ao mesmo livro, ou à situação da cultura francesa na qual ele aparece.[7]

Um dos mais conhecidos defensores da objetividade jornalística é o professor canadense Gilles Gauthier, da Universidade Laval, autor de continuadas justificativas da objetividade na imprensa. Num texto em que relaciona e critica alguns estudos contemporâneos contra a objetividade,[8] ele estampa, em defesa da objetividade, um desabafo do jornalista e escritor francês Jean-François Revel:

> Entre todos os clichês que atropelam as mentes humanas, há um que causa *frisson* de aprovação nas audiências cada vez que é sentenciosamente pronunciado: *a objetividade não existe – em jornalismo.* Na política, nos sindicatos, na diplomacia, nos negócios, na cultura e na justiça sua existência não é questionada. Mas na verdadeira profissão que tenta estabelecer uma verdade objetiva ela é considerada uma impossibilidade teórica ... Os jornalistas devem, conseqüentemente, limitar-se a justapor pontos de vista, deixando o público escolher entre eles.[9]

Cinco argumentos a favor da objetividade

Gauthier acredita que nenhum argumento epistemológico, ontológico, psicológico, pragmático ou ético se sustenta quando se defende a inexistência da objetividade em jornalismo. Segundo ele, se a objetividade for de fato um mito, e ela já teria se "demonstrado claramente" enquanto tal, então por que os acadêmicos continuariam a gritar contra uma noção que apresenta algum perigo, apesar de sua não-existência? Compara essa gritaria com a mesma atitude daqueles que denunciam a religião com uma preocupação essencialmente religiosa.

O fim da objetividade no jornalismo soletraria o fim do próprio jornalismo, no entender de Gauthier. Ele realiza a sua defesa ao mesmo tempo que identifica os aspectos que, de acordo com os acadêmicos, envolvem a objetividade. Assim, haveria aspectos nos quais a objetividade se encaixaria e outros em que não. Isso, é fácil antever, é um problema sério. Por que ela caberia num tipo de jornalismo sério e não caberia em outro igualmente sério? A natureza elástica e ambígua do conceito animaria esse tipo de abordagem. Gauthier corre atrás dos aspectos que envolveriam a objetividade e diz haver uma considerável confusão a respeito dela no jornalismo. Os próximos cinco intertítulos tratam dos cinco pontos fundamentais, praticamente traduzidos de forma literal do trabalho feito em 1993 por Gilles Gauthier em defesa da objetividade jornalística.

1. Objetividade aplicada à reportagem factual

Gauthier sustenta que a matéria da objetividade pode ser levantada com legitimidade em um tipo de jornalismo (ou de uma categoria de tipos), o *straight news reporting* (reportagem factual). Seriam excluídos da objetividade o jornalismo partidário (aquele que defende alguma causa e não necessariamente o jornalismo a favor de partido político), os editoriais, o novo jornalismo (ou *New Journalism*, cujos exemplos clássicos se encontram no trabalho jornalístico de Truman Capote, Norman Mailer, Gay Talese ou Tom Wolfe), o jornalismo de marketing, o jornalismo de denúncia e certo tipo de jornalismo investigativo. A proposição, para ele auto-evidente, tem sido bastante defendida, inclusive na academia. Ele cita Glasser & Ettema[10] quando estipulam que o jornalismo investigativo é incompatível com a objetividade devido ao "antagonismo" do repórter.

Gauthier comenta Merrill[11] quando reforça a idéia da objetividade aplicada exclusivamente à intenção de reportar, e por isso ecoaria o ataque à objetividade baseado em uma análise do jornalismo partidário. Este seria o primeiro erro dos defensores da não-objetividade: estender a noção de objetividade para áreas que nunca se supôs ela pudesse abranger. Se a objetividade está associada à reportagem factual e não às formas mais "politizadas" de jornalismo, a objetividade também seria reivindicada por aqueles que desejam legitimar esse tipo de jornalismo. Argumenta ainda contra Dennis,[12] quando descreve de que maneira determinados adeptos do Novo Jornalismo, do jornalismo partidário e mesmo do jornalismo de serviço teriam mais objetividade do que a tradicional reportagem factual. Para Gauthier, os diferentes conceitos de objetividade podem ser projetados nas fases sucessivas da evolução da imprensa. Não obstante, diz, o conceito mais ortodoxo de objetividade é aquele que a associa com a reportagem factual e que também é base de sua primeira proposição. A reportagem informativa, factual, não seria mais do que uma fase provisória e relativamente breve na história da imprensa, seguida pelo jornalismo editorial e sucedida pelo de entretenimento. A objetividade seria, portanto, uma das características definidoras da reportagem factual.

2. Objetividade aplicada ao jornalismo informativo

A objetividade só poderia ser aplicada ao gênero de reportagem conhecido por *News Story* (jornalismo informativo). Gauthier lista três dos principais gêneros no jornalismo: a) o jornalismo informativo (ou *news stories*), que se confunde com a reportagem factual; b) a análise jornalística (*news analysis*); e c) o comentário jornalístico (*commentary*). Sempre conforme Gauthier, a divisão é clássica, mas nunca muito clara, apesar da vantagem de distinguir gêneros dividindo-os em categorias. Indicaria também que a objetividade jornalística só poderia ser aplicada ao jornalismo factual. A segunda proposição não apenas restringiria a área de aplicação da objetividade, relegando-a à do jornalismo informativo, como seria um conceito significativo somente com respeito à função relatorial (de relato, *report*) do jornalismo. Essa idéia, ele frisa, não é nova. Cita acadêmicos que se ocuparam da "objetividade relatorial", como em 1990 e em 1984 o próprio Merrill, quando falou do "objetivo que relata", ou ainda Harlan S. Stensaas (em 1986-87) ao tratar da "notícia objetiva que relata". Gauthier anota que esses autores não restringiram sempre e explicitamente a área de aplicação da objetividade à função relatorial do jornalismo.

Embora considerassem a objetividade no jornalismo uma ilusão, William Rivers e Cleve Matthews teriam avançado na análise afirmando que a notícia poderia combinar opinião com fatos objetivos.[13] À luz da segunda proposição, todos estariam cometendo um erro, pois levantam a questão da objetividade em relação ao gênero reportagem. Porque, para Gauthier, nem sempre é óbvio que a objetividade deva se restringir ao jornalismo informativo. Se o comentário jornalístico, ao menos em sua mais habitual forma de comentário, a editorial, está relacionado ao jornalismo de opinião, conseqüentemente estaria fora da área da objetividade e, então, a análise jornalística estaria numa posição muito mais ambígua. Para ele, é perfeitamente possível que algumas formas de análise ou mesmo de interpretação possam ser julgadas objetivas (tanto quanto não-objetivas) da mesma maneira que um relato factual. Cita Bernard Roshco[14] ao considerar, numa perspectiva histórica, que a norma da objetividade emergiu em todos os gêneros da análise da notícia com a noção de imparcialidade e em reação ao jornalismo engajado (*partisan*). Se se pudesse conceder que a objetividade fosse aplicada à análise da notícia, então primeiro se deveria provar sua aplicação ao jornalismo informativo. Se a objetividade estiver firmemente estabelecida nas reportagens factuais, ela pode muito bem ser estendida às análises jornalísticas, sentencia Gauthier.

3. Objetividade não se aplicaria à coleta de informações

A mais convencional forma de ataque à objetividade consistiria na afirmação segundo a qual ela é impossível porque, na prática, o jornalista escolhe com base em um material cru, segundo a informação pura (informação que ainda não é notícia, porque a notícia é composta de informações e é aquela informação que por alguma razão merece vir a público). Na escolha, sempre haveria uma investigação, uma interpretação, ou uma criação de realidade na reportagem jornalística. Gauthier informa ser este, precisamente, o ponto da vista defendido por Donald McDonald e ele não é o único defensor dessa tese. Para ele, a escola de pensamento sociológica da atualidade considera que a reportagem rearruma, retrabalha e ainda trunca a notícia, além de elaborar, conforme a expressão comum, "uma construção social da realidade", realidade esta que não seria preexistente.

Um dos argumentos mais comuns para aqueles que desafiam a objetividade no jornalismo seria a indicação da necessidade da seleção. Como pode a notícia reivindicar objetividade quando há uma discriminação contínua entre os distintos elementos da realidade, e entre aspectos igualmente diferentes desses elementos, além de maneiras diversas de apresentar seu contexto? Gauthier cita John Merrill, que enfatiza as múltiplas maneiras de a seleção intervir no jornalismo – quais fatos são relatados, quais citações são usadas, quais indivíduos são entrevistados, quais pontos de vista são apresentados, quais aspectos são mostrados – e demonstra a impossibilidade do jornalista de relatar adequadamente cada elemento do contexto de uma história da notícia. Gauthier usa uma longa citação de Merrill[15] na qual ele explica que todo o contexto é parte da história. Traz à tona mais dois argumentos de Merrill contrários à objetividade. O primeiro dá conta de que a seletividade introduz elementos de subjetividade no relato. "De qualquer maneira, o repórter seleciona, e a seleção do que pôr em uma história automaticamente a torna subjetiva, enviesando e distorcendo a realidade que o repórter reivindica objetivar no relatório."[16]

O núcleo da oposição de Merrill à objetividade estaria no segundo argumento, que poderia, sempre segundo Gauthier, ser chamado de argumento da inteira verdade. Para Merrill, a objetividade implicaria a reprodução ou a representação integral da realidade, um objetivo que ele descreve com ironia:

> Deixe-nos considerar o "relato objetivo" por um instante. Seria relatar o que é desinteressado, sem preconceito, equilibrado e onisciente – e infalível, presumo. Onde a gente encontra isso? O relato objetivo seria igual à realidade; diria a verdade, a inteira verdade, e nada mais do que a verdade. Onde nós encontramos este tipo do relato? Nenhum repórter sabe a verdade; nenhum repórter pode escrever uma história que possa se igualar à realidade. O "mapa não é o território". A história, em outras palavras, nunca é o que professa ser; é sempre muito maior do que sua imagem verbal.[17]

Gauthier resume: seria impossível para o jornalismo refletir o todo da realidade; ele seria sempre o resultado de uma escolha ou de uma seleção. Conseqüentemente, ele exclama, a notícia é sempre diferente da realidade que relata e não pode reivindicar ser objetivamente verdadeira! Pois bem, conforme Gauthier, a demonstração da invalidade da objetividade feita por Merrill só pode ser atacada na base da própria concepção de objetividade que é o seu ponto de partida. Segundo ele, Merrill ajusta a noção indefensável de objetividade a fim de destruí-la com zombaria. É óbvio, escreve Gauthier, que o jornalismo informativo, como qualquer outra peça de informação, não pode, por definição e por natureza, ser uma réplica exata do estado das coisas, do evento, ou outra forma da notícia que reconta. As exigências de Merrill renderiam a objetividade impossível do jornalismo a priori. De fato, sublinha Gauthier, o argumento de Merrill nega a possibilidade de toda sorte de representação. Absolutamente nenhuma representação poderia representar um objeto inteiro em sua verdade integral. Não seria uma representação, mas, de preferência, alguma forma de duplicação ou de reprodução.

O argumento, portanto, questionaria a fundação de todos os tipos de objetividade, incluindo a objetividade científica. Estaria em sintonia com a sensibilidade construtivista do nosso tempo, de acordo com a idéia de que a realidade não existe antes de nosso conhecimento dela, porque o conhecimento seria uma construção que constitui a realidade. Assim, logicamente, quando Merrill desafia a objetividade no jornalismo com a argumentação de que é impossível representar o todo da realidade, deveria também considerar não haver nenhuma realidade ou evento a ser noticiado antes da notícia. A "inteira verdade" – que Merrill veria como uma exigência para a objetividade – seria impossível porque a seleção é necessária; porque a notícia é o resultado de uma seleção, ela não poderia ser uma representação inteira, integral. Segundo Gauthier, a maneira mais eficaz de se opor a esse argumento é atacar seu foco, pois a terceira proposição indicaria que a objetividade não se aplica à seleção. Ela sustenta que a objetividade não se adapta ao jogo do jornalismo no momento da escolha, mas sim numa fase posterior do relato. Aconteceria o mesmo quanto aos esforços científicos. Não seria o caso de falar em objetividade quando o problema está sendo definido, mas quando está sendo resolvido.

Para Gauthier, a sua terceira proposição não se opõe à idéia de que há uma seleção no jornalismo ou à noção de que o jornalismo seria uma construção social da realidade. Ela refuta fazer dessas considerações a base para uma discussão da objetividade ou a base para deduzir que a objetividade é impossível. Pretende com isso ter mostrado que "o argumento da inteira verdade" de Merrill trata-se de um erro. Os argumentos de que uma história verdadeiramente objetiva não deve somente refletir a realidade, mas revelar também o que há de mais interessante ou de elementos pertinentes (ou seja, os elementos com "maior relevância social"), são um outro tipo de erro. A objetividade, pelo menos como é definida na terceira proposição, não teria nada a ver com a relevância social.

4. Objetividade não se aplicaria à produção de reportagens

A objetividade não se aplicaria essencialmente às condições "externas" e formais das reportagens jornalísticas. De acordo com Gauthier, para determinados analistas a objetividade no jornalismo seria impossível (ou pelo menos muito difícil de ser alcançada na prática) por causa dos constrangimentos formais e materiais que afetam a imprensa. Cita um texto,[18] no qual McDonald reivindica que a natureza e as respectivas formas de representação na mídia – a escrita, o som e as imagens – afetam adversamente a objetividade. Na mesma direção, Merrill[19] se apegaria ao fato de que as técnicas relativas a essas formas de representação ou às particularidades de publicação e de divulgação dos meios estão tão carregadas de subjetividade que trabalhariam contra a objetividade em vez de promovê-la.

De volta ao texto de McDonald citado anteriormente, segundo Gauthier, ele vai muito longe ao reivindicar que as circunstâncias ambientais nas quais o jornalismo é praticado afetam a objetividade. As condições de trabalho dos jornalistas, as normas das publicações, a natureza comercial e o apetite pelo lucro determinam a abordagem da objetividade. "As condições gerais de uma reportagem podem certamente afetar sua objetividade", reconhece Gauthier. No entanto, ele diz acreditar, de um lado, que elas não tornam a objetividade no jornalismo impossível e, de outro, que as condições de produção não são uma parte essencial na aplicação da objetividade, e seria isso o que gostaria de passar com a quarta proposição. Segundo Gauthier, embora haja um determinado número de constrangimentos externos afetando a reportagem jornalística – devido aos diferentes meios e às modalidades diferentes de representação e às condições da prática do jornalismo –, esses fatores não impossibilitariam a objetividade. Se eles podem, em alguns casos, embaraçá-la ou tolhê-la, a objetividade continuaria uma possibilidade, na teoria e na realidade. Potencialmente, uma notícia não seria mais ou menos objetiva de acordo com o tipo de meio usado – os jornais ou o rádio não seriam mais ou menos objetivos do que a televisão, por exemplo. E a escrita, os sons ou as imagens, ou mesmo qualquer condição geral de funcionamento das redações, não compreenderiam uma barreira total à objetividade da notícia.

Mais uma vez, Gauthier afirma que esses constrangimentos podem ser obstáculos à perseguição da objetividade, mas não seriam os maiores obstáculos. Não são eles que determinariam os fatores para a objetividade ou para a não-objetividade e, por isso, conseqüentemente, não deveriam ser o foco das reivindicações sobre a objetividade. Embora possam ser um fator de perturbação, os constrangimentos externos não seriam os elementos indicadores da objetividade ou da não-objetividade. Eles não estariam no centro da aplicação da objetividade. Entretanto, indicações como as de McDonald, que reivindicam as condições formais e externas como passíveis de afetar a objetividade no jornalismo, não seriam, também, erros categóricos, uma vez que eles não concluem a impossibilidade da objetividade a partir dos argumentos baseados em noções periféricas. Merrill, este sim, cometeria erro, porque os constrangimentos formais e materiais no jornalismo seriam as rachaduras através das quais a subjetividade adentra a reportagem para deixar a objetividade irremediavelmente perdida.

5. A área de aplicação de objetividade seria limitada

A área de aplicação de objetividade no jornalismo seria então limitada à maneira pela qual a notícia é manipulada. O aspecto no qual a objetividade se aplica seria somente o da manufatura da notícia, e não o da coleta de informação nem o de suas condições externas. A quinta proposição de Gauthier indica que o essencial da objetividade jornalística seria, preliminarmente, o relacionamento fundamental entre o profissional e os fatos que relata, ou melhor, a maneira pela qual este processa a informação. A quinta proposição seria o resultado lógico das quatro primeiras. Porque a objetividade foi sucessivamente reduzida à reportagem e ao jornalismo informativo, e porque a coleta de informação e as condições de trabalho do jornalista foram excluídas da área de aplicação da objetividade, tornou-se possível e certamente necessário limitá-la ao aspecto do processamento da informação.

Para Gauthier, as cinco proposições ajustadas acima deveriam ser interpretadas de forma integrada e suas diversas considerações, muitas vezes a partir da negatividade da objetividade, oferecem uma descrição mínima da objetividade e identificam sua área de aplicação. Ao indicar que o conceito de objetividade no jornalismo poderia ser apenas e essencialmente aplicado à maneira como a informação é processada, ele acredita não somente ter determinado positivamente o conceito como especificado o que não é. Ao mesmo tempo, quando indicou aqueles considerados por ele erros categóricos cometidos pelos detratores da objetividade, o seu alvo não seria criticar os autores, mas definir melhor a área de aplicação da objetividade, ainda que por oposição. De acordo com Gauthier, uma das considerações mais relevantes no debate sobre a objetividade (e também na crítica) é o fato de ela não ser entendida como uma meta ou um objetivo (*goal*). Ao contrário, seria considerada a posteriori como uma prática jornalística.

Por isso, os pesquisadores e os comentadores tentariam descobrir os usos práticos da objetividade. Cita exemplos dentro dessa perspectiva como Bernard Roshco ("ideologia ocupacional")[20] ou Gaye Tuchman ("ritual estratégico").[21] Para ele, esse tipo de "aproximação" é legítimo porque o papel e a função da objetividade na prática do jornalismo seriam de grande interesse. Entretanto, ele não considera essa aproximação um estudo da objetividade; ou melhor, seria o estudo do uso que os repórteres fazem da objetividade. Assim, conclui, a menos que a objetividade deva ser reduzida a seu uso, e *scholars* como Roshco e Tuchman não tentem isso, os estudos "sociológicos" ou "pragmáticos" (ele próprio coloca os termos entre aspas) da objetividade não podem fornecer uma descrição essencial do conceito. Eles nem tentam defini-la, muito menos determinar se ela é ou não é possível. O alvo de Gauthier é fazer ambas as coisas nas proposições citadas. Uma vez determinada a escala de aplicação da objetividade no jornalismo, seria possível descrever não somente o seu uso, mas como os fatos são processados pelo jornalista com vistas à objetividade, visando à objetividade. Estabelecer esse tipo de definição e, subseqüentemente, identificar o campo semântico específico ao qual pertence a objetividade, poderia conduzir a um novo reconhecimento da necessidade da objetividade no jornalismo, entendendo, diz ele, que nós desejamos preservar a existência do relato factual da notícia.

A objetividade e a questão do conhecimento

Ao defender a objetividade jornalística, Gilles Gauthier acabou proporcionando elementos que tiram a força dessa defesa em qualquer acepção do jornalismo, uma vez que ele a relega ao relacionamento do jornalista com os fatos e esquece toda a questão ideológica e, se não houvesse essa preocupação, toda a formação do jornalista, o seu conhecimento e a sua concepção de mundo. E ainda afirma que ela não se aplica à coleta de informações. Se não se aplica, então ela seria possível no seu manuseio posterior? Não há ambigüidade, nem lógica, que dê conta disso, evidentemente.

Outra pesquisadora, Judith Lichtenberg, se debruçou igualmente sobre a objetividade, no sentido de defendê-la, em "In defense of objectivity revisited"[22] (Em defesa da objetividade revisitada). Segundo ela, a objetividade seria a "pedra angular" da ideologia profissional dos jornalistas nas democracias liberais. Nesse estudo, ela pretende enfrentar os críticos à objetividade, em especial aqueles que argumentam que a mídia deturpa pontos de vista ou não reporta suas atividades com imparcialidade; ou aqueles para os quais a mídia tem um "viés liberal", que a faz supervalorizar a agitação e a dissensão e a remexer no que não está mexido; ou aqueles para os quais a imprensa serve aos interesses conservadores de governos e grandes empresas; ou ainda aqueles para os quais a cobertura jornalística é desonesta, enviesada ou sensacional.

Lichtenberg sobe um ponto acima em relação à defesa de Gauthier. Ela vai atacar quem acredita que o conceito de objetividade repousa em uma antiquada e insustentável teoria do conhecimento, segundo a qual a percepção objetiva consiste na correspondência entre alguma idéia ou indicação de realidade "fora" do mundo. Objetividade seria um "falso e impossível ideal". De novo a palavra "ideal", essa sim pedra de toque na questão da objetividade e do próprio jornalismo nas suas características tanto normativas quanto funcionais.

Também como Gauthier, ela concorda que as diferentes cargas contra a objetividade seriam na realidade cargas contra maneiras diferentes de entendimento da própria objetividade. Ao levantar a vara na questão da objetividade, Lichtenberg vai ao encontro da questão da verdade. "O nosso interesse fundamental na objetividade é o interesse na verdade. Nós queremos saber como as coisas se colocam no mundo, o que acontece, e por quê. Nesse sentido, defender que uma peça particular do jornalismo *não é* objetiva é defender falhar no provimento da verdade, toda a verdade."[23]

Ainda como Gauthier, Lichtenberg alinha todas as possibilidades em torno das quais se discute a questão da objetividade. Acreditar na objetividade, diz, não significa dar respostas simples, certas e determinadas a cada questão que possa ser colocada, ou sobre a qual as pessoas possam discordar. Para ela, algumas questões têm respostas certas e determinadas.

O exemplo que ela usa, no entanto, ajuda a desmontar seu próprio argumento. Ela afirma ser fato que Bill Clinton foi presidente dos Estados Unidos e que, em 1995, o estado de Nova York legalizou novamente a pena de morte.[24] Não há dúvida, mas os simples enunciados dessas duas verdades não constituem exemplo de objetividade jornalística – são apenas dados históricos. Sem o contexto não haveria jornalismo, por mais curto, enxuto e "objetivo" que fosse o enunciado. Jornalismo não se resume apenas à publicação de um dado irrefutável – quando ele pode ser irrefutável, a escolha da publicação de um dado irrefutável ou sua não-publicação já é um momento de discussão da objetividade –, como se viu com Gauthier. Com esses exemplos, Lichtenberg confunde também a questão da verdade e da busca da verdade – no próprio horizonte das verdades possíveis – com o jornalismo.

No final de seu texto, de certa forma, indo muito mais longe do que Gauthier, Judith Lichtenberg consegue dizer que acreditar na objetividade não é acreditar que qualquer fato *é* objetivo nem que possa sê-lo. Ela quer levar o jornalismo a sério e filosoficamente acha possível a objetividade.

Em uma longa reflexão, John Merrill consegue ser um dos teóricos mais explícitos na defesa da inexistência da objetividade em jornalismo. Seu ataque vem na ênfase das diferentes maneiras sob as quais a objetividade foi bombardeada. Isto porque, diz Merrill:

> ... todos os contextos fazem parte da história a ser contada. Não apenas as palavras que o entrevistado pronuncia, mas também o fato de como ele diz as palavras pode caracterizar a história desse discurso. Não apenas o que ele diz, mas o que ele pensa enquanto diz também é parte da história – parte admitidamente indisponível ao repórter no momento da declaração. No entanto, o que o declarante pensa sobre a audiência e como ele se sente em relação à reação da audiência às suas declarações também é parte da história das declarações. (E poderia ser obtida pelo repórter depois das declarações.)[25]

Para Gauthier, as alegações contra a objetividade negariam a possibilidade de qualquer representação porque, antes de qualquer coisa, baseado em Merrill e Dennis, "absolutamente nenhuma representação poderia representar um objeto inteiro em sua verdade integral".[26] Como se viu no segundo capítulo, o jornalismo não realiza apenas uma representação, ele performa a duplicação da representação. O jornalista representa as representações de outros. Segundo Gauthier, o argumento da representação questiona todos os tipos de objetividade, inclusive a objetividade científica. Para ele, entretanto, se existe a objetividade científica, ela poderia ser conseguida em jornalismo. Trata-se do mesmo e falso argumento de Jean-François Revel.

Quem ajuda a esclarecer essa questão tão cara ao jornalismo e à academia é Adam Schaff. Ele defende a objetividade do conhecimento. Ao tocar no conceito de objetividade,[27] Schaff maneja esse ponto suscetível também na historiografia e entra num conceito dos mais incompreendidos, muito usado de forma superficial e manipulado tanto na teoria da comunicação quanto no dia-a-dia da profissão do comunicador. Segundo Schaff, é possível a objetividade do conhecimento. É objetivo o que vem do objeto, ou seja, o que existe fora e independentemente do espírito que conhece; portanto, é "objetivo" o conhecimento que reflete (numa acepção particular dessa palavra) esse objeto. É "objetivo" o que é cognitivamente válido para todos os indivíduos. O mais determinante: é objetivo o que está isento de *afetividade* e, portanto, de *parcialidade*.[28]

Adam Schaff separa inexoravelmente objetividade de imparcialidade, duas coisas distintas, completamente diferentes. O que está em questão na comunicação nunca é e nunca será a objetividade enquanto tal, mas sim sua incompatibilidade com o exercício do jornalismo. Paradoxalmente, é evidente que é perfeitamente possível a objetividade no jornalismo – só que ela não se coaduna com a função que o ofício adquiriu na sua forma industrial e tradicional. Veja o exemplo cabal dado por Borges e Bioy Casares na ficção, a analogia mais profunda em relação ao jornalismo. Alguém foi mais objetivo do que Gomensoro ao publicar artigos pela ordem de chegada? Não há como negar a objetividade do critério. Publica-se o que chegou antes, na frente, na ordem da chegada.

Isso é objetivo? É.

É jornalismo? Não.

Por quê? Porque muitos autores e colaboradores ficaram ausentes da publicação. Não cabiam. Havia uma limitação espacial. Quem ficou de fora acabou punido pela regra da ordem de chegada.

O critério de escolha de Gomensoro não era subjetivo e muito menos "jornalístico", era objetivo. Os textos publicados eram melhores ou piores? Ele não queria julgá-los. Objetivamente importa? Melhores ou piores em relação a que régua? Nada mais objetivo do que a ordem de chegada, ou a ordem alfabética. E a ordem da atualidade, do imediatismo, da importância política, da importância social, do interesse público – qual é a regra mais objetiva? Quem define o que é interesse público? Ou melhor, qual regra seria objetiva? Tudo bem, imaginando a não-existência da objetividade em jornalismo, então por que ela é aceita na ciência?

Como pergunta Revel, por que não se questiona a objetividade na política, nos sindicatos, na diplomacia, nos negócios, na cultura e na justiça e ela é questionada somente no jornalismo? Independentemente da discussão filosófica da objetividade, é possível ensaiar as respostas.

Porque jornalismo não é ciência, nem tribunal de justiça, nem diplomacia, nem sindicalismo, nem partido político. O jornalismo não terá e não pode ter – pela extrema rapidez em que é produzido, como registrou Max Weber no começo do século passado –,[29] condições de ouvir todos os lados e todas as testemunhas com a calma, o rigor e a liturgia de uma investigação científica ou de um processo judicial. O jornalismo está sempre limitado de alguma forma, seja pelo tempo de apuração ou pelo tempo de transmissão (no rádio, na televisão), seja pelo espaço ou pela forma (no jornal, na revista, na internet). E por mais que realize um serviço público, jornalismo nunca deixará de ser parte de um negócio inserido de forma inequívoca na indústria da cultura, e por isso quem o exerce, o abriga ou o explora estará de olho na audiência, seja de massa, seja segmentada, para não falar nas receitas e na rentabilidade. Jornalismo é o ofício de representar representações.

Essa indústria – no afã de se mostrar capaz de conquistar credibilidade em todas as audiências, contrárias, a favor ou passivas ante qualquer fato ou situação reportada – foi quem capturou o conceito de objetividade da ciência e moldou critérios e clichês de objetividade, imparcialidade e neutralidade jornalística. Condescendente ou alheia às indagações críticas, a indústria é a maior interessada em manter viva a imagem da credibilidade via objetividade. Porque a objetividade é científica. Então o jornalismo teria uma feição "científica". Para fazer isso, presa da armadilha da vulgarização inerente ao processo da indústria da cultura (e aqui não se usa a palavra vulgarização no sentido pejorativo, mas no sentido de tornar compreensível aos cidadãos qualquer argumento), a indústria tem de simplificar, tem de nivelar o conceito científico pela média, ou até "por baixo", para se mostrar "independente", "imparcial" e "objetiva".

Um dos baluartes do jornalismo, aquele realizado pela BBC inglesa, se funda teoricamente nesses princípios e nessa vulgarização, como se vê no manual de produção publicado no site: "Preciso, robusto, independente e imparcial, o jornalismo é o DNA da BBC. As audiências sempre devem sentir que podem confiar nas nossas palavras e ações."[30]

Os jornalistas de outro bastião da imprensa, o diário norte-americano *The New York Times*, que tanto quanto a BBC erigiu reputação global de credibilidade (e cada erro reconhecido vem em defesa dessa reputação), parecem arranhar o problema. Num fórum do Comitê dos Jornalistas Preocupados, ocorrido em Nova York em 4 de dezembro de 1997, Bill Keller, um dos editores do *New York Times*, declarou: "Seja ou não a objetividade possível – não acredito que estejamos aqui com essa finalidade ... Nós lutamos por uma cobertura que busque, com todo o empenho, dar ao leitor o máximo de informação para que ele próprio tire as suas conclusões. Esse é o nosso mais nobre ideal."[31]

Ou seja, o ideal de alinhar informações para que o leitor "conclua" (mecanismo destacado por Revel) é um artifício que tenta incorporar a questão da objetividade e, em si mesmo, demonstra a subjetividade possível no alinhamento de fatos, da escolha do quê e de como alinhar. Demonstra, portanto, falta de objetividade. Basta descartar um fato e alinhar os restantes de uma forma tal e capaz de exibir o sentido desejado para o resultado deixar de ser idealmente "objetivo".

No Brasil, no manual de redação e estilo de *O Estado de S. Paulo*, o clichê se expõe sem meio-termo no rastro do editor do *New York Times*: "Faça textos *imparciais* e *objetivos*. Não exponha opiniões, mas fatos, para que o leitor tire deles as próprias conclusões."[32]

Aquela parte da indústria aparentemente preocupada com a questão crítica da objetividade encontrou outra maneira de defendê-la: relativizando-a. Ao fazer essa manobra, empurra-a para o horizonte da possibilidade. Veja, a propósito, todas as edições do manual de redação da *Folha de S.Paulo*, desde a primeira, editada em 1984: "Não existe objetividade em jornalismo. Ao escolher um assunto, redigir um texto e editá-lo, o jornalista toma decisões em larga medida subjetivas, influenciadas por suas posições pessoais, hábitos e emoções. Isso não o exime, porém, da obrigação de ser o mais objetivo possível."[33]

Ao redigir o texto e editá-lo, diz o manual da *Folha*, o jornalista deve tentar se aproximar da objetividade. A propósito, veja a afirmação de outro jornalista conceituado do *New York Times*, A.M. Rosenthal, ou Abe Rosenthal, editor do jornal de 1969 a 1985 e um de seus colunistas políticos mais influentes: "Enquanto forem seres humanos os que decidem como, quando e onde se publicará um artigo, a objetividade absoluta e nítida é impossível. Mas lutamos para alcançar o maior grau de objetividade possível."[34] Se a objetividade é impossível, deve-se tentar ser objetivo. A objetividade é uma meta, um ideal. Resolvem-se assim todas as questões de consciência: tentar ser objetivo seria o bastante, mesmo que a objetividade seja impossível. Com essas assertivas relativas (como a da *Folha de S.Paulo* e a de Abe Rosenthal) e com assertivas absolutamente acríticas (BBC e *O Estado de S. Paulo*, por exemplo) o movimento na indústria da comunicação para sacralizar a questão da objetividade segue firme.

Ao relegar a discussão ao âmbito da academia, na grande maioria das vezes, e vulgarizá-la sem discuti-la, a indústria sustenta no espaço da técnica uma questão fundamentalmente moral. Enquanto a academia discute "cientificamente" a objetividade, a indústria a mitifica. Nunca será pouco redundar nessa questão. Pegue de novo o tema de Borges e Bioy Casares no qual eles apresentam o maior inimigo da censura, o sustentáculo da imparcialidade – que não se confunde com objetividade, como já visto. Como é que Ernesto Gomensoro conseguiu ser, na sua palavra, imparcial? Publicando tudo. Mas ele não podia absolutamente publicar *tudo* enquanto editor de um suplemento literário porque estava impedido temporal e espacialmente. O caderno saía somente às quintas-feiras e tinha um número finito de páginas. Chegavam à redação mais textos do que cabiam no caderno. Por isso, ele adotou um critério: o da ordem de chegada. É ser imparcial deixar de publicar tudo o que não cabe porque o espaço é finito? Ao descartar o que não estava na ordem exata da chegada, Gomensoro também jamais estava sendo imparcial, mesmo ao se recusar a julgar o conteúdo de qualquer uma das colaborações. Na *Antologia*, limitada por questões econômicas, só havia dinheiro para publicar parte dos contos dos autores de nomes iniciados pela letra "a" porque a ordem de publicação era a alfabética. No entanto, nela foi descartado praticamente todo o alfabeto. Este é o paradoxo de Borges, o mestre dos paradoxos. Nem Gomensoro escapa do ardil, agora sim, da objetividade, mesmo quando radicaliza a questão da imparcialidade, com a decisão de nada censurar para tudo publicar – porque viu-se que não era *tudo*.

Existem inúmeros trabalhos acadêmicos sobre a objetividade jornalística. Em um ensaio sobre a objetividade na perspectiva da teoria do conhecimento,[35] a professora Liriam Sponholz cita um trabalho de Antonio Hohlfeldt no qual ele analisou 21 livros sobre redação jornalística e a "categoria" objetividade foi a mais citada.[36] O inquietante, no entanto, são os equívocos teóricos cometidos por Sponholz. São os mesmos que, em geral, permeiam estudos sobre a dita objetividade, seja no sentido de considerá-la inexeqüível, seja no sentido de reforçá-la como possível no jornalismo ou então no sentido de encontrar uma maneira de justificá-la. Sponholz entende objetividade como a relação entre a realidade social e a realidade midiática. Citando outro autor, Antonio Fidalgo[37] – e calcada na diferenciação proposta pelo alemão Günter Bentele[38] entre objetividade jornalística, objetividade textual e credibilidade –, a professora maneja uma afirmação de Fidalgo segundo a qual a objetividade jornalística "corresponde à fase de produção da notícia em que o jornalista se informa para depois informar os outros, ou seja, quando a realidade ainda não foi codificada em signos", a mesma fase da coleta de informações cuja objetividade foi descartada até por Gauthier. "A objetividade textual se refere à relação entre realidade e texto, à fase em que a realidade é codificada em signos. Credibilidade é a percepção do receptor sobre a relação entre realidade social e realidade midiática."[39]

Demonstra-se aqui a importância que as representações de outrem têm na representação que o jornalista elabora da realidade factual. A codificação para o jornalismo escrito, falado ou audiovisual, o jornalista a realiza a partir dos signos absorvidos de sua conversa com as fontes, da codificação dada pelos outros à realidade reportada e da própria capacidade de representar do jornalista. A percepção do receptor também será codificada conforme a sua capacidade de apreensão dos signos retroalimentada pelas codificações das fontes e dos jornalistas (ou intelectuais, ou executivos, ou políticos, ou advogados...) que a representaram anteriormente – ou pela mídia que também representa não só quando informa, mas quando vende produtos, exibe moda, produz arte, cria cultura. Não há como evitar, por menor que seja, qualquer carga mínima de subjetividade nessa cadeia de representações que forma o cotidiano de qualquer indivíduo em sociedade.

Apoiada em Bentele, a professora Sponholz concorda que "a separação absoluta entre subjetividade e objetividade é não só impossível como também indesejável", e que a própria subjetividade é uma condição para a objetividade. Entretanto, o problema se revela moralmente complexo na conclusão da professora: "As palavras-chave para a objetividade jornalística são pesquisar, investigar, levantar informações, procurar derrubar as teses tidas até o momento como certas através de novos enfoques, de fontes que ainda não foram ouvidas e perspectivas que ainda não foram consideradas."

Há uma enorme boa vontade nessa conclusão. Vista com otimismo, poderia até remeter para o pensar contra si próprio tão bem desenvolvido na teoria e na prática por um Cioran, por exemplo, conforme já mencionado. Mas as regras listadas por ela, de fato regras éticas, não possuem sentido se a capacidade de distanciamento e de entendimento do mundo do jornalista não estiver solidamente baseada na capacidade de conhecimento do que significa representar o que os outros representam. Ele pode simplesmente pesquisar muito para chegar a lugar nenhum. Não basta ter o desejo, não basta entender a regra da pesquisa, é preciso saber o quê e como pesquisar. Mal comparando, como dizia o poeta José Paulo Paes, cultura não é aquilo que entra pelos olhos e sim aquilo que modifica o olhar. Não bastam regras éticas e a boa vontade no ato da captação e da edição da informação se o jornalista não tiver pleno conhecimento moral do mecanismo no qual se insere e que reproduz.

Discutir a objetividade em jornalismo é uma discussão fundamentalmente ética. Se o jornalismo pode ser a priori objetivo, então não existem problemas éticos (ou morais) no jornalismo. Ao menos naquele jornalismo como o conhecemos tradicionalmente. Esta não seria simplesmente uma discussão normativa – porque é simultaneamente funcional, dado inexistir um jornalismo "ideal", um jornalismo que estaria numa realidade qualquer acima ou fora da realidade, independente de qualquer questão ética ou ideológica. O jornalismo trabalha nas questões legadas pelo cotidiano, trabalha no decorrer dos fatos, no instante preciso, no adiantado da hora. A questão de fundo é a natureza do jornalismo, do seu sentido, da sua própria condição de ser, da forma como a comunicação se dá na sociedade e da acepção industrial à qual ela chegou e sem a qual ele não seria aquilo em que se configurou.

Entre a enorme quantidade de trabalhos sobre a objetividade destaca-se um em particular. Preocupado com a ênfase excessiva em soluções normativistas – daqueles profissionais que decoraram algumas regras éticas e consideram resolvido o problema moral da profissão, mas muitas vezes não sabem por quê nem para quê –, Clóvis de Barros Filho realizou um extenso estudo sobre a objetividade, enfeixado no livro *Ética na comunicação*. Ele se angustia com o senso comum que cristaliza as idéias do "papel social" da imprensa, com as escolas de comunicação que misturam ética e legislação numa mesma disciplina e com a ignorância do processo comunicativo. Enquanto disseca as questões ligadas à objetividade e à subjetividade, sustenta que a própria aparência de objetividade informativa é algo "tendencial". Para ele, não se pode "ocultar que a subjetividade do trabalho jornalístico está presente em todas as etapas do processo de produção de notícia".[40] Ele usa trechos de um dos trabalhos do professor Michael R. Real, diretor da Escola de Comunicação da Universidade de San Diego, para deixar claro quão distante é a representação feita pelo jornalista da realidade e a própria realidade a ser descrita. A seguir, um trecho claro sobre a complexa questão da realidade do mundo:

> É impossível, epistemológica e metafisicamente, para a mídia, independentemente de seu grau de sofisticação, apresentar um quadro completo do mundo. Só o próprio mundo faz isso. Quando usamos a linguagem, a ciência, o mito ou qualquer outro sistema simbólico para representar ou manipular a realidade, podemos fazer grandes coisas, mas nunca representar a realidade de forma clara ... Argumentar que a mídia oferece um acesso não-distorcido e objetivo à realidade não faz sentido ... O espelho é obviamente nebuloso, dando-nos reflexos pouco perfeitos de nossa natureza humana, individual e coletivamente.[41]

Se o jornalismo é um ofício – como bem definiu um dos reitores da Universidade de Oxford ao dizer que ali não se ensinava jornalismo, porque em Oxford não se ensinavam ofícios – então cabe a discussão ética. Ofício entendido exatamente como dicionarizado, aquela atividade especializada do trabalho, exercida por alguma pessoa que obtém desse trabalho os recursos necessários à sua subsistência e à de seus dependentes. Ofício no sentido de ocupação, profissão ou emprego. Ofício que vem do latim *officium*: trabalho, execução de uma tarefa, palavra que implicava ocupação, obrigação e dever e significava obrigação moral, sentimento do dever.

Se o jornalismo não é ofício, e é outra coisa além do mero ofício, e nele caberia algo científico como a objetividade – seja ela pensada de forma anacrônica, seja ela pensada na forma que a sociologia a entende hoje em dia –, então não haveria absolutamente discussão ética possível. Se a representação dos fatos fosse consumadamente objetiva, então não caberia nenhum debate ético ou moral a respeito desse fato, dessa ação, desse movimento, dessa representação. Se a objetividade jornalística é possível, então não há dilema ético em jornalismo.

A objetividade jornalística começou a ser profundamente questionada, mesmo de forma indireta, no bojo da teoria crítica desenvolvida pelos pesquisadores da famosa Escola de Frankfurt, Theodor Adorno e Max Horkheimer, dois de seus mais destacados representantes. Eles desenrolaram argumentos que permitem questionar o problema da objetividade na comunicação quando colocaram de pé a mais extensa e mais dura crítica aos meios de comunicação e à própria arte: o conceito de indústria cultural.

Ambos deram início a essa batalha em 1947, quando escreveram no livro *Dialética do esclarecimento* que o mundo inteiro estava forçado a passar pelo filtro da indústria cultural:

> O estilo da indústria cultural, que não tem mais de se pôr à prova em nenhum material refratário, é, ao mesmo tempo, a negação do estilo. A reconciliação do universal e do particular, da regra e da pretensão específica do objeto, que é a única coisa que pode dar substância ao estilo, é vazia, porque não chega mais a haver uma tensão entre os pólos: os extremos que se tocam passaram a uma turva identidade, o universal pode substituir o particular e vice-versa.[42]

A partir de uma idéia precisa de uma sociedade administrada na qual se instala a indústria da cultura, a mesma que vai tornar praticamente impossível a existência de indivíduos independentes e capazes de julgar, incapazes até de decidir com consciência, Adorno e Horkheimer definem o que chamam de "barbárie estética". Ela foi instaurada pelo sistema que provém dos países industriais liberais, cujo poder vem da identificação deles com a necessidade produzida. Nela o espectador não deve ter necessidade de nenhum pensamento próprio. Nela se daria a vitória da razão tecnológica sobre a verdade: "Quanto mais firmes se tornam as posições da indústria cultural, mais sumariamente ela pode proceder com as necessidades dos consumidores, produzindo-as, dirigindo-as, disciplinando-as e inclusive suspendendo a diversão: nenhuma barreira se eleva contra o progresso cultural."[43]

Preocupados em desmontar os mecanismos criadores das ilusões e da ideologia, como algo necessário para a compreensão da própria sociedade,[44] eles abriram a brecha para se entender de forma crítica os mecanismos da indústria da mídia e estabeleceram, antes de Cioran, as bases do pensar contra si mesmo, exercício incomum no jornalismo. No rastro dessa análise vêm-se desconstruindo os conceitos de imparcialidade, neutralidade e objetividade – com constância. Veja a seguir, a propósito, um exemplo contemporâneo de como se configura essa indústria da cultura e quanto e como ela se erige em espetáculo no qual a aparência desconstrói qualquer idéia possível de objetividade.

7

Espetáculo

As tragédias de São Paulo e de Madri

A população da cidade de São Paulo, capital do estado mais desenvolvido do Brasil, maior aglomeração urbana do hemisfério sul e quarta maior cidade do mundo, com mais de 18 milhões de habitantes, viveu um dia de pânico numa segunda-feira, 15 de maio de 2006. Pânico nada semelhante ao vivenciado pela população de Nova York no dia do ataque às Torres Gêmeas, em 11 de setembro de 2001, quando morreram cerca de 3 mil pessoas, e também pouco parecido ao do atentado que parou Madri, em 11 de março de 2004, e que resultou na morte de 191 pessoas. A população paulistana se angustiou naquela segunda-feira que coroava um balanço de 373 ataques e 154 mortes, entre as quais 24 policiais militares, 11 policiais civis, nove agentes penitenciários e 110 civis, 79 deles suspeitos de ligação com organização criminosa.[1]

A partir de ataques realizados durante três dias pelo crime organizado contra bases policiais, ônibus transportando civis e agências de bancos particulares, o paulistano atendeu a um "toque de recolher" jamais decretado, seja por alguma autoridade ou por qualquer não-autoridade. A população começou a voltar do trabalho para casa na hora do almoço, entupindo as ruas com carros e transformando o retorno numa dificuldade muito superior à que se enfrenta no trânsito normalmente engarrafado da cidade. A partir das 20 horas todos puderam ver ruas e avenidas completamente desertas de gente e de veículos.

"O mundo está pior que antes", escreveu um filósofo. "O Brasil vive hoje algo similar ao que a Alemanha viveu na República de Weimar. Os líderes conservadores, liberais, socialdemocratas, comunistas agiam como loucos dançando à beira do abismo", analisou um psicanalista. "Não sabemos de que coisas estamos falando", espantou-se um cientista político.[2]

De onde teria vindo a tal ordem do toque de recolher? Por que a população a atendeu? Como interpretar o fenômeno? O que explicava esse medo? Por que em casa estariam todos mais seguros?

Se em outra metrópole do país, o Rio de Janeiro, a população manejava essa situação com *savoir-faire*, pois lá o poder alternativo localizado nas favelas e o toque de recolher dado pelos traficantes de drogas já viraram rotina em determinadas regiões, em São Paulo nunca se vira algo semelhante. O que fez a população se dirigir célere para casa atendendo a um apelo – o toque de recolher – tão claro quanto difuso?

Qual o papel dos meios de comunicação, da mídia, nesse jogo? Com que "objetividade" se cobriu o evento? Como funcionaram o modo de mostrar e o modo de ocultar o "perigo"? Qual o *modus operandi* dos meios de comunicação em situações de risco? Que meios foram acionados e com que intensidade? Como se movimentou a engrenagem da indústria cultural? Como os meios de comunicação se portaram diante dos dilemas morais entre noticiar e não noticiar, entre espalhar o pânico e acalmar, entre investigar e dizer o que se passa ou dar curso a boatos e a notícias sem origem? O que de espetacular fez a população paulistana voltar espetacularmente para casa?

A pergunta mais pertinente do ponto de vista normativo é esta: que valores éticos estavam em questão para os meios de comunicação? Cabem mais três perguntas: que direitos de cidadania foram desrespeitados pela mídia e pelas autoridades naquele dia? Se o foram, de que forma acabaram ocultados? Que regras legais e morais foram atingidas?

A começar pelas últimas questões, a mais superficial das análises mostra que ao menos três direitos fundamentais de cidadania foram golpeados naquele dia. Outros também o foram, todos parte daqueles direitos civis que dizem respeito basicamente ao direito de se dispor do próprio corpo para locomoção e segurança, como define Maria de Lourdes Manzine-Couvre, que considera, no entanto, ser esse direito "muito pouco respeitado para a maior parte da população mundial, inclusive a do Brasil".[3] Dentro da questão funcional do dia-a-dia, a população lida normalmente com direitos desrespeitados. Isso seria algo próprio da "normalidade" social.

Tanto a mídia quanto as autoridades feriram de maneira inequívoca três direitos fundamentais naquele dia: o direito à informação, o direito à segurança e o direito de ir e vir, de livre circulação. Num levantamento mais detalhado, observa-se que outras garantias republicanas também saíram arranhadas, como a igualdade perante a lei ou a soberania da lei. A rigor, ao menos oito direitos podem ser arrolados na lista dos desrespeitados. São direitos de cidadania, garantidos pela Constituição e por leis complementares do Brasil, corrompidos de uma forma ou de outra nos acontecimentos que desembocaram no fatídico 15 de maio. Eles são descritos a seguir pela ordem na qual aparecem na Constituição. Os comentários depois de cada travessão são meus.

1. Todos são iguais perante a lei – portanto, todos merecem que o Estado zele de forma igual pela sua segurança.

2. Ninguém é obrigado a fazer ou a deixar de fazer alguma coisa senão em virtude da lei – não havia nem haveria como haver toque de recolher oficial.

3. Ninguém será submetido a tortura ou a tratamento humano degradante – nem o cidadão livre nem o preso.

4. São invioláveis a intimidade, a vida privada, a honra e a imagem das pessoas, assegurando o direito de indenização pelo dano material ou moral decorrente de sua violação – privacidades foram violadas sob a suspeita de ligação com os autores dos atentados.

5. A casa é asilo inviolável do indivíduo, ninguém nela pode penetrar sem consentimento do morador, salvo em caso de flagrante delito ou desastre, ou para prestar socorro, ou durante o dia, por determinação judicial – idem ao comentário anterior.

6. Todos têm direito a receber dos órgãos públicos informações de interesse particular, ou de interesse coletivo geral, que serão prestados na lei, sob pena de responsabilidade, ressalvadas aquelas cujo sigilo seja imprescindível à segurança da sociedade e do Estado – a informação dada pela autoridade veio de forma difusa, dispersa, distribuída de forma pontual, aqui e ali, pouco abrangente.

7. É assegurado aos presos o respeito à integridade física e moral – é crônica a situação de superlotação nas penitenciárias no Brasil.

8. Ninguém será preso senão em flagrante delito ou por ordem escrita e fundamentada de autoridade judicial competente, salvo nos casos de transgressão militar ou crime propriamente militar, definidos em lei – foram presas mais de 600 pessoas ligadas aos acontecimentos que culminaram no 15 de maio.

De início, a mais elementar das constatações é a de que não existe "toque de recolher" na Constituição brasileira. *Curfew*, em inglês, *couvre feu*, em francês, a expressão é de origem anglo-normanda, vem do toque dado por um sino para apagar o fogo nas lareiras e chamar a todos para dormir, uma precaução absolutamente necessária quando as casas eram de madeira e os telhados de caniços. Como termo militar, designa o toque de corneta para mandar os soldados se recolherem aos quartéis. Em país ocupado, ou em estado de sítio, é a proibição do livre trânsito de civis numa determinada hora.[4]

Quem teria autoridade para decretar um toque de recolher naquele dia? Nenhum veículo de comunicação explicou isso, em nenhum momento. A mídia tradicional deu livre curso a essa informação a partir da televisão (primeira a registrar o fenômeno maciço de volta a casa), multiplicada em seguida pelo rádio. Mas todos já estavam se informando por aparelhos celulares e pela internet, esta dona de ferramentas de comunicação direta entre os usuários, como o correio eletrônico e o mensageiro instantâneo. As autoridades se recolheram enquanto a população afluía às ruas, e quando apareceram, muito mais tarde, foi para desabafarem contra a própria mídia tradicional e a internet.

A leitura dos jornais dos dias anteriores mostra a escalada dos acontecimentos que culminariam no dia 15. A cobertura mistura a representação da violência real dos ataques com a espetacular reprodução de imagens capazes de fazer elevar automaticamente os decibéis das pautas e das manchetes jornalísticas.

Os acontecimentos começaram a ganhar significado nos diversos veículos de mídia na sexta-feira, 12 de maio. Para se entender o contexto, dois dias antes, numa sessão secreta da Comissão Parlamentar de Inquérito sobre o Tráfico de Armas, acontecida na sede do governo federal, em Brasília, dois delegados do Departamento de Investigações sobre o Crime Organizado (Deic) prestaram depoimento. Eles revelaram que a organização paulista incrustada nos presídios e conhecida como Primeiro Comando da Capital, ou PCC, considerada "a principal facção criminosa do estado", planejava realizar ataques a lideranças políticas em São Paulo.[5]

Por conta dessa notícia e na tentativa de bloquear a organização dos criminosos, as autoridades isolaram a liderança e os militantes do PCC que estavam presos, cumprindo pena. A ação visava impedir que eles pudessem comandar os ataques da prisão, com o uso de telefone celular. Na quinta-feira começaram as transferências e elas levaram dois dias para serem cumpridas. Foram transferidos 765 presidiários ligados ao PCC. Entre eles estava Marcos Willians Herbas Camacho, conhecido como Marcola, considerado o líder do PCC. A maioria dos detentos foi levada de diversos presídios para uma penitenciária a 620 quilômetros da capital, no noroeste do estado, a Penitenciária 2 de Presidente Venceslau. Marcola, junto com 16 companheiros, foi levado para a sede do Deic, no bairro do Carandiru, na Zona Norte da cidade de São Paulo. Marcola seguiria logo depois para o presídio de segurança máxima de Presidente Bernardes, a 589 quilômetros da capital, enquadrado no Regime Disciplinar Diferenciado, dito RDD, que mantém o preso absolutamente recluso e impedido de contatos.

O que seria uma ação contra as autoridades virou um protesto contra a transferência dos presos. Os ataques a alvos da polícia começaram na sexta-feira, 12 de maio. No sábado, a imprensa reportava um total de 30 pessoas assassinadas e outro tanto de pessoas gravemente feridas. Delegacias foram bombardeadas. Carros e bases volantes da Polícia Militar e da Guarda Civil metralhados. As ações ocorreram de forma sincronizada em diferentes pontos da cidade, no Centro e na Zona Leste. Três suspeitos foram presos. Vinte e duas rebeliões explodiram em presídios do estado. Entre os mortos contabilizavam-se cinco policiais civis, 11 policiais militares (dois bombeiros entre eles), quatro carcereiros ou agentes penitenciários e três guardas municipais. Cinco dos mortos foram apontados pelas autoridades como integrantes do PCC; as outras duas vítimas eram civis – uma era namorada de um policial e outra, um cidadão comum.[6]

Em 48 horas haviam sido perpetrados 63 atentados em 23 cidades do estado. Os jornais, as rádios, a televisão e os portais de notícias da internet da segunda-feira, dia 15, traziam o balanço trágico: 74 mortes (alguns jornais falavam em 81), 156 ataques, 80 rebeliões. As manchetes eram do tipo "PCC ataca ônibus e fóruns, promove megarrebelião e amplia medo no estado". Ao menos 36 ônibus haviam sido incendiados; três agências de bancos e um prédio comercial sofreram ataques.

De acordo com as notícias, o governo paulista negava que a situação estivesse fora do controle e confirmava ter recusado a ajuda oferecida pelo Exército. O então governador Cláudio Lembo, do Partido da Frente Liberal, o PFL (depois transformado em Partido Democrata, DEM), declarou saber da possibilidade dos ataques havia 20 dias. Policiais que atuavam nas ruas, porém, disseram à *Folha* que não tinham sido alertados para o provável ataque. Nada teria sido adiantado à corporação pelas autoridades civis.

Foi nessa atmosfera que a cidade amanheceu na segunda-feira, o tom agravado nos noticiários de domingo à noite na televisão com imagens de bases metralhadas, ônibus queimados, rebeliões em penitenciárias, familiares desesperados. A coluna "Toda mídia", da *Folha*, publicada na terça-feira,[7] resume bem o estado da mídia no dia 15. Dava conta do noticiário sobre "quatro dias de violência" que fora parar até na página do *New York Times* na internet, e da intensidade da cobertura nas redes de televisão, que exibia de forma sistemática os conflitos dos dias anteriores com a cobertura de todos os enterros das vítimas policiais e as imagens dos destroços dos atentados.

Nesse clima – desenhado por manchetes, noticiários radiofônicos e televisivos matinais –, a Rede Record de Televisão entrou em cena na segunda-feira com seu helicóptero sobrevoando a cidade. Intercalava o noticiário ao vivo com imagens dos dias anteriores, sem deixar claro o que era passado e o que era presente, permitindo confusão entre a realidade do momento e a realidade de cada atentado de dias passados. As cenas mostravam ônibus queimando e, em seguida, imagens aéreas do trânsito da cidade engarrafando. Foi logo depois do meio-dia que um repórter da própria Record observou: "A cidade está ficando vazia, um fenômeno nunca visto. O comércio está fechando em Pinheiros, no Brás ... As empresas estão fretando ônibus para levar funcionários para casa." Ele lançou a frase: "É uma espécie de toque de recolher."[8] Quando o repórter se referiu ao "toque de recolher" ele já ocorria.

De fato, as pessoas estavam se recolhendo, o comércio fechava as portas, as empresas dispensavam os funcionários e as escolas suspendiam as aulas. No momento em que a Rede Globo de Televisão entrou na cobertura dos fatos, registre-se, teve o cuidado de informar: "O governo de São Paulo faz questão de afirmar que não há toque de recolher." Somente no final do dia, quando a maior parte da cidade enfrentava o brutal congestionamento, a Record e algumas rádios colocaram no ar as palavras do comandante-geral da Polícia Militar de São Paulo, Elizeu Éclair, dizendo ter sido a segunda-feira o "mais tranqüilo" dos últimos quatro dias. Tranqüilo em relação aos ataques, que haviam parado.

O comandante aproveitou para criticar o "profundo sensacionalismo" da televisão e da internet. "Não querendo amenizar", disse ele, "foi o dia mais tranqüilo." Isso porque a maioria dos ataques "foi contra imóveis, não pessoas". Segundo ele, a cobertura "forçou e divulgou o crime organizado". Pediu apoio: "Eu, pessoalmente, liguei para diretores de redes dizendo que tudo por enquanto é sensação. Não há perigo para a população. Aos seus trabalhos, às escolas. A vida continua." Aproveitou para brandir cópia de texto da *Folha Online* intitulado "Internautas espalham boatos sobre PCC e alimentam pânico em São Paulo". A reportagem tratava de boatos virtuais anunciando os horários de supostos ataques. Ele não tinha dúvida sobre o objetivo do texto: "Apavorar ainda mais os internautas."

O espetáculo a ser exibido era tamanho que a Rede Globo deslocou do Rio de Janeiro para São Paulo o principal apresentador do *Jornal nacional*, William Bonner. Deslocamentos desse porte na Rede Globo costumam acontecer em ocasiões especiais, como Copa do Mundo, eleições, momentos sensacionais. O *Jornal nacional* é sempre levado ao ar à noite, no horário nobre. As manchetes da edição de segunda-feira foram anunciadas do teto do prédio da Globo, em São Paulo, junto à então congestionada avenida marginal do rio Pinheiros. Com a imagem do engarrafamento ao fundo, o âncora abriu a transmissão:

> Aqui, na maior cidade brasileira, a população volta a sofrer as conseqüências dos atentados. Criminosos atacam agências, incendeiam ônibus e o medo interfere na vida dos cidadãos. Trabalhadores ficam sem transporte; estudantes longe da escola; e comerciantes evitam abrir as portas. Das 70 rebeliões, apenas duas continuam. E, depois de reunião com o ministro da Justiça, o governador volta a recusar ajuda federal.

No balanço da guerra entre polícia e crime organizado chegou-se à cifra (depois contestada) de 166 mortes em uma semana.[9] A imprensa perguntou, sem obter resposta, o que ocorrera com as 600 pessoas presas por conta dos atentados. No primeiro semestre de 2006, a polícia de São Paulo havia matado 84% de pessoas a mais do que no mesmo período do ano anterior. Foram 328 mortes contra 178 nos primeiros seis meses de 2005. Das 328 mortes em 2006, 92 tinham ligação com o PCC, conforme informou o governo. A imprensa cobrou a informação sobre quem foi preso naqueles dias específicos, sem resposta.[10]

O testemunho do escritor e jornalista Janer Cristaldo, que vivenciou a segunda-feira, ajuda a responder à questão fundamental (que valores éticos estavam em jogo para os meios de comunicação?) e mostra como se pode ver os acontecimentos de dentro deles e entender um pouco mais o mecanismo da espetacularização:

> Toque de recolher. Semana do terror. Estas são as manchetes de capas de caderno do *Estadão* deste último domingo [referência ao jornal *O Estado de S. Paulo* de 21 de maio de 2006]. Para o visitante ou o estrangeiro que estiver passando em São Paulo, fica a certeza de que houve um toque de recolher. E que a cidade viveu uma semana de terror ... O que houve foi uma cidade esvaziada pela boataria irresponsável. Pri-

meiro, surgiram os indefectíveis motoqueiros avisando o comércio para baixar as cortinas. Consciente ou inconscientemente, a polícia deu boa ajuda à bandidagem, também mandando lojas e restaurantes fecharem. O rádio e a televisão fizeram o resto. Bastou um jornalista da Record dizer: "Parece um toque de recolher", e a expressão correu a cidade. No fundo mesmo, quem decretou o toque de recolher não foi nenhuma autoridade constituída, mas a televisão.

Na segunda-feira dita negra, que de negra nada teve, a televisão descarregou imagens dos massacres de sexta-feira, sábado e domingo. O efeito foi assustador. No restaurante, o garçom me avisou que fora decretado toque de recolher na avenida Paulista. Exagero de jornalista, pensei com meus botões. Ao pagar, fui avisado de que o toque de recolher fora estendido a meu bairro, Higienópolis. Bom, aí já era mais grave. Na [avenida] Angélica, algo estranho na rua. Tráfego nervoso, pessoas com ar de quem vai, não com ar de quem vem. Na altura da praça Buenos Aires, tropeço com duas amigas assustadas, que corriam para seus apartamentos. Me alertaram que estávamos sob toque de recolher e mais: que o toque de recolher fora decretado pelo PCC. "Palhaçada", resmunguei, e continuei meu caminho despreocupadamente.

Resolvi observar melhor o mundo em torno. Bares, escolas, lojas e shoppings fechando. Pelo jeito, era toque de recolher mesmo. Numa rara padaria ainda aberta, uma multidão fazendo fila, abastecendo-se como em tempo de guerra. Cheguei em casa resmungando contra a estupidez de um governo que, impotente ante a bandidagem, resolve decretar toque de recolher para fingir que está fazendo algo. Liguei a televisão, reportagens e entrevistas alarmantes, autoridades descobrindo o óbvio, que é preciso eliminar o uso de celulares por presidiários para acabar com este surto de terror em São Paulo, que naquelas últimas 48 horas já haviam feito 86 cadáveres, mais da metade de policiais. Nada sobre toque de recolher. Fui então à internet. Muito menos.

A segunda-feira foi pintada como um dia de terror. Em verdade, foi o dia do grande fiasco. São Paulo foi paralisada por boatos, nada mais que boatos. A imprensa mostrou multidões fugindo para abrigar-se em casa. Ora, uma vez fechados bares, lojas, shoppings, escolas, não há nada melhor a fazer senão voltar para casa. Os paulistanos, acovardados pelo sensacionalismo de rádios e TVs, conferiram ao PCC um poder que o grupo criminoso não tem, o de paralisar uma cidade de 18 milhões de habitantes.[11]

Atrás de uma resposta à questão sobre que valores éticos estavam em jogo para os meios de comunicação, observou-se que, enquanto polícia e bandido se matavam, abateu-se uma outra vítima: o celular – a "arma" que permitiu parar São Paulo, usada por bandidos e pela população. Fora de aparelhos celulares, nas prisões, que vieram as ordens que sincronizaram os atentados. Foi com celulares – ajudados pelas mensagens de textos ("torpedos"), pelo correio eletrônico e pelas mensagens instantâneas da internet – que as pessoas disseram umas às outras sobre o "toque de recolher", um toque que não foi dado por ninguém, mas acabou rigorosamente obedecido.

"Agora, sim, derrotamos o crime organizado", reagiu com ironia o especialista em novas tecnologias Ethevaldo Siqueira. Explicou na sua coluna no diário *O Estado de S. Paulo*, em detalhes, como as autoridades sabiam que o bloqueio do celular nos presídios seria facilmente burlado, porque o vilão não é o aparelho, mas quem o usa como arma.[12]

Também é possível analisar o acontecido a partir de nova perspectiva, aquela que o compara com as quatro explosões em estações de trem em Madri, que mataram e feriram cidadãos a caminho do trabalho. O celular, que lá foi manipulado também criminosamente para ativar remotamente as bombas, foi usado pela população de forma útil, principalmente via mensagens de textos, informando uns aos outros que a velha mídia estava veiculando uma informação falsa, advinda do governo conservador de José Maria Aznar: a de que o atentado fora de autoria do grupo separatista basco ETA. Falsa porque o atentado em Madri havia sido obra dos mesmos autores do espetaculoso ataque a Nova York. Pelo celular, os espanhóis derrubaram a mentira e, em seguida, conseguiram levar para as urnas a população que se absteria de votar e que ajudou a derrotar o favorito Aznar nas eleições gerais – forçando o governo a retirar as tropas espanholas do Iraque.

"Os telefones celulares estão mudando a política mais rapidamente do que os acadêmicos conseguem acompanhar", escreveu a revista *The Economist*, em outubro de 2006, mostrando quanto o celular vem sendo usado como "ferramenta de empoderamento" até nas partes mais pobres e desgovernadas do mundo, como no Burundi, onde a população avisa organizações não-governamentais dos corpos assassinados e despejados aos crocodilos nos rios da província de Muyinga.[13]

Em São Paulo, a partir da pressão criada pelas manchetes de jornais, rádios e televisões, o celular foi acionado para dar curso à ordem de recolhimento, assim como o correio eletrônico e as mensagens instantâneas.

Em reportagem na qual analisa o comportamento da mídia no episódio brasileiro, o jornal *Gazeta Mercantil* se preocupou em resumir o acontecido:

> Era 15 de maio de 2006. A televisão aberta brasileira, veículo midiático de maior alcance junto à população, acordou São Paulo, a maior cidade do país e uma das maiores do mundo, transmitindo "ao vivo" notícias sobre rebeliões em penitenciárias e ônibus que haviam sido queimados, além de dezenas de assassinatos. Infelizmente, o que se exibia não era uma peça de ficção, mas uma onda real de violência que aterrorizou a capital paulista, provocada por uma série de ataques coordenados pelo Primeiro Comando da Capital (PCC) que tinham como alvo principal a polícia e órgãos de Justiça ... Tanto pânico, disseram as autoridades, foi injustificado. O clima de terror, segundo a polícia, foi criado não apenas pelas ações do PCC, mas por uma onda de e-mails falsos, trotes e ... pelo noticiário. A culpa, enfim, segundo esse discurso, foi também da mídia, tantas vezes acusada de irresponsável.[14]

O *lead* da *Gazeta* comete erros que fariam corar os defensores da objetividade jornalística. Nele afirma-se com todas as letras que em 15 de maio a TV transmitiu *ao vivo* "notícias sobre rebeliões em penitenciárias e ônibus que haviam sido queimados, além de dezenas de assassinatos". Não foi assim porque, como é dito no próprio jornal algumas linhas abaixo, as autoridades consideraram o pânico injustificado pois, como se soube naquele dia à tardinha e com maior clareza depois, aquela segunda-feira fora a mais tranqüila, se comparada com a quantidade de ataques dos dias anteriores.

O jornal, entretanto, foi buscar a palavra de uma especialista. "O anúncio foi maior do que a realidade", apontou a professora Malena Contrera, doutora em comunicação e semiótica pela Pontifícia Universidade Católica de São Paulo e autora do livro *Mídia e pânico*. Para ela, "faltou colher depoimentos de pessoas de bom senso". Na sua visão, a maioria dos entrevistados das reportagens televisivas estava em pânico, o que em nada auxiliou na tarefa de acalmar ou esclarecer a população sobre a real dimensão dos fatos. A observação dela remete a Nelson Rodrigues, o dramaturgo carioca para quem "havia um certo 'gosto necrófilo por parte dos jornalistas'". A professora ressaltou ainda que, em crises como a vivida pela cidade naquela segunda-feira, havia quase "um prazer pela situação por parte das TVs. É como se alguns telejornais tivessem, enfim, algo 'quente' para colocar no ar".

Para a pesquisadora, quando o noticiário da televisão reitera o tempo todo informações como o número de mortos, ele ajuda a disseminar o pânico e amplia a dimensão dos acontecimentos. "Os boatos também são esperados em momentos como este. São as 'explicações' que as pessoas dão ao que é imprevisível", reforçou.

"Ninguém esclareceu à população que nenhuma escola, nenhum estabelecimento comercial ou cidadãos foram realmente ameaçados", criticou na mesma *Gazeta* o cineasta Fernando Meirelles, diretor do filme *Cidade de Deus*, cuja temática é a ascensão do tráfico e do crime organizado no Rio de Janeiro. Ele disse não defender os bandidos e responsabilizava a mídia pela histeria coletiva criada. "Ficar usando termos como 'guerra civil' só faz com que as pessoas tomem posições e se armem mais de cada lado. Foi uma cobertura marrom e irresponsável."

Em nota postada no seu blog, o jornalista Mauro Malin, especialista na crítica da mídia e então animador do programa *Observatório da imprensa*, na Rádio Cultura, observou que também a revista semanal *Época* tratou da responsabilidade da mídia na propagação de boatos no "dia do medo". Escreveu-se na revista:

> Na ânsia de informar a população a mídia também contribuiu para o pânico. Uma repórter da TV Record chegou a dizer que haveria toque de recolher na cidade às 20 horas ... Na Rede TV, um repórter afirmava: "Tensão em São Paulo. O PCC avisa que o próximo alvo são os moradores do Morumbi, um dos bairros mais nobres de São Paulo." Era boato.[15]

Malin chama a atenção para a análise do também jornalista Zuenir Ventura publicada no jornal carioca *O Globo*, no dia 20 de maio, quando ele se perguntava: "E a mídia nisso tudo?" Respondia:

> Historicamente, sabe-se quanto os jornais contribuíram para a glamourização de criminosos e para a promoção involuntária de seus crimes. Durante décadas, vigorou no Rio uma prática em que a banda podre da polícia manipulava repórteres para "mineirar" (extorquir) bandidos. Pautava um criminoso como "o mais perigoso da cidade" e, quando ele chegava às primeiras páginas, prendia-o em segredo e soltava-o mediante pagamento. Quanto mais famoso, maior o valor da extorsão ... Hoje, isso não existe como norma. Mas até que ponto, sem querer, não participamos da mitificação de bandidos?

No mesmo texto, Ventura relatava que o jornal *O Globo* cessara de chamar pelos nomes as facções criminosas. Se houve essa preocupação, por que então a mesma preocupação ética não estava presente nos meios de comunicação na segunda-feira fatídica? Só o mecanismo criador da sociedade do espetáculo pode ajudar no entendimento do fenômeno.

Se a selvageria dos acontecimentos aproximou o 15 de maio (por conta dos ataques dos dias anteriores) de atentados de cunho político e religioso que estouraram no hemisfério norte – embora no Brasil não haja nenhum grupo militante religioso por trás deles, mas sim bandidos sem ideologia –, outro dado precisava ser levado em conta: o papel das velhas e das novas mídias, ou seja, o papel da própria mídia.

O paulistano atendeu a um toque de recolher independentemente da palavra contrária da autoridade, dita e redita, um pouco tarde talvez, e sem a ênfase requerida. O chefe do Departamento de Investigações do Crime Organizado, o Deic, Godofredo Bittencourt, informou no início da tarde do dia 15 de maio não haver nenhum toque de recolher. No entanto, às 20 horas as ruas estavam vazias.

A ordem veio repassada por amigos, irmãos, mães, cunhados, primos, colegas, chefes... Como já mencionado, o comando veio pelo celular, por mensageiro instantâneo, pelo correio eletrônico. Fez a população se precipitar pelas ruas sem ônibus e sem táxi. A pé, de carona, de carro, como desse. O enorme engarrafamento começou por volta do meio-dia para, milagrosamente, acabar na hora exata da ordem difundida, 20 horas. A população fugiu de onde estava para ir para um lugar onde, imaginava, estivesse a salvo, em casa.[16]

Uma novidade paradoxal se incorporou à vida do paulistano. Dois poderosos instrumentos foram definitivamente usados para levar a população em fila de volta para casa: o celular e o computador, ambos ativados pela mídia tradicional e usados enquanto nova mídia.

De novo, a pergunta: quem deu o toque de recolher? De onde veio a ordem? Qual a origem do boato? Por que as autoridades preferiram falar de forma não-sincronizada, usando poucos veículos de comunicação? Por que não usaram a mesma arma, o celular e a internet, para avisar à população que os ataques estavam sob controle, que o dia estava mais "tranqüilo", segundo o comandante-geral da Polícia Militar? Por que as autoridades também não utilizaram de forma maciça a própria mídia tradicional? Por que não convocaram uma rede de rádio e televisão? Por que a mídia espetacularizou – ainda mais – o pirotécnico espetáculo dos atentados, uma vez que, de fato, não houve nenhum toque de recolher?

Teoricamente, a explicação pode ser ensaiada a partir de duas teorias, talvez as principais para definir o comportamento dos meios de comunicação.

A primeira delas, encaixada na expressão *indústria cultural*, na acepção que a tornou conhecida mundialmente, nasceu em 1947 no texto que a leva no título, escrito a quatro mãos pelos alemães Theodor Adorno (1903-69) e Max Horkheimer (1895-1973), da celebrada Escola de Frankfurt, que pouco durou na cidade que lhe deu nome e ganhou notoriedade quanto mais se distanciava dela.

A segunda explicação pode estar na expressão *sociedade do espetáculo*, surgida no título do livro lançado em 1967 pelo francês Guy Debord (1931-94). Ela ganhou o mundo com os acontecimentos de maio de 1968 que viraram a França de ponta-cabeça com barricadas estudantis daquilo que foi, para muitos, o último suspiro revolucionário do século XX.

Separados por duas dezenas de anos, esses conceitos sobreviveram ao século XX e conseguiram moldar o tom da crítica à sociedade baseada na comunicação. À sua maneira, cada um desses dois conceitos – estejam os comentadores e comunicadores de acordo ou em desacordo – é recorrente em qualquer estudo mais aprofundado sobre comunicação. Ambos os textos ajudam a entender não somente os mecanismos capazes de dar à mídia o tratamento dispensado aos acontecimentos de 15 de maio (ou aos de 11 de setembro em Nova York e aos de 11 de março em Madri), bem como explicam as engrenagens que movimentam a mídia em suas mais diversas aparências no dia-a-dia da espetacularização. São mecanismos que formam e deformam o cotidiano da representação.

Os três autores citados – Adorno, Horkheimer e Debord – podem ser enquadrados como personalidades apocalípticas. Cabem perfeitamente na definição de Umberto Eco ao dividir os críticos da sociedade da informação em dois lados da mesma moeda: os apocalípticos e os integrados. Os primeiros estariam entre aqueles que escrevem *sobre* a cultura de massa; os segundos emergem da leitura dos textos *da* cultura de massa.

Eco parte da idéia de que se a cultura é um fato aristocrático, de elite, então a cultura de massa seria a anticultura. Não indicaria uma aberração transitória e limitada, seria o sinal definitivo de uma queda irrecuperável, diante da qual o homem de cultura poderia somente ser definido na sua forma extrema, em termos de apocalipse. O integrado seria aquele para o qual os meios de comunicação colocam os bens culturais à disposição de todos, tornando mais fácil e mais leve a absorção de informações e sendo, portanto, emissários de uma época de alargamento da área cultural. Para o integrado, não existe problema em a cultura sair de baixo ou ser produzida de cima para consumidores "indefesos".

Na realidade, resume Eco, o apocalíptico consola quem o lê porque lhe permite entender, "sob o derrocar da catástrofe", a existência de uma comunidade de superintelectuais capaz de se elevar acima do entendimento médio, da banalidade, capaz de saber o que se passa e explicar tudo.[17] Note que, assim, a própria indústria cultural produz aquele que a critica, e ela o engloba, ela o contém; ela contém a crítica em si mesma.

Adorno e Horkheimer e a indústria cultural

Em texto do final dos anos 1940 (e atualizado nos anos 1960), os apocalípticos Adorno e Horkheimer não deixam pedra sobre pedra em relação aos mecanismos da indústria da cultura. Para eles, esse sistema era proveniente dos países industriais liberais, "onde triunfam o cinema, o rádio, o jazz e as revistas" (e, em decorrência, a televisão, inventada em 1926, pouco difundida nos anos 1940; e posteriormente a internet, nos anos 1990, a quintessência das mídias). Essa mesma indústria que promove a barbárie estética alinha o mais inflexível de todos os sentidos, serve a uma rebeldia realista, se estabelece como uma indústria da diversão e tem seu poder inexoravelmente ligado à identificação com a necessidade produzida. Toque de recolher? Todos para casa – nada melhor do que a segurança do lar.

Sendo assim, o espectador não deve ter necessidade de nenhum pensamento próprio, porque ela, a indústria cultural, traduz a vitória da razão tecnológica sobre a verdade. (A razão tecnológica está na imagem eletrônica facilmente identificável na tela da televisão, do computador ou do celular.) Promissória sobre o prazer, funde cultura e entretenimento. Não sublima, mas reprime. É, ao mesmo tempo, pornográfica e puritana, a reprodução mecânica do belo, algo ligado à idolatria metódica da individualidade e à exaltação reacionária da cultura, corrompida, não como uma Babilônia do pecado, mas como uma catedral do divertimento de alto nível; a indústria cultural é a depravação da cultura, a espiritualização forçada da diversão; ela distancia as pessoas da subjetividade.

Ao trabalhar com os tipos ideais de uma classe média dependente, a indústria cultural reduz a humanidade inteira à fórmula (exaustiva) de clientes e empregados. Não há cliente sem fornecedor, não há empregado sem empregador. A indústria cultural é um conjunto de proposições protocolares, o profeta irrefutável da ordem existente; esgueira-se entre os obstáculos e perigos da informação ostensivamente falsa (no caso, não havia mais ataques na segunda-feira) e da verdade manifesta (os ataques realmente ocorridos foram nos dias anteriores). Sua opacidade bloqueia o discernimento, erige em ideal o fenômeno onipresente e, para demonstrar a divindade do real, ela o repete cinicamente. Belo é tudo o que a câmera reproduz. Ela determina para o trágico um lugar fixo na rotina (a então rotina dos ônibus queimados, dos ataques sucessivos). O indivíduo é ilusório porque domina a pseudo-individualidade. Mesmo contra a vontade de seus senhores, a técnica transformou os homens de crianças em pessoas e maltrata com sucesso a individualidade (vou para minha casa). Na exigência de entretenimento e relaxamento, o fim absorveu o reino da falta de finalidade (se a hora é de caos, então nem a casa seria segura).

Quanto mais consistentes se tornam as posições da indústria cultural, mais sumariamente ela pode proceder com as necessidades dos consumidores. Ela produz as necessidades, as dirige, as disciplina, as suspende quando acha que deve suspender (agora posso voltar a trabalhar, não há mais imagens de ataques na TV). Divertir significa sempre não ter que pensar em coisa alguma e esquecer o sofrimento até mesmo onde ele é mostrado. Salutar é o que se repete; como os processos cíclicos da natureza e da indústria.

Nem Charles Chaplin se salva das mãos da dupla Adorno/Horkheimer. "Os campos de trigo que ondulam ao vento ao final do filme de Chaplin sobre Hitler [*O grande ditador*] desmentem o discurso antifascista da liberdade. Eles se assemelham às melenas louras da moça alemã, que a UFA [fábrica de filmes alemães usada pelos nazistas] fotografou em sua vida ao ar livre e ao vento do verão."*

Desde *Hamlet*, de Shakespeare, dizem ambos os estudiosos, já se descobrira que a unidade da personalidade não passa de uma aparência e, ao longo dos séculos, a sociedade se preparou para receber Victor Mature e Mickey Rooney – referência aos dois atores hollywoodianos de enorme sucesso nos anos 1940. A obra de dissolução da indústria cultural é, ao mesmo tempo, uma realização. O novo não seria o caráter mercantil da obra de arte, mas o fato de ela se declarar deliberadamente como tal. Foi quando nasceu a indústria do cinema. A arte renegava sua própria autonomia e se incluía orgulhosamente entre os bens de consumo. A arte como um domínio à parte, não submetida às leis dessa indústria, só teria sido possível antes do capitalismo, nos tempos da arte burguesa. O caráter mercantil sempre existiu, pois, se até o século XVIII a proteção dos patronos preservava os artistas do mercado, por outro lado submetia os artistas a seus patronos e aos objetivos destes.

Os artistas que sucumbem à ideologia são exatamente os que ocultam a contradição, em vez de acolhê-la na consciência de sua própria produção, como Beethoven, aquele compositor "moralmente doente" que arremessou longe um livro de Walter Scott aos gritos: "Este sujeito escreve para ganhar dinheiro." O próprio Beethoven teria se revelado um enorme explorador do mercado, conforme a dupla de Frankfurt, quando negociou de forma obstinada os seus últimos quartetos.

Nesse contexto, ao invés do prazer, o que se busca é assistir e estar bem informado. O rádio (e eles poderiam ter dito "a televisão") é o retardatário progressista da cultura de massas, porque é um empreendimento privado que representa o todo soberano. Colocar a palavra humana como algo absoluto, como um falso imperativo, é a tendência imanente do rádio. (Palavra e imagem como algo absoluto servem para a televisão. Idem para texto, palavra e imagem para a internet.)

---

* T. Adorno, "A indústria cultural, o esclarecimento como mistificação das massas", in *Dialética do esclarecimento,* p.139. Baseia-se nesse texto o resumo realizado nos parágrafos anteriores e seguintes.

Na indústria cultural, desaparece tanto a crítica quanto o respeito. Como o toque de recolher, que independentemente de quem o disse, ao estar na televisão e na internet passa a ser verdade.

A cultura é, portanto, uma mercadoria "paradoxal". Ela está tão completamente submetida à lei de troca que não é mais trocada. Ela se confunde tão cegamente com o uso que não se pode mais usá-la. É por isso que ela se funde com a publicidade, que é o seu elixir da vida.

> Todos são livres para dançar e para se divertir, do mesmo modo, desde a neutralização histórica da religião, são livres para entrar em qualquer uma das inúmeras seitas. Mas a liberdade de escolha da ideologia, que reflete sempre a coerção econômica, revela-se em todos os setores como a liberdade de escolher o que é sempre a mesma coisa.[18]

Ao explicar a origem da expressão "indústria cultural" e se referir ao texto feito em conjunto com o amigo Horkheimer, Adorno sustentou que a indústria cultural "impede a formação de indivíduos autônomos, independentes, capazes de julgar e de decidir conscientemente".[19] (Ou seja, bastou a imagem concertada dos resultados dos ataques para encaminhar a população docilmente para casa.)

Num resumo superficial da contribuição de Adorno e Horkheimer, cabe dizer que na indústria cultural tudo é realmente um negócio, até a arte, outrora mistificada por sua aura. Os bens culturais são explorados comercialmente e, com isso, se tornam instrumentos eficientes de manipulação pela indústria, manipulada pelos arquétipos que edificam ela própria, em função do pensamento mediano que a norteia e dirige. Ela se alimenta de sua construção e de sua manutenção. A indústria cultural contém todas as características do moderno mundo industrial e de serviços. As pessoas são meros objetos, instrumentos simultaneamente de trabalho e de consumo. O lazer passou a ser a extensão do trabalho. Isso está patente quando a empresa, seja pelo telefone, seja pelo trabalho levado para ser feito em casa, seja por correio eletrônico, invade a privacidade dos indivíduos nas noites, nas horas de folga, nos fins de semana e no quanto o trabalhar, na contemporaneidade, se transformou em sinônimo de viver. O indivíduo não precisa mais pensar, a indústria pensa por ele. A ele só cabe escolher. Toque de recolher. Para casa.

A filósofa Olgária Matos associa o conceito de indústria cultural ao totalitarismo. Ao analisar as sociedades totalitárias, contemporâneas a eles, seja na forma do nazifascismo, seja na forma do stalinismo, Adorno e Horkheimer acrescentaram ao totalitarismo um sistema aparentemente mais benigno, o da indústria cultural, mas que é totalitário também. Quando Adorno e Horkheimer cunharam a expressão "indústria cultural", ensina Olgária, isso foi "muito importante, porque estabeleceu uma novidade com respeito à confusão que se estabelecera entre cultura de massa e cultura popular".

Para ela, a noção de indústria cultural deixa claro que a cultura de massa não é feita pela massa, mas para a massa.

> A idéia de passividade das massas, de perda da autonomia do pensamento, de minoridade social – portanto, a massa cuja vontade é exercida por uma vontade heterônoma à dela –, vai se exercer a partir disso que Adorno chama de indústria cultural. Quer dizer, é a impregnação da cultura e da escolaridade formadora pelos valores da mídia, que são os valores da rapidez, do consumo, da facilidade, da demagogia do rápido ... que passa a impregnar a própria educação. E a educação passa a perder, então, o caráter emancipador que teve tanto na Grécia quanto na Idade Média, quanto no Renascimento, quanto no Iluminismo, porque agora nós vamos ter o advento de dois fenômenos: da sociedade de massa e da sociedade de consumo. E os totalitarismos são pensados a partir desse duplo acontecimento, sem antecedentes nem exemplos no passado.[20]

A objetividade jornalística se encaixa dentro dessa perspectiva, incrustada nesse modo de ver regido pelo consumo e aplainado pelo negócio da cultura, cuja régua é o nivelamento sempre pela mediana capacidade de entendimento. A objetividade gera e é gerada pelo espetáculo da notícia.

Guy Debord e a sociedade do espetáculo

Praticamente sem citar Adorno e Horkheimer – a expressão "indústria cultural" aparece uma única vez na obra *A sociedade do espetáculo* –, o francês Guy Debord instruiu com ação artística (cinema) e intervenção cultural (livros, pichações, aparições), de forma tanto superficial quanto muito clara, os preceitos de Adorno. Debord colou o substantivo "espetáculo" ao vocábulo "sociedade" e deu um passo além na conceituação deixada pelos teóricos da Escola de Frankfurt.

Lançado um ano antes, o livro se tornou reconhecido em 1968 por conta dos acontecimentos que levaram estudantes de várias partes do planeta, e em especial os de Paris, às ruas. A "vaga subversiva" atingiu mais de 30 países entre fevereiro e outubro de 1968, notadamente na França, Alemanha, Inglaterra, Irlanda do Norte, Polônia, Estados Unidos, Itália, Espanha, México, Argentina, Uruguai, Nicarágua e Brasil.

No cenário brasileiro havia, de um lado, o poder da primeira fase da ditadura militar em início de desagregação e, de outro, os estudantes organizados, funcionando como espécie de porta-vozes da estrutura partidária colocada na ilegalidade pelo regime instaurado no país em 1964. No final de 1968, o poder ditatorial superou a desagregação com a edição do Ato Institucional n.5, que reforçou e aprofundou o sistema instituído.

No cenário francês, de um lado, militantes (em especial, os partidários trotskistas e maoístas)* à frente de um esquema rígido – pode-se dizer leninista, porque formatado segundo o cânone do líder da Revolução Russa, Vladimir Ulianov, o Lenin. Ele deixara vários escritos a respeito da Revolução e do Partido Comunista como vanguarda da mesma e representante legítimo dos trabalhadores. De outro lado, a grande massa de estudantes e de sindicalistas que se manifestou ruidosamente contra o status quo e até contra o leninismo. A mesma massa que desenvolveu instintivamente uma estratégia nova para contestar de maneira radical as estruturas repressivas do Estado e as do contrapoder comunista, um tanto quanto inspirada e inspiradora do imaginário de Guy Debord.

Sem se referir explicitamente a Debord, o especialista francês Jacques Baynac afirma que nas barricadas está a explicação dos acontecimentos de então.

> Lá [na noite das barricadas] está o coração do enigma de maio. Eu acredito que 68 foi a verdadeira revolução na revolução, nada a ver com aquela anunciada por Régis Debray, mas aquela que, pela primeira vez na história, viu manifestar-se uma força subversiva criada pela abundância, e não mais pela miséria, uma força que não queria mais morrer pela revolução, mas viver graças a ela, uma força que queria mudar tanto o modo de vida quanto o mundo, mas que se recusava a tomar o poder para fazê-lo.[21]

Havia uma tentativa de dissolução da ordem estabelecida sem a intenção de tomar o poder. Com base em acontecimentos ligados à questão educacional, estudantes e trabalhadores lançaram-se em greve e foram a fundo nas barricadas, numa verdadeira experiência "situacionista". O significado dessa situação se compreende ao analisar um pouco das ações de Debord, que nasceu em 1931 e se suicidou em 30 de novembro de 1994, com um tiro de fuzil no coração. Na biografia escrita por Andrew Hussey, ele aparece como alguém bastante centrado nos seus objetivos e absolutamente detestado por grande parte dos intelectuais franceses. Jovem, boêmio, conviveu com marginais e artistas. Firmou-se como escritor e cineasta de vanguarda e, além disso, considerava-se um pensador estratégico. Bebia muito.

Sua última declaração, feita antes de morrer e entregue à sua mulher, mistura o diagnóstico de alcoolismo com estilo de vida. A declaração aparece no final do filme *Guy Debord, sua arte e seu tempo*:

> Doença chamada polineurite alcoólica, detectada no outono de 90. No início quase imperceptível, depois progressiva. Tornou-se de fato penosa somente a partir do fim

* Respectivamente, seguidores do líder revolucionário russo Leon Trotski (1879-1940), banido da URSS por Joseph Stalin, e de Mao Tsé-Tung (1883-1976), líder revolucionário comunista chinês.

de novembro de 1994. Como toda doença incurável, se ganha bem mais quando não se procura nem se aceita se cuidar. É o contrário de uma doença que se pode contrair por meio de uma lamentável imprudência. Para contraí-la é necessária, ao contrário, a fiel obstinação de toda uma vida.[22]

Há quem considere Guy Debord um dos últimos revolucionários do século XX, ou um dos poucos que recusaram apaixonadamente a sociedade de seu tempo. Denunciou a sociedade do espetáculo. Não conseguiu superá-la. Era um homem de ação – conforme Vincent Kaufmann no prefácio da sua obra completa.[23]

Em 1952, aos 21 anos, fundou com poucos companheiros uma organização muito criativa, a Internacional Letrista. O único número da única revista, *Ion*, trouxe o roteiro de *Gemidos para Sade* (*Hurlements en faveur de Sade*), um filme sem imagens, composto apenas de tela branca e de sons formados por diálogos intercalados pelo silêncio sobreposto a uma tela completamente negra. Os diálogos misturam frases de jornais, citações de James Joyce, artigos do Código Civil e diferentes estilos de escrita. Quando exibido em 21 de maio de 1957, em Londres, no Instituto de Arte Contemporânea, foi precedido do aviso segundo o qual o instituto não se sentiria responsável pela indignação da platéia.

Casou-se pela primeira vez em 1954, com Michele Bernstein. No mesmo ano, os letristas fizeram campanha pela supressão do vocábulo "santo" da linguagem. Num panfleto conjunto com os surrealistas, com quem brigaram posteriormente, arremeteram contra a celebração oficial do centenário do poeta Rimbaud.[24] Um ano depois saíram em busca de aliados com um cartaz em francês e em inglês afixado nos muros de Paris: "Se você se considera um gênio ou acredita ter uma inteligência brilhante, procure a Internacional Letrista."

Em maio de 1956, editaram o "Modo de usar o descaminho", ou melhor, a "Bula do descaminho", um longo manifesto. "Os bigodes da Gioconda não apresentam nenhuma característica mais interessante do que a primeira versão dessa pintura", se dizia ali, numa referência cínica ao bigode aplicado à Mona Lisa, de Leonardo da Vinci, por Marcel Duchamp – um artista um tanto distante das conseqüências revolucionárias proclamadas pelo grupo. No mesmo ano, boicotaram o Festival de Arte de Vanguarda, em Marselha, "onde ninguém se importa com o que representará em 20 anos a imbecilidade dos anos 1950". Pouco depois, Debord, um aficionado por estratégia, apresentou o Kriegspiel, um jogo de guerra, conforme a tradução do nome alemão, que ele inventara e que reunia as vantagens do xadrez e do pôquer. Os temas da Internacional Letrista eram a psicogeografia, o descaminho (*détournement*), o antiimperialismo, o anticolonialismo e o anti-stalinismo.

No começo de 1953, ele pichou num muro de Paris a inscrição *Ne travaillez jamais*, ou "Não trabalhe nunca", uma espécie de modo de vida em Saint-Germain-des-Prés, o bairro dos intelectuais, e que se transformou no bordão da Internacional Situacionista, tocada por ele e alguns amigos de 1957 a 1972. Eram afeitos a saídas do tipo: "Nós rimos, mas nunca ao mesmo tempo que você." O movimento Internacional Situacionista teve poucos integrantes, mas razoável ressonância no exterior. Criada da união da Internacional Letrista, do Movimento Internacional por uma Bauhaus Imagética (Mibi) e do Comitê Psicogeográfico de Londres, fundou-se com cinco votos a favor, um contra e duas abstenções na "conferência" levada a cabo na cidade italiana de Cosio d'Arroscia. Ganhou projeção internacional, ou melhor, européia, com a revista *Internationale Situationniste.*

O centro de gravidade das preocupações do grupo vai se deslocar do campo artístico para o campo político, com o desenvolvimento de uma reflexão considerada original, da qual o livro *A sociedade do espetáculo* representa uma síntese. Ela será "ratificada" pelos acontecimentos de maio de 1968, conforme escreve Vincent Kaufmann nas *Obras* de Debord. Considerava na ordem do dia a vida cotidiana, terreno de luta, em contraponto à emergência da sociedade de consumo ou de lazer.

De projeto vanguardista, a Internacional Situacionista passa nos anos 1960 para um projeto insurrecional global, conjugando escrupulosamente as idéias de Marx com as do libertário Mikhail Bakunin. Quanto a Debord, em 1971 divorcia-se de Michele Bernstein e em 1972 se casa com Alice Becker-Ho, nascida em Xangai, em 1941, e sua companheira quando se matou, incapaz de resolver a decomposição, que era, conforme ele mesmo dizia, o estado supremo do pensamento burguês.

Por que situacionista? Debord explica:

> Nossa idéia central é aquela da construção de situações, quer dizer, a construção concreta de ambientes momentâneos da vida e sua transformação em uma qualidade passional superior. Nós devemos realizar uma intervenção apontada para os fatores complexos dos dois grandes componentes em perpétua interação: o embelezamento material da vida; os comportamentos que o arrebatam e que o transtornam.

Vale acrescentar que a Internacional Situacionista também era contra a família.

Debord achava que "algo precisava mudar". Segundo seu biógrafo, Andrew Hussey, as novas gerações podem encontrar em seus escritos um "método" para "interrogar e desafiar o mundo", porque Debord pensava a vida e a arte como uma totalidade. Hussey considera o seu suicídio um ato nobre e poético, um *potlatch*, um presente que não pode ser retribuído.*

Em entrevista, o biógrafo explica: em Debord, pensamento e ação nunca podem se separar. Ele critica a maneira pela qual os pós-modernistas recuperaram

* A. Hussey, *The Game of War: The Life and Death of Guy Debord. Potlatch* é uma festa dos indígenas norte-americanos, feita para muitas pessoas, geralmente acompanhada de presentes. Era o título do boletim semanal da Internacional Letrista, publicado de 1954 a 1957.

Debord, de modo a aliviar suas consciências culpadas, mas sem nenhum efeito prático porque, ao darem ênfase ao texto e à intertextualidade de Debord, retiravam o seu potencial revolucionário. "Não querem mudar nem transformar o mundo, querem apenas interpretá-lo." Para Hussey, o pós-modernismo é parte do espetáculo "integrado". Como nas universidades norte-americanas, explica, "cheias de marxistas, ou de pós-marxistas, ou de pós-modernistas, cuja influência sobre a sociedade americana é nula".[25]

"Toda a vida das sociedades nas quais reinam as modernas condições de produção se apresenta como uma imensa acumulação de *espetáculos*. Tudo o que era vivido diretamente tornou-se representação." Assim começa o livro *A sociedade do espetáculo*.

A acumulação de espetáculos marca a vida nas sociedades liberais e socialistas. As pessoas *representam*, em vez de viver. Representam de acordo com cânones automaticamente reproduzidos, segundo padrões automaticamente instalados e inconscientemente perseguidos. "No espetáculo, uma parte do mundo se representa diante do mundo e lhe é superior."

A realidade torna-se uma imagem e as imagens tornam-se realidade. A unidade que falta à vida recupera-se no plano da imagem. É a onipresença dos meios de comunicação. Esse é seu aspecto mais visível e superficial ao formar uma sociedade na qual a vida real é pobre e fragmentária. Os indivíduos são obrigados a contemplar e a consumir passivamente as imagens de tudo o que lhes falta na existência real. Eles olham e se alimentam das notícias sobre os outros, estrelas, políticos, líderes; e vivem em seu lugar.

Enquanto a primeira fase do domínio da economia sobre a vida caracterizava-se pela degradação do ser em ter, no *espetáculo* chegou-se ao reinado soberano do *aparecer*. As relações entre os homens não seriam mais mediadas apenas pelas coisas, como no fetichismo da mercadoria, conforme definiu Karl Marx, mas diretamente pelas *imagens*. Para Debord, a imagem é uma abstração do real, e o seu predomínio, isto é, o espetáculo, significa um "tornar-se abstrato" do mundo. A abstração generalizada é uma conseqüência da sociedade capitalista da mercadoria, da qual o espetáculo é a imagem mais desenvolvida.

Mas o que é o espetáculo, então?

Debord o define de diversas formas:

- Não é um conjunto de imagens, mas uma relação social entre as pessoas, mediada por imagens;
- É uma relação de forças assimétricas;
- É a exploração do trabalho social porque a exploração não se detém, mas a ela se junta a exploração de toda a atividade social;
- É uma cosmovisão;
- É o modelo atual da vida dominante na sociedade;
- É a afirmação onipresente da escolha já feita na produção e o consumo que decorre dessa escolha;

- É a justificativa total das condições e dos fins do sistema existente;
- É a presença permanente dessa justificativa, como ocupação da maior parte do tempo vivido fora da produção moderna.

Para Debord, o tempo, o espaço, a comunicação, o saber, a representação daquilo que é vivido, tudo está condicionado pelo espetáculo. O espetáculo é o *capital.* E o é em tal grau de acumulação que o capital se torna imagem. É o momento em que a mercadoria ocupa totalmente a vida social. Quando a sociedade descobre que depende da economia, a economia, de fato, depende da sociedade.[26] Existe uma consistente produção auto-alimentadora do isolamento. O automóvel é um dos agentes dessa produção, assim como a televisão (e a internet, por decorrência). As pessoas se separam e se isolam nas suas individualidades.

Nos comentários[27] que escreveu posteriormente sobre *A sociedade do espetáculo*, publicados em 1988, no limiar da queda do muro de Berlim e totalmente enfraquecida a Guerra Fria, Debord lembra que no seu livro distinguia duas formas, sucessivas e rivais, do poder espetacular: a forma *concentrada* e a forma *difusa.* Elas pairavam acima da sociedade real, "como seu objetivo e sua mentira".

A forma dita concentrada se produzira nas ditaduras, fosse nazista ou stalinista, de direita ou de esquerda. A segunda, a forma difusa, acompanhara a "americanização" do mundo. Era tão assustadora quanto sedutora nos países onde as condições das democracias (ele diz "burguesas") de tipo tradicional se mantiveram. Desde os anos 1960, então, uma terceira forma se impusera pela combinação das duas anteriores, na base geral da que se mostrou mais forte, por ser mais difusa. Tinha-se daí para a frente a forma do *espetacular integrado*, considerada por Debord capaz de se impor mundialmente.

De propósito ou não, Debord abrigava a mesma palavra de Umberto Eco, mas com o sentido da idéia do espetacular integrado, aquele espetáculo que se manifesta tanto concentrado quanto difuso. No lado concentrado, o centro diretor da ideologia tornara-se oculto, já não existia um chefe conhecido (não há mais cultos a personalidades únicas, por exemplo) nem uma ideologia clara. O lado difuso ficaria claro por conta da influência espetacular marcando quase todos os comportamentos e objetos produzidos socialmente. A realidade não aparecia mais diante dos olhos como coisa estranha. O espetáculo se confundia com toda a realidade.

A situação ficou tão grave que Debord notou que Marshall McLuhan, "o primeiro apologista do espetáculo", e que lhe parecia "o imbecil mais convicto do século", mudou de opinião ao descobrir em 1976 que a pressão dos *mass media* conduziria ao irracional e que seria urgente moderar o uso desses meios.[28] Segundo ele, o pensador canadense, que havia passado décadas louvando as múltiplas liberdades proporcionadas pela "aldeia global", capitulara.

A vulgaridade do planeta espetacular seria geral e o espetáculo podia se dar o luxo de sequer esconder os perigos que cercavam a ordem maravilhosa que estabelecera. Mesmo assim, pouco se fazia para evitar os perigos. Em 1988, Debord escreveu:

> A poluição dos oceanos e a destruição das florestas equatoriais ameaçam a renovação de oxigênio na Terra; a camada de ozônio não suporta o progresso industrial; as radiações de origem nuclear se acumulam de modo irreversível. O espetáculo conclui que isso não tem importância. Só está preocupado em discutir datas e doses. Com isso, ele consegue tranqüilizar; coisa que um espírito pré-espetacular teria considerado impossível.

No livro no qual teoriza sobre a produção do espetáculo, *Simulacro e poder*, Marilena Chaui sintetiza e atualiza as preocupações de Debord. De acordo com ela, "a chamada cultura de massa se apropria das obras culturais para consumi-las, devorá-las, destruí-las, nulificá-las em simulacros". Isso porque o próprio espetáculo se tornou simulacro e o simulacro se pôs como entretenimento. "Os meios de comunicação de massa transformam tudo em entretenimento." Ela exemplifica que guerras, genocídios, greves, festas, cerimônias religiosas, tragédias, políticas, catástrofes naturais e de cidades, obras de arte, obras de pensamento, tudo aquilo que a mídia abriga ela abriga em forma de espetáculo, de entretenimento. "Visto que a destruição dos fatos, acontecimentos e obras segue a lógica do consumo, da futilidade, da banalização e do simulacro, não espanta que tudo se reduza, ao fim e ao cabo, a uma questão pessoal de preferência, gosto, predileção, aversão, sentimentos. É isto o mercado cultural."[29]

Para Debord, ensina Aurélio Sainz na revista eletrônica *Nodo 50*, o problema não é tanto que o poder produza a realidade social – como teorizava Michel Foucault –, senão que toda a realidade produzida pelos agentes sociais tende a se tornar organizada e apropriada pelo capital. A reprodução do espetáculo consiste na reprodução das condições de existência dele próprio. Uma outra maneira de descrever essas condições seria dizer, como Jürgen Habermas, que elas consistem na separação da forma do conteúdo. Quando a forma se separa do conteúdo nenhum deles sai ileso. A forma se converte em homogeneização e o conteúdo em fragmentação, diz Sainz.[30]

Ainda Sainz: quando se implantam princípios jurídicos e morais que estão cada vez menos ligados às medidas de formas de vida concretas é porque sobram formas de vida concretas, isto é, formas de vida qualitativamente distintas. As novas situações, as formas de vida e os objetos se atomizam, isolados pela prática social que os faz identicamente reproduzíveis, calculáveis e controláveis a partir dos centros de gestão espetacular que estão em toda parte. Aqui estaria a diferença fundamental entre Debord e outro representante da Escola de Frankfurt, Habermas. Enquanto Habermas centra suas propostas em um diálogo orientado para um entendimento que deveria estar livre de qualquer coerção, Debord coloca em primeiro plano a condição da unidade entre diálogo e execução, o que o impedirá de tratar da questão num nível formal.

Tanto a crítica à cultura de massa feita por Adorno e Horkheimer quanto a idéia de sociedade do espetáculo, de Debord, estão muito próximas. Se a primeira se inscreve dentro de uma dialética negativa que leva o homem ao distanciamento e à possibilidade de um exacerbado espírito crítico, a segunda vem carregada de proposições singulares (situacionistas) que se mostram ineficazes pela própria decisão de Debord de dar cabo da vida. Morreu de lucidez, batido pelo espetáculo.

A crítica da cultura de massa feita por Adorno, Horkheimer e Debord repousaria sobre uma "metafísica de autenticidade ilusória", na análise do sociólogo francês Michel Maffesoli, nascido em 1944. As posições dos três se assentariam numa "nostalgia de um ideal de perfeição, variante particular do divino ou do absoluto a partir do qual se cataloga aquilo que é insignificante, espetacular, o mundo falseado". A censura feita ao mundo da imagem veiculada por meio da cultura de massas perseguiria, afinal, uma falsa autenticidade.

> O espetáculo é fraqueza, certamente, no sentido de que ele não permite a dominação generalizada do produtivismo, ele é sempre aquele *hiatus irrationalis* [o espaço entre o empírico e o *a priori*, o individual e o universal, a intuição e o conceito, em suma, entre a possibilidade do fato e a possibilidade lógica] que faz explodir a desordem num processo linear; é plural e tem múltiplas facetas. Querer suprimi-lo, ou esperar excedê-lo, é querer o cumprimento perfeito e fechado de algo essencialmente incoerente.[31]

De certa forma, Maffesoli está de acordo com Umberto Eco quando evoca manifestação parecida do italiano ao dizer que esse tipo de análise pretende ser feita de uma localização privilegiada do crítico, sempre distanciada do mundo, sem se dar conta de que vida e pensamento evoluem sobre vias diferentes. A vida se vive, mas não se concebe a partir de categorias conceituais ou de ilusórias justificativas apriorísticas. Para Maffesoli, a crítica da imagem enquanto aparência se faz como de uma postura que se pretende absoluta, distanciada e separada da vida, presa de um racionalismo intelectualista subjacente.

Apocalípticas, sem dúvida, ambas as teorias remetem, no entanto, à questão ética, quando ensinam os profissionais da comunicação a se distanciarem de seu próprio universo e entenderem melhor onde estão, o que fazem, para quê e por que fazem. O espetáculo – seja ele a exacerbação da violência que aconteceu na cidade de São Paulo, como examinado aqui, ou a mera descrição dos hábitos de uma celebridade, para ficar em pontas distintas de importância – se insere num mecanismo industrial que se alimenta dele próprio, é a sua única razão de sobrevivência. Se o apocalíptico é aquele intelectual que veste luvas para examinar a realidade social e falar dela com distanciamento, então essa mesma sociedade tem capacidade de produzir o seu contrário, o pensamento que a critica e a vê com outros olhos – esse distanciamento requer conhecimento e dispensa a afetividade, para ser eficaz.

As imagens dos ônibus em chamas ou de suas carcaças queimadas, das delegacias atingidas, do congestionamento, todas intensificam e congelam a representação daquilo que se queria que elas representassem. Reprisadas *ad nauseam* no contexto das transmissões ao vivo, criaram situações que remetiam praticamente toda a população à busca da segurança hipotética – se fosse verossímil a situação de terror generalizado –, numa real detonação de qualquer regra moral, explosão de qualquer preocupação ética, porque, para a mídia, "ético" era mostrar o que estava acontecendo, independentemente do contexto. Nada tão facilmente defensável para o senso comum não-distanciado.

O 15 de maio paulistano, o 11 de setembro nova-iorquino e o 11 de março madrileno se firmam não apenas como exemplos reais de uma nova tática urbana de guerrilha, mas de uma tática que tem como cúmplice inconsciente uma sociedade viciada no espetáculo, fruto de uma indústria da cultura que se sofistica cada vez mais na banalidade com a competente ajuda do aparelhamento tecnológico.

A dissolução da modernidade clássica e o advento daquilo que se convencionou chamar de pós-modernismo, por mais críticas que possa carrear esse último conceito e por mais que ele mesmo se imiscua como parte da própria modernidade, propiciaram a emergência de uma nova forma de comunicação. Essa comunicação tem o poder de redesenhar a sociedade do espetáculo, para uns exacerbá-la, para outros até dissolvê-la.

8.

Pós-modernidade

Para entender como se insere o dito pós-modernismo no contexto do século XX e nos primórdios do século XXI seria bom, primeiro, voltar no tempo e checar como uma figura mitificada como Nicolau Maquiavel construiu no plano político as fundações de uma sólida modernidade que descortina a pós-modernidade e todos os seus relativismos. Nela, na pós-modernidade, uma nova forma de comunicação transformaria radicalmente a maneira clássica pela qual as pessoas se comunicavam e se informavam.

Nicolau Maquiavel nasceu em Florença, na Itália, em 1469. Anos antes, em 1428, organizou-se na sua cidade-Estado um comitê para promover mudanças no sistema educacional. Além de retórica e poesia, as autoridades queriam incluir filosofia moral no currículo, que consistia em ensinar aos jovens medicina, astrologia, lógica, gramática e direito. Maquiavel era filho de boa família: o pai, Bernardo, era advogado, e a mãe, Bartolomea, dedicava-se ao lar. O primeiro tutor do garoto Nicolau ensinou-lhe os rudimentos do latim; o segundo, matemática. Houve ainda um terceiro tutor e um grupo de padres de Mugello, na zona rural de Florença, que também o educaram antes de ele retornar à cidade para estudar no Studio Fiorentino, onde teria tido aulas de retórica, lógica e literatura. Leu os clássicos gregos e latinos, de Platão a Aristóteles, de Xenofonte a Herodiano, de Tucídides a Polínio. Nada indica que tenha estudado filosofia moral.

Maquiavel era um homem comum? Seu mais recente biógrafo, Michael White, dedicou-lhe um livro, *Maquiavel – um homem incompreendido*,[1] para mostrar o quanto ele teria sido "perfeitamente normal". Gostava de beber com os amigos nas tabernas, fazia apostas, jogava dados; casou-se, teve filhos e era mulherengo, muito mulherengo. Alto funcionário público por 15 anos (com um salário de 192 florins, o equivalente a um ganho anual de US$180 mil), foi preso na deposição do governo ao qual servia. Exilado no campo, dedicou-se a escrever. Entre obras de análise histórica, política e militar, peças cômicas de teatro, músicas e poemas, escreveu *O príncipe*, de 1513 a 1514. Nunca matou, nunca foi um político do tipo "sedento de poder" e nunca praticou tudo aquilo que atribuía a um líder político, apesar de ter organizado um exército e ter sofrido agruras semelhantes às que descreveu. Morreu em 1527. Nada em sua herança impediu que o adjetivo "maquiavélico" se transformasse em sinônimo de mau, despótico, tirano, dúplice, enganador, ardiloso...

Na trilha do sociólogo francês Dominique Wolton e de sua visão sobre a dualidade fundamental da comunicação, aquela que hesita sempre entre um sentido normativo, da ordem do ideal, e um sentido funcional, da ordem da necessidade,[2] pode-se dizer que Maquiavel conseguiu vencer essa duplicidade nos escritos sobre política, mesmo trabalhando normativamente na história e na análise dos acontecimentos. Ele expôs essa dualidade na política ao discernir muito bem os mecanismos normativos do poder e sua prática cotidiana, que se sobrepõe e faz pouco caso da questão normativa.

Se na política sempre valem as necessidades, e não há mistério nem discussão sobre isso, também no jornalismo o ideal (normativo) se separa da prática cotidiana (funcional) e as normas são persistentemente derrubadas pelas necessidades do presente. Maquiavel tem toda a responsabilidade na intelecção do movimento contínuo e da funcionalidade que se dá à política na modernidade – quase 500 anos após sua morte – por conta da profundidade e da acuidade de sua análise. Ela auxilia a compreender melhor por que inexiste equilíbrio entre ética e jornalismo tanto quanto não o há entre ética e política. Por isso, não se pode concordar com Michael White. Maquiavel não se encaixa no perfil de um homem normal. Foi brilhante a ponto de provocar um entendimento lógico das artimanhas da política, de entender o seu aparente *nonsense*. Seu nome, no entanto, é recorrentemente ligado, no senso comum, a "maldades" – para ficar na dualidade entre bem e mal. O destino desse nome teria sido outro se ele tivesse estudado filosofia moral? Ou melhor, ele teria escrito *O príncipe*? Não se sabe. E a última pergunta ainda por cima carece de sentido.

Ao analisar a tensão entre a fonte e o jornalista, por exemplo, o autor do mais extenso livro sobre ética jornalística, Niceto Blázquez, recorre ao Maquiavel "maquiavélico" para explicar o mecanismo em ação quando o jornalista está atrás de uma fonte, a fim de coletar alguma informação, essa fonte exige contrapartida e ele a dá. Jornalistas costumam silenciar sobre atos de índole duvidosa ou escândalos; falam amiúde em favor dos interesses próprios da fonte ou até pagam dinheiro por uma informação. Para Blázquez, o jornalista zeloso de sua integridade pode ficar perplexo ao se defrontar com um tipo de situação na qual a fonte exige alguma contrapartida. Fica na dúvida ética: ou aceita as condições impostas pela fonte, maculando a sua integridade, ou perde a oportunidade de escrever um texto que poderia ser sensacional. "Os jornalistas *maquiavélicos* resolvem esses conflitos de interesse utilizando-se de meios imorais ou ilícitos em favor de seus próprios interesses. No *maquiavelismo* informativo não se respeita a moral dos meios, mas isso significa a própria negação do senso de responsabilidade e de integridade profissional."[3]

Blázquez explorou o lado negativo do adjetivo, o mais usado por conta da maneira como a tradição entende Maquiavel. Muitas vezes, por total desconhecimento da situação, puro interesse ou premente necessidade, o jornalista sequer pensa em ser "maquiavélico". Não pensa e também não estudou filosofia moral. Quem sabe seja por isso que se enreda de uma forma tal com as fontes que os fins vão justificar os meios e até uma desculpa moralista poderá ser usada para referendar formas ilícitas na aquisição da informação. Quando? Por exemplo: o jornalista que denuncia uma forma de corrupção a despeito de encobertar sua fonte, tão corrupta quanto qualquer outra, mas que não está diretamente envolvida com a referida denúncia. Seria mais útil usar uma fonte corrupta para denunciar uma situação irregular, como a desvirtuação de dinheiro público, do que investigar também a própria fonte corrupta e provocar algum ruído na investigação em curso. O fim – a denúncia de um ato qualquer de corrupção – é mais importante do que o meio: receber e dar curso à informação de uma fonte tão corrupta quanto o personagem denunciado.

Maquiavel é chamado aqui para ajudar a localizar a situação "pós-moderna" na qual se encontra a indústria da comunicação. Sim, Maquiavel, aquele que praticamente inaugurou o pensamento político moderno no século XVI com *O príncipe*.

Imagine que a tal modernidade tenha chegado ao fim. Modernidade é aquela era da humanidade fundada no genocídio e que procedeu por meio de mais genocídio, no dizer do sociólogo polonês radicado na Inglaterra Zygmunt Bauman, nascido em 1925.[4] Imagine estar resolvida, ao menos teoricamente, a maioria das preocupações racionais dos homens que erigiram e viveram a modernidade. Teria irrompido então um período, dito pós-moderno, baseado na individualidade – a mesma individualidade que desde sempre foi vista como tendo por meta a salvação, e a salvação sempre foi uma questão individual.[5] Essa era desabrochou com o discurso do relativismo e deu-lhe algum sentido. Na pós-modernidade, tudo é relativo em relação a tudo e a todos. Ela chega privilegiando a dispersão. A soma das individualidades dispersas dificulta as tomadas de posições coletivas. A palavra "cidadão" perde a consistência construída na modernidade. Esse conjunto disperso seria poderoso exatamente pela natureza de seu mecanismo midiático, múltiplo, facetado e contraditório.

Essa situação da realidade social só não seria uma realidade universal porque existem ilhas (sejam de miserabilidade ou de desinformação) onde ainda se vive aquém dos ideais da própria modernidade e não se conhece, por exemplo, a inteira liberdade de expressão.

Os conceitos não seriam mais tão substantivos quanto o foram quando o homem buscou e encontrou a razão, mesmo pactuando com genocídios.

A pós-modernidade chegou temperada pelos descaminhos da linguagem e, paradoxalmente, pela abundância de informação disponível e pela abundância de informação não-disponível. Mais: a informação disponível corre de forma assimétrica.

Independentemente da existência ou não da pós-modernidade, a preocupação moral, no maior meio de perpetuação do status quo, que é a mídia, é conjugada na grande maioria dos casos apenas e tão-somente de forma normativa. Aparece no sentido ideal e se destrói, se decompõe, vira do avesso quando entra na prática do fazer jornalístico. A distância entre os clássicos preceitos morais e a prática cotidiana na mídia está dividida por um fosso tão profundo e tão largo que indivíduos e instituições mandam às favas as preocupações éticas muitas vezes sem conhecer a extensão ou a existência desse abismo; ou então ignoram as engrenagens que movimentam esse sistema. Ignoram a conjugação dos chips motores das aparências de uma realidade em veloz mutação.

"Pode-se perfeitamente conceber que a época moderna – que começa por uma explosão de atividade humana tão nova e tão rica de promessas – se acaba na passividade, a mais inerte, a mais estéril que a humanidade jamais conheceu", escreveu Hannah Arendt em 1961.[6] A idéia de um pós-modernismo teria surgido primeiro no mundo hispânico, na década de 1930, na expressão lançada por Federico de Onis, amigo de Miguel de Unamuno e de José Ortega y Gasset. Ele usava o conceito para descrever o conservadorismo dentro da corrente artística dita modernista. Uma geração depois, o termo era corrente entre a intelectualidade dos Estados Unidos e da Inglaterra.

Em 1979, com o livro *A condição pós-moderna*, o pensador francês Jean-François Lyotard cunhou em definitivo a expressão com o sentido que tem hoje, elevando-a, como se disse, à dignidade de conceito filosófico. Segundo Lyotard, tanto o saber quanto as instituições que o produzem mudam de estatuto simultaneamente à entrada das sociedades no mundo pós-industrial e à entrada das culturas no pós-modernismo. Ecoando Wittgenstein, Lyotard vai dizer que a filosofia trata o saber científico como uma "espécie de discurso" e, o mais sério, que a coesão social se confunde com a crise da história como progresso e deixam de existir os grandes temas (*macrosujet*) investidos de uma missão redentora. O saber pós-moderno seria ambivalente: ao mesmo tempo instrumento de poder e abertura às diferenças – como nota Armand Mattelart a respeito da conceituação de Lyotard.[7]

Perry Anderson explica que o modernismo era tomado por imagens de máquinas, enquanto o pós-modernismo foi tomado por máquinas de imagens da televisão, do computador, da internet e do shopping center. Para Anderson, a modernidade era marcada pela excessiva confiança na razão. Por decorrência, a pós-modernidade desconfia dela.[8]

Sérgio Paulo Rouanet alarga e reposiciona o conceito. Apesar de negar a pós-modernidade enquanto tal e considerar que o projeto moderno não se esgotou, relativiza-o como um autêntico expoente pós-moderno:

Depois da experiência de duas guerras mundiais, depois de Auschwitz, depois de Hiroshima, vivendo num mundo ameaçado pela aniquilação atômica, pela ressurreição dos velhos fanatismos políticos e religiosos e pela degradação dos ecossistemas, o homem contemporâneo está cansado da modernidade. Todos esses males são atribuídos ao mundo moderno. Essa atitude de rejeição se traduz na convicção de que estamos transitando para um novo paradigma. O desejo de ruptura leva à convicção de que essa ruptura já ocorreu, ou está em vias de ocorrer ... O pós-moderno é muito mais a fadiga crepuscular de uma época que parece extinguir-se ingloriosamente que o hino de júbilo de amanhãs que despontam. À consciência pós-moderna não corresponde uma realidade pós-moderna. Nesse sentido, ela é um simples mal-estar da modernidade, um sonho da modernidade. É, literalmente, falsa consciência, porque consciência de uma ruptura que não houve, ao mesmo tempo é também consciência verdadeira, porque alude, de algum modo, às deformações da modernidade.[9]

No mesmo texto em que alinha definições do pós-modernismo, Raymundo Lima, professor de fundamentos da educação, nota que a "esquerda tradicional" e a "direita reacionária" têm problemas com o termo por conta de alguns sinais pós-modernistas que as incomodam:

> No campo político, a atitude desinteressada, despolitizada (no sentido tradicional); os pós-modernos, aparentemente falam e agem sem o peso da "angústia de influência" [ele usa aqui expressão de Harold Bloom]. Também são avessos aos extremismos clássicos, do tipo "esquerda-progressista" e "direita-conservadora", uma vez que acreditam estarem estas definitivamente superadas.

Para Lima, os pós-modernistas "descartam a idéia de revolução como passaporte necessário para uma 'nova sociedade', um 'novo homem' e uma 'nova felicidade realista' 'sem classes' e 'sem desigualdade'".[10]

O pós-modernismo tem influência na cultura, na teologia, na tecnologia, na economia, na sociedade. Está apoiado num relativismo que só não é absoluto porque os pós-modernistas abominam essa categoria e, exatamente, não consideram nada absoluto, nem objetivo. Abraça a emergência da economia da informação e, conforme Paul V. Hartman, substitui a antiga divisão entre "aristocracia, classe média e classe trabalhadora por um novo paradigma: elite da informação, classe média e subclasse".[11]

Está plantado em reflexões de "ideólogos pluralistas" (no dizer de Frederic Jameson) como Michel Foucault, Jacques Derrida, Gilles Deleuze e Richard Rorty.[12] Conforme Jameson, os ícones desse "movimento empírico, caótico e heterogêneo" que ultrapassa o modernismo secular e o seu final, chamado *high-modernism* (alto modernismo), nos anos 1950 e 1960, são:

a) Na arte, os trabalhos de Andy Warhol e a sua Pop Art, o fotorrealismo e o Neo-Expressionismo;

b) Na música, seu principal expoente é John Cage, mas também o integra a síntese dos estilos clássico e "popular", encontrada em compositores como Philip Glass e Terry Riley, além do punk, do rock *new wave*, de grupos como The Clash, Talking Heads, The Gang of Four. Os Beatles e os Rolling Stones seriam os expoentes máximos do alto modernismo;

c) No cinema, o maior representante é Jean-Luc Godard, além do cinema experimental e dos vídeos experimentais;

d) Na literatura, seriam William Burroughs, Thomas Pynchon, Ishmael Reed, John Asbery, o *nouveau roman* francês e seus sucessores;

e) Na arquitetura, o pós-modernismo seria mais visível depois de toda a obra de Frank Lloyd Wrigth e de Le Corbusier.

Historicamente, há quem situe o seu "começo" no pós-maio de 1968, e outros no final da Guerra Fria. Há ainda quem diga que o pós-modernismo teria se esboçado nos anos 1950, ou nos anos 1960, e há quem o veja na emergência da revolução provocada pela comunicação em rede e pela comunicação móvel. O menos relevante é a data exata de seu nascimento, se é que ele ultrapassa de fato a modernidade, e o mais notável seria o estado de espírito por ele gerado e os efeitos dele decorrentes.

Michel Maffesoli também trabalhou bastante no entendimento do pós-modernismo. No livro *Notas sobre a pós-modernidade: o lugar faz o elo*, ele se agarra a Schopenhauer (para quem a realidade é puramente relativa) para explicar que o relativismo do qual trata – visto que todo objeto ou fenômeno está ligado a outros e é determinado por eles – "consiste em relacionar os diversos elementos da vida e em atestar o fluxo vital, que é, segundo o *constructo* vigente, incessante". O *constructo* é uma construção puramente mental. Para ele, isso "torna caduco todo e qualquer dogmatismo e favorece uma sensibilidade teórica que prefira a humildade das coisas à pretensão dos conceitos". Maffesoli se vê como um sociólogo da pós-modernidade e menos como um sociólogo pós-moderno, exatamente como Zygmunt Bauman se vê.

Modernidade líquida

Pois quem talvez melhor explicou a desagregação do espaço público e desenhou a pós-modernidade, não no sentido de apoiá-la nem de negá-la, mas de criticá-la para desbravar caminhos alternativos, foi exatamente o polonês Zygmunt Bauman. Integralmente ligado à questão ética, exatamente porque a pós-modernidade se funda no individualismo, o resumo que se segue de uma obra capital de Bauman, *Modernidade líquida*, é feito aqui como uma espécie de vacina para iluminar o espaço no qual se insere o trabalho do jornalista, do comunicador. Não importa qual comunicador. Pode ser um comunicador tradicional formado nas inúmeras escolas de comunicação, pode ser um comunicador formado nas escolas tradicionais de ensino humanista ou técnico, pode ser um comunicador formado na escola do mundo, pode ser uma fonte qualquer ou seu preposto, pode ser um cidadão-repórter ou mesmo um indivíduo-repórter (aquele para o qual o culto a si mesmo se sobrepõe à noção de cidadania) e cujo poder de comunicação lhe foi dado pelas novas mídias porque ele é parte da dispersão que alimenta a mídia e a compõe na sua ubiqüidade.

Os períodos seguintes, além de sintetizarem as idéias de Bauman sobre a modernidade líquida, formam uma releitura e uma tentativa de adaptação dessas idéias à problemática ética emersa com a chegada das novas mídias, numa situação de fluidez conceitual que afeta o sentido funcional da comunicação.* São de minha autoria todas as referências às velhas e novas mídias, porque Bauman delas não se ocupa de forma abrangente na sua *Modernidade líquida*, apenas as tangencia.

As novas mídias não têm sentido fora dessa modernidade tão bem definida por Bauman. Líquida porque ele parte da constatação de que a fluidez é a qualidade de líquidos e gases, aqueles elementos que sofrem uma constante mudança de forma quando submetidos a uma determinada tensão. Os líquidos são uma variedade dos fluidos. A fluidez consistiria na metáfora principal para o estágio presente da era moderna, ou seja, modernidade fluida, ou modernidade líquida, porque os líquidos, ao contrário dos sólidos, não mantêm sua forma com facilidade, não fixam o espaço nem prendem o tempo. Os fluidos fluem, escorrem, esvaem-se, respingam, transbordam, vazam, inundam, borrifam, pingam, são filtrados, destilados e, diferentemente dos sólidos, não são contidos facilmente. A sua extraordinária mobilidade os associa à idéia de leveza. Essas seriam as razões usadas por Bauman para considerar fluidez ou liquidez, como ele prefere, como metáforas perfeitamente adequadas para representar a natureza da presente, e nova, fase na história da humanidade.

Ele se pergunta, entretanto, se a modernidade não teria sido um processo de "liquefação" desde o começo. Não teria sido o "derretimento dos sólidos" o seu maior passatempo e principal realização? A própria modernidade não teria sido fluida desde o nascimento?

Ele acha essas perguntas pertinentes e a objeção à sua própria tese perfeitamente justificada. Explica que a expressão "derreter os sólidos" foi cunhada por Karl Marx e Friedrich Engels e, naquele momento, mais de um século e meio atrás, se referia ao tratamento que o "espírito moderno" dava a uma sociedade considerada estagnada demais e resistente demais para mudar, que deveria ser emancipada de sua própria história e que isso aconteceria se se derretessem os sólidos, dissolvendo-se o que quer que persistisse no tempo e fosse infenso às mudanças. O mais grave: essa mudança seria feita não para acabar de vez com todos

* Uso no resumo a tradução de Plínio Dentzien para *Modernidade líquida*, de Z. Bauman.

os sólidos, mas para limpar a área para "novos e aperfeiçoados sólidos", substituir o conjunto de sólidos "deficientes e defeituosos" por um "preferivelmente perfeito".

A situação presente, a da modernidade líquida, emerge não do tempo das revoluções sistêmicas, que já teria passado, nem via ditadura, subordinação, opressão ou escravização; muito menos da colonização da esfera privada pelo dito sistema. Ela emerge do próprio derretimento radical dos grilhões e algemas que, certos ou errados (Bauman diz não importar se eram certos ou errados), eram suspeitos de limitar a liberdade individual de escolher e de agir. Esse derretimento, Bauman concede, sem dúvida faz parte da modernidade porque o próprio "derretimento dos sólidos" adquiriu agora um novo sentido: os sólidos que estão derretendo são exatamente os "elos que entrelaçam as escolhas individuais em projetos e ações coletivas". De um lado, estão os padrões de comunicação e de coordenação entre as políticas de vida conduzidas individualmente. De outro, as ações políticas de coletividades humanas.

Para Bauman, não é à toa que tanta gente fala em "fim da história", "pós-modernidade", "segunda modernidade" (conceito de Ulrich Beck), ou intui uma mudança radical no arranjo da convivência humana. No longo esforço para acelerar a velocidade do movimento ela chegou a seu limite natural. Ele explica que o poder agora pode se mover com a velocidade do sinal eletrônico e, assim, o tempo requerido para qualquer ação se reduziu à instantaneidade. (Em relação aos mercados globais, isso se configura com clareza para todos e idem para a velocidade na publicação das informações de qualquer natureza.) Em termos práticos, continua Bauman, o poder se tornou extraterritorial, não está mais limitado nem está desacelerado pela resistência do espaço. Ele mesmo dá o exemplo do telefone celular, cujo advento serviria como "golpe de misericórdia" na dependência em relação ao espaço, porque nem o acesso a um ponto fixo de telefone seria mais necessário para que uma ordem fosse dada e cumprida (viu-se no capítulo 7 como foi usado o telefone celular, para o mal e para o bem, nos atentados em Madri, em 2004, e em São Paulo, em 2006, bem como, contraditoriamente, mesmo tendo essa novidade tecnológica à mão, o poder constituído não soube usá-la nem no caso espanhol nem no paulistano – e o poder conservador acabou vítima da nova mídia na Espanha). Não importa mais onde está quem dá a ordem. A diferença entre próximo e distante estaria a ponto de desaparecer. A desintegração da rede social é lamentada como "efeito colateral" não previsto. O poder, na sua situação de leveza e fluidez, está cada vez mais móvel, escorregadio, evasivo e fugidio.

Há um ponto de inflexão no livro de Bauman quando ele mostra quão diferente é o mundo contemporâneo da modernidade sólida da qual se ocupou inclusive a teoria crítica – examinada parcialmente no capítulo anterior nas idéias de Adorno, Horkheimer e Guy Debord –, como se observou durante grande parte do século XX. A atualidade líquida não deveria ser explicada somente pela mudança da disposição do público, pela queda do apetite pela reforma social, pela diminuição do interesse pelo comum e pelas imagens da boa sociedade, pela decadência da popularidade do engajamento político ou pela alta dos sentimentos individuais, hedonísticos, do "eu primeiro". As causas da mudança estão enraizadas na profunda transformação do espaço público (Bauman não o cita especificamente, mas Habermas foi um dos que mais desenvolveram esse tema) e no modo como a sociedade opera. A modernidade da qual se ocupou a teoria crítica era aquela impregnada da tendência ao totalitarismo. Era pesada. A modernidade contemporânea é leve. A modernidade era não somente sólida, era condensada. A modernidade líquida age em uma realidade difusa, "capilar". Também a modernidade era uma realidade sistêmica em oposição à atual, em forma de rede. A marca registrada dessa modernidade de agora é a apresentação de seus membros como indivíduos, em oposição às massas organizadas pelos partidos de outrora. O interesse público se individualizou. Aqui e agora cai como uma luva a suspeita de Tocqueville segundo a qual o indivíduo é o pior inimigo do cidadão.[13]

Se o indivíduo é o pior inimigo do cidadão, diz Bauman, e se a individualização anuncia problemas para a cidadania e para a política firmada na cidadania, é porque os cuidados e preocupações dos indivíduos enquanto indivíduos enchem o espaço público. Nesse sentido, o público passaria a ser colonizado pelo privado e o interesse público reduzido à curiosidade sobre a vida privada das pessoas públicas. A "arte da vida pública" seria então limitada à exposição pública das questões privadas e às confissões de sentimentos privados. Se o privado colonizou o espaço público, esse espaço público não seria muito mais do que uma tela gigante na qual as aflições privadas são projetadas sem cessar. O "fazer parte da rede" seria mais relevante do que defender causas comuns ou negociar o sentido do bem comum. Se o meio é a mensagem, então a rede também passa a ser a mensagem. Estar em rede seria mais determinante do que usar a rede para essa ou aquela causa. Na imagem de Bauman, as comunidades criadas seriam tão frágeis e transitórias como as emoções esparsas e fugidias.

Ele se vale de um exemplo bom no diagnóstico dessa individualidade. No século passado, ele lembra, a idéia de futuro dos homens tinha duas projeções muito nítidas: aquela feita por Aldous Huxley em *Admirável mundo novo* e a outra feita por George Orwell com *1984*.[14] O mundo futuro de Huxley seria uma terra de opulência e devassidão, abundância e saciedade. O mundo projetado por Orwell seria de miséria, destruição, escassez e necessidade. Eles se opunham em quase todos os detalhes, menos num: "o pressentimento de um mundo estritamente controlado." Bauman acrescenta que num dos maiores sucessos entre os livros de auto-ajuda, *Codependent no More*,[15] a autora Melody Beattie aconselha: "A maneira mais garantida de enlouquecer é envolver-se com os assuntos de outras pessoas, e a maneira mais rápida de tornar-se são e feliz é cuidar dos próprios." Uma frase de Jane Fonda resumiria o espírito pós-moderno: "Gosto muito de pensar que meu corpo é produto de mim mesma, é meu sangue e entranhas. É minha responsabilidade." Corpo é *produto*, produto de *mim mesma*. Para Bauman, a sociedade pós-moderna envolve os seus integrantes primariamente em sua condição de consumidores, e não de produtores. Se a sociedade dos produtores coloca a saúde como padrão para seus integrantes atingirem, a sociedade dos consumidores acena aos seus com o ideal da aptidão. Estar apto não é estar sólido. Estar apto significa ter um corpo flexível, absorvente e ajustável. Ou, nas palavras de Olgária Matos, "pode-se dizer que a comunicação midiática veicula e reforça a idéia de uma ética 'indolor'... Novos valores são produzidos e transmitidos pelas mídias: fetichismo da juventude, *fitness* esportiva, cuidados com o corpo, mas sem nenhum ideal do espírito".[16]

Bauman cita Harvie Ferguson: "No mundo pós-moderno todas as distinções se tornam fluidas, os limites se dissolvem, e tudo pode muito bem parecer seu contrário ... A 'idade da ironia' foi substituída pela 'idade do glamour', em que a aparência é consagrada como única realidade."[17]

A modernidade líquida se encaixa na idéia e na realidade da desagregação da esfera pública e Bauman detecta uma mudança fundamental: "A renúncia, adiamento ou abandono, pelo Estado, de todas as suas principais responsabilidades em seu papel como maior provedor (talvez mesmo monopolístico) de certeza, segurança e garantias, seguido da sua recusa em endossar as aspirações de certeza, segurança e garantia de seus cidadãos."[18]

Na *Minima moralia*, sem discorrer especificamente sobre a idéia de pós-modernidade, mas implicitamente criticando-a independentemente de sua nomeação enquanto tal, Adorno discorre sobre o fato de que a vida privada de inúmeros indivíduos "torna-se uma vida de agentes e mediadores", e o "domínio do privado como um todo é devorado por uma enigmática operosidade que apresenta todos os traços da atividade comercial, sem que nela haja propriamente algo para comerciar". Para ele, "agora que a sociedade inteira se torna hierárquica, as relações escusas insinuam-se e estabelecem-se também por toda a parte onde havia uma aparência de liberdade". Mais adiante: "A consciência moral larga instala-se com generosidade, que tudo perdoa porque compreende com demasiado conhecimento de causa." E mais: "Entre a culpa própria e a alheia emerge um *quid pro quo* [um qüiproquó, confusão] que é resolvido a favor de quem aí levou a melhor."[19]

Um escritor que se debruçou explicitamente sobre o pós-modernismo para elevar o grau das críticas foi Francis Wheen, colaborador do jornal inglês *The Guardian*. Escreveu um livro para denunciar esse período em que as coisas aparentam perder o sentido. Critica a insistência com que os pós-modernistas dizem não existir certezas nem realidades, registra a recusa de seus expoentes em reconhecer legitimidade nos juízos de valor e discorre sobre tudo que leva ao relativismo descomprometido – aquele que pode igualmente celebrar tanto a cultura pop norte-americana como as superstições medievais, com igual intensidade. Cita, a propósito, um texto de Michel Foucault sobre a repressão às dissidências no regime fundamentalista iraniano instalada com a ascensão do aiatolá Khomeini, a partir de 1979. Na época, indagado sobre o Irã islâmico, Foucault respondeu a propósito da repressão:

> Eles não têm um regime da verdade que se assemelhe ao nosso, o qual, convém dizer, é muito especial, mesmo que se tenha quase universalizado. Os gregos tinham o

deles. Os árabes ou os magrebinos [os naturais do norte da África] têm outro. E, no Irã, ele é predominantemente modelado por uma religião que tem uma forma exótica e um conteúdo esotérico. Ou seja, tudo o que se diz sob a forma explícita da lei também remete a um outro significado. Portanto, dizer uma coisa que significa outra não só não é uma ambigüidade condenável, como é, ao contrário, um nível adicional e sumamente valorizado de significação. Muitas vezes, sucede às pessoas dizerem algo que, no nível factual, não é verdade, mas que se refere a um outro sentido mais profundo, que não pode ser assimilado em termos de exatidão e de observação.[20]

No entender de Wheen, nessa fala existiria um método "magnificamente parisiense de evitar uma pergunta direta: com uma dose suficiente de engenhosidade intelectual, até a falta de liberdade de expressão e a promoção da hipocrisia podem ser admiradas como exercício de ironia e ambigüidade textual".[21] O exemplo carregaria consigo todo um esforço lingüístico capaz de relativizar qualquer valor, inclusive aquele sustentador da liberdade de expressão, um dos conceitos mais substantivos da modernidade. Ou seja, no universo difuso da pós-modernidade caberia inclusive a compreensão em relação às restrições à liberdade de expressão.

Ao decifrar a situação da mídia na pós-modernidade, Olgária Matos fala em pós-humanismo e em pós-ética. Argumenta que a modernidade científica e tecnológica é a passagem da *vita contemplativa* do humanismo à *vita activa*. Tudo é novo e o enigma que move filosofias sobre o "por que existe o Ser e não antes o nada" estaria resolvido pela ciência. A nossa "vontade de potência" cria o processo do mundo. A modernidade não queria apenas fazer história, a modernidade queria fazer igualmente a natureza. Ela não perguntaria mais "para onde vamos", pelos fins últimos, pelo Sumo-Bem, todos aqueles valores estáveis que tradicionalmente erigiram o humanismo ético moderno, por isso os tempos de hoje seriam também pós-humanistas. A razão não seria mais considerada como livre faculdade de julgar porque todas as decisões econômicas e políticas passam por soluções técnicas – e com isso estariam abandonados os ideais de reflexão, contemplação e autonomia do pensamento.[22] Portanto, não há mais ética, há técnica. A decisão técnica daria conta de qualquer decisão ética.

Em estudo publicado em 2007,[23] o professor da Universidade Federal Fluminense Alberto Carlos Almeida mostrou como no Brasil a população convive numa "zona cinzenta moral" em relação a tudo aquilo que é certo e errado, segundo os padrões clássicos da moralidade. Ele se debruçou sobre vários aspectos do *modus operandi* do brasileiro e, por meio de uma extensa pesquisa, mostrou o quanto a maioria da população usa o tradicional "jeitinho" (aquela situação-limite na qual uma conversa, um conhecido ou uma gorjeta podem ajudar alguém a se livrar de algum problema, de uma contravenção ou conquistar vantagem) e considera certas situações moralmente aceitáveis quando podem ser entendidas como moralmente erradas de acordo com o senso comum. Conforme os resultados da pesquisa, 63% dos entrevistados "alguma vez na vida já deram um jeitinho"; 63% "alguma vez na vida já pediram para alguém dar um jeitinho para você"; e 65% "algum vez na vida já deram jeitinho para alguém".

O brasileiro diferencia muito bem "jeitinho" de corrupção. Jeitinho é jeitinho, não seria corrupção. Corrupção seria uma coisa mais grave, quando é *mais* aparente alguma distrofia moral. O resultado da pesquisa mostra que os entrevistados consideram que existem sete casos efetivos de corrupção entre 19 situações:

1. Usar cargo no governo para enriquecer (90%);
2. Pagar a um funcionário de uma companhia de energia para fazer o relógio marcar um consumo menor (85%);
3. Dar R$ 20 para um guarda para ele não aplicar uma multa (84%);
4. Conseguir uma maneira de pagar menos impostos sem que o governo perceba (83%);
5. Ter dois empregos, mas só trabalhar em um deles (78%);
6. Fazer um "gato"/"gambiarra" [um desvio da fiação para impedir a medição do consumo] de energia elétrica (74%);
7. Ter uma bolsa de estudo e um emprego ao mesmo tempo, o que é proibido (74%).

No entanto, foram consideradas mais "jeitinhos" do que corrupção as seguintes situações:

1. Dar boas gorjetas ao garçom do restaurante para não precisar esperar na fila (59%);
2. Ajudar um conhecido com pressa a burlar a fila do banco em que trabalha (56%);
3. "Furar" a fila do posto de saúde porque conhece um médico que atende no local (50%);
4. Driblar a fila quando vai matricular o filho porque conhece um funcionário da escola (50%);
5. Conseguir liberar um empréstimo do governo que demora muito a sair porque tem um parente no governo (45%);
6. Pedir a um amigo que trabalha no serviço público para ajudar a tirar um documento mais rapidamente do que o habitual (43%).

Entre as situações, duas mostraram resultados ambíguos. No caso de um funcionário público receber um presente de Natal de uma empresa cujo contrato com o governo ele ajudou a fechar, 30% acharam que isso é um "favor"; 41%, que é um mero jeitinho; e 53%, corrupção mesmo. Outra situação que fica entre o jeitinho e a corrupção é a de "passar uma conversa" no guarda para ele não aplicar uma multa: para 41%, é um jeitinho; para 53%, corrupção. Na pesquisa individual, os cânones sociais se diluem e o jeitinho dá lugar aos direitos do cidadão. Há consciência do que é corrupção e, mesmo assim, ela se dilui em inúmeros casos "menos graves".

A partir da constatação de que a maior parte da população brasileira tem escolaridade baixa (9% é analfabeta; 25% fez até a quarta série; 23% cursou da quinta até a oitava série; 31% concluiu o ensino médio; e 12% tem diploma de curso superior ou mais),[24] o relator da pesquisa afirma que o Brasil é "arcaico". Sem entrar no mérito dessa discussão e de todas as teorias de desenvolvimentos desiguais e combinados, ou na capacidade de determinadas civilizações darem saltos naquilo que a tradição considera "progresso" ou "desenvolvimento", é possível dizer que a mentalidade de grande parte da população brasileira obedece às características seguintes, conforme síntese do próprio Almeida:[25]

- Apóia o "jeitinho brasileiro";
- É hierárquica;
- É patrimonialista;
- É fatalista;
- Não confia nos amigos;
- Não tem espírito público;
- Defende a "lei de Talião" [olho por olho, dente por dente];
- É contra o liberalismo sexual;
- É a favor de mais intervenção do Estado na economia;
- É a favor da censura.

As características que mais interessam neste estudo são as que ligam o brasileiro à liquefação de conceitos sólidos que talvez a população "iletrada" só tenha conhecido por meio da tradição oral, e a população letrada tenha visto nos bancos escolares. Ambas, no entanto, se encaixam nessa situação de individualismo desconectado da cidadania, característica do que se convencionou chamar de pós-modernidade. A maior parte da população apóia o jeitinho, não confia em amigos, defende a "lei de Talião" e não tem espírito público.

De volta a Bauman, há duas características de mudança que fazem essa atual modernidade ser nova e diferente. A primeira mudança seria o colapso gradual e o rápido declínio da antiga ilusão moderna, que poderia ser resumida nos seguintes tópicos:

a) Crença de que haveria um fim no caminho em que andamos, um *telos* [fim] alcançável da mudança histórica, um Estado de perfeição possível de ser atingido, algum tipo de sociedade boa, justa e sem conflitos;

b) Haveria um equilíbrio firme entre oferta e procura e a satisfação de todas as necessidades;

c) Existiria uma ordem perfeita onde tudo estaria no lugar certo, nada que estivesse deslocado persistiria e nenhum lugar seria posto em dúvida;

d) As coisas humanas seriam totalmente transparentes porque se saberia tudo o que deveria ser sabido;

e) Um completo domínio sobre o futuro – tão completo que poria fim a toda contingência, disputa, ambivalência e conseqüências imprevistas das iniciativas humanas.

A segunda mudança seria a desregulamentação e a privatização das tarefas e deveres modernizantes. Aquela que costumava ser considerada uma tarefa para a razão humana, vista como dotação e propriedade coletiva da espécie humana, teria se fragmentado, ou individualizado, sendo atribuída às vísceras e à energia individuais e deixada à administração dos indivíduos e seus recursos.

No caso brasileiro, as elites da informação e as classes médias desobrigaram o Estado das responsabilidades sobre educação, quando levaram seus filhos para a escola particular porque a pública se degradou e não exigiram melhor escola; quando desobrigaram o Estado da responsabilidade sobre a saúde ao optarem por planos particulares porque a saúde pública se desintegrou; quando desobrigaram o Estado do transporte público ao preferirem o transporte próprio e individual; e quando desobrigaram o Estado da responsabilidade pela segurança, ao se isolarem em condomínios e prédios guardados por segurança própria e muros altos, blindando carros e contratando guarda-costas.

De volta a Bauman, ele cita por duas vezes no livro frases simbólicas desse movimento. Uma delas vem de Margaret Thatcher, segundo a qual "não existe essa coisa de sociedade". A outra vem de um profeta do novo espírito empresarial, Peter Drucker: "Não mais a salvação pela sociedade."

Bauman acredita, no entanto, que pode haver ganhos para a moralidade. Ele reconhece que a pós-modernidade golpeou, sim, aquelas possíveis ambições modernas de uma legislação ética universal e que estaria substancialmente edificada. Mas ele se questiona se ela também eliminou todas as oportunidades que a modernidade teve de melhoria moral.

No caso da velha e da nova mídia há uma frase de Rupert Murdoch, o mais vetusto dos homens da comunicação mundial, então com 75 anos, numa conferência a editores de jornais nos Estados Unidos em 2005, no exato instante em que decidiu marcar em público a sua entrada na nova mídia: "Dê às pessoas o controle da mídia, elas o usarão. Não dê às pessoas o controle da mídia, você as perderá."[26]

Surge então a pergunta necessária no campo conhecido e difundido da ética: deve-se considerar a pós-modernidade como passo avante ou retirada? Ele mesmo acha que responder sim ou não é igualmente verdadeiro e igualmente falso. Porque "constitui característica geral da mutação social o fato de que, ao corrigir ou atenuar os erros de ontem, também introduz novos erros destinados a se tornarem alvo de esforços curativos amanhã".[27]

Um esboço de resposta está na própria rede, quando se vê um embrião de participação do cidadão, e não somente do indivíduo ensimesmado. Se Bauman não é sobretudo um otimista, há quem o seja e veja as coisas de outra maneira – como um "integrado", no dizer de Umberto Eco.

Num dos mais celebrados livros sobre a nova realidade da rede mundial, portanto, das novas mídias, Yochai Benkler, professor de direito de Harvard, explica que os elementos fundamentais da diferença entre a informação econômica em rede e os meios de comunicação são a própria arquitetura da rede mundial e o custo (baixo) para alguém se tornar um protagonista, ou *speaker*, no termo em inglês usado por ele. O primeiro elemento é a mudança da comunicação unidirecional, voltada para o sujeito final, para uma arquitetura de conexões multidirecionais distribuída entre os inúmeros nós no ambiente da informação em rede. O segundo elemento é praticamente a abolição dos custos como barreira para se comunicar, ultrapassando as fronteiras. Juntas, essas duas características teriam alterado fundamentalmente a capacidade dos indivíduos no sentido de atuarem sozinhos ou com outros, de serem participantes ativos da esfera pública (para ele, a esfera pública não se decompôs) em oposição aos passivos leitores, ouvintes ou telespectadores. E essa mudança, para Benkler, seria tanto qualitativa quanto quantitativa.[28] A mudança qualitativa é aquela que daria ao cidadão a experiência de vir a ser um potencial protagonista em oposição a um simples ouvinte ou um simples votante – neste momento Benkler ecoa as palavras de Murdoch.

Dominique Wolton se debruçou sobre argumentação semelhante antes mesmo de Benkler a proferir, porque esse é o raciocínio que permeia qualquer defesa possível da nova mídia. Wolton considera essa conversa ilustrativa da "ideologia técnica", que confere valor normativo a esse tipo de comunicação assegurada por uma técnica.

> Hoje, com a explosão das estruturas sociais, é muito mais fácil satisfazer as necessidades em vez de criar interesse pelas problemáticas generalistas. Apresentar como um progresso técnico o fato de se ocupar de si e um pouco dos outros é uma hipocrisia, no momento em que o individualismo dominante corresponde ao ar dos tempos e aos interesses industriais e comerciais que o acompanham! O individualismo é um valor progressivo numa sociedade fechada, ignorante da igualdade dos indivíduos e das comunidades.[29]

A questão tecnológica é para ser levada a sério. Ela permitiu, como visto no capítulo 7, a movimentação dos espanhóis no sentido de mudar os rumos de uma eleição usando aparelhos celulares, e-mails e mensageiros instantâneos, para convocar os compatriotas a ir às urnas e derrotar o governo que havia distribuído informação falsa sobre os responsáveis pelo atentado aos trens em Madri que matou, em 2005, 191 pessoas. Ela permitiu que o presidente dos Estados Unidos, Barack Obama, arrecadasse quase metade do financiamento de sua caminhada à Presidência, em 2008, via rede, fato inédito na história política mundial – e também usasse as redes sociais da internet como instrumento de campanha política. É ela que permite a extrema individualidade, a reclusão conectada com o mundo, ao mesmo tempo que pode resgatar o direito de cidadania para os mesmos indivíduos conectados, seja em comunidade, em rede nacional ou mundial.

Octavio Ianni e o príncipe eletrônico

Um dos textos mais estudados sobre a realidade da indústria da comunicação no pós-modernismo é de um sociólogo brasileiro, Octavio Ianni (1926-2004). *O príncipe eletrônico*, desde o título, remete à obra de Maquiavel.[30] Refere-se igualmente à expressão repaginada por Antonio Gramsci, político e pensador comunista italiano de enorme repercussão entre os grupos de esquerda até os anos 1970. Gramsci cunhou a expressão "moderno príncipe" para se referir aos partidos políticos que, na modernidade, tomaram o lugar do príncipe clássico na função de condutor do processo político. E entenda-se conduzir esse processo como um todo: moral, social e economicamente.

Pois a questão ética se complica num mundo sob a égide do "príncipe eletrônico", o ente dominador do espaço globalizado. Eletrônico porque arquitetado pela tecnologia que participa praticamente de quase todas as mediações das relações humanas. Ele impregna "todas as esferas da sociedade nacional e mundial; e de modo particularmente acentuado as estruturas de poder, as tecnoestruturas, os *think tanks*, os *lobbies*, as organizações multilaterais e as corporações transnacionais, sem esquecer as corporações de mídia".[31]

Ianni morreu antes que a internet, no seu avanço célere junto às populações, em escala mundial, alargasse consideravelmente o papel do indivíduo na esfera pública, em decomposição sistêmica. Em grande medida, a internet deu ao indivíduo ferramentas para também ser um protagonista da mídia, forneceu-lhe um expediente de potencial exercício de cidadania e, simultaneamente, de individualização. Encaixam-se nesse modelo os sites pessoais, os blogs, as facilidades de se subir áudio e vídeo em sites montados com produções de internautas ou nos construídos por aqueles que se consideram repórteres-cidadãos, atividade capaz de dar a qualquer pessoa o papel de comunicador de massa. Além dessas facilidades que proporcionam a cada indivíduo o "poder" da mídia, a questão ética agrava-se quando se percebe que a mesma realidade global é permeada por uma absoluta assimetria da informação, categoria extraída da teoria econômica a partir da conceituação de Joseph Stiglitz[32] e que funciona bem para o jornalismo.

Para não deixar complexidades de lado, a mídia (composta agora não somente pelas formas tradicionais de comunicação, mas também pelas novas mídias e pelos novos protagonistas da rede) se enreda, molda e dirige as esferas de atuação do homem num mundo em que a modernidade superou a si própria e sua densidade se desmanchou na modernidade líquida de Bauman. Esse é outro modo de se referir à polêmica pós-modernidade, encaixando-a como elemento da própria modernidade, e não algo posterior, mas orgânico, decorrente dela mesma.

Em *O príncipe*, na leitura de Ianni, Maquiavel mostra como o condutor, investido na figura de líder político, de *condottiere*, era capaz de articular muito bem a *virtù* – a virtude, a capacidade de atuação e liderança – com as condições sociais e políticas – a *fortuna*, ou a sorte, com a qual deveria atuar. Sem a *virtù* não haveria liderança. Ao mesmo tempo, o líder defrontava-se com a *fortuna*, que podia lhe ser mais ou menos favorável. Ianni cita passagens determinantes do *Príncipe*:

> Nos principados inteiramente novos, onde haja um novo príncipe, se encontra dificuldade maior ou menor para mantê-los, conforme tenha mais ou menos predicados (*virtù*) aquele que os conquista. E como o fato de passar alguém de particular a príncipe pressupõe valor (*virtù*) ou fortuna, é de crer que uma ou outra dessas duas coisas atenue em parte muitas dificuldades ...
>
> Os estados rapidamente surgidos, como todas as outras coisas da natureza que nascem e crescem depressa, não podem ter raízes e aderências necessárias para a sua consolidação. Extingui-los-á a primeira borrasca, a menos que, como se disse acima, os seus fundadores sejam tão virtuosos (*virtuosi*) que saibam imediatamente preparar-se para conservar o que a fortuna lhes concedeu e lancem depois alicerces idênticos aos que os demais príncipes construíram antes de tal se tornarem ...
>
> Para que não se anule o nosso livre-arbítrio, eu, admitindo, embora que a fortuna seja dona da metade de nossas ações, creio que, ainda assim, ela nos deixa senhores da outra metade ou pouco menos. Comparo a fortuna a um daqueles rios que, quando se enfurecem, inundam as planícies, derrubam árvores e casas, arrastam terra de um ponto para pô-la em outro: diante deles não há quem não fuja, quem não ceda ao seu impulso, sem meio algum de lhe obstar. Mas, apesar de ser isso inevitável, nada impediria que os homens, nas épocas tranqüilas, construíssem diques e canais de modo que as águas, ao transbordarem do seu leito, corressem para esses canais ou, ao menos, viessem com fúria atenuada, produzindo menores estragos. Fato análogo sucede com a fortuna, que demonstra todo o seu poderio quando não encontra ânimo (*virtù*) preparado para resistir-lhe e, portanto, volve a seus ímpetos para os pontos onde não foram feitos diques para contê-la ...
>
> Creio que isso é suficiente para demonstrar, em tese, a possibilidade de nos opormos à fortuna ... Concluo, por conseguinte, que os homens prosperam quando a sua imutável maneira de proceder e as variações da fortuna se harmonizam, e caem quando ambas as coisas divergem.[33]

A virtude do conhecimento e a sorte de estar no lugar e na hora certos compõem o arcabouço no qual atua o príncipe, para Maquiavel. Ele é o condutor do processo, o homem de visão capaz de levar as massas e as multidões ao delírio da guerra, às benesses da paz, às artimanhas dos impostos. Se souber planejar (releia o que Maquiavel fala dos diques logo acima), saberá enfrentar as vicissitudes do poder.

Adentrando a modernidade, o príncipe de Maquiavel foi substituído não por outra pessoa dotada de *virtù* e de *fortuna*, mas por uma instituição com o mesmo conhecimento e sorte, pronta para conduzir o processo: o partido político. O próprio Gramsci, citado por Ianni, explica o funcionamento do moderno príncipe:

> O moderno príncipe, o mito-príncipe, não pode ser uma pessoa real, um indivíduo concreto; só pode ser um organismo; um elemento complexo da sociedade na qual já

> tenha se iniciado a concretização de uma vontade coletiva reconhecida e fundamentada parcialmente na ação. Este organismo já é determinado pelo desenvolvimento histórico, é o partido político: a primeira célula na qual se aglomeram germes de vontade coletiva que tendem a se tornar universais e totais ... É preciso também definir a vontade coletiva e a vontade política em geral no sentido moderno; a vontade como consciência atuante da necessidade histórica, como protagonista de um drama histórico real e efetivo ...[34]

Para Gramsci, que escreveu isso na prisão, entre 1926 e 1934, uma parte básica do moderno príncipe deveria ser dedicada a uma reforma intelectual e moral. Ele se referia tanto à questão religiosa quanto a uma concepção de mundo. Comunista, não vivenciou a Segunda Guerra, a Guerra Fria e muito menos a *débâcle* da União Soviética. Guardava o ideal de um comunismo idealizado, jamais consumado. Seu conceito de moderno príncipe interessa porque se adpta a qualquer partido comprometido com mudanças, não importa quando o partido adentrou a idade moderna – nem se ajudou a construí-la. Cabe em todos os partidos que levaram adiante a Revolução Francesa, a independência norte-americana, a socialdemocracia européia, o socialismo nas partes do mundo em que se fez via revolução social, ou em qualquer partido na ponta do processo político: "O moderno príncipe, desenvolvendo-se, subverte todo o sistema de relações intelectuais e morais, na medida em que o seu desenvolvimento significa de fato que cada ato é concebido como útil ou prejudicial, como virtuoso ou criminoso."[35]

Essa última assertiva tem sentido tanto para a Revolução Francesa quanto para a independência norte-americana, para a Revolução Russa e, malgrado o próprio Gramsci, até para os movimentos nazifascistas, também comandados por partidos de forte respaldo popular em seu início. Enfim, eram os partidos políticos, à frente da população, que amalgamavam o desejo de mudança, estavam no momento certo (*fortuna*) e tinham a capacidade de conhecimento (*virtù*) para entender o desejo de mudar. Sempre há, na modernidade, um rearranjo moral e um ideal teoricamente possível em andamento: fim da dominação, fim da miséria, igualdade para todos.

Essa realidade, moldada por consistentes partidos na ponta do processo político, esmigalhou-se. Os partidos se multiplicaram. O mundo se estilhaçou em movimentos díspares (movimentos sindicais, movimentos sociais desligados dos partidos, organizações ditas não-governamentais) e em movimentos religiosos (sejam os tradicionais, sejam os evangélicos de cunho individualista, sejam os de cunho fundamentalista) que fortaleceram o caminho da dispersão. Cada movimento – religioso, político, social ou ambiental – cuida de um aspecto da mudança. Cada um é um pedaço orgânico desse sistema esparramado e multifacetado. Com o esvanecimento da modernidade clássica, a moralidade também mudou. Os líderes mundiais começaram a rarear. Menos unânimes, os partidos passaram a se revezar mais no poder. Novos e pequenos partidos passaram a conviver com grandes e velhos partidos. Muitos deles perderam o sentido primordial, esse sentido que tanto Maquiavel quanto Gramsci definiam como hegemonia e soberania – características comuns a ambos os predecessores do príncipe eletrônico.

Gramsci falava em hegemonia ético-política, que naturalmente seria também hegemonia econômica. Tudo isso foi se arrastando e se desfazendo no bojo da modernidade. Conceitos sólidos se desmancharam num individualismo cujos resultados são patentes no homem encapsulado e servido pelas tecnologias. E as pessoas se recolheram às suas individualidades. O sociólogo espanhol Manuel Castells detecta a internet como fator de individualização e lhe atribui o mais relevante papel na estruturação das relações sociais, com "sua contribuição para o novo padrão de sociabilidade baseado no individualismo". Para ele, "não é a internet que cria um padrão de individualismo na rede, mas seu desenvolvimento que fornece um suporte material apropriado para a difusão do individualismo em rede como a forma dominante de sociabilidade".[36]

Michel Maffesoli vai por caminho oposto. Não enxerga a questão do individualismo como a atomização do eu, nem quando qualquer "eu" esteja apenas em conjunção espacial com os outros. Aliás, ele gosta de repetir a frase de Albert Einstein, para quem seria mais fácil quebrar um átomo do que romper um preconceito. E o preconceito faria do individualismo a marca da nossa época. Maffesoli considera a nossa vida exatamente o oposto do individualismo. Apresenta as "amontoações" que "pontuam nossa vida social" como exemplos desse contrário: aglomerações musicais, comunhões religiosas, êxtases esportivos, celebrações culturais, festivais e "festas do consumo, nos hipermercados e nos múltiplos saldos e liquidações que são os templos contemporâneos".[37] Ao contrário dos apocalípticos de Frankfurt, ele é o expoente típico do intelectual "integrado" de Umberto Eco.

Sem entrar no mérito desses exemplos e de quanto essas amontoações diferem do clássico movimento social no qual as pessoas estão imbuídas de um objetivo que as une – e são aglomerações que apenas reúnem, agregam fisicamente a dispersão, como acontece hoje nos templos religiosos, de música ou de consumo –, é bom ver como o próprio Maffesoli caracteriza a "ideologia individualista", que serve como fundamento para a nossa sociedade e faz a vida social assentar-se num indivíduo racional fruto da razão soberana. Todos nós compartilharíamos a mesma explicação de sociedade e uma mesma forma de reflexão – a mesma, portanto, que leva às multiplicidades de pontos de vista e à própria atomização social. Não há "tribo", para usar uma expressão cara a Maffesoli, que dê conta de uma união qualquer imbuída de um afeto coletivo. E é o próprio Maffesoli quem sustenta a falência de "inúmeras instituições", como o trabalho, a família, a escola, a política.[38]

A intervenção cirúrgica de Octavio Ianni no tecido social dá conta disso e coloca o individualismo no seu devido lugar. Ianni não disfarça seu gosto e sua preferência pelo príncipe moderno. É com certa relutância, talvez temor, que começa a definir o príncipe eletrônico. Ele não seria "nem *condottiere* nem partido político, mas realiza e ultrapassa os descortinos e as atividades dessas duas figuras clássicas da política".[39] O príncipe eletrônico não é nem a figura do líder político na acepção clássica a partir da definição dada por Maquiavel, a do *condottiere*, e muito menos o todo-poderoso partido político que fez revoluções, criou experiências trágicas como a do nazifascismo e a do comunismo de Estado, ao mesmo tempo que deu novo sentido à socialdemocracia, ao liberalismo e ao próprio capitalismo. O príncipe eletrônico simultaneamente "subordina, recria, absorve ou simplesmente ultrapassa os outros". Ele engloba líder e partido e não apenas realiza como passa adiante de todas as atividades das duas instituições anteriores, o próprio príncipe e o moderno príncipe. É uma entidade "nebulosa e ativa, presente e invisível, predominante e ubíqua que permeia todos os níveis da sociedade". Essa entidade "expressa principalmente a visão do mundo prevalecente nos blocos de poder predominantes em escala nacional, regional e mundial". Ela está presente também localmente, ela é a mídia, e a grande corporação da mídia é aquela que "realiza limpidamente a metamorfose da mercadoria em ideologia, do mercado em democracia, do consumismo em cidadania".[40]

Ianni resume o príncipe eletrônico como o *intelectual coletivo e orgânico* das estruturas e blocos de poder presentes, predominantes e atuantes em escala nacional, regional e mundial. Ele sempre se conformará aos contextos sociais, culturais, políticos e econômicos desenhados a cada momento pelas contingências do novo mapa do mundo. Óbvio, diz, o príncipe eletrônico não pode ser homogêneo nem monolítico em qualquer lugar em que esteja:

> Além da competição evidente ou implícita entre os meios de comunicação de massas, ocorrem freqüentes irrupções de fatos, situações, relatos, análises, interpretações e fabulações que pluralizam e democratizam a mídia. Sem esquecer que são inúmeros os intelectuais de todos os tipos, jornalistas, fotógrafos, cineastas, programadores, atores, entrevistadores, redatores, autores, psicólogos, sociólogos, relações-públicas, especialistas em eletrônica, informática e cibernética e outros [Ianni poderia ter enfatizado também os publicitários e os executivos de forma geral] – que diversificam, pluralizam, enriquecem e democratizam a mídia. Há jornais, revistas, livros, rádios, televisões e outros meios que expressam formas e visões alternativas do que vai pelo mundo, desde o narcotráfico e o terrorismo transnacionais às guerras e revoluções, dos eventos mundiais da cultura popular aos movimentos globais do capital especulativo. Assim se enriquece o príncipe eletrônico, tornando-o mais sensível ao que vai pelo mundo, desde a perspectiva de classes e grupos sociais subalternos até a perspectiva das classes e grupos sociais predominantes.[41]

Quando produziu esse texto, Ianni ainda não estava sob o monumental impacto dos elementos que as novas mídias – em especial aquelas carreadas pela informática, como a internet, a telefonia celular e a mídia digital – poderiam produzir para reforçar o seu conceito de príncipe eletrônico. Na esteira das definições da indústria cultural (Adorno e Horkheimer) e da sociedade do espetáculo (Guy Debord), Ianni encontra uma maneira diferente – ao mesmo tempo apocalíptica, no sentido dado por Umberto Eco – de exibir ao mundo a face de uma situação que não só invade como determina e realimenta a realidade das pessoas minimamente partícipes de qualquer das sociedades de consumo.

Assim, indo um pouco além de Ianni, mídia não é apenas sinônimo de comunicação, mas de todo o impacto textual, audível e/ou visual que os indivíduos constroem e aos quais se submetem. Mídia é não só a comunicação clássica, mas os telefones, a propaganda, a novela, os livros, a música, a moda, a atitude – ela permeia o que se convencionou chamar de cultura, situa-se no bojo da vida.

Ianni amalgama uma série de conceitos desenvolvidos pelos críticos da indústria da cultura de massa. Busca os alicerces de seu conceito em toda a biblioteca crítica capaz de sustentá-los. Em quem se apóia Ianni para fundar a idéia do príncipe eletrônico? A saber:

1. Em Hans Magnus Enzensberger (ensaísta alemão):

> A consciência foi, desde o princípio, produto da sociedade e continuará a sê-lo enquanto existam homens, segundo Marx ... A indústria da manipulação das consciências é uma criação dos últimos 100 anos ... Enquanto se discute com paixão e detalhadamente acerca dos novos meios técnicos – rádio, cinema, televisão, disco, CD, fax, internet e outros; enquanto se estuda o poder da propaganda, de publicidade e das relações a públicas, a indústria da manipulação das consciências continua sem ser considerada em seu conjunto, como um todo ... Estamos ante a indústria-chave do século XX.[42]

2. Em Michael Gurevitch (especialista em comunicação, Ph.D. pelo Massachusetts Institute of Technology, professor da Universidade de Maryland, Estados Unidos):

> A televisão não pode mais ser considerada (se alguma vez o foi) mera observadora e repórter de eventos. Está intrinsecamente encadeada com estes eventos e tem se tornado claramente parte integral da realidade que noticia ... As relações da imprensa, rádio e televisão com o sistema político são governadas, em cada país, pela natureza do sistema político e das normas que caracterizam sua cultura política. A estrutura sociopolítica e econômica das diferentes sociedades também determina a estrutura interna de seu sistema de mídia, os métodos de financiamento deste e, conseqüentemente, das relações intersistêmicas das diferentes organizações da mídia.[43]

3. Em Stefano Rodotà (jurista e político italiano):

> Estamos diante de complexas transformações da esfera pública, em grande parte determinadas principalmente pelo modo como evolui o sistema dos meios de comunicação. A esfera pública, portanto a política, era distinta, ao menos em termos de princípios, não só da esfera privada, mas da atividade empresarial. Essa fronteira tem

sido continuamente suprimida, principalmente pelo modo como tem evoluído o sistema televisivo, que determina uma espécie de unificação das diversas esferas, em especial da política, comércio, espetáculo. Embora continue a existir uma distinção formal entre programas de informação, espetáculo e publicidade, ocorre freqüentemente que os políticos preferem comparecer aos programas mais populares, nos quais a política se mistura logo com outros gêneros. E criam-se programas televisivos de informação política cada vez mais freqüentemente modelados em esquemas de programas de entretenimento. Assim, o político não deve apenas adequar-se às regras desse outro tipo de programa, já que é percebido pela opinião pública como parte de um mundo que lhe é mais familiar, no qual aquelas atividades se revelam indistinguíveis. O político aparece como um produto entre outros, é avaliado com critérios que se aproximam bastante dos vigentes no mundo de consumo. Assim, essa mudança dos parâmetros é a real transformação, mais do que o papel preponderante que a televisão adquiriu no jogo político. E uma confirmação dessa tendência vem do fato de que a tecnopolítica é constituída cada vez mais amplamente pelos instrumentos que vêm diretamente do mundo da produção, do comércio, da publicidade.[44]

4. Na idéia da *ágora eletrônica* de Julian Stallabrass (escritor, fotógrafo, um dos editores da *New Left Review*): "Na *ágora eletrônica*, indivíduos isolados, anônimos, mas presumivelmente bem informados, podem reunir-se sem o risco de violência ou infecção, engajando-se em debates, troca de informações ou meramente não fazendo nada."[45]

5. Em Karl Mannheim (sociólogo alemão de origem húngara): "As práticas e as agências que têm como objetivo principal modelar o comportamento humano e as relações sociais, eu as descrevo como técnicas sociais. Sem elas e as invenções tecnológicas que as acompanham, as vastas e radicais mudanças do mundo contemporâneo jamais teriam sido possíveis."[46]

6. Em argumentação das mais "integradas" do executivo Rafael D. Pagan (então presidente do Centro de Coordenação da Nutrição da Nestlé):

> A luta na qual estamos engajados é de natureza política e em âmbito político, mas ainda não está claro se o futuro será de liberdade econômica, social, individual e política ... Sinto que é essencial que as firmas multinacionais que estão sendo criticadas criem um grupo organizado de profissionais talentosos e experientes. Assim, quando necessário, consultores especiais, alheios às relações públicas cotidianas da firma, podem concentrar seus esforços em questões políticas enfrentadas pelas multinacionais. Na busca de uma receptividade pública e na eliminação da atitude crítica, as firmas multinacionais têm uma arma valiosa a seu dispor: a publicidade e a movimentação de pessoal de campo ... Precisamos reativar nossas tradicionais associações profissionais, ou olhar além delas, por novos aliados, em associações de camponeses, trabalhadores e proprietários de pequenos negócios, muitos dos quais têm sido suspeitosos do capitalismo multinacional, com boas razões. Precisamos afirmar o interesse

comum de todas as instituições que criam riqueza: grandes e pequenas, privadas e governamentais, nacionais e multinacionais. Em síntese, precisamos afirmar o pluralismo e a diversidade da condição humana, um exemplo que é dado pela democracia tanto quanto pelo livre mercado de mercadorias e idéias. O capitalismo multinacional nunca deve aparecer como um rival dominador, relativamente aos interesses locais, nacionais ou tribais.[47]

7. Em Mark Wossner (ex-presidente de um dos maiores conglomerados de mídia do planeta, a empresa alemã Bertelsmann), com alegações igualmente "integradas":

> As mudanças que abalam o mundo criam insegurança. Elas exigem que o povo reavalie e mude de atitude, de modo a administrar as novas mudanças. O povo busca orientação e informação, mas tem também uma forte necessidade de entretenimento e recreação. Para fazer face a essas diversas necessidades, uma corporação global da mídia tem responsabilidades especiais. A comunicação é um elemento básico de qualquer sociedade. A mídia torna essa comunicação possível, ajuda a sociedade a compreender as idéias políticas e culturais e contribui para formar a opinião pública e o consenso democrático. Hoje, a sociedade usa a mídia para exercer uma forma de autocontrole. Com essas responsabilidades como pano de fundo, os executivos da mídia devem permanecer conscientes das suas obrigações, respeitando princípios éticos em suas atividades.[48]

Essas são as fundações sobre as quais Ianni assenta a plataforma do príncipe eletrônico. Há elementos adicionais fora do ensaio de Ianni que lhe dão mais substância.

Num debate em 2004,[49] que opôs em uma universidade alemã o filósofo Jürgen Habermas (herdeiro das lições da Escola de Frankfurt) e o então cardeal Joseph Ratzinger (depois papa Bento XVI), protagonizou-se uma das mais notáveis discussões morais dos últimos tempos. Ela tem como pano de fundo a questão da comunicação entre os homens. Habermas na defesa da razão e Ratzinger em defesa da religião – com a conclusão de que nem esta nem aquela deram conta das mazelas do mundo.

Antes de admitir existirem patologias na religião e também patologias da razão, o próprio cardeal Ratzinger reconheceu a dificuldade pós-moderna (ele não usa essa expressão, mas ela está imersa na complexidade de suas angústias ali declaradas) de um ordenamento moral universal:

> Em outras palavras, a fórmula mundial, seja ela racional, ética ou religiosa, com a qual todos concordam e que poderia então sustentar o todo, não existe. Em todo caso, ela é atualmente inalcançável. Por isso, o assim chamado *ethos* [nesse caso, costume, conjunto das características distintivas de um povo, grupo ou comunidade, nomeadamente no que diz respeito a atitudes, hábitos e crenças] mundial permanece também uma abstração.

Eis aí mais uma explicação para o desordenado reordenamento levado a cabo pelo príncipe eletrônico – uma situação que somente um oximoro (desordenado reordenamento) ajuda a explicar.

Habermas, um homem que defende todo poder ao Estado – que deveria ser, segundo ele, sobretudo mais regulador e mais controlador –, se mostrou preocupado com "uma modernização descarrilada da sociedade no seu todo", capaz de tornar o vínculo democrático "frouxo". Para ele, as "evidências para tal esmigalhamento da solidariedade cívica mostram-se no contexto mais amplo de uma dinâmica politicamente descontrolada formada pela economia mundial e a sociedade mundial". Mercados privados assumem de modo crescente funções de comando em setores da vida que até então eram mantidos coesos:

> Dessa forma, não somente esferas privadas, em uma taxa crescente, são redirecionadas para mecanismos de ação cuja orientação é o sucesso, orientação que em cada caso depende de preferências próprias; também a esfera que é vencida pelas pressões públicas de legitimação está encolhendo. O privatismo cívico é fortalecido pela desencorajadora perda de função de uma formação de opiniões e vontades democráticas, que por enquanto somente funciona nas arenas nacionais pela metade e por isso não alcança mais os processos decisórios deslocados para planos supranacionais. Também a esperança, em vias de desaparecer, de um poder de configuração político da comunidade internacional estimula a tendência da despolitização dos cidadãos.

Ele fala então de uma sociedade mundial "altamente fragmentada". Nesse ponto, Habermas introduz o conceito de *razão comunicativa*, uma questão em aberto:

> Considero melhor a questão se uma modernidade ambivalente [eis aqui outro jeito de se referir à pós-modernidade] irá se estabilizar a partir das forças seculares de uma razão comunicativa, que não deve ser levada ao extremo por meio de uma crítica da razão, mas que deve ser tratada de forma não-dramática, como uma questão empírica em aberto.

As bases de apoio à realidade do príncipe eletrônico não são poucas, dada a profusão de análises que a emergência das novas mídias, lastreadas pelo desenvolvimento tecnológico, produz cotidianamente, deixando, ainda por cima, a academia atônita. Jürgen Habermas voltou a esse assunto em 2006, dois anos depois do encontro com Ratzinger, quando recebeu o prêmio Bruno Kreisky, e falou sobre o "caos na esfera pública"; de quebra, um tema recorrente em seus trabalhos. Nesse discurso, mostra quanto os intelectuais estão perplexos. Ele se pergunta: "Será que na nossa sociedade midiática não ocorre uma nova mudança estrutural da esfera pública?"[50] A resposta acaba colaborando na fundamentação do príncipe eletrônico, ainda que não tenha sido formulada nesse sentido: "A reorientação da comunicação, da imprensa e do jornalismo escrito para a televisão e a internet conduziu a uma ampliação insuspeitada da esfera pública midiática e a uma condensação ímpar das redes de comunicação." Para ele, a esfera pública tornou-se mais includente. Agora se troca muito mais informação do que em qualquer época da humanidade, coisa óbvia de ser vista e dita, mas que requer aprofundamento. Sobre os intelectuais, acrescenta: "Parecem morrer sufocados diante do transbordamento desse elemento vivificador, como se ele lhes fosse administrado em overdose." Habermas aperta: "A bênção parece transformar-se em maldição." As razões para isso lhe parecem ser uma "informalização" da esfera pública e uma indiferenciação dos papéis correspondentes.

De volta a Ianni, efetivamente fora do papel de intelectual atônito, conforme definido por Habermas, e sim preocupado com a nova realidade desenhada, ele informa que, de par com os desenvolvimentos das tecnologias eletrônicas, informáticas e cibernéticas, desenvolvem-se as redes, o fax, o correio eletrônico, a internet, a multimídia, o hipertexto, a realidade virtual, o ciberespaço, a sociedade informática e o mundo sistêmico. De um mundo "geo-histórico", arquitetado pela modernidade, "emerge o mundo virtual, tecido sistematicamente, desenhado pela pós-modernidade". Para ele, um e outro, mundo real e mundo virtual, "parecem distintos, separados, autônomos, umas vezes justapostos, outras dissonantes, estridentes. É como se a experiência e a consciência se dissociassem, da mesma maneira que as palavras e as coisas, a linguagem e a imagem, o real e o virtual, o ser e o devir, o dito e a desdita".[51]

Nessa espécie de dissociação associada estaria armado em definitivo o palco da pós-modernidade, onde espaço e tempo parecem dissolver-se e onde se dissolvem igualmente história e memória, lembrança e esquecimento, façanhas e derrotas, ideologias e utopias. Este mundo, seja real, seja virtual, não estaria pronto e acabado. Nele cabem multiplicidades, divergências, desigualdades, tensões e antagonismos – sempre conforme Ianni. Por mais que se fale em fim da história, multiplicam-se os atritos, as contradições e os conflitos. O elemento impulsionador, o príncipe eletrônico, pode ser visto como uma "das mais notáveis criaturas da mídia, isto é, da indústria cultural" porque "impregna a atividade e o imaginário de indivíduos e coletividades, grupos e classes sociais, nações e nacionalidades, em todo o mundo".[52]

Como registrado,[53] o príncipe eletrônico é a face globalizada da indústria cultural, é a onipresença da mídia que regula e desregula, instaura e tira, manda e desmanda – num mundo onde a informação não corre solta nem totalmente livre porque corre desigual.

Joseph Stiglitz e a assimetria da informação

Nascido em 1943 em Gary, Indiana, Estados Unidos, Joseph Stiglitz é o economista que melhor trabalhou o conceito de assimetria da informação. Ele o desenvolveu para explicar a desigualdade das informações que alimentam os mecanismos de transações financeiras em escala planetária num mundo globalizado, pós-moderno – no mesmo mundo no qual reina o príncipe eletrônico, invasivo, onipresente. Doutorado pelo Massachusetts Institute of Technology (MIT), professor das universidades de Yale, Princeton, Stanford, Oxford e do próprio MIT, além de economista-chefe e vice-presidente do Banco Mundial, foi quem ajudou a criar o conceito de economia da informação no qual explora justamente as conseqüências da assimetria da informação nos mercados. Por isso Stiglitz ganhou o Nobel de economia em 2001.

O seu desenho da assimetria da informação nos mercados econômicos ilumina a questão da troca de informações de maneira geral – com a diferença de que nas finanças sabe-se de imediato quem perde e quem ganha, quanto se perde e quanto se ganha. Se no mundo das comunicações uma boa reputação pode ser desfeita por conta de um único título malicioso, muitas vezes é difusa a possibilidade de se entender quem perde e quem ganha o quê, quem sabe o quê para entender o que se está publicando e que informações omitidas poderiam iluminar ainda mais uma notícia. Na sua "Prize Lecture" do Nobel, Stiglitz explicou bem a questão da assimetria e citou uma passagem de Keynes, escrita em 1936:

> As idéias dos economistas e filósofos políticos, quando estavam certos e quando estavam errados, são mais poderosas do que se pensa em geral. Certamente, o mundo é regido por algo mais. Homens práticos, que se acreditam eles mesmos imunes de qualquer influência intelectual, são usualmente os escravos de alguns economistas defuntos. Autoridades malucas, que ouvem vozes no ar, estão destilando seu frenesi captado de algum escrevinhador acadêmico de alguns anos atrás.[54]

A citação de Keynes vem por conta de que também na comunicação, no jornalismo, os homens práticos acreditam piamente na beleza de um ofício cujas regras morais brotariam da experiência prática da vida. Em geral, essas regras do dia-a-dia ecoam um "regrário" ético despedaçado por uma inegável desigualdade no entendimento dos preceitos, preceitos estes adaptados às circunstâncias e que provocam desigualdades só capazes de serem desfeitas com o conhecimento. A começar pelo conhecimento de que as informações correm de forma assimétrica. A partir do exemplo que se verá em seguida, dado por Stiglitz, e que se refere às informações trocadas pelos mercados financeiros, se poderá entender melhor como funciona o mecanismo de informação em geral. Essa é a contribuição de Stiglitz ao tema deste trabalho: como o entendimento da multiplicidade de informações disponíveis de forma assimétrica é fundamental para o entendimento da questão moral.

Assimetria quer dizer não-simetria, ausência de igualdade, uma enorme diferença, uma grande diferença, alguma diferença, uma disparidade, uma discrepância, uma desigualdade. Um lado tem mais informação do que o outro no processo da comunicação. Os sete pontos seguintes trazem um resumo do que Stiglitz[55] entende por fontes das assimetrias da informação, de onde elas provêm e incluem a sugestão dele para resolvê-las nos modelos mais simples do mercado econômico. Todos os comentários entre parênteses são meus:

1. As imperfeições da comunicação são pervasivas na economia. Stiglitz acha que seria difícil imaginar um mundo com a informação perfeita. (Idem para a comunicação em geral, idem especialmente para o jornalismo – não há comunicação perfeita nem em jornalismo. Se houvesse, nenhuma discussão, nenhum livro sobre ética jornalística seria necessário.)

2. Stiglitz parte da obviedade segundo a qual pessoas diferentes sabem coisas diferentes. Trabalhadores sabem mais sobre suas habilidades do que a empresa; quem compra seguro saúde sabe mais sobre sua saúde, se fuma ou se bebe de forma imoderada, do que a empresa de seguros; o proprietário de uma empresa sabe mais sobre a empresa do que um investidor em potencial; o credor sabe mais sobre seu risco e o risco tomado do que o emprestador. (A fonte sabe mais que o repórter; o repórter vai saber mais daquele dado esmiuçado com a fonte do que o editor; o editor vai saber mais do que o diretor da publicação; o diretor vai saber mais do que o proprietário ou os acionistas da empresa, que não saberão mais do que o leitor leigo que vai ler as informações e que saberá muito menos que o especialista naquele assunto que, por sua vez, sempre encontrará em qualquer texto jornalístico alguma imprecisão, algum erro, alguma desinformação ou alguma omissão relevante.)

3. Stiglitz está preocupado com a característica essencial de uma economia descentralizada, na qual gente diferente sabe de coisas diferentes. Perceber a assimetria, todos a perceberam. Há muito tempo. Perceber os problemas das *imperfeições* da informação e as suas conseqüências adversas é outra coisa. Aí moraria uma parte considerável do problema.

4. Um indivíduo naturalmente sabe mais sobre ele mesmo do que qualquer outro, mas ele pode saber pouco sobre sua real condição de saúde e uma companhia de seguro médico, por meio de um simples exame, pode ficar muito mais informada do que o próprio indivíduo. Num processo de exploração de óleo, uma companhia pode encontrar informação relevante em relação à probabilidade de que haja óleo em todo o terreno vizinho, uma informação que teria vindo externamente. A simples existência da informação afeta a natureza dos lances para a exploração de óleo em toda a extensão do terreno vizinho. É evidente que a existência dessa informação assimétrica, diz Stiglitz, afeta a natureza dos lances para a exploração de óleo na área. As ofertas nas quais existem assimetrias de informação serão remarcadamente diferentes daquelas em que as assimetrias de informação não existirem. (Os desinformados – porque estão de posse de uma informação imperfeita ou de pouca informação sobre o assunto em pauta – podem dar lances menores ou até muito maiores do que os informados. Acrescente-se então o efeito imprensa: alguém interessado em desfazer essa vantagem e também dono dessa informação, seja por espionagem ou por acaso, decide procurar um jornalista e lhe contar que existe óleo no terreno tal. O jornalista dá

curso à informação e o negócio da exploração do óleo passará a ser disputado por várias outras empresas, beneficiando o detentor dos direitos de exploração. A divulgação dessa informação, imperfeita, vai afetar ainda mais os lances, além de multiplicá-los. O jornalista, sem saber, acaba sendo protagonista do jogo de interesses e vítima da assimetria. Ele sabia da existência do óleo, mas não poderia saber, necessariamente, da extensão da especulação potencial atrás daquela informação: sabia mais do que outros porque sabia antes que o terreno tinha óleo, mas não sabia necessariamente que a informação poderia valorizar – ou desvalorizar, dependendo do caso – o preço da exploração do óleo naquele local.)

5. Stiglitz fala que os governos (quando responsáveis por jazidas de óleo, por exemplo) devem levar em conta os problemas de assimetria, e efetivamente o levam, porque ela vem sendo discutida desde os primeiros trabalhos sobre economia da informação, quando se criou então o problema, também estudado, de como os mercados *criavam* problemas na informação, em parte na tentativa de explorar o poder do mercado, e uma das medidas tomadas pelos executivos foi exatamente *aumentar* as assimetrias da informação. Para Stiglitz, as dispersões de preço são criadas pelo próprio mercado – e não refletiriam apenas a incapacidade deste para arbitrar as totais diferenças de preço causadas pelos choques que afetam diferentemente mercados distintos. (Veja a assimetria que percorre o mercado de ações, por exemplo. Há empresas especializadas em conseguir informações em escala mundial ou local sobre empresas que vão mal, mas estão tão bem estruturadas que podem ser recuperadas com alguma injeção de capital. Quem detém essas informações pode comprar ações na baixa total e desfazer-se delas assim que a empresa se recuperar. Veja, a propósito, o papel do jornalismo econômico na dispersão de boatos e nas notícias de interesse especulativo, muitas vezes baseada em única fonte e sem as quais não existiria o jornalismo econômico; imagine também o potencial desse mecanismo no jornalismo político.)

6. Se os mercados fossem inteiramente eficientes do ponto de vista da informação – isto é, se a informação fosse disseminada instantânea e perfeitamente por toda a economia – então ninguém teria estímulo para recolher informação, ainda que não houvesse nenhum custo para tal. É por isso que os mercados não podem ser inteiramente eficientes do ponto de vista da informação. (Essa assertiva também cabe no mercado de informação em geral. Se todas as informações fossem divulgadas na mesma hora e de forma perfeita, não haveria necessidade de empresas concorrentes de comunicação, coisa que a concentração empresarial no mercado global das comunicações pode contradizer, no sentido de não existirem mais tantas empresas transnacionais e multinacionais de comunicação como antigamente, como será visto mais adiante, mas não no sentido de que isso seria um aval para a comunicação total, instantânea e perfeita.)

7. A solução de Stiglitz, quando ele aborda os mecanismos para a eliminação ou a redução das assimetrias de informação em relação aos mercados (nos modelos simples), poderia caber apenas idealmente em jornalismo, não cabendo funcionalmente por razões óbvias. Ele sugere que pode haver uma maneira fácil

de resolver a questão da assimetria nos modelos simples: deixar cada pessoa contar sua "verdadeira característica". Para ele, existe um problema subjacente, que é o de os indivíduos não terem estímulo necessário para "dizer a verdade". Na questão trabalhista, por exemplo, e supondo que os empregados de uma empresa conheçam as próprias capacidades, se um empregador perguntar ao empregado qual é a capacidade dele, a maioria estaria capacitada a "responder honestamente". Stiglitz acrescenta que o menos capaz estaria estimulado a mentir e dizer que é mais capaz do que realmente é. "Conversar é barato", arremata Stiglitz, acreditando que "devem existir algumas outras maneiras pelas quais a informação possa ser carregada com credibilidade". (O raciocínio não cabe no jornalismo, evidentemente. Um jornalista pode conversar horas com uma determinada fonte e sair da conversa mais atrapalhado do que quando entrou – a quantidade de informações e a manipulação das mesmas pode confundir em vez de desanuviar. O leitor provavelmente será a vítima dessa imperfeição na informação.)

Para o pensador liberal Friedrich Hayek, o mercado é "um ser natural perfeito do qual não se pode exigir moralidade".[56] Imagine então no negócio da comunicação, no mercado da informação, que não é "um ser natural", nem "perfeito", e do qual se exige, sim, moralidade. Assim, por mais credibilidade que tenha um veículo de comunicação, ele não está imune às questões da assimetria nem à questão da imperfeição. E quanto mais informação se produz no mundo, mais aumentam a assimetria e a imperfeição.

Mecanismos globais de busca de informações disponíveis em rede dão conta da incomensurável quantidade de dados à disposição de todos. Novos algoritmos estão sendo diariamente desenvolvidos para relacionar muito mais dados em comum numa mesma base e assim facilitar e hierarquizar resultados de buscas. Como unir, por exemplo, numa única pesquisa, todos os textos, imagens, áudios e vídeos publicados sob qualquer formato a respeito de um determinado tema: notícias, notas, artigos, números, livros, teses, resenhas, ensaios, textos acadêmicos ou não, dados biográficos etc.; sejam eles corretos ou errados, completos ou incompletos, distorcidos ou perfeitos, moralmente defensáveis ou moralmente indefensáveis. O resultado seria apresentado sob uma forma lógica e encadeada em função da maior ou menor abrangência da informação requerida, não importa de qual lugar da rede mundial. Os dados idênticos ou parecidos teriam sua repetição descartada e o resultado seria mais "limpo" e mais hierarquizado. Quanto mais um determinado dado fosse requisitado na rede, mais abrangente ele seria e por isso mereceria um lugar de destaque na lógica da apresentação dos resultados. A velocidade dessa pesquisa e a absoluta assimetria das informações disponíveis (e não-disponíveis), mesmo se houvesse um poderoso algoritmo de controle da quantidade das informações abrangentes, pode tornar o resultado dessa busca não inteiramente confiável. Em decorrência, os mecanismos de buscas, contraditoriamente, fazem com que informações incompletas, erradas, distorcidas ou inidôneas se multipliquem junto com informações completas, corretas e idôneas. Outra conseqüência, já percebida em rede, é a multiplicação das informações iguais nos mais diferentes sites de notícias. Publica-se muita informação e publicam-se também muito mais informações rigorosamente iguais do que quando a mídia trafegava com "segurança" fora da rede.

Seja fazendo mídia de forma tradicional (jornal, revista, rádio e TV), seja realizando-a na sua forma em rede (portais, sites, blogs, agências multimídias, informações via aparelhos celulares, computadores de mão ou via aparelhos mais sofisticados que ainda nem existem comercialmente), o comunicador estará cada vez mais refém da assimetria e, por decorrência, da imperfeição da informação. Pois está imerso num jogo de interesses cuja desigualdade de dados é o fator mais notável, mais necessário e, ao mesmo tempo, mais enganador. O profissional das relações públicas e das agências de comunicação (novo nome das tradicionais assessorias de imprensa) veio para ajudar as instituições, empresas, celebridades ou indivíduos na filtragem das informações e na divulgação apenas do que interessa a cada um – interesse que pode ser tanto legítimo quanto ilegítimo.

Por que a imprensa tem de esperar tanto para receber os dados gravados, por exemplo, numa caixa-preta de um avião acidentado? Por que eles precisam, depois de transcritos por especialistas, serem checados com a empresa que construiu o aparelho, com a companhia aérea que perdeu o avião e com as autoridades de todos os calibres envolvidas? Simultaneamente, tudo terá de ser filtrado pela empresa administradora da crise em questão, em geral uma assessoria de imprensa detentora do know-how de como lidar com a imprensa (prolifera no mundo corporativo o *media training* – o treinamento que ensina o executivo a se relacionar com a mídia). A não ser que uma das partes "vaze" (no jargão jornalístico, o verbo "vazar" exprime o ato de dar uma informação relevante e confidencial a um jornalista com o compromisso de publicá-la) o relatório, o relato oficial será sempre uma síntese daquilo que os principais interessados gostariam que fosse.

Um repórter que colheu dados confidenciais e exclusivos, seja por acaso, por suborno ou por interesse de uma das partes, estará refém do que não sabe quando acha que detém uma informação privilegiada. Esse é o aspecto ético crucial numa cobertura exclusiva e mesmo numa cobertura de um evento qualquer: não o que se sabe, mas aquilo que não se sabe e seria fundamental saber para a divulgação completa da informação. Não há como resolver essa questão em comunicação. A imprensa tradicional não a resolveu e nenhuma democracia a resolveu. Essa é mais uma das enormes fragilidades do ofício do comunicador, além do pouco tempo para elaborar a notícia. Essa fragilidade é daquelas que ajudam a dar importância à preocupação ética quando se vai atrás de alguma informação de apuração mais complexa.

Veja o desafio do direito de resposta. Inúmeras vezes uma informação vai para o ar, para a rede ou para as páginas de um produto jornalístico impresso sem que um dos atingidos por aquela informação tenha sido ouvido – seja pelo horário de fechamento da publicação, seja porque a vítima não foi encontrada ou não queria falar, seja por preguiça, incompetência ou má-fé do repórter. A vítima se vê exposta e considera o tratamento errado, distorcido ou ofensivo. Procura a publicação para contar a sua história, dar a sua versão dos fatos. Essa versão poderá ser publicada na seção de cartas ou até merecer um destaque qualquer. Mas, se publicada, sempre será publicada a posteriori e, em geral, com menos destaque daquele dado antes. Pior, poderá chamar a atenção de quem não a havia visto anteriormente. Poderá até ganhar o mesmo destaque da informação anterior caso a publicação seja obrigada a divulgar a versão da vítima por força judicial, mas isso acontece muito depois, quando a publicação original já teve produzidas todas as conseqüências negativas ou positivas.

O problema moral do jornalista tradicional num mundo recheado de informações será maior, repetindo, em relação àquilo que ele não sabe do que em relação àquilo que efetivamente sabe. Nada é mais essencial do que isso para um jornalista, esteja ele amarrado ou não às piores ou melhores empresas de comunicação no tocante à manipulação da informação. A emergência das novas mídias injetou mais complicações no sistema da mídia tradicional. Ela permitiu não apenas que qualquer indivíduo possa expressar-se em rede, com informação ou com opinião (o que se faz majoritariamente), como permitiu que os diferentes agentes da esfera pública também possam se expressar sem precisar de jornalista como intermediário. Mesmo antes da emergência das novas mídias, a esfera pública já se desagregava no jogo das fontes beneficiadas pela assimetria. O jornalista, com ou sem a mediação das assessorias de imprensa, sempre buscou informações em diversas fontes; fossem elas institucionais (tribunais, órgãos públicos, universidades, *think tanks*, organizações não-governamentais, institutos de pesquisa), empresariais (corporações, companhias de capital aberto ou fechado, entidades patronais), governamentais (diversos órgãos dos governos municipais, estaduais ou federais) ou políticas (assembléias, Câmaras, Senados, partidos, sindicatos, agremiações estudantis, associações de classe).

A tensão entre quatro interesses: 1) a fonte, ou seu filtro; 2) o jornalista; 3) a empresa de comunicação; 4) o público – determina o resultado do jogo da comunicação, isto é, daquilo que é publicado, veiculado. Não há como se livrar desse quarteto (mesmo nas áreas da nova mídia, na qual o indivíduo fará as vezes do jornalista), cujo regente nem sempre será um dos elementos, mas a conjugação dos interesses, as manipulações das assimetrias, os usos das imperfeições – elementos do reinado do príncipe eletrônico.

Nas democracias liberais incubadas pela modernidade clássica sempre mandou na cena o "interesse público", um conceito difuso, porque o interesse público pode ser contraditório com o interesse da comunidade em relação à estratégia de longo, médio ou pequeno prazos dos diferentes governos em seus níveis – federal, estadual ou municipal. A situação se complica na mesma democracia porque dela faz parte indissolúvel o inegável "interesse *do* público", modelado pela indústria cultural, conduzido pela mídia. É de interesse do público aquilo que traz audiência. Os responsáveis pela mídia vão moldar seus conteúdos pela audiência média, pelo gosto médio, cujos resultados serão sempre medidos, temperados e realimentados por mecanismos de consulta ao público, como os índices de audiência do Ibope, na televisão, ou pesquisas qualitativa e/ou quantitativas para todos os outros veículos com mais este integrante do príncipe eletrônico: a pesquisa de opinião, outra fonte primária de notícias.

A diferença com a emergência das novas mídias é que os quatro interesses passaram a se digladiar em pé de igualdade. O jornalista deixou de ter a palavra final. A fonte ganhou mais poderes com as informações por ela detidas, porque ela também pode publicar, e se libertou da tarefa de *apenas* manipular o jornalista. E a empresa de comunicação, que obedece ou não às pesquisas, tem seus próprios interesses – particulares ou públicos. E o público ganhou foro para se manifestar sem o filtro da publicação. Da velha mídia – num sistema no qual jornais e revistas de qualidade perdem circulação e a televisão perde tempo de audiência[57] – restou a tradição, a credibilidade trabalhada por alguns dos órgãos de imprensa durante anos, divulgando segundo os cânones da modernidade clássica uma "objetividade jornalística" cuja existência é apenas normativa, não alcança o funcional. O dado inescapável é que tanto as velhas quanto as novas mídias estão sujeitas ao problema da assimetria. Problema crescente.

A assimetria na comunicação corrobora a idéia da objetividade jornalística como falsa questão. Veja exemplo emoldurado pela propaganda de um jornal, um comercial para a televisão produzido pela *Folha de S.Paulo* em 1988, na época o diário de maior circulação no Brasil. O vídeo de 30 segundos foi realizado pelo então redator da agência de propaganda W/GGK, Nizan Guanaes, com direção de arte de Gabriel Zellmeister e criação de Washington Olivetto.[58] Trazia a seguinte locução:

> Este homem pegou uma nação destruída, recuperou sua economia e devolveu o orgulho a seu povo. Em seus quatro primeiros anos de governo, o número de desempregados caiu de 6 milhões para 900 mil pessoas. Este homem fez o produto interno bruto crescer 102% e a renda *per capita* dobrar. Aumentou os lucros das empresas de 175 milhões para 5 bilhões de marcos e reduziu a hiperinflação a, no máximo, 25% ao ano. Este homem adorava música e pintura e, quando jovem, imaginava seguir a carreira artística.

Enquanto o locutor relatava esses dados, uma imagem composta de pigmentos brancos e pretos ia se formando na tela. E o retrato de Hitler então aparecia nítido. O locutor concluía: "É possível contar um monte de mentiras dizendo só a verdade, por isso é preciso tomar muito cuidado com a informação e o jornal que você recebe." Na sua clareza única, o anúncio escancarava ser possível contar muita mentira mostrando apenas dados "objetivos". Omitia acontecimentos que a humanidade vivenciou e presenciou horrorizada. A opinião pública na Alemanha seguiu Hitler durante muitos anos – por medo ou por convicção, mas seguiu. Tanto na Alemanha quanto no Brasil, quase 50 anos depois, se vê quanto a assimetria e a objetividade podem fazer com as realidades representadas – seja pelo governo nazista e os meios de comunicação de lá, seja pelo jornal democrático e a propaganda de cá. Muitos alemães não tinham a menor idéia da tentativa de genocídio dos judeus perseguida por seu líder. A propaganda demonstra quanto a sobreposição de fatos "objetivos" pode levar a conclusões erradas se não houver um mínimo de informação adequada: o rosto de Hitler, ícone da maldade.

Sem saber que se tratava de Hitler, as pessoas poderiam aprovar o líder capaz de fazer todas aquelas benesses. Sem mais informações sobre o nazismo não haveria por que condená-lo. Assim, a pergunta recorrente e relativa à assimetria é: quanta informação as fontes omitem para cada fato coberto pela imprensa? Não se trata das informações omitidas no processo de edição, mas sim de quantas informações na tensa relação entre a fonte (ou seu intermediário) e o jornalista são escamoteadas porque, por alguma razão, não interessa que se saiba.

As informações, cada vez em maior quantidade, correm de forma assimétrica. Sempre haverá interesse em tirar partido dessa assimetria. Esse interesse se liga inexoravelmente aos mercados, seja econômico, político, cultural, seja o próprio mercado da comunicação. Ele se nutre e ao mesmo tempo alimenta aquilo a que Habermas se referiu como o caos da esfera pública. Esse caos, por sua vez, sustenta um mundo no qual a questão ética virou coisa relativa. Na arqueologia desse relativismo habita tanto um neokantiano como Max Weber (ao dividir a ética entre responsabilidade e convicção e dar sentido ao uso de qualquer meio para chegar a determinado fim em função de uma legítima convicção) quanto agentes da modernidade (com dificuldade para lidar com seus dilemas cruciais ligados à razão, suas atribulações em conciliar a questão normativa com a razão prática – a adversidade fustigadora da questão ética). E a questão moral adentrou com transparência o mundo no qual ela própria se tornou relativa, temporária, manejável; revelou um mundo de relativismos.

9.

Relativismos

É necessário examinar a questão ética em maior profundidade na mídia. John Thompson, professor de sociologia na Universidade de Cambridge, Inglaterra, atesta, em seu livro *A mídia e a modernidade: uma teoria social da mídia*, ter-se tornado corriqueiro para teóricos da sociedade e da cultura considerar a questão ética, e a própria reflexão sobre ela, uma preocupação do passado. Ela seria uma "expressão residual da razão legisladora que procurou – inutilmente e, em alguns casos, com desastrosas conseqüências – princípios universais e obrigatórios para a conduta humana". Para ele, o "colapso do projeto universalista" (que se pode entender como o colapso do projeto da modernidade) teria deixado a investigação sobre a natureza e a finalidade da ética envolta numa "bruma de incerteza".[1] O individualismo nessa época de desintegração teria aspirado a preocupação ética para a "estética do *self*", a estética individual do eu mesmo.

No que toca à mídia tradicional nesse movimento relativista e de liquefação, não é que ela tenha abandonado qualquer compromisso (retórico) com a "razão" legisladora de princípios universais. Ela relativiza as preocupações éticas desde sempre; a diferença é que isso foi ficando claro, transparente, aceitável, normal. Não fosse isso, inexistiriam os códigos deontológicos especialmente criados para dar sentido normativo a uma ética no jornalismo que tem sido consistentemente detonada no dia-a-dia desse ofício.*

Por mais moralmente defensável que seja o imperativo categórico – "o" instrumento moral da modernidade –, ele não é reconhecido e muito menos

* E. Bucci apresenta, em *Sobre ética e imprensa*, p.213-31, alguns códigos de ética jornalísticos, como o do Comitê de Ética da American Society of Newspapers Editors (de 1922), o da Federação Nacional dos Jornalistas Brasileiros (de 1985) e o da Associação Nacional de Editores de Revistas (de 1997), entre outros.

praticado do jeito que a civilização produziu para se comunicar entre si. E aí se inclui o jornalismo, quando se tornam públicas aquelas notícias unicamente de interesse imediato de pessoas, instituições ou empresas, advindas das mais diversas fontes e apresentadas sob uma única ótica e/ou enviesadas de deturpação. Vinte e cinco séculos depois do julgamento de Sócrates não se conseguiu retirar do produto jornalístico nem a idéia, nem a aparência, nem a impressão de que ele é indiferente àquilo que se pode chamar de "imperativo ético" emerso da consciência, para usar uma expressão de Niceto Blázquez no seu *Ética e meios de comunicação*.

O relativo na mídia tradicional

Antigas acusações contra a imprensa norte-americana, coligidas por Blázquez, são recorrentes em qualquer democracia legitimamente constituída, não importa se o assunto é jornal, revista, rádio, televisão ou internet. As acusações:

- As normas reguladoras do jornalismo são estabelecidas em função das tiragens dos jornais [ou das revistas, ou das audiências em televisão e internet];
- Os veículos oferecem ao público o que eles acham que o público pede e não aquilo que ele necessita [é uma discussão muito complexa saber o que o público realmente necessita, e isso inclui o uso de pesquisas de opinião e a validade científica das estatísticas];
- A imprensa viola os direitos individuais e a intimidade tanto de figuras públicas quanto de particulares;
- Em termos de negócios, a notícia é proporcional e não-informativa;
- Freqüentemente, o valor das notícias é superficial e trivial;
- Os repórteres em geral são inexatos quando oferecem informações baseadas em entrevistas;
- A imprensa está a serviço das minorias organizadas e apresenta os criminosos como heróis quando descreve de forma romanceada as atividades de bandidos e membros de quadrilhas;
- Com freqüência, as manchetes não correspondem aos fatos e ao teor dos artigos;
- A imprensa está interessada principalmente nos acontecimentos de um dia para o outro e não oferece ao leitor um relato contínuo e completo daquilo que acontece;
- A imprensa serve, sobretudo, à máquina política e usa a liberdade de expressão como licença para explorar políticas que aumentem ou segurem a circulação e a audiência e não para servir ao público [outra discussão complicada: o que é servir ao público?];

- A imprensa não é sincera quando denuncia a injustiça dos tratamentos privilegiados, porque ela mesma tem os seus próprios interesses empresariais;
- O maior defeito da imprensa é a propriedade, e ela não pode ser imparcial e verdadeira defensora do bem público [de novo o conceito discutível de bem público] na medida em que os seus proprietários estejam interessados em outros negócios;
- As notícias e as fotografias muitas vezes são falsas;
- Muitos receiam expressar as suas verdadeiras opiniões contra a imprensa porque temem a reação e as represálias por parte das empresas de comunicação, dos editores, dos redatores, dos repórteres;
- Quanto aos assuntos religiosos, a imprensa busca apenas o sensacionalismo;
- A imprensa dá demasiada ênfase às declarações dos funcionários públicos, dos políticos, de membros do Executivo.

Essas acusações foram feitas à imprensa norte-americana na primeira metade do século XX pelo jornalista, correspondente de guerra e relações-públicas Carl W. Ackerman, diretor da escola de jornalismo da Universidade de Colúmbia, onde nasceu o prêmio Pulitzer.[2] A televisão, as revistas e a internet podem ser acrescentadas aqui mesmo, apesar de as acusações de Ackerman terem sido dirigidas basicamente aos jornais.

Na mesma época, conforme a pesquisa de Blázquez, foram feitas outras acusações por Theodore Peterson, também famosas, todas ligadas à questão empresarial:

- Os meios de comunicação de massa manipulam um enorme poder para alcançar seus próprios objetivos;
- Os proprietários da imprensa tornam públicas as suas próprias opiniões políticas e econômicas à custa de pontos de vista contrários;
- Os proprietários permitem que anunciantes controlem a política e o conteúdo editorial das publicações;
- Os meios de comunicação violam a moral pública e invadem injustamente a vida privada.[3]

Ainda nessa época, o jornalista americano Walter Lippmann, autor do clássico e controverso *Public Opinion* (de 1922) e que se debruçou sobre as relações entre democracia e imprensa, dizia – a propósito da discutida objetividade – que o jornalismo podia muito bem "reportar o resultado de um jogo ou um vôo transatlântico, ou a morte de um monarca", mas a coisa se complicava bastante quando reportava "o sucesso de um plano de ação ou as condições sociais de um povo estrangeiro, onde a resposta real não precisa ser sim ou não, é mais sutil, tem a ver com um balanceamento de evidências". E que o jornalismo podia também "causar desarranjos, mal-entendidos e também deturpação".[4]

Cerca de 50 anos depois, em 2004, Philip Meyer, consagrado professor de jornalismo da Universidade da Carolina do Norte (Estados Unidos), autor de uma das obras mais indicadas sobre ética na imprensa (*A ética no jornalismo*), escreveu um livro inteiro para expor sua tentativa de salvar o jornalismo partindo da constatação de que este "está em dificuldades".[5] Nesse mesmo trabalho, ele prevê para o primeiro trimestre de 2043 o desaparecimento dos leitores de jornais tradicionais – por conta da queda de interesse dos jovens pelo jornal tal como o conhecemos quando chegam à idade adulta, na qual tradicionalmente se tornam consumidores do produto impresso.[6] No entanto, seu objetivo é tentar salvar os jornais e o jornalismo na sua forma clássica. Lá pelas tantas, depois de resumir todas as informações capazes de ajudá-lo na luta pela salvação da imprensa, ele sucumbe:

> Toda esta informação é potencialmente útil para tentarmos construir um novo modelo de negócio para a imprensa. E nós necessitamos de um novo modelo. Aqueles de nós que trabalharam para jornais em épocas melhores ainda acham que nós poderíamos voltar à idade dourada dos jornais. Mas acabou. O mundo seguiu em frente enquanto nós estávamos pensando sobre outras coisas.[7]

Mesmo listando algumas saídas, como a educacional, o seu veredicto anterior é suficiente para mostrar quanto as coisas mudaram, e a indústria leva tempo para percebê-las na sua inteireza.

Um ano depois de Meyer, em 2005, Robert W. McChesney, professor da Universidade de Illinois, diagnosticou: "Nosso sistema de imprensa está falindo nos Estados Unidos."[8] Ele liga o sistema de forma inexorável à questão política e à crise da democracia no país: a despolitização e a corrupção da moral, segundo ele, são "desenfreadas". O que dizer, então, da indústria de comunicação como um todo, cujo modelo de massa, escalável, continua a carregar a contradição moral entre a necessidade de veracidade e o recurso à mentira em função dos fins? Não há imperativo categórico que dê conta disso na indústria da comunicação em nenhum momento de sua história.

No mesmo livro no qual apresenta os códigos éticos de diferentes instituições, o professor e jornalista Eugênio Bucci fala dos "pecados" cometidos diariamente pelos jornalistas e exibe "sete pecados capitais":[9]

1. Distorção deliberada ou inadvertida;
2. Culto das falsas imagens;
3. Invasão de privacidade;
4. Assassinato de reputação;
5. Superexploração do sexo;
6. Envenenamento das mentes de crianças;
7. Abuso de poder.

A lista resume problemas graves, embora não abranja uma grande quantidade de situações, como a relação do jornalista com a fonte, no caso relatado por Janet Malcolm; a questão recorrente da dificuldade da imprensa em ouvir o outro lado quando há versões contraditórias sobre determinado fato; ou ainda o uso do recurso à mentira, a gravadores e câmeras escondidos, a diversos tipos de disfarces no garimpo de informações delicadas que ninguém jamais revelaria se soubesse estar sendo entrevistado para um órgão de imprensa.

A existência da lista dos sete pecados capitais, no entanto, é a prova mais do que viva do relativismo com o qual essas questões são tratadas. Uma distorção inadvertida de um fato qualquer não é para ser relevada ou desculpada, pois pode produzir conseqüências graves – mas, se foi inadvertida, a discussão não está no terreno do relativismo ou dos conceitos substanciais em fase de derretimento. Agora, uma distorção deliberada, sim, esta está no campo desse movimento de relativização.

Um dos exemplos graves de distorção foi dado pela Rede Globo durante a campanha para eleições diretas no Brasil, nos anos 1980. A emissora transmitiu cenas de um comício pró-diretas na cidade de São Paulo, em 25 de janeiro de 1984, como se fosse uma manifestação em homenagem ao aniversário da cidade e citou de passagem que as pessoas estavam ali também para protestar contra a eleição indireta para presidente. Ou seja, desvirtuação voluntária em um veículo de comunicação ignorando qualquer responsabilidade em relação ao dado factual. Não houve omissão de informação e sim deturpação, quando se cita de passagem uma manifestação que não era em homenagem à cidade, mas sim em defesa das eleições diretas e para tal fora convocada. Se havia a possibilidade de perder a concessão da emissora, como contou depois o seu diretor José Bonifácio de Oliveira Sobrinho,* então, o mais defensável do ponto de vista da ética esgri-

* Ver depoimento dado pelo diretor da Globo na época, José Bonifácio de Oliveira Sobrinho, o Boni, em entrevista ao jornalista Roberto D'Ávila, no programa *Conexão Roberto D'Ávila*, na TV Cultura de São Paulo, em 28 dezembro de 2005. Boni disse: "A campanha das diretas foi uma censura dupla: primeiro a censura da censura, depois a censura do doutor Roberto. Como a televisão é uma concessão do serviço público, eles [militares] sempre mantinham uma pressão muito grande dentro da televisão, no momento das Diretas Já eles ameaçaram claramente a Globo de perder a concessão ou de interferir mais duramente no entretenimento. Então, o doutor Roberto não queria que se falasse em Diretas Já. Eu fui o emissário final do pessoal do jornalismo na conversa com doutor Roberto e ele permitiu que a gente transmitisse aquilo ali dizendo que havia um show pró-Diretas Já, mas sem a participação de nenhum dos discursantes, quer dizer, a palavra e o que se dizia estavam censurados ... Mas a Globo entrou atrasada na campanha das Diretas Já por conta da pressão em cima da principal emissora e por conta do doutor Roberto Marinho ter algum temor de perder a concessão." Antes de Boni dar esse depoimento, um dos diretores da Globo, Ali Kamel, afirmou em artigo que a emissora realizou "bom jornalismo" naquele dia e teria coberto sim o comício, mas sem fazer campanha política. Como comprovação, reproduziu transcrição da fita na qual o repórter da Globo cita de passagem a manifestação em reportagem sobre o aniversário da cidade de São Paulo – ver artigo publicado em *O Globo* de 24 set 2003: "A Globo não fez campanha; fez bom jornalismo." Em junho de 2008 a Rede Globo colocou na internet o que ela diz ser a íntegra da reportagem em questão. O seu exame mostra que, de fato, a notícia do comício pró-diretas foi dada apenas de passagem na reportagem sobre o aniversário da cidade de São Paulo.

mida normativamente pela imprensa seria omitir a informação e não torcê-la. Mas o dia-a-dia do jornalismo exige distorções, seja por interesses empresariais, políticos ou particulares, grandes ou pequenos, muitas vezes indefensáveis. Não há conceito moral, dos sólidos, que resista a essas necessidades.

O culto das falsas imagens é particularmente visível na televisão, onde programas jornalísticos, como explica Bucci, desenvolvem-se como se fossem filmes de ficção. As imagens propriamente ditas se transformam em ícones e são cultuadas como tal. Um dos exemplos clássicos de culto à imagem falsa – embora o exemplo esteja carregado de significados e metáforas – é a foto feita por Joe Rosenthal dos soldados norte-americanos cravando a bandeira dos Estados Unidos no topo de uma colina após a batalha de Iwo Jima, no Japão, em 1945. Ao contrário do que se pensava, a cena não retratava um flagrante, ela teria sido produzida e encenada pelos soldados especialmente para a câmera do fotógrafo após o final das batalhas.

O fenômeno da invasão de privacidade vai além da simples invasão como a perpetrada diariamente pelos paparazzi à caça de instantâneos de celebridades. A invasão se desenvolve com requintes tecnológicos dos mais sofisticados, com o intuito de usar gravadores e câmeras escondidos, além de grampos telefônicos e divulgação de dados pessoais e/ou financeiros de personalidades, pessoas públicas e pessoas comuns. Virou rotina, ficou normal, não se questiona mais nem a foto da celebridade captada em um momento íntimo (mesmo quando não está em público) nem a exposição de dados e passagens íntimas das figuras do noticiário.

O caso mais falado de assassinato de reputação no Brasil é o da Escola Base,[10] ocorrido em 1994, quando professores e diretores de uma escola paulista perderam emprego e enfrentaram enorme desgaste de imagem, além de dificuldades financeiras, por conta de uma denúncia errônea de abuso sexual de alunos. A imprensa deu curso a notícias baseadas na palavra da autoridade policial que se revelaram falsas e levaram à destruição da reputação da escola, de seus diretores e dos professores envolvidos num escândalo irreal – como se viu depois. Reputações, principalmente de políticos e empresários, são constantemente bombardeadas pela imprensa, algumas com razão e muitas em função de interesses pontuais.

O envenenamento das mentes de crianças não se restringe à imprensa. Impregna a mídia como um todo, com a exploração da violência e do sexo tanto em noticiários quanto em filmes e games que extrapolam a brutalidade e as cenas sensuais, sem falar na pornografia infantil.

A superexploração do sexo, conforme Bucci, é difícil de mensurar porque depende de como cada comunidade, cada cultura, entende a questão do sexo. Políticos que traem seus cônjuges, por exemplo, são menos tolerados pelo público de países anglo-saxões do que pelo público brasileiro. Vide o escândalo político-sexual em que se envolveu, em 1998, o então presidente norte-americano Bill Clinton com a estagiária Monica Lewinsky, que quase o levou ao *impeachment* até ele ser absolvido pelo Parlamento. Enquanto isso, no Brasil, a mídia tolera e não discute, por exemplo, que um presidente da República tenha filhos com outra mulher senão a esposa, como no caso de Fernando Henrique Cardoso.*

O abuso de poder vem daquilo que Paul Johnson define como "síndrome de cidadão Kane". Os proprietários dos veículos de comunicação medem mal, têm pouca consciência (ou muita) do grau de poder da mídia tradicional e da sua "natureza corruptora". O abuso de poder aparece em manchetes, reportagens de televisão e capas de revistas que imediatamente julgam e condenam personagens das notícias sem a menor possibilidade de apelação – porque uma vez julgado pela mídia, mesmo que alguém consiga a inocência nos tribunais, já estará irremediavelmente julgado pelo público –, caso típico do escândalo na Escola Base.

Outra lista de "pecados", uma dúzia, que dá conta do desmanche da solidez e mostra quão relativa é a ética no jornalismo, é compilada por Ciro Marcondes Filho em *A saga dos cães perdidos*:[11]

1. Apresentar um suspeito como culpado;
2. Vasculhar a vida privada das pessoas, publicar detalhes insignificantes de personalidades e de autoridades para desacreditá-las;
3. Construir uma história falsa, seja em apoio a versões oficiais, seja para justificar uma suspeita;
4. Publicar o provisório e o não-confirmado para obter o furo, transformar o rumor em notícia;
5. Filmar ou transmitir um suicídio ao vivo;
6. Expor pessoas para provar um flagrante;
7. Aceitar a chantagem de terroristas;
8. Incitar "rachas";
9. "Maquiar" uma entrevista coletiva ou exclusiva;
10. Comprar ou roubar documentos [seria melhor dizer comprar, furtar ou roubar documentos – porque um roubo é sempre precedido ou seguido de força e o furto é realizado sem violência, como quando um jornalista "surrupia" um documento qualquer];
11. Gravar algo à revelia, instalar microfones escondidos;
12. Omitir que se é jornalista para obter confidências.

* O único órgão de imprensa no Brasil que se estendeu sobre esse caso foi a revista *Caros Amigos*, em edição de abril de 2000: "Por que a imprensa esconde o filho de 8 anos de FHC com a jornalista da Globo?" Exemplo de hipocrisia foi dado pela revista *Veja* em 2006, quando repreendeu a imprensa francesa ("Na França, os governantes têm amantes caras pagas com dinheiro público e a imprensa finge que não vê") porque esta não deu notícias sobre as amantes de seus presidentes François Mitterrand e Jacques Chirac, enquanto a própria *Veja* nunca trouxe a público o caso do filho de Fernando Henrique Cardoso fora de seu casamento – ver edição de 8 nov 2006, p.82-4.

A desculpa é a de que tudo é relativo quando um meio não-ético é usado para se conseguir uma informação que o jornalista julgue relevante, a seu ver, para a sociedade como um todo. Ao comentar esta dozena de pecados, Eugênio Bucci desculpa o décimo segundo ao afirmar que "há casos em que o interesse público justifica que o repórter não se declare como tal".[12] Ele dá o exemplo de reportagens publicadas na imprensa brasileira em 1999 sobre o comércio de gasolina adulterada: "Se os repórteres se identificassem logo de início perante os traficantes de combustível diluído em solventes (o que é ilegal), jamais poderiam chegar aos depósitos clandestinos."

Nos primeiros anos do século XXI os brasileiros viram publicadas na imprensa denúncias de corrupção no governo de Luiz Inácio Lula da Silva; algumas obtidas por meios de grampos e câmeras escondidas. É de inegável interesse público, e de interesse do público, a revelação da corrupção; não há discussão nem discordância a respeito *desse* interesse. O país jamais havia visto uma lista tão grande e tão consistente de atos ilícitos – o que, por sua vez, veio mostrar a força da imprensa e da própria democracia. Mas a pergunta de cunho moral permanece latente: é legítimo usar esses estratagemas? O fim justifica esses meios?

O relativo nas novas mídias

A realidade da esfera pública suporta que indivíduos (solitários ou investidos do poder das instituições) exerçam um papel relevante na nova mídia. O jornalista, subjugado pelos aspectos relativos vistos atrás, deixou de ser o *principal* instrumento mediador da representação das representações. Menos pelos aspectos relativos e mais pelo desenvolvimento da técnica, que transformou a comunicação em algo bidirecional, interativo, multidirecional, participativo. As representações, individuais ou institucionais, emergem por si mesmas na mídia, sem dependência do jornalista, apesar de ele continuar existindo, continuar representando as diferentes representações e continuar a defender o uso de meios moralmente condenáveis na busca da informação que ele considere de interesse público – porque a definição do que é de interesse público também pode ser contraditada, relativizada. A diferença em relação aos tempos tradicionais: um site universitário pode ser tão (ou mais) determinante na difusão de informação quanto um blog (seja de um jornalista, de um especialista ou de um amador) ou um site noticioso que emule a mídia tradicional, em comparação com o poder de difusão da informação da mídia na sua forma clássica.

Yochai Benkler, em livro no qual dialoga com Adam Smith, o papa do livre mercado, e cujo título, *The Wealth of Networks* (A riqueza das redes), parafraseia o clássico *The Wealth of Nations* (A riqueza das nações, de Adam Smith), considera que a comunicação em rede desafia o clássico modelo industrial da modernidade por estar centrada num modelo de cooperação e compartilhamento de informação e conhecimento. Portanto, desafia o entendimento clássico de indústria cultural, conforme estabelecido por Adorno e Horkheimer e visto no capítulo 7. Se há cooperação e compartilhamento mitiga-se a questão da assimetria, e esse modelo, se Benkler estiver certo, coloca para além das corporações e das empresas de mídia a decisão até então unilateral sobre tudo o que envolve problemas morais na publicação de fatos, informações, notícias. Para ele, as companhias de comunicação não estão mais sozinhas à frente na divulgação de notícia, da opinião ou da administração do entretenimento; qualquer um pode estar.

Otimista, Benkler abre o livro, publicado em 2006, discorrendo sobre a oportunidade histórica que a humanidade tem de, nos próximos anos, transformar para melhor a vida no planeta.

Em *Conectado*, Juliano Spyer resume muito bem os pressupostos de Benkler:

> 1. A maneira como cultura e conhecimento são produzidos e trocados afeta a maneira pela qual a sociedade enxerga o mundo como ele é e como ele pode ser; afeta quem decide sobre estas questões em determinado momento; e afeta como a sociedade e o governo percebem o que pode ser feito a esse respeito;
> 2. Por 150 anos, as democracias complexas modernas dependeram da indústria para produzir e fazer circular informação e conhecimento. Mas nos últimos 15 anos, mudanças tecnológicas aumentaram a participação da produção não-proprietária e não-comercial, permitindo que indivíduos assumam papéis mais ativos do que era possível no modelo industrial. A nova condição do indivíduo pode ser uma plataforma para cultivar uma cultura mais crítica e auto-reflexiva, aprofundar a participação democrática e trazer melhoras no desenvolvimento humano em nível mundial. Mas isso dependerá da superação de um desafio;
> 3. O crescimento da força de produção e de circulação da informação e da cultura, pelo indivíduo e de maneira colaborativa, fora da economia de mercado, ameaça aqueles que se beneficiam com a economia informacional de caráter industrial. Nos próximos dez anos [até 2016] será decidido qual dos dois modelos prevalecerá, tendo uma implicação em como ficaremos sabendo do que acontece no mundo e de qual maneira poderemos influenciar como vemos o mundo hoje e como ele pode ser no futuro.[13]

Para Benkler, ainda com a ajuda de Spyer, informação, cultura e conhecimento continuam percebidos pela sociedade como produtos não-rivais. A competitividade teria fortalecido a sociedade ao promover o desenvolvimento de uma economia centrada na produção de informação e cultura e na manipulação de símbolos. Teria erigido um ambiente de comunicação constituído a partir de chips baratos com grande capacidade de processamento, o que tornou a comunicação uma tecnologia cada vez mais acessível. As mudanças teriam criado então a "economia informacional em rede", cuja ponta está na internet e em qualquer tecnologia que coloque pessoas em interação.

As mudanças no comportamento dos consumidores por conta das facilidades tecnológicas compõem a visão de que se chegou finalmente a um mundo convergente e interativo. Há a proliferação do conteúdo e ela é assimétrica. A audiência se fragmentou. A programação da televisão, da internet também se fragmentou. O público tem acesso a múltiplas plataformas. A publicidade se move para alvos cada vez mais definidos. As fronteiras clássicas da cadeia de comunicação são continuamente desafiadas e até os "valores" de mercado na indústria da comunicação se deslocaram. A captura e a própria manutenção do controle da informação tornaram-se críticas para essa indústria. Para o indivíduo que virou protagonista de um vídeo de sucesso instantâneo e mundial, baseado na captura de imagens de uma celebridade, é relativo se aquilo foi capturado e publicado de forma legal ou ilegal – a rede desmantelou esse conceito, o da legalidade.

As individualidades próprias, institucionais, empresariais, fazem parte da rede mundial de informações. A preocupação ética, deontológica, se existe formal e normativamente nas instruções da mídia tradicional, inexiste em inúmeras de suas práticas. Dependendo da situação, pode existir ou não. As empresas de mídia manejam com hipocrisia o uso das palavras "normas", "ética" e "moral". A própria preocupação moral se relativiza mais facilmente nesse novo sistema – seja pela falta de experiência dos seus novos atores (indivíduos sem formação técnica em comunicação), seja pelo derretimento de valores sólidos, ou ainda pela própria mimetização da relativização operada pela mídia tradicional.

Além disso, os agentes das novas mídias somam idealmente preocupações éticas (normativas) às que já existiam em relação à própria mídia e trazem novos problemas por conta da sua extensão, simultaneidade e possibilidade de unir numa mesma plataforma as linguagens da comunicação (texto + imagem + voz, além do movimento) e acrescentar a interatividade, seu maior diferencial.

Veja em alguns tópicos, fartamente desdobráveis, a complexidade ética que alguns exemplos dessa nova realidade introduzem na mídia:

Controle das redes. Apesar de uma percepção diferente e aparentemente democratizante, há um controle da rede mundial. Quem a controla? Com quais propósitos e com quais poderes? Uma simples decisão tomada em um único país, Estados Unidos, pode bloquear o acesso à rede em qualquer parte do mundo porque ali se administram os principais servidores dessa mesma rede. Os domínios de todos os sites de internet em todo o mundo são administrados primariamente pelo Internet Corporation for Assigned Names and Numbers (Icann), organização sem fins lucrativos baseada em Marina del Rey, na Califórnia. Um único país, por mais democrático que seja, deve deter a chave de controle da rede mundial?

A dispersão dos indivíduos cria a sensação de democracia na rede. Na realidade, em várias medidas, o acesso à rede está tanto nas mãos dos Estados Unidos quanto de instituições, empresas e governos que podem mudar regras e criar barreiras tecnológicas e/ou financeiras a ela. A diversidade das culturas em rede, mesmo e paradoxalmente em tempos de homogeneização global, suportaria uma moral universal, por exemplo?* Quando se vê que mecanismos de busca, como o Google, são censurados na China e não podem apresentar resultados idênticos aos apresentados em países democráticos (como procurar por praça da Paz Celestial e não encontrar informações sobre os conflitos entre polícia e estudantes, que aparecem normalmente numa busca global), a pergunta fica ainda mais relevante.

Concentração. Esse fenômeno não está restrito à mídia, mas, de qualquer maneira, é impressionante: nos anos 1980 existiam cerca de 50 empresas globais de comunicação. Essa quantia caiu para 27 no começo dos anos 1990 e reduziu-se a apenas sete no começo do século XXI. Com a emergência do Google, a conta fechou em oito empresas globais de comunicação com faturamento anual superior a US$12 bilhões em 2007.** Juntas, elas eram responsáveis por 42% do faturamento somado das 70 maiores empresas de mídia em todo o mundo. Essa enorme concentração se fundou principalmente na dispersão dos usuários dos diversos veículos, da mídia tradicional ou da nova mídia. A concentração se erigiu com a dispersão e a dispersão fundamentou a concentração. Ao mesmo tempo, essa dispersão deu aos indivíduos instrumentos próprios de

* Iniciativas como a do Digital Millennium Copyright Act, de 1998, vêm reforçar essa preocupação – ver Y. Benkler, *The Wealth of Networks...*, p.413-8. Outro dado importante: Estados Unidos e Europa entraram em conflito a partir de outubro de 2005, quando a União Européia propôs retirar dos norte-americanos o controle efetivo da internet, realizado pelo Icann. Existe a proposta de criação de um organismo global de supervisão da rede – o que em nada muda o raciocínio acima, porque uma única instituição poderá continuar a determinar o que se pode e o que não se pode fazer com a rede. Outro exemplo é a tentativa, nos Estados Unidos, que veio a público em 2006, de criar lei que permita às empresas de telecomunicações cobrarem mais caro dos provedores de conteúdo em função do volume de tráfego que movimentam na rede.

** Faturamento de 2007 divulgado pelas maiores empresas de mídia: Time Warner: US$46,5 bilhões; Disney: US$36,4 bilhões; Vivendi: US$26,2 bilhões; News Corporation: US$25,3 bilhões; Bertelsmann: US$25,2 bilhões; Google: US$16,6 bilhões; CBS: US$14,3 bilhões; e Viacom: US$12,8 bilhões. Os valores, que provêm dos relatórios anuais das companhias, indicavam cerca de 45% do total do faturamento das 70 maiores empresas de mídia do planeta. A conta global está baseada nas informações de C.T. Costa, *Ombudsman: O relógio de Pascal*, p.197; em B. Bagdkian, *The Media Monopoly. Third Edition, Revised and Expanded with the Latest Information the Expansion of Global Communication*; e em D. Dreyer, *Organizational Change in the Global Media Markets: Causes and Consequences*. Quanto ao valor de mercado, em agosto de 2008 as oito maiores empresas de mídia de capital aberto eram as seguintes: Google: US$148 bilhões; Disney: US$60 bilhões; Time Warner: US$56 bilhões; Vivendi: US$54 bilhões; News Corporation: US$44 bilhões; Comcast: US$38 bilhões; Direct TV: US$31 bilhões; e Yahoo: US$26 bilhões. Após a crise do final de 2008, esses valores caíram e algumas dessas empresas não apresentavam nem metade desse valor de mercado – mas esse fenômeno de diminuição de valor de mercado afetou as bolsas de valores como um todo.

comunicação, capacidade que coloca qualquer um além do possível monopólio da informação e lhe dá a chance de visibilidade comunitária, local, regional, nacional ou, no limite, global.

Se a necessidade de uma aparência normativa faz as corporações erigirem regras éticas ou legais de padrão transnacional – seja na defesa ou na supressão da liberdade de expressão, na defesa ou na invasão de privacidade ou mesmo nos limites ou não-limites da concorrência –, o indivíduo pode utilizar a rede que compõe a nova mídia sem regra específica, porque não há padrão universal, a não ser as regras que norteiam, desnorteiam (quando existem) cada um conforme a sua própria educação, a sua cultura e os seus costumes.

Profissionalização. Um dos resultados da concentração é que outras indústrias, sem tradição no negócio da comunicação (que, de maneira geral, era formado por empresas familiares), invadiram esse espaço. O grupo francês Vivendi vem da exploração e comércio de água. A General Electric (eletrônicos) fundiu sua NBC com a Vivendi. O Grupo Dassault (armas) está no jornal *Le Figaro* e no semanário *L'Express*. O grupo Lagardère (ligado à aeronáutica, à defesa e à indústria automobilística) entrou na mídia com a Hachette e participação no *Le Monde*. O banqueiro Édouard Rothschild também entrou no *Libération*. A empresa de telecomunicações espanhola Telefónica é proprietária do portal multinacional Terra e, no Brasil, se associou ao Grupo Abril na TVA (TV por assinatura), além de ter operação de DTH (TV por satélite) com acordo operacional com a Globo.

Ainda no Brasil, a Portugal Telecom, também empresa de telecomunicações, é sócia do UOL (Grupo Folha) e, em Portugal, é dona do portal Sapo. A mexicana Telmex controla a NET (TV por assinatura, internet via cabo, telefone via internet) no Brasil. A empresa de telecomunicações Oi (de capital 100% brasileiro), que lançou emissoras de rádio em 2005, adquiriu o controle da empresa de telecomunicações Brasil Telecom (cujos controladores eram fundos de pensão brasileiros e o Citibank), que é proprietária do Internet Group, aglutinador dos portais iG, iBest e BrTurbo. Nelson Tanure, um empresário sem tradição na mídia, comprou os títulos do *Jornal do Brasil*, da *Gazeta Mercantil* e os das revistas da editora Peixes.

Há prós e contras em relação à profissionalização de empresas de mídia e à destituição das famílias do comando das mesmas. A esse respeito cabem ao menos duas perguntas relativas a dois exemplos históricos:

1. Se o jornal americano *The New York Times* fosse profissionalizado, administrado por executivos sem relação direta com a família proprietária, o jornal teria publicado os Papéis do Pentágono em 1971? Executivos certamente teriam pesado conseqüências e desistido, porque tinham um problema de segurança nacional para enfrentar: estragariam as relações com a Casa Branca, perderiam verbas governamentais de propaganda... A família proprietária do jornal, tendo à frente Arthur Ochs "Punch" Sulzberger, aprovou a decisão de publicar os

Papéis – essa não foi uma decisão técnica, foi uma decisão estratégica, cuja ética estava fundada no direito à informação e à liberdade de imprensa.*

2. Se a família Mesquita não estivesse no comando de *O Estado de S. Paulo* durante a ditadura militar, os executivos profissionais teriam tido a coragem de publicar sonetos de Camões no lugar do noticiário censurado pelo governo, como fez o jornal paulistano durante anos?

Convergência. Tema dos mais complexos que faz com que regras éticas de diferentes matizes se mesclem, criando situações de conflitos morais das mais espinhosas que se relativizam conforme as regras jurídicas de cada país. A começar pelo próprio conceito de convergência, cujo entendimento comum, simplório e equivocado, é o de imaginar que a televisão virará computador ou que o computador servirá como televisão. Em 1994, ao analisar a questão da vida após a televisão (em livro traduzido e publicado no Brasil em 1996), o tecnofuturista George Gilder, formado em Harvard e um dos maiores especialistas em novas tecnologias, apontava o avanço onipresente da tecnologia da informática como o impulsionador das mudanças na comunicação. E alertava com ironia:

> A indústria da informática está convergindo com a indústria da televisão no mesmo sentido em que o automóvel convergiu com o cavalo, a TV convergiu com o *jukebox*, o programa de processamento de texto convergiu com a máquina de escrever, o programa CAD [para arquitetos] convergiu com a prancheta e a editoração eletrônica convergiu com a linotipo e a composição tipográfica.[14]

Conforme anotou Henry Jenkins,[15] para Gilder o computador não veio para transformar a cultura de massa, mas para destruí-la. Há quem veja essa interpretação de forma positiva, mas há, sobretudo, a necessidade de entender o que está ocorrendo. Hoje se sabe que a convergência chega via chip, com seu poder de unir diversos aparelhos num só ponto de distribuição, seja no lar, no escritório ou na rua. Mas quem converge mesmo é o indivíduo, em um novo processo de comunicação. É ele quem vai aceitar ou não, se acomodar ou não, sentir-se confortável ou não com esse processo. A convergência pressupõe uma comunicação móvel e pervasiva. Ela contribui enormemente para o alargamento do fosso da assimetria da informação. Os problemas morais decorrentes dessa situação de

* Os Papéis do Pentágono, cujo dossiê começou a ser publicado em 13 de junho de 1971 no *New York Times*, se referem a um estudo secreto do Departamento de Defesa norte-americano sobre o crescimento do envolvimento militar dos Estados Unidos no Vietnã. Uma fonte governamental passou a documentação para o jornal. O governo conseguiu liminar na Justiça para impedir a publicação alegando razões de segurança nacional. O jornal invocou a Primeira Emenda à Constituição, que garante a liberdade de expressão, e a Suprema Corte decidiu a favor do jornal, que publicou o dossiê.

onipresença surgem quando se percebe a facilidade da proliferação de qualquer informação e não é possível enxergar facilmente qual a confiabilidade dela quando não chega "carimbada" por alguma marca conhecida e respeitada.

Convergência no celular. Nova mídia não significa apenas internet, evidentemente. E, sim, todas as novas formas de comunicação, atuais e futuras, baseadas em desenvolvimento tecnológico. Um dos componentes menos estudados da nova mídia é o da convergência na telefonia móvel. O uso do aparelho móvel como parte da nova mídia se dá quando ele dissemina informação ou interface de entretenimento. Como se viu no capítulo 7, seu uso pôde interferir e mudar o resultado da eleição na Espanha, funcionar como elo de comunicação e organização de criminosos em penitenciárias no Brasil, ajudar a levar milhares de paulistanos para casa no caso do "toque de recolher" de 15 de maio de 2006. Se foi um fator-chave na eleição de Barack Obama à Presidência dos Estados Unidos, ajudou a depor um chefe de Estado nas Filipinas, em 2001.

Howard Rheingold[16] conta como Joseph Estrada, presidente das Filipinas, foi o primeiro chefe de Estado em toda a história a perder o poder por conta de manifestações organizadas por meio desse novo meio de comunicação. Na ocasião, mais de um milhão de moradores da capital, Manila, mobilizados e coordenados por uma onda de mensagens de texto, afrontaram o regime com manifestações pacíficas. Dezenas de milhares de filipinos convergiram para a avenida Epifanio de Los Santos, conhecida como "Edsa", uma hora após a primeira mensagem de texto ter sido lançada: GO 2 EDSA WEAR BLACK, ou "VÁ PRA EDSA USE PRETO". Durante quatro dias, milhares de cidadãos apareceram vestidos de preto na avenida. O presidente caiu. Naquela época, apenas 5 milhões de filipinos possuíam celulares, numa população de 70 milhões de pessoas.

O uso do celular como nova mídia, seja para trocar informações, comandar crimes, organizar manifestações políticas, eleger e depor governantes, ou informar cidadãos de maneira veloz e em qualquer lugar, explicita claramente a necessidade de uma discussão sobre suas utilidades – moralmente defensáveis ou não. Usado não apenas como aparelho de comunicação interpessoal, o celular alimenta informações na rede, recebe-as, emite-as, fotografa, grava vídeo, é emissor e receptor de informações de toda espécie. Converge com os outros artefatos da mídia – todos os aparelhos de comunicação – em todos os lugares onde haja recepção de sinal. O sinal digitalizado permite combinar num único chip os sinais de diferentes tecnologias para dispersá-los em diferentes aparelhos, seja em casa (com fio ou sem fio), seja mundo afora por meio de alguma conexão qualquer de rede.

Mecanismos de busca global. O Google é a sua face mais popular. Existem outros buscadores de porte, como o Yahoo ou o Live Search da Microsoft, e outros capazes de fazer buscas específicas, verticais, segmentadas. Esses mecanismos misturam num mesmo resultado conteúdos de credibilidade com conteúdos sem credibilidade, ou de fontes duvidosas, sem que sejam capazes de fazer a diferença. Mas qual tribunal mundial poderia detectar a real credibilidade de algum site na internet ou de alguma informação? Qual algoritmo avançado poderia decidir com certeza algum "grau" de "verdade", ou a própria, numa informação ou num conjunto de informações? Que regras universais poderiam dar conta disso? Mesmo levando em conta avanços na tecnologia, é impossível trabalhar "verdades" no reino da linguagem e da objetividade; mais impossível ainda quando se sabe o grau de liberdade que há na rede para se publicar informação – seja qual for – de qualquer lugar no mundo. A própria situação de liquefação da modernidade prova a incompatibilidade de regra universal (Kant) com a multiplicidade de culturas, de costumes e de nações, mesmo globalizadas e alinhadas pelos mecanismos assimétricos da rede.

Inexatidão da informação. Para estarem na rede justapostas aos acontecimentos, as notícias são produzidas e cosidas em grande velocidade. Mas a transmissão on-line não deixa tempo para uma pesquisa acurada e, por isso, as informações aparecem inexatas. A exatidão é, pois, vítima da pressa, que é inerente ao processo de notícia em tempo real. Notícia é sinônimo de mal-entendido, confusão e desinformação. Quando não se sabe o que *é* notícia complica-se a questão. O que difere a nova mídia da comunicação tradicional é que a informação inexata pode ser corrigida on-line, imediatamente – coisa que não acontece com os jornais porque, como escreveu certa vez José Saramago na voz de Ricardo Reis: "São assim os periódicos, só sabem falar do que aconteceu, quase sempre quando já é tarde demais para emendar os erros, os perigos e as faltas..."[17]

Jornalismo e entretenimento. A confusão entre o que é jornalismo e o que é entretenimento torna mais difícil separar visualmente uma categoria da outra. Na nova mídia, informação se confunde com entretenimento e vice-versa. Jogos on-line, shows, música, cinema, produtos e serviços diversos se confundem numa mesma plataforma de informação, exibição e comercialização. A confusão aumenta quando não se consegue separar jornalismo de publicidade, de propaganda, de *merchandising*.

Nova realidade da propaganda. Aliados e manipulados por novas técnicas, os conteúdos podem misturar informação, entretenimento e serviço com material publicitário sem que isso seja facilmente perceptível pelo público e sem que seja explicitado pela publicação. Esse procedimento bombardeia a clássica separação entre "Igreja e Estado" que vigora em parte da mídia tradicional. Em tese, o conteúdo editorial (cuja metáfora seria a Igreja) não se mistura com o conteúdo publicitário (cuja metáfora seria o Estado) na maioria das empresas de comunicação "de qualidade". Há em muitas delas uma enunciada "muralha" destinada a separar os departamentos editoriais dos comerciais. Essa separação – enunciada normativamente em muitas empresas – tende a se relativizar nas novas empresas multimídia. Os departamentos de conteúdo e comercial planejam, projetam e trabalham em conjunto produtos desenhados especialmente para as necessidades de mercado. Problema moral: o que na velha mídia podia ser considerado teoricamente informação "pura" se confunde com mensagens publicitárias "disfarçadas" de informação. A parte mais visível e facilmente detectável dessa inovação é o chamado *marketing contextual*.

Marketing contextual. É a expressão que define as técnicas de publicidade que utilizam o contexto de cada página de internet para incluir mensagens publicitárias, como a inserção de link para um site comercial em palavra ou expressão em meio a um texto qualquer. Por exemplo, toda vez que aparecer a palavra "automóvel" em um texto jornalístico qualquer, essa palavra pode se ligar por meio de um único clique a um site qualquer de comercialização de automóveis. Trata-se de usar o conteúdo editorial como suporte ideal para mensagens publicitárias de qualquer espécie. Na definição técnica, é aquele tipo de marketing baseado em sistemas automáticos geradores de anúncios em função do conteúdo de cada site.

Existem várias modalidades de marketing contextual. Quem o popularizou no mercado foi o Google, com um mecanismo chamado AdSense, expressão advinda de *sensitive advertising*, ou anúncio sensitivo. Esse mecanismo permite a inserção de anúncios elaborados unicamente com frases e palavras que, direta ou indiretamente, se referem a conteúdos das páginas existentes na internet. Ele ainda promove acertos e aberrações, como o de exibir ofertas de viagens de avião em páginas noticiosas sobre desastres aéreos.

Conteúdo participativo, colaborativo. Os sites de conteúdo produzido pelo público, com atualizações constantes realizadas a qualquer momento de qualquer lugar do mundo – cujo maior exemplo é a Wikipédia, enciclopédia inteiramente formatada na rede e escrita por meio de colaboração gratuita de milhares de pessoas anônimas – é um problema a mais nos quesitos clássicos de confiabilidade. Mesmo tendo filtros e colaboradores a postos para percorrerem os verbetes e acertarem erros e omissões, o fato de a Wikipédia ser atualizada on-line permite inserções de verbetes errados, falsos, caluniosos ou criminosos. No que é possível verificar, um estudo realizado em 2005 pela revista científica *Nature* em 42 tópicos comuns reportou quatro erros por verbete na Wikipédia contra três erros por verbete na vetusta *Enciclopédia britânica.*[18] Por decorrência, há que se registrar, se é mais fácil inserir conteúdos errôneos (e até difamatórios) na Wikipédia, não é fato que um dos maiores expoentes do conteúdo colaborativo contenha muitos erros a mais do que uma enciclopédia tradicional e cujo conteúdo é de editoração inacessível ao público.

Prosumer (*produtor + consumidor*). A palavra define quando o consumidor se torna também um produtor de avaliações de produtos. Qualquer um pode deixar seu comentário num site comercial e os consumidores em geral não somente podem se orientar (ou se desorientar) em relação aos produtos como podem postar no mesmo local a sua avaliação do serviço. Isso dá um poder inédito ao consumidor, dá-lhe poder de mídia. O consumidor passa a ter um elemento a mais de comunicação com seus pares – desde que, evidentemente, os administradores do site de comércio eletrônico permitam a publicação de reclamações ao próprio serviço (e esta poderia ser uma resposta às críticas de Bauman ao indivíduo consumidor). Nos sites de comparação de preços os comentários são mais livres. Nos que representam fabricantes os comentários podem ser filtrados e/ou mediados.

A expressão *prosumer* foi cunhada na década de 1970 por Alvin Toffler no best-seller *A terceira onda*, a partir da contração de produtor e consumidor. Descrevia o consumidor do futuro como destinado a se envolver com a concepção e a fabricação de produtos. Essa contribuição tornar-se-ia parte do sistema de produção. Toffler pensava no usuário como precondição para o funcionamento adequado de tudo o que seria produzido no futuro. Para ele, o mercado não continuaria a ser um "despejador" de mercadorias nas prateleiras para um consumidor passivo – o mesmo raciocínio vale para os meios de comunicação tradicionais e unidirecionais.

Um pouco diferente do que Toffler pensava, o futuro previsto por ele chegou e emergiram os consumidores que participam de alguma forma da produção das mercadorias e dos serviços. Com o tempo, a expressão *prosumer* ganhou novos significados. Como anota o site Word Spy, existem quatro definições: 1) *Prosumer* seria um consumidor que é amador em determinado campo, mas conhece o suficiente para exigir que o equipamento tenha algumas características profissionais (profissional + consumidor); 2) *Prosumer* seria uma pessoa que contribui para a concepção ou personalização dos produtos que compra (produtor + consumidor); 3) *Prosumer* seria uma pessoa que cria mercadorias para uso próprio e possivelmente também para vender (produtor + consumidor); 4) *Prosumer* seria a pessoa que toma medidas para corrigir as dificuldades com empresas ou consumidores e mercados para antecipar problemas futuros (proativo + consumidor).

No entanto, de forma corriqueira, a expressão passou a definir de maneira cada vez mais enfática aquele consumidor que se tornou também um produtor de avaliações de produtos, um resenhista de serviços e um analista da qualidade de tudo aquilo comprável e comparável nos sites de comércio eletrônico. A palavra *prosumer* não é apenas mais um termo na inumerável quantidade de palavras novas que surgem a cada dia para significar coisas passageiras, já que aquele consumidor capaz de interferir na qualidade de um produto ou de um serviço sempre existiu. Ele não tinha era meios fáceis de tornar essa sua capacidade pública, não tinha como divulgá-la de forma geral. Agora tem. E pode usá-la para o bem ou para o mal.[19]

Emergência do indivíduo-repórter. Trata-se de qualquer pessoa que se aventure na rede com site próprio, blog ou mesmo participação em portais e empresas que agregam conteúdos colaborativos, mas que atua sem nenhuma "preocupação social", ao contrário do cidadão-repórter. Ele produz conteúdos e interfere em conteúdos de terceiros. Em geral, opina, dá curso a boatos ou a informações factuais. Chama a atenção para assuntos que não estão na mídia ou interfere naqueles que estão em pauta. Pode aparecer sempre ou de vez em quando. Usa a rede porque ela está à sua disposição.

Emergência do cidadão-repórter (*citizen journalist*, na expressão em inglês – modalidade também chamada de jornalismo participativo, *participatory journalism*, ou de jornalismo popular, *people journalism*). Conforme a definição dada por Shayne Bowman e Chris Willis num relatório sobre a nova mídia, escrito em 2003, o cidadão-repórter é aquele que "joga um papel ativo no processo de coletar, reportar, analisar e disseminar notícias e informações". Na visão deles, a intenção do cidadão-repórter é a de "prover informação independente, confiável, acurada, abrangente e relevante conforme requer a democracia".[20] Não deve ser confundido com o jornalista profissional.

Dan Gillmor, no celebrado *We the Media*, publicado originalmente em 2004, referenda essa posição. O subtítulo do livro colabora no entendimento: *Grassroots Journalism by the People, for the People*, ou, numa tradução livre: Jornalismo espontâneo pelo povo e para o povo. Gillmor, fundador do Centro para a Mídia Cidadã, foi um dos primeiros jornalistas a falar que a grande mídia perdeu o "monopólio" das notícias para a internet. O cidadão-repórter seria o êmulo do jornalista tradicional. Em tese, teria as mesmas preocupações morais que deveria ter o jornalista.

Indivíduo-repórter versus cidadão-repórter versus jornalista. O jornalista perde a preeminência que sempre teve. Perde-a tanto para os indivíduos-repórteres (quando estes usam a rede para publicar informações boas ou más, corretas ou frívolas) quanto para os cidadãos-repórteres (quando usam a rede na defesa de ideais, para fazer política ou denunciar falcatruas). Essa competição pode incluir o uso invertido das intenções. Não apenas o jornalista, mas também o indivíduo-repórter e o cidadão-repórter podem utilizar a rede para caluniar, difamar e injuriar pessoas e instituições.

Em 2008, a quinta edição de *The State of News Media*,[21] um relatório anual escrito pelos colaboradores do Projeto para a Excelência do Jornalismo (Project for Excellence in Journalism), financiado pelo Pew Charitable Trusts e sediado na capital norte-americana, tentou minorar o papel do cidadão na produção de notícias. "As perspectivas para o usuário criador de conteúdo, uma vez pensado como algo central para a próxima era do jornalismo, por agora parecem mais limitadas, mesmo entre os sites e blogs cidadãos." Conforme o relatório, "profissionais da notícia" teriam reportado que as mais promissoras contribuições do jornalismo cidadão seriam: o próprio cidadão enquanto fonte, idéias novas, comentários e, em certa medida, fotos e vídeo. No entanto, segundo os mesmos profissionais, a postagem de notícias por cidadãos teria se provado menos valiosa e teria trazido pouca coisa nova ou verificável – mas, concordavam, esse tipo de notícia pode "prosperar em pequenos estabelecimentos com menos recursos".

O mesmo relatório afirma que os jornais da atualidade e os sites de notícias estavam deixando de ser um produto para se tornarem um serviço – com uma nova função requerida pelo público: "Como este serviço pode me ajudar e até capacitar-me, dar-me poder?" O relatório também aponta que não existe mais um produto acabado, finalizado e completo de notícias. O consumo de notícias se tornou contínuo e as atualizações se tornaram cruciais. Mas o próprio relatório reconhece que a "mídia do cidadão cresce de maneira inequívoca e atraente", conforme sustenta na sua parte específica sobre a internet. Conta que sites da web protagonizados por repórteres-cidadãos se multiplicaram – o relatório soma aproximadamente 1.500 sites de jornalismo cidadão em 2008 nos Estados Unidos. Eles oferecem notícias, blogs e vídeos, uma tendência considerada saudável pelos jornalistas profissionais ouvidos. No relatório de 2008, o jornalismo do futuro parece cada vez mais um ser híbrido que tiraria proveito da tecnologia ao invés de de lutar contra ela.

Falta de experiência do indivíduo-repórter ou do cidadão-repórter. A inexperiência não leva a erros, omissões e distorções ainda mais graves do que as protagonizadas pela mídia experiente? O consolo é que a falta de experiência seja talvez o único dos defeitos que melhora com o tempo. Dominique Wolton toca nesse assunto quando fala que o "contexto da competência" é essencial. Para ele, "se não se tem a competência para assimilar o aprendizado, os sistemas de informação e de conhecimentos erguerão outros tantos muros intransponíveis". Antes, havia a figura do professor ou de um pesquisador para facilitar o acesso ao conhecimento. Agora, na rede, qualquer pessoa estará em "contato direto" com a "imensidão do saber da humanidade".[22]

A propósito, no livro *O culto do amador. Como a internet atual assassina a nossa cultura*, de Andrew Keen, londrino que mora nos Estados Unidos, articulista de revistas especializadas e empreendedor de internet, tentou explicar como a rede global estaria matando "nossa cultura", em referência à cultura norte-americana No livro, Keen conta seu encontro com um interlocutor envolvido com um novo mecanismo de publicação de música que combina texto, áudio e vídeo e que lhe explicou da seguinte maneira o novo sistema: "É quando o MySpace se reúne ao YouTube, à Wikipédia e ao Google. Turbinado."

Keen respondeu estar trabalhando numa polêmica sobre o impacto destrutivo da revolução digital (especialmente a web 2.0, que se funda no conteúdo colaborativo e nas redes comunitárias) na cultura, na economia e nos valores. E completou, parafraseando: "É a ignorância reunida ao egoísmo, ao mau gosto e à lei da turba. Turbinado." O interlocutor teria reagido com um sorriso constrangido: "Então, é quando Huxley se reúne com a idade digital." E ergueu a taça de vinho para um brinde: "Viva o admirável mundo novo 2.0!", numa alusão ao livro de Aldous Huxley, *Admirável mundo novo*.

Para Keen, o interlocutor se enganara de Huxley. Deveria ter-se referido a outro Huxley, de fato o avô de Aldous, o biólogo T.H. Huxley, autor do teorema infinito do macaco, que determina que se alguém providenciar infinitos macacos com infinitas máquinas de escrever verá então que algum macaco eventualmente poderá criar uma obra-prima – uma peça de Shakespeare, um diálogo platônico ou um tratado econômico de Adam Smith. Depois de revelar esse teorema, Keen reconhece que a velha mídia está "enfrentando a extinção". No entanto, pergunta, se isso realmente acontecer, quem vai tomar o lugar da velha mídia. E responde, com ironia: "Aparentemente, vai ser o mais recente e mais quente mecanismo de busca do vale do Silício ou um site de mídia social ou um portal de vídeo."

Nesse caso, deveríamos dizer adeus aos experts culturais de hoje – repórteres, âncoras, editores, companhias de música, estúdios de Hollywood. Para ele, "são os macacos que estão dando o show agora". O livro de Keen está repleto de ataques a tudo o que se convencionou chamar de web 2.0. É contra a Wikipédia ("a maior catedral do saber da internet"), que não seria boa porque qualquer um pode reescrever seus verbetes a qualquer hora. Contra o You Tube, que não passaria de um portal de "vídeos amadores". Contra os blogs, que podem ser veículos para propaganda velada e fraude. Enfim, é contra aquilo que ele considera um mundo "aplainado e sem nenhum editor, no qual videomakers independentes, autores de *podcasts* e simples blogueiros podem postar suas criações amadorísticas à vontade, sem ninguém pago para checar suas credenciais ou avaliar seus materiais".

Por isso Keen escreve, com razão, que essa nova mídia estaria "vulnerável" aos conteúdos mentirosos de qualquer espécie. Para ele, a simples propriedade de um computador e de uma conexão com a internet não transforma ninguém em jornalista sério, assim como o acesso a uma cozinha não torna ninguém um cozinheiro sério. "Mas milhões de jornalistas amadores acham que isso acontece." Ele cita estudo de junho de 2006 do Pew Internet and American Life Project, segundo o qual 34% de 12 milhões de blogueiros dos Estados Unidos consideram seu trabalho on-line uma forma de jornalismo. "Isto eleva a milhões a quantidade de jornalistas inexperientes, destreinados, não pagos e desconhecidos vomitando (des)informação no cybermundo." Os alertas de Keen servem não só como bússola para os atores da web 2.0 como denotam o quanto essa nova mídia tem desafios pela frente e o quanto é vulnerável aos olhos normativos que sustentam teoricamente a velha mídia.[23]

Problemas do direito autoral. Eles surgem junto aos problemas dos direitos de imagem provocados pela saturação de informação e pela facilidade de copiar informações e colá-las num site qualquer. São problemas de direito autoral, direito de arena e preservação de privacidade decorrentes de vídeos privados, conversas privadas, informações idem, material captado ao vivo ou não, com ou sem autorização, postado em vários sites de qualquer ponto do planeta sem proteção jurídica ou norma ética de valor universal. Iniciativas como as da Creative Commons (uma instituição sem fins lucrativos que redigiu um conjunto de licenças para a administração livre, totalmente aberta e compartilhada de informação – *copyleft* em vez de *copyright*) mostram como a criatividade e outras formas de entendimento do direito autoral precisam ser compostas para enfrentar os desafios da distribuição de conteúdos em rede. A Creative Commons nasceu dentro do ambiente internet com o intuito de permitir flexibilidade no uso de obras protegidas por direitos autorais.

Com a licença Creative Commons um compositor autoriza outros artistas a utilizar suas composições para criar uma mistura de ritmos, por exemplo. Um escritor pode dispor um texto na rede, gratuitamente, e permitir que outros autores o republique, insiram parte do conteúdo em outro texto e até modifiquem o original. A entidade foi criada pelo professor de direito da Universidade de Stanford, Estados Unidos, Lawrence Lessig, nascido em 1961, conhecido também por sugerir a redução das restrições de *copyright*, marcas registradas e espectro de radiofreqüência.

Todas as questões ligadas às minorias étnicas e de gênero. O entendimento e a abordagem dessas questões variam conforme as culturas regionais e nacionais e colocam em evidência problemas de racismo ou de preconceito por conta de uma distribuição local, regional, nacional e mundial da mesma informação, cuja leitura e compreensão podem variar conforme a educação e a cultura de cada povo.

Internet como plataforma de expressão de agressão e da ansiedade de jovens. Sites de "grupos de ódio", conforme explica Jon Ann Oravec, crescem em número e variedade, enquanto cresce também a quantidade de informações relacionadas à violência, muitas das quais ensinam como seqüestrar, planejar atentados, construir bombas, reforçar vícios, simular doenças, manter comportamentos doentios...[24]

Sites de conteúdos sexuais e pornográficos. Quais os seus limites? Deve haver limites? Inerente a essa discussão, aparece o problema da pedofilia e todos os derivados da questão pornográfica, assim como os mecanismos de exposição, de acesso e de controle, principalmente em relação ao público infantil. Assunto de polícia e para o qual está voltada a atenção total das autoridades. Os provedores de acesso têm cooperado ativamente no levantamento de dados capazes de levar aos infratores.

Informações privadas 1. Sem querer e sem autorizar, cada indivíduo deixa suas preferências pessoais disponíveis nos sites pelos quais passeia. Elas podem ser depositadas num banco de dados que anota, guarda e relaciona o seu modo de navegar, o seu interesse por determinados assuntos, a sua marca individual. Não há privacidade nem mecanismos de defesa, a não ser que o público domine ferramentas e que as maneiras de acioná-las impeçam o rastreamento de informações durante a "navegação" em rede.

Informações privadas 2. Não há privacidade para qualquer pessoa de exposição pública, seja celebridade, político, artista, executivo... As invasões de privacidade multiplicaram-se ao infinito com a emergência das novas mídias, com as facilidades de coleta de informação pelo uso de câmeras fotográficas e de vídeos em celulares e aparelhos digitais diminutos, além de formas sofisticadas de gravação clandestina de conversas, não importa onde esteja o "alvo" em questão – lugar público ou privado.

Trabalho não-remunerado. Quando alguém simplesmente digita uma palavra ou uma expressão para sites de busca, a ser tratada pelos cada vez mais poderosos bancos de dados, está realizando um trabalho não-remunerado. Essa digitação produzida pelo usuário permite cruzamentos instantâneos não somente das informações requeridas por ele, mas também de informações capazes de lhe apresentar imediatamente novas informações, bem como produtos ou serviços à venda, na rede ou fora dela. Com isso, o mecanismo de busca e os conteúdos buscados transformam a navegação do indivíduo em fonte de renda para empresas de busca e empresas em geral que exploram a busca.

Fontes. Os limites das fontes na publicação direta e imediata de suas informações e opiniões em seus próprios sites ou em sites institucionais – muitas vezes travestidos de sites independentes e informativos. Qual a transparência na publicação e os limites na ocultação de dados e informações nos sites institucionais, empresariais ou políticos? Há transparência? Há limites? Em todo caso, há transparência e limites na publicação e omissão de dados nos relatórios, livros, brochuras, revistas e *house organs* tradicionais?

Limites individuais em casos de conflito de interesses. O fato de alguém usar o próprio site ou blog para defender uma causa particular sem que o usuário sequer imagine existir interesse pessoal nesse caso é bastante comum. Veja exemplos corriqueiros na velha mídia, agravados pelas novas mídias: o crítico gastronômico pode almoçar de graça e depois fazer a crítica do restaurante? O jornalista ou indivíduo-repórter que viaja de forma gratuita, a convite de uma empresa aérea, de um hotel ou de uma agência de viagem, pode escrever sobre a viagem em questão? Como lidar com essa questão com transparência? Os sites de gastronomia ou de turismo não deveriam deixar isso claro quando ocorrer? Ou não se deve aceitar o convite? O mesmo problema existe na crítica musical, cinematográfica, teatral, literária, esportiva...

Boatos. Usar a rede para dar curso a boatos, a visões parciais ou meramente fúteis, ou usar a rede somente para publicar informações de interesse público? De novo: o que é "interesse público"? Quem o define?

Enfim, os exemplos capazes de abrigar novos problemas éticos tradicionalmente esquematizados, revolvidos e realimentados pelas novas mídias se acumulam e este trabalho não daria conta deles se os enumerasse um a um. Como afirma Wolton, "acessar diretamente a informação e o conhecimento coloca problemas bem mais radicais do que fazer por si mesmo as compras no supermercado, fazer reservas de passagens aéreas, consultar sua agência bancária ou fazer compras pela internet".[25] E nem se trata mais e apenas de "acessar" informações e conhecimento, mas de qualquer um produzir informação.

As questões recolocadas em discussão expõem tanto o jornalista tradicional, o indivíduo-repórter, o cidadão-repórter, assessores de imprensa, agências de comunicação, empresas e instituições como qualquer um que se aventure na rede – quando apenas o fato de estar na rede não for o determinante, mas o que se faz e como se usa a rede – a uma responsabilidade moral, desde o ponto de vista da moralidade clássica, jamais suspeitada. Se, antes da internet, a produção e o alcance da notícia e da opinião estavam restritos ao universo de cada veículo de comunicação, hoje a produção da notícia poderá estar em qualquer lugar e o alcance dela (mesmo sem ser uma notícia segundo os padrões clássicos do jornalismo) pode ser mundial, dada a abrangência e a instantaneidade da rede.

O normativo perdeu substância porque o funcional é a conseqüência lógica de uma prática universal que, em função das circunstâncias, simplesmente ignora ou distorce preceitos definidos pela moralidade teórica tecida na modernidade. De alguma forma, há um alerta de Bauman: "Nem a aposta na prática nem a recusa a ela constituem boa solução." De certo modo, ele tenta nos precaver contra adesões imediatas à prática.

> A primeira aposta [na prática] tende, inevitavelmente, a transformar-se em dominação – com todo seu séqüito de horrores: novas limitações à liberdade, a pragmática utilitária dos efeitos tendo precedência sobre os princípios éticos das razões e a diluição e subseqüente distorção das ambições de liberdade. A segunda aposta [a recusa à prática] pode talvez satisfazer o desejo narcisístico da pureza intocada, mas manteria o pensamento ineficaz e, no limite, estéril.[26]

Nessa situação generalizada – na qual qualquer um pode comandar a informação, da simples notícia sobre o trânsito, passando pela informação sobre que empresas podem ter suas ações mais valorizadas na bolsa de valores e chegando à sofisticada criação de algoritmos capazes de juntar informações correlatas dispersas pelas redes –, a raiz moral se decompõe quando se sabe melhor, a partir de Stiglitz, que as imperfeições da comunicação, mesmo sob o domínio das mais portentosas técnicas da mídia, são assimétricas não só na economia, mas na comunicação como um todo.

Para redundar: um lado sempre tem mais informação do que o outro no processo da comunicação. Isso vem do fato inequívoco de que pessoas diferentes sabem coisas diferentes. Por decorrência, a fonte do jornalista, um biólogo, por exemplo, sabe mais do que o jornalista que o procura para reportar as maravilhas do biocombustível. O jornalista que colheu as informações sabe mais do que o editor que vai estampá-las nas suas páginas, no seu noticiário da televisão, no seu blog. O editor sabe mais do que o leigo que vai lê-las... A conseqüência natural é que aquela informação que será editada (não importa mais se por um jornalista, por um indivíduo-repórter ou por um blogueiro cidadão) poderá conter menos informação do que o biólogo consideraria fundamental. A edição poderá descartar dados fundamentais, distorcê-los, retirar declarações do contexto e mudar significados sem que o autor se dê conta da grotesca vulgarização e distorção que a limitação de tempo e de espaço, inerente à atividade da indústria da comunicação, o fez perpetrar.

Não há texto em jornal, revista ou site noticioso da internet (talvez com alguma exceção em relação aos produzidos pelas instituições especializadas), não há reportagem radiofônica ou televisiva, em qualquer lugar do globo, que resista a uma análise apurada de um especialista. Assimétricas, as informações dançam conforme as necessidades do príncipe eletrônico, das difusas e interpoladas necessidades da mídia – além de terem sido vulgarizadas e facilitadas para a compreensão média do público ou, para conforto dos comunicadores, para compreensão média do "grande público". O nivelamento praticado pela indústria da cultura assim o exige e assim realimenta a cadeia da informação que vai sistematicamente nivelando sempre a um ponto mais abaixo, numa barafunda de dados na qual se misturam informações colhidas de diversas e diferenciadas fontes – confiáveis ou não.

A situação ainda é mais complexa porque "ser é perceber ou ser percebido", como afirmou o filósofo irlandês George Berkeley. Ele reforçou sua tese em latim: *essere est percipi* ("ser é perceber"). Ou melhor: "as coisas só existem porque são percebidas", como escreveu Félicien Challaye ao se referir a Berkeley.[27] Não há nada que embase tão bem a idéia da onipresença da mídia: o que não está na mídia não é, porque não pode ser percebido, não há como perceber se não for midiático, se não estiver num jornal, revista, rádio, televisão, internet, outdoor... Capazes de darem ainda mais sentido ao que o irlandês Berkeley pensou e publicou no seu *Tratado sobre os princípios do conhecimento humano*, em 1710, as formas tradicionais de comunicação e a nova mídia se amalgamaram na faina do fazer perceber por que, no fim das contas, tudo é relativo.

10.

Moral provisória

Quem se debruçou sobre a ética no jornalismo sustenta que, acima de tudo, o jornalismo não é uma técnica, e sim uma práxis ética.[1] No entanto, a palavra "ética" teve corrompido seu valor simbólico numa longa operação alimentada pela modernidade e reforçada pelas franjas da modernidade em liquefação. Se o trabalho do comunicador requer preocupação ética, seja teórica, seja prática, essa preocupação se relativiza, perde sua característica clássica para adquirir contornos não éticos, muitas vezes dentro de um vácuo ético, dependendo do ponto de vista de quem consome ou faz parte, de alguma forma, da ação da comunicação – ou da ação jornalística, para ficar no propósito específico deste livro. Na prática diária, a preocupação perde consistência, pois as necessidades do presente, as imposições empresariais e as palavras de ordem de superiores hierárquicos falam mais alto. Os valores sólidos, substantivos, se liquefazem na exata medida em que se constituem. Parafraseando um autor fora de moda, os jornalistas utilizam um "código moral temporário" quando infringem aquilo que as normas tradicionais, ou mesmo do bom senso, definem como moralmente aceitável.

Código moral temporário

Numa conversa de Jean-Paul Sartre (o fora de moda) com seu secretário particular, Jean Cau, o filósofo autor de *O ser e o nada* deixou claro como lidava com a situação prática de ter de administrar várias namoradas e muita mentira simultaneamente. Cau revelou à biógrafa Hazel Rowley uma conversa tida com o filósofo quando este desligou o telefone depois de contar uma mentira para uma das namoradas e suspirou:

 – Às vezes é difícil.

– Claro que é – disse Cau. – Me pergunto como consegue. Situação difícil.

– É exatamente isso, Cau. Há situações que chamo de podres. Por mais que a gente tente resolvê-las, é impossível sair delas externamente intacto.

– Sim, sim. Entendo. Mas e internamente? Como consegue isso?

– Em alguns casos – respondeu Sartre –, a gente é obrigada a recorrer a um código moral temporário.[2]

Algo como esse código moral temporário é usado pelo jornalista de diferentes formas e em diferentes situações – mas sempre com o objetivo de relativizar situações e justificar comportamentos reconhecidamente contestáveis do ponto de vista da moral. É uma "moral provisória" porque temporária, porque não tem caráter permanente, porque serve provisoriamente para uma determinada situação que requer, por exemplo, meios moralmente condenáveis para conseguir fins moralmente defensáveis. A moral provisória não faz parte apenas do ser jornalista, é parte integrante do fazer da indústria da comunicação e é esgrimida conforme aparecem as oportunidades de alguma defesa moral.

Não se trata, evidentemente, da "moral provisória" cunhada por Descartes no *Discurso do método.* Não. Ali Descartes diz que, a fim de permanecer irresoluto em suas ações, enquanto a razão o obrigava a ser resoluto em seu juízo, e para não deixar de viver feliz, formou para si "uma moral provisória". Essa moral provisória cartesiana tem a ver com o aguardar, com o dar um tempo. No entanto, ela contém diretrizes capazes de permitir julgar qual seria a idéia de uma moral definitiva, mesmo e apesar de Descartes jamais ter se satisfeito no domínio da moral definitiva – e ele estabelece quatro regras para ela: obedecer às leis; ser firme nas ações; tentar ser vencido por si mesmo e não pela sorte; e cultivar a razão. Chegou a falar, inclusive, na "moral imperfeita", aquela que se pode seguir provisoriamente enquanto não houver nada melhor.[3]

O jornalista, se não conhece teoricamente, ao menos intui o que possa ser uma moral definitiva do ponto de vista normativo, seja de forma mais aprofundada, seja do ponto de vista do senso comum. Sua moral provisória, portanto imperfeita, é convocada quando ele precisa dela interinamente, por uma razão qualquer que a moral idealizada por ele não acobertaria – quando, por exemplo, necessita contar uma "mentirinha" ou precisa usar uma "meia verdade" para alcançar algum objetivo que considera nobre. Então ele esgrime o seu código moral provisório exatamente como Sartre usa o seu código moral temporário. Não importa se a situação é percebida ou não como "podre".

O véu das aparências

Exemplos clássicos utilizados neste livro demonstram quão enganadora pode ser a realidade sob o véu das aparências e quanto a ética pode não dar conta das interpretações.

Lá atrás, entre os gregos, Antígona já puxava o cordão da boa vontade para consigo mesma por conta de seu carisma. A partir do relato de seu drama, as razões de Estado traduzem vilania e o comum dos entendimentos vê assim a questão: Creonte é mau e Antígona é a heroína.

Nossa leitura ocidental e secular do julgamento de Sócrates mitifica o filósofo e obnubila as razões dos cidadãos atenienses que não queriam algo passível de configurar um retrocesso na democracia construída pelo conjunto dos cidadãos. Esse outro lado, tanto no drama de Antígona quanto na tragédia de Sócrates, se perde na observação produzida pelo senso comum, que é o lugar do jornalismo. E Creonte será odiado. E Sócrates adorado.

Se Epicuro foi ridicularizado enquanto vivia e seu trabalho acabou reduzido a mero hedonismo, e a ele cabe a paternidade do individualismo, é porque tentou construir o interior do cidadão num momento cuja única arma (arma não menos política, veja só) era o distanciamento da própria política para poder se contrapor à dominação. Se não foi o jornalismo que arquitetou essa visão, foi a comunicação como um todo que a construiu.

Montaigne talvez mostre, com sua visão da covardia enquanto mãe da crueldade, quão complexa é a relação de um homem com os outros quando empunha suas armas e precisa lidar com sentimentos contraditórios. Ao usar palavras como armas, travestidas de manchetes e investigações públicas, o jornalista maneja sentimentos, seja para anulá-los, escondê-los ou revelá-los.

Quando, em pleno desabrochar da modernidade, Shakespeare faz Hamlet se disfarçar de louco, ele planta a justificativa para a imprensa usar o artifício do disfarce, da "mentirinha", da "inverdade", da enganação com o objetivo de conseguir uma informação considerada relevante. Assim, a ética dos fins vai justificar os meios, coisa que Weber desenhou para garantir, normativamente, as necessidades de uma ética relativa. Ele não o disse, mas cabe bem: uma ética provisória.

Os contravalores trazidos por Balzac no primeiro romance sobre o jornalismo, *As ilusões perdidas*, dão o arcabouço, a estatura, o tom de uma arquitetura de publicação de informações absolutamente distorcidas e manipuladas com justificativas normativas.

A solidez de conceitos desfilada por teóricos da modernidade – como Descartes, Spinoza ou Kant –, a intransigência de um Wittgenstein ou de um Karl Kraus, a radical crítica dos teóricos de Frankfurt e seus êmulos, como Debord ou Cioran; tudo isso, de certa forma, ilumina e cobra a necessidade permanente e premente da compreensão crítica da realidade. Uma realidade assentada na contradição ética que alimenta os fins e cujo conceito de "interesse público" será sempre relativo, num mundo em que o príncipe contemporâneo se transmudou em algo tão difuso quanto a mídia, estimulada pelos diferentes e contraditórios interesses que a perpassam e determinam. Nada como o conhecimento para saber como se situar no formidável volteio entre linguagem e realidade no fazer da comunicação. Não é o jornalismo, evidentemente, que traz esse conhecimento crítico. Ele pode ajudar. De fato, reporta, conta casos, expõe privacidades, revela, denuncia: representa representações.

A ética e o seu contrário, a antiética, são imanentes ao fazer jornalístico. O jornalismo será ético ou não em função do sabor da hora, do lugar, da necessidade, do interesse, do olhar. Em especial nas condições industriais – nas quais o negócio da comunicação é o fator decisivo para a existência do próprio jornalismo e na sua configuração imposta pela indústria da cultura –, que a tudo homogeneíza. A necessidade de um instrumental crítico se insere em qualquer instante do jornalismo, não importa se se fala em comunicação normativa ou em comunicação funcional. Porque em todos os momentos se descartam e se elegem informações, seja no ato da revelação do fato e de sua apreensão junto à fonte, seja na pesquisa, na pauta, na apuração, no comentário, na análise, na edição – e isso se faz com certa visão de mundo, por mais crítica, acrítica, informada ou desinformada. Por tudo isso, não basta o senso comum.

A ética do marceneiro não basta

De volta à citação póstuma de Cláudio Abramo:

> Sou jornalista, mas gosto mesmo é de marcenaria. Gosto de fazer móveis, cadeiras, e minha ética como marceneiro é igual à minha ética como jornalista – não tenho duas. Não existe uma ética específica do jornalista: sua ética é a mesma do cidadão. Suponho que não se vai esperar que, pelo fato de ser jornalista, o sujeito possa bater carteira e não ir para a cadeia.
>
> Onde entra a ética? O que o jornalista não deve fazer que o cidadão comum não deva fazer? O cidadão não pode trair a palavra dada, não pode abusar da confiança do outro, não pode mentir. No jornalismo, o limite entre o profissional como cidadão e como trabalhador é o mesmo que existe em qualquer outra profissão. É preciso ter opinião para poder fazer opções e olhar o mundo da maneira que escolhemos. Se nos eximirmos disso, perdemos o senso crítico para julgar qualquer outra coisa. O jornalista não tem ética própria. Isso é um mito. A ética do jornalista é a ética do cidadão. O que é ruim para o cidadão é ruim para o jornalista.[4]

Cláudio Abramo viveu para o jornalismo e morreu em seu apartamento em São Paulo, de um ataque cardíaco no café-da-manhã, em 14 de agosto de 1987, quando conferia sua coluna na segunda página da *Folha de S.Paulo*, jornal que ajudou a definir como um dos quatro grandes diários brasileiros durante seus quase 50 anos de profissão. O seu discurso sobre a ética do marceneiro tem sido entendido ao pé da letra e merece ser desdobrado, porque a ética do marceneiro também não basta ao jornalista – ele precisa entender mais de ética do que se imagina que entenda o artífice da marcenaria. Porque o marceneiro lida com a madeira, e o jornalista lida com representações de outrem, com fatos, com fontes e com o público. Além disso, o jornalista é diferente do cidadão comum porque tem a prerrogativa do sigilo da fonte garantida pela Constituição Federal.

O jornalismo também é um ofício. Mas é um ofício que compõe o entendimento do mundo, parte determinante da engrenagem que faz o mundo parecer o que parece ser.

Sobre o marceneiro, cabe aqui um pequeno passeio pela etimologia da palavra "sinceridade". A expressão foi criada pelo teatro romano, no qual os atores, sempre homens mascarados, a exemplo do teatro grego, usavam cera de abelha para colar as máscaras ao rosto. Por isso, uma pessoa *sine cera*, sem cera, ou sincera, era uma pessoa sem máscara. No século XIX, conta o professor Mário Sérgio Cortella, a palavra "sinceridade" se ligou a "marceneiro". Ao cometer algum erro num móvel em que estava trabalhando, o artesão preenchia a lasca ou o buraco indevido com cera de abelha e depois o encerava, escondendo completamente a falha. Assim, um marceneiro "sem cera", seria "aquele que não disfarça o erro". Ou seja, uma pessoa *sine cera*, sincera.[5]

Naquela época, portanto, a ética do marceneiro já carregava consigo a máscara, o disfarce, o erro e a aparência do não-erro, a reparação que não reparava o erro, porque o buraco ou a lasca continuava ferindo a madeira, estava apenas encoberta com a cera da abelha. O marceneiro sincero seria aquele que não erraria nem esconderia o erro, *sine cera*.

O jornalista não manipula a madeira, mas usa máscaras. Se ele maneja fatos, percepções dos fatos, se ele os representa conforme diferentes visões, terá que ir além do mecanismo da cera para tapar um buraco qualquer. Para entender a si mesmo, em qualquer contexto, necessitará de compreensão aprofundada da questão ética. Deverá analisar as razões e as necessidades do uso ou do não-uso da cera, para tapar o buraco ou para colar a máscara. Muitas vezes, não basta tapar uma fresta na questão da comunicação nem usar a máscara, principalmente quando ela, a comunicação, escorrega pela rede de forma assimétrica e maciça.

Abramo sugere com seu axioma que a ética do dia-a-dia basta ao jornalismo. Contraditoriamente, era uma pessoa que não descartava a formação clássica, humanística, não abria mão do conhecimento. Autodidata, leu muito desde menino, chegou a reclamar que uma "família culta quase não existe mais".[6] Tinha clara a noção de como, na história do conhecimento, os diversos atores e autores trataram das questões éticas e morais. Representar representações é algo sério demais para restringir a ética à percepção do senso comum. Abramo sabia disso. Aqui neste livro, nada mais apropriado do que buscar na história os momentos em que a questão moral encontrou definições capazes de iluminar condutas para entendê-las desse ponto de vista; e esse norte se mostrou muitas vezes paradoxal, capaz de trazer outro olhar – como aquele apto a entender as razões de Estado de um Creonte, por exemplo, ou o descortinar das jaulas com as quais a linguagem nos encerra.

"Age de modo que a máxima de tua vontade possa servir simultaneamente como o princípio de uma legislação geral", determinou Kant na formulação definitiva do imperativo categórico.[7] Ao analisar o realismo segundo o viés pragmático kantiano, para entender como salvar uma concepção não-epistêmica da verdade – portanto, não ligada aos estudos dos postulados, não ligada aos estudos das conclusões e métodos dos diferentes ramos do saber científico –, ou seja, para entender como salvar uma concepção do senso comum da dita verdade diante da "inevitável interpenetração entre linguagem e realidade" (pedra de toque do jornalismo), Jürgen Habermas diz que o pragmatismo de Kant explica muita coisa. Explica, por exemplo, "a experiência do senso comum de ter de lidar com a resistência de uma realidade decepcionante e o fato de que não temos nenhum acesso imediato a uma realidade não interpretada ou *nua*".[8] O senso comum trabalha com realidades interpretadas. Assim, repita-se *ad nauseam*, ele não basta, pois é absolutamente incapaz de iluminar devidamente essa questão.

Ética e linguagem, ética e representação, ética e interpretação; em nenhum momento do fazer jornalístico a questão ética se dissocia desse fazer, seja nas atitudes consideradas éticas ou antiéticas, seja na teoria, seja na prática. Nem para a velha nem para as novas mídias. Nem quando a câmera de vídeo está estacionada no tripé para cobrir algum fato que se dá naquele momento e o serviço é totalmente automatizado. O exemplo dramático vem do ataque às Torres Gêmeas do World Trade Center em Nova York, em 11 de setembro de 2001.

Os telespectadores de todo o mundo puderam assistir, ao vivo, ao ataque do jato à segunda torre. O primeiro ataque não foi captado ao vivo pela televisão, mas, a partir do instante em que se deu, a decisão imediata foi apontar câmeras para transmitir aquilo. O fato jornalístico estava acontecendo e a opção de posicionar aquelas câmeras ali, naquele lugar, naquele minuto, envolveu a primeira escolha ética cabível em qualquer edição jornalística: há notícia ali, vamos mostrar ao nosso público. A divulgação mundial daquele acontecimento interessava tanto aos produtores do fato (os responsáveis pelo lançamento dos aviões contra as torres) quanto às outras pessoas, dissociadas ou não das vítimas imediatas; interessava às autoridades de todos os portes, aos cidadãos de todos os cantos, a todos os indivíduos educados para consumir imagens espetaculares. Compreendeu-se no mesmo instante: interessava a todas as pessoas do mundo, de qualquer credo.

Não há jornalismo – seja o tradicional, seja o realizado pelo cidadão-repórter ou pelo indivíduo-repórter – sem uma preocupação ética, nem mesmo quando quem o produz nega preocupação. Ao negá-la, afirma-a, reconhece-a. A atitude antiética, até no limite do falso asséptico, quando é considerada aética, reforça não a necessidade, mas a realidade de um fazer moral. Porque o fazer amoral a constitui igualmente – exatamente como na política, onde inexiste equilíbrio entre ela própria e a moral. É esse desequilibrado fazer moral que dá ao jornalismo consistência e, acima de tudo, pode lhe conferir ou retirar sua credibilidade.

Paradoxalmente, poderá garantir credibilidade mesmo quando o fazer antiético der o tom – porque o fim poderia ser algo de valor reconhecido como "nobre". Atrás de uma escolha de assunto, de uma decisão de pauta, de uma ordem de publicação, de um algoritmo de busca, há uma visão de mundo, uma concepção ética, mesmo que essa concepção esteja absolutamente descomprometida de qualquer regra moral – mesmo que, na melhor das hipóteses, o descompromisso exista por uma total ignorância da regra moral. A falta dela mesma é um comportamento não ético, ou aético. A concepção ética carrega consigo a noção do antiético. De novo: para entender isso em profundidade não basta o senso comum.

Ética e antiética caminham juntas no jornalismo, assim como o próprio jornalismo não escapa ao *duo* realidade e linguagem – seja no bailado da linguagem suportada pelo texto, pela imagem ou pelos algoritmos que processam a informação e sugerem uma forma inédita no dançar da realidade com a linguagem. Porque o jornalismo, em decorrência, não conseguirá fugir das artimanhas da representação.

O dado desafiador no jornalismo, para muitos alarmante, acrescentado pelo estado atual da modernidade, é que ele começa a perder sua identidade numa realidade saturada de informações assimétricas (o maior indício do problema ético) e refém do sensacional desenvolvimento de múltiplos meios eletrônicos de comunicação. Meios possíveis a partir da nova mídia que engloba todas as mídias.

A questão moral se agrava num mundo sob o domínio do "príncipe eletrônico"; complica-se, quando se sabe que a mesma realidade global está permeada pela informação assimétrica; e se confunde, quando todos consideram tudo relativo e se abrigam na técnica, no manuseio distraído do *gadget*, no culto do produto individual de si mesmo – e o intelectual se refugia na solidão inviolável, como dizia Adorno. Esse culto integra um processo coletivo, e disperso, conduzido por essa mesma mídia da qual você se tornou parte indissolúvel e, simultaneamente, na melhor da mais aterradora e mais sensacional das hipóteses, protagonista. E nem é somente você quem precisa estudar filosofia moral. Todos nós precisamos estudá-la.

No programa *Roda viva*, da TV Cultura de São Paulo, na primeira vez em que uma tese de doutorado foi para o seu centro, levado ao ar em 21 de julho de 2008, a apresentadora, jornalista Lillian Witte Fibe, me questionou sobre jornalistas que usam a própria imagem para fazer propaganda, como, por exemplo, um comentarista de economia ao fazer propaganda de um banco e continuar emitindo análises sobre o sistema financeiro. Ela condenou fortemente essa prática. Respondi que ali mesmo, nos *laptops* usados pelos entrevistadores, havia o logotipo de uma empresa de computadores (Itautec) e os entrevistadores (aparentemente) não estavam (nem deveriam estar) comprometidos com o anunciante. Acrescentei que uma televisão que se diz pública, como a TV Cultura, acolhia publicidade nos intervalos de seus programas.

Expliquei que o jornalismo é um negócio desde seu nascimento e que o mais importante é que o jornalista que faz propaganda o faça de maneira transparente, de forma que a publicidade nunca se confunda com o material editorial. Não há como fugir da realidade de que parte ou a totalidade do salário dos jornalistas é paga com recursos captados junto aos anunciantes. Disse também que minha intenção com este trabalho não era o de dizer como o jornalismo deve ser praticado, mas sim de analisar como ele é praticado – independentemente do que consideramos ser o jornalismo ideal. Não foi meu intuito fazer mais um manual de boas maneiras. Mesmo que eu dissesse como ele deve ser, isso não mudaria em nada a maneira como é praticado, porque de manuais de boa conduta os jornalistas e comunicadores estão bem servidos. Em qualquer profissão existem os que a exercem corretamente e os que fazem o contrário – e esse contrário carece de análise.

O jornalismo tem futuro? Não há dúvida que sim, embora se suspeite de que suportes como os atuais possam ser totalmente substituídos por uma parafernália eletrônica que sequer podemos imaginar como será; e de que ele também venha a ser praticado de forma universal por cidadãos ou por indivíduos isolados, sem a menor formação nem preparação para tanto e, portanto, sem produzi-lo do modo como a humanidade o entendeu durante séculos. Como o jornalismo se salva? Pela educação talvez. Para onde vai o jornalismo? Difícil dizer. O jornalismo é uma forma de conhecimento? Como se viu em todo este livro, é evidente que não. O jornalismo é ciência? Absolutamente, não.

O jornalismo é um ofício. Um ofício tão banal quanto trágico e glorioso. Numa perspectiva moral, nele cabem, vale redundar, simultaneamente, tanto o sentido ético quanto o seu contrário – além do seu avesso, a hipocrisia. As novas mídias, anabolizadas pela possibilidade de participação individual ou institucional, se fundam nessa possibilidade e isso fez mudar a comunicação. Queiramos ou não, com resistência ou sem resistência das mídias tradicionais, as instituições e os indivíduos – cidadãos ou solipsistas – agora têm mais poder. Ninguém conseguirá tirar isso do ser humano, por mais disperso e individualizante que este tempo de liquefação de conceitos possa ser.

É evidente que valores da imprensa tradicional, como os que dignificam o ofício de jornalista, se preservam normativamente, e independentemente de qualquer novo fenômeno. Não é o jornalismo que muda, mas sim a forma de comunicação. Não muda o modo de se fazer jornalismo, mas a importância que o jornalista tinha, e que não tem mais, nos elos da comunicação – e isso sim tem importância. Por isso ele precisa se acostumar com a idéia de um concorrente na contramão do despejar informações assimétricas de forma unilateral nas pessoas. Um indivíduo qualquer agora consegue produzir informação, ao menos alguma informação, não importa se ela segue os cânones da imprensa tradicional ou não. Idem para qualquer instituição, particular ou pública. A via agora é de mão dupla, tripla, infinita. E a possibilidade de qualquer um ter nas mãos uma ferramenta de comunicação capaz de atingir milhões de pessoas é que é inédita e por isso espantosa.

Notas

Prólogo (p.11-3)

1. Esta representação da cena é construída com dados do livro de D. Edmonds e J. Eidinow sobre esse embate, *O atiçador de Wittgenstein*...; do próprio R.K. Popper, *Unended Quest: An Intellectual Autobiography*, p.140-2; e da biografia escrita por R. Monk, *Wittgenstein: le devoir de génie*, p.486.

2. Ver D. Edmonds e J. Eidinow, op.cit., p.16; e R. Monk, op.cit., p.486.

1. Percurso (p.15-26)

1. L. Manovich, *The Language of New Media*, p.19.

2. D. Wolton, *Internet, e depois?*..., p.8.

3. O. Matos, "Modernidade e mídia: o crepúsculo da ética", in D.S. de Miranda (org.), *Ética e cultura*, p.107-8.

4. M. Chaui, *Convite à filosofia*, p.340.

5. Ver em S. Blackburn, *Dicionário Oxford de filosofia*, os verbetes "ética" (p.129) e "moral" (p.256); e "ética", in N. Abbagnano, *Dicionário de filosofia*.

6. Ver verbete "éthique (différence entre morale et)", escrito por A. Jacob, in S. Auroux, *Les notions philosophiques: dictionnaire. Tome 1. Encyclopédie philosophique universelle*, p.874-5.

7. J. Saramago, *O ano da morte de Ricardo Reis*, p.64.

8. L. de Brabandere, *Le sens des idées*, p.31.

9. Tanto a questão da abordagem de Aristóteles quanto o restante sobre a verdade estão em M. Heidegger, *El ser y el tiempo*, p.235-47.

10. Os conceitos usados nos seis parágrafos a seguir estão em M. Chaui, op.cit., p.98-108.

11. Ibid., p.100.

12. M.S. Cortella, *A escola e o conhecimento*, p.72.

13. Texto de Marx cujo título da tradução francesa é *Remarques sur la recente règlementation de la censure prussiene*. Apud A. Schaff, *História e verdade*, p.300-1.

14. A tradução está em M. Chaui, *A nervura do real*, p.38; e a citação entre aspas está em B. de Spinosa, *Espinosa: pensamentos metafísicos*..., p.236.

15. A. Schaff, op.cit., p.303.

16. Publicado pela primeira vez, sob o título "Verdade", no livro *Corpo*, 1984, e incluído em *Poesia completa*, p.1240.

17. J. Saramago, op.cit., p.58.

2. Representação (p.27-49)

1. Ver P. Albert, *Histoire de la presse*, p.6; e A. Briggs & P. Burke, *Uma história social da mídia...*, p.26.
2. Ver www.newspaper-industry.org/history.html.
3. Ver N.W. Sodré, *História da imprensa no Brasil*, p.20-2; e L.M. Schwarcz, "E assim nasceu a mídia no Brasil", in *O Estado de S. Paulo*, p.D7.
4. Ver F.C. Sainz de Robles, *Velázquez – 1599-1660*, p.166; e www.cyberspain.com/colorme/netscape/pinta52.htm.
5. B. Russell, *História do pensamento ocidental*, p.270.
6. G.-G. Granger, "Introdução", in *Descartes*, p.24-5.
7. Conforme A. Palomino, apud J. Brown e C. Garrido, *Velázquez, the Technique of Genius*, p.181.
8. M. Marini, *Velázquez*, p.122; e http://museoprado.mcu.es/meni.html.
9. M. Foucault, *As palavras e as coisas*, p.25.
10. A descrição usa informações recolhidas nos sites www.museoprado.mcu.es/meni.html e www.platea.pntic.mec.es/~anilo/cuaderno/meninas.htm e I. Chilvers, *Dicionário Oxford de arte*, p.547. Peter Paul Rubens (1577-1640) e Jacob Jordaens (1593-1678) são pintores flamengos. As obras foram copiadas por Juan Bautista del Mazo, genro de Velázquez.
11. I. Chilvers, op.cit., p.547.
12. J. Brown e C. Garrido, op.cit., p.181.
13. I. Chilvers, op.cit., p.547.
14. J. Brown e C. Garrido, op.cit., p.181.
15. Apud M. Marini, op.cit., p.122-3.
16. J. Ortega y Gasset, *Velázquez et Goya...*, p.40 e 55.
17. M. Foucault, op.cit., p.25.
18. G.P. Caprettini, "Imagem", in *Enciclopédia Einaudi*, n.31, p.178.
19. Ibid., p.189.
20. M. Foucault, op.cit., p.19.
21. W. Benjamin, *Obras escolhidas: magia e técnica...*, p.165-96.
22. J. Brown e C. Garrido, op.cit., p.184.
23. M. Foucault, op.cit., p.22.
24. Ibid., p.25.
25. R. Descartes, *Descartes: discurso do método...*, p.95.
26. Ibid., p.96.
27. Ibid., p.55; o grifo é dele.
28. Aristóteles, *Obras* (*Metafísica*).
29. W. Weischedel, *A escada dos fundos da filosofia...*, p.153.
30. Usei como base desta sentença em português o texto da excomunhão da biografia de Spinoza, de S. Nadler, *Espinosa: vida e obra*, p.190; o texto *Espinosa: uma filosofia da liberdade*, p.8-9, redigido numa mescla de aramaico e português (que depois virou ladino), conforme consta em M. Chaui; e ainda a tradução de W. Weischedel, op.cit., p.153-4.
31. W. Weischedel, op.cit., p.151-2.
32. M. Chaui, op.cit., p.11.
33. Ibid., p.11-2.
34. Ibid., p.13; o grifo em *servidão ética* é meu.
35. W. Weischedel, op.cit., p.155.
36. B. Spinosa, *Espinosa: pensamentos metafísicos...*, p.306.
37. Idem.
38. Apud A. Scala, *Espinosa*, p.37, onde cita passagem de Descartes nos *Princípios da filosofia*.
39. A. Scala, op.cit., p.39-40.

40. Ibid. p.85-126.

41. J.P. Souza, "Tobias Peucer: progenitor da teoria do jornalismo", in www.bocc.ubi.pt; e M.A.M. Nascimento, "Tobias Peucer e o tripé do jornalismo", in *Revista Idade Mídia.*

42. Ver T. Peucer, *De relationibus novellis (Os relatos jornalísticos)...*

43. Ver J. Habermas, *Mudança estrutural da esfera pública*; e P. Starr, *The Creation of the Media...*, p.24.

44. J.P. Souza, op.cit., p.1.

45. O grifo na palavra "exata" é meu, assim como os grifos adiante.

46. Os grifos são meus.

47. J.P. Souza, op.cit., p.3.

48. As três afirmações estão no parágrafo 13 do texto *De relationibus novellis...*, de T. Peucer.

49. A. Hirt, *L'Universel reportage et sa magie noire...*, p.87.

50. F. Nietzsche, *La philosophie a l'époque tragique des grecs...*, p.101.

51. O costume de H. Beuve-Méry é citado por C.B. Filho em *Ética na comunicação*, p.44; as frases estão em F. Mauriac, *Bloc-Notes, 1952-1957*, p.330.

52. L. Wittgenstein, *Investigações filosóficas*, p.88, parágrafo 203; o grifo é dele mesmo.

53. V. Flusser, *Filosofia da caixa preta*, p.11.

54. E. Couchot, "Da representação à simulação...", in A. Parente (org.), *Imagem máquina...*, p.39.

55. V. Flusser, op.cit., p.22.

56. Ibid., p.8.

57. A. Schopenhauer, *O mundo como vontade...*, p.43.

58. Ibid., p.139.

59. K. Kraus, *Ditos e desditos*, p.105.

3. Ambigüidade (p.50-92)

1. Sobre Sófocles, ver K.H. Rosenfield, *Sófocles & Antígona*, p.7 e 8.

2. B. Freitag, *Itinerários de Antígona: a questão da moralidade*, p.21.

3. Idem.

4. Uso as grafias em português da tradução de *Antígona* feita por Millôr Fernandes.

5. P. Grimal, *Dicionário da mitologia grega e romana*, p.101.

6. P. Grimal, op.cit., p.101, diz que, durante os combates dos "Sete contra Tebas", Creonte, por ordem do sábio Tirésias, teria oferecido seu filho Megareu em sacrifício ao deus Ares e assim salvou a cidade.

7. K.H. Rosenfield, op.cit., p.12.

8. B. Freitag, op.cit., p.24.

9. I.F. Stone, *O julgamento de Sócrates*, p. 261.

10. *Antígona*, p.33-4. Optei por usar a versão de Millôr Fernandes em vez da tradução utilizada no livro de I.F. Stone, op.cit., p.261.

11. J. Lacan, *O seminário*, livro 7, *A ética da psicanálise*, p.342.

12. Apud K.H. Rosenfield, op.cit., p.10-2 (no qual também cita Lacan).

13. F.K. Comparato, *Ética: direito, moral e religião...*, p.442; o grifo é meu.

14. F. Nietzsche, *Introdução à tragédia de Sófocles*, p.44 e 86-7.

15. S.B. Holanda, *Raízes do Brasil*, p.141.

16. G.W.F. Hegel, *La poetique*, p.109.

17. Ibid., p.101.

18. K.H. Rosenfield, op.cit., p.11.

19. B. Freitag, op.cit., p.23.

20. Idem.

21. M. Chaui, "Público, privado, despotismo", in A. Novaes (org.), *Ética*, p.348.
22. C. Mossé, *Le procès de Socrate*, p.129.
23. Ver o fascículo Capítulo 2, in *Sócrates*, p.33.
24. Aristófanes, *As nuvens*, p.175-230.
25. Platão, "Defesa de Sócrates", in *Sócrates*, p.12.
26. O grifo é meu.
27. Xenofonte, "Apologia de Sócrates", in *Sócrates*, p.171-2.
28. I.F. Stone, op.cit.
29. Ibid., p.30.
30. Ver Xenofonte, "Ditos e feitos memoráveis de Sócrates", in *Sócrates*; e I.F. Stone, op.cit., p.31.
31. I.F. Stone, op.cit., p.33-4. Ele cita Aristóteles, *Política* (Loeb Classical Library, 1932), 1.2.1.(3).
32. I.F. Stone, op.cit., p.60.
33. Ibid., p.256 e 262.
34. Ibid., p.269-70.
35. C. Mossé, op.cit., p.131.
36. Ver *Enciclopédia Simpozio*: http://www.cfh.ufsc.br/~simpozio/Megahist-filos/Socrates/8310y003.html, verbetes 178 a 185.
37. Idem. A enciclopédia cita a *Suma Theológica* I-II a 49 a 1.
38. J.A. Motta Pessanha, "As delícias do jardim", in A. Novaes (org.), *Ética*, p.57-85.
39. Ibid., p.59.
40. Ibid., p.60.
41. Ibid., p.72-3.
42. L. Crescenzo, em *História da filosofia grega...*, p.149, cita as *Sentenças vaticanas* de Epicuro, XI.
43. Todos citados por L. Crescenzo, op.cit., p.145.
44. Sistematizado por L. Crescenzo, op.cit., p.150-1, a partir das *Sentenças vaticanas*, *Máximas capitais* e *Epístola a Menaceu*, os três de Epicuro, e da *Antologia*, de Estobeu.
45. Ver L. Crescenzo, op.cit., p.147; e J.A. Motta Pessanha, op.cit., p.77.
46. M. Montaigne, *Ensaios*, p.321-4.
47. Ver M. Montaigne, op.cit., fascículo introdutório, p.208. Várias das informações aqui usadas nos dados biográficos de Montaigne provêm desse fascículo.
48. Idem.
49. M. Chaui, "Amizade, recusa do servir", in É. de la Boétie, *Discurso da servidão voluntária*, p.176.
50. M. Montaigne, op.cit., p.98.
51. É. de la Boétie, *Discurso da servidão voluntária*, p.13.
52. Ibid., p.35.
53. "I am that I am" – aqui ele repete a famosa frase que Moisés teria ouvido de Deus. Ver *Bíblia*, Velho Testamento, Êxodo, cap.3, vers.14.
54. *Hamlet*, tradução de Millôr Fernandes, p.49.
55. L. Wittgenstein, "Conferência sobre ética", in http://www.cfh.ufsc.br/~wfil/darlei1.htm.
56. O resumo e as falas que se seguem se baseiam na edição de *Hamlet* com tradução de Millôr Fernandes.
57. Ver, a propósito, D. Ball, *Para trás e para frente...*, p.42.
58. Ibid., p.35.
59. T.S. Eliot, "Hamlet and his problems", in *The Sacred Wood...*
60. Apud H. Bloom, *Shakespeare: a invenção do humano*, p.491.
61. D. Ball, op.cit., p.29.

62. Apud H. Bloom, op.cit., p.505.

63. *Poesia completa, poesia traduzida,* organizado por Benedito Nunes (1985), e *O homem e sua hora e outros poemas*, organização de Maria Eugênia Boaventura (2002). Maria Eugênia disse ao autor que o poema "Balada" deve ter sido feito em homenagem a Hart Crane. Tanto na edição organizada por ela (p.158) quanto na edição da poesia completa estabelecida por Nunes (p.115) consta que o poema homenageia "uma poeta suicida". No índice da edição de Nunes (p.6) consta, no entanto, que o poema é para "um poeta suicida".

64. No poema *Autopsicografia*, Pessoa escreve: "O poeta é um fingidor,/ finge tão completamente/ Que chega a fingir que é dor/ A dor que deveras sente."

65. R. Bréchon, *Fernando Pessoa: estranho estrangeiro*, p.234.

66. Idem.

67. F. Pessoa, *Obra poética*, p.327.

68. Ibid., p.331

69. R. Bréchon, op.cit., p.238.

70. Ver http://www.v1.paris.fr/musees/Balzac/bibliotheque/periodiques.htm.

71. Ver P. Rónai, *A vida de Balzac.*

72. J.M. Wisnik, "Ilusões perdidas", in A. Novaes (org.), *Ética*, p.321.

73. Apud J.M. Wisnik, op.cit., p.323. As definições anteriores estão na p.325.

4. Razão (p.93-113)

1. I. Kant, *Crítica da razão prática*, p.255.

2. Apud O. Höffe, *Immanuel Kant*, p.15. Ver, em especial, a *Crítica da razão pura e outros textos filosóficos*, de I. Kant, onde ele desenvolve a argumentação contra as provas especulativas sobre a existência de Deus.

3. Apud J. Habermas, *O discurso filosófico da modernidade*, p.35.

4. B. Freitag, *Itinerários de Antígona...*, p.46-8.

5. Ver J. Habermas, *Comentários à ética do discurso.*

6. Ibid., p.15.

7. Ibid., p.31-54.

8. O. Höffe, op.cit., p.197-229.

9. I. Kant, op.cit., p.220.

10. Ibid., p.221.

11. Idem.

12. B. Freitag, op.cit., p.51.

13. I. Kant, op.cit., p.234.

14. Ibid., p.229.

15. B. Freitag, op.cit., p.51.

16. B. Freitag, op.cit., p.49.

17. Ibid., p.51.

18. Ver íntegra em F.R. Puente (org.), *Os filósofos e a política.*

19. Idem.

20. Apud N. Bobbio, *A era dos direitos*, p.171.

21. Apud F.R. Puente, op.cit.

22. R.J. Ribeiro, *A sociedade contra o social...*, p.193.

23. M. Weber, "Sociologia da imprensa: um programa de pesquisa", in *Estudos de jornalismo e mídia*, p.20.

24. M. Weber, *A política como vocação*, p.10s.

25. Ver a tradução de Leônidas Hegenberg e Octany Silveira da Mota in M. Weber, *Ciência e política: duas vocações*, p.105.

26. R.J. Ribeiro, op.cit., p.194-5.
27. Apud M. Weber, *A política como vocação*, p.95.
28. R.J. Ribeiro, op.cit., p.195.
29. Ibid., p.201.
30. Ver R. Alves, "Palavra de grande inquisidor", in *Correio Popular*.
31. F.K. Comparato, *Ética: direito, moral e religião no mundo moderno*, p.443-4.
32. Ver A. Tocqueville, *A democracia na América*.
33. E. Bucci, *Sobre ética e imprensa*, p.22.
34. S.P. Rouanet, *Interrogações*, p.15, em trecho no qual analisa Weber.

5. Linguagem (p.114-51)

1. L. Wittgenstein, "Conferência sobre ética", in http://www.cfh.ufsc.br/~wfil/darlei1.htm; e R. Monk, *Wittgenstein: le devoir de génie*, p.273-80.
2. H.-J. Glock, *Dicionário Wittgenstein*, p.143.
3. L. Wittgenstein, op.cit.
4. L. Wittgenstein, *Tractatus logico-philosophicus*, p.135 e 281.
5. Ibid., p.135.
6. Cf. L. Goldstein, A. Brennan, M. Deutsch e J.Y.F. Lau, *Lógica: conceitos-chave em filosofia*, p.127.
7. L. Wittgenstein, op.cit., p.281.
8. H.-J. Glock, op.cit., p.158-62.
9. Ibid., p.142-3.
10. P. Hadot, *Wittgenstein et les limites du langage*, p.31.
11. L. Wittgenstein, op.cit., p.179.
12. J.A. Giannotti, *Apresentação do mundo...*, p.23-5 e 265.
13. Idem.
14. R. Monk, op.cit., p.274.
15. D. Edmonds e J. Eidinow, *O atiçador de Wittgenstein...*, p.71-4 e 82.
16. F. Schmitz, *Wittgenstein*, p.45.
17. Apud D. Edmonds e J. Eidinow, op.cit., p.171. As duas citações anteriores estão na p.170.
18. S.P. Rouanet, *Interrogações*, p.245.
19. As citações feitas até aqui estão em M. Bakhtin, *Marxismo e filosofia da linguagem*, p.36-7.
20. C.D. de Andrade, *Poesia completa*, p.117.
21. M. Bakhtin, *Estética da comunicação verbal*, p.289.
22. L. Wittgenstein, *Investigações filosóficas*, p.27.
23. M. Bakhtin, op.cit., p.116.
24. L. Wittgenstein, op.cit., p.255.
25. L. Goldstein, A. Brennan, M. Deutsch e J.Y.F. Lau, op.cit., p.69-70.
26. Expressão de J. Habermas apud S.P. Rouanet, op.cit., p.251.
27. S.P. Rouanet, op.cit., p.251.
28. M. Chaui, *Convite à filosofia*, p.96.
29. M. Merleau-Ponty, *A prosa do mundo*, p.23-4
30. Ibid., p.39.
31. Ibid., p.65.
32. A. Tabucchi, *Tristano morre*, p.180.
33. R. Monk, *Wittgenstein: le devoir de génie*, p.160-1
34. Idem, p.19.
35. E. Canetti, "Karl Kraus: école de la resistance", in K. Kraus, *La littérature démolie*, p.25.

36. E. Timms, *Karl Kraus: Apocalyptic Satirist*, p.137.
37. K. Kraus, *Ditos e desditos*, p.63-82 e 103-26.
38. Aforismo traduzido de *La nuit venue* (K. Kraus, p.35-6), que é a tradução em francês do original alemão *Nachts* (*Noites*), sem tradução em português.
39. Idem.
40. Uso aqui tanto a tradução do texto de W. Benjamin para o francês ("Karl Kraus", in K. Kraus, *Cette grande époque*, p.13-84) quanto para o espanhol (*Sobre el programa de la filosofía futura y otros ensayos*, p.159-88).
41. Apud W. Benjamin, "Karl Kraus", in K. Kraus, *Cette grande époque*, p.18 e 36; e W. Benjamin, *Sobre el programa de la filosofía futura...*, p.161.
42. W. Benjamin, "Karl Kraus", in K. Kraus, op.cit., p.19.
43. McVity, op.cit., p.146.
44. Ver aforismos em K. Kraus, *La nuit venue*, p.33-6.
45. E.M. Cioran, *Silogismos da amargura*, p.17.
46. S. Sontag, *A vontade radical*, p.77-96.
47. E.M. Cioran, *Oeuvres*, p.821-970.
48. S. Sontag, op.cit., p.82.
49. Ibid., p.83.
50. Ver C.T. Costa, "Aos foliões", in *Folha de S.Paulo*.
51. Entrevista com E.M. Cioran, "A insônia da razão", in *Folha de S.Paulo*.
52. Apud J. Malcolm, *O jornalista e o assassino*, p.18.
53. Ibid., p.17.
54. Conforme transcrição de J. Malcolm, op.cit., p.57-60.
55. J. Malcolm, op.cit., p.14.
56. Ibid., p.60.
57. Apud J. Malcolm, op.cit., p.14.
58. C. Abramo, *A regra do jogo*, p.109.
59. O. Mello, "O repórter que nunca estava lá...", in *Revista Fantástico*, p.118-23.
60. No auditório da Faculdade Cásper Líbero, em São Paulo, em 5 set 2007, na abertura do segundo dia de trabalhos da Semana de Jornalismo 2007.
61. C. Marcondes Filho, "De como a cibernética pôs abaixo...", in *Revista USP*, p.108-25.
62. G. Deleuze e F. Guattari, *Mil platôs: capitalismo e esquizofrenia*, p.16-7.
63. Veja, a propósito, entrevista imaginária com Dim Upshaw publicada no semanário *Meio & Mensagem* (C.T. Costa, "Treze perguntas para Dim Upshaw", p.10).
64. Ver detalhes em E. Timms, op.cit., p.138-9.
65. Ver o site http://tokipona.org/intro.html.
66. Ver reportagem "Que inglês, que nada!", de Renata Leal, in *Época*, 7 jan 2008, p.90.

6. Objetividade (p.152-71)
1. A. Houaiss, *Dicionário Houaiss da língua portuguesa*, p.671.
2. Ver o verbete "censura e aprovação" em M. Canto-Sperber, *Dicionário de ética e filosofia moral*, p.230. A autora do verbete, S. Laugier, trabalha com conceitos de censura e aprovação a partir da *Ética a Nicômano*, de Aristóteles, e do *Tractatus logico-philosophicus*, de L. Wittgenstein.
3. Ver T. Peucer, *De relationibus novellis* (*Os relatos jornalísticos*)...
4. G. Talese, *O reino e o poder: uma história do New York Times*, p.6.
5. Todas as acepções foram extraídas de A. Houaiss, op.cit.
6. Ver o verbete "objetividade" in A. Houaiss, op.cit., p.2041.
7. Para dados sobre a história da imprensa, ver P. Albert, *Histoire de la presse*. A informação sobre circulação de jornais em Paris está na p.32. Ver também H. Balzac, *As ilusões perdidas*, cap.25, "A primeira luta".

8. Ver G. Gauthier, "In defense of a supposedly outdated notion...", in *Canadian Journal of Communication.*

9. Ver também J.-F. Revel, *Le rejet de l'état: essai politique.*

10. Ver T.L. Glasser e J.S. Ettema, "Investigative journalism and the moral order", in *Critical Studies in Mass Communication.*

11. Ver J.C. Merrill, "Semantics and objectivity", in *Macromedia: Mission, Message, and Morality.*

12. E. Dennis, "Journalistic objectivity is possible", in *Basic Issues in Mass Communication,* p.111-9.

13. W.L. Rivers e C. Mathews, *Ethics for the Media,* p.76.

14. Ver B. Roshco, *Newsmaking.*

15. J.C. Merrill, "Journalistic objectivity is not possible", in *Basic Issues in Mass Communication,* p.108.

16. J.C. Merrill, "Semantics and objectivity", in *Macromedia: Mission, Message, and Morality,* p.272.

17. J.C. Merrill, "Journalistic objectivity is not possible", in *Basic Issues in Mass Communication,* p.104.

18. D. McDonald, "Is objectivity possible?", in *Center Magazine,* p.29-43.

19. J.C. Merrill, op.cit.

20. Ver B. Roshco, op.cit.

21. Ver G. Tuchman, "Objectivity as strategic ritual...", in *American Journal of Sociology.*

22. Ver J. Lichtenberg, "In defense of objectivity revisited", in *Mass Media and Society.*

23. Ibid., p.240.

24. Ibid., p.245.

25. J.C. Merrill, op.cit., p.108.

26. Ver o penúltimo parágrafo de G. Gauthier, op.cit.

27. Ver em especial A. Schaff, "A objetividade do conhecimento...", in Julia Kristeva et alii (orgs.), *Ensaios de semiologia.*

28. Os grifos são meus.

29. M. Weber, *A política como vocação,* p.45-6.

30. BBC Producer's Guidelines, em www.bbc.com.uk, clicar em "About BBC, Plans, Policies & Reports".

31. B. Kovach e T. Rosenstiel, *Os elementos do jornalismo...*, p.69.

32. E. Martins, *Manual de redação e estilo,* p.18.

33. *Manual da redação, Folha de S.Paulo,* 2001, p.45; e 1984, p.63.

34. Apud C. Barros Filho, *Ética na comunicação,* p.45.

35. Ver L. Sponholz, "Objetividade em jornalismo...", in *Revista Famecos.*

36. Ibid., p.110. L. Sponholz se refere ao trabalho de A. Hohlfeldt "Objetividade: categoria jornalística mitificada", in *XXIV Congresso Brasileiro de Ciências da Comunicação.*

37. Ibid., p.111. Agora L. Sponholz faz referência a Fidalgo em "A ética e o off-the-record", in *Biblioteca On-line de Comunicação.*

38. Autor fartamente citado pela professora A. Sponholz, que usa quatro textos dele no ensaio: *Objektivität in dem Massenmedien – Versuch einer historischen und systematischen Begriffsklärung* (1982); *Wie objektiv können Journalisten sein?* (1988); *Objektivität und Glaubwürdigkeit von Medien. Eine theoretische und empirische Studie zum Verhältnis von Realität und Medienrealität* (1988); e *Wie wirklich ist die Medienwirklichkeit?* (1993).

39. A. Sponholz, op.cit., p.111.

40. C. Barros Filho, op.cit., p.95.

41. M.R. Real, *Supermedia: A Cultural Study Approach,* p.251, apud C. Barros Filho, op.cit., p.50.

42. T. Adorno e M. Horkheimer, "A indústria cultural, o esclarecimento como mistificação das massas", in *Dialética do esclarecimento*, p.122.

43. Ibid., p.113-56.

44. Ver entrevista de O. Matos a J. Venâncio in O. Matos, "Idéia de 'servidão voluntária'...", in *Revista Almanaque*.

7. Espetáculo (p.172-94)

1. Ver *Folha Online*: "Retrospectiva 2006 – Atentados do PCC paralisam maior cidade do país", in http://noticias.uol.com.br/ultnot/retrospectiva/2006/materias/pcc.jhtm.

2. Apud C.T. Costa, "O toque da alvorada", in *Meio & Mensagem*, p.9.

3. M.L. Manzine-Couvre, *O que é cidadania*, p.11.

4. Ver www.wikipedia.com e *Dicionário Houaiss*.

5. Ver primeira página da *Folha de S.Paulo* de 13 mai 2006.

6. Ver balanço na primeira página da *Folha de S.Paulo* de 14 mai 2006.

7. Ver N. de Sá, "Toda mídia", in *Folha de S.Paulo*.

8. Idem.

9. Ver blog do escritor e jornalista J. Cristaldo, in http://cristaldo.blogspot.com/.

10. Ver manchete de página "SP diz não saber o que ocorreu com os 660 presos por atentados", in *Folha de S.Paulo*, 19 out 2006, p.C11.

11. Ver blog de J. Cristaldo, in http://cristaldo.blogspot.com/.

12. Ver E. Siqueira, "Agora, sim, derrotamos o crime organizado", in *O Estado de S. Paulo*.

13. "Mobiles, protests and pundits", in *The Economist*, Londres, 28 out 2006, p.73.

14. Ver E. Bittencourt e M. Rodrigo, "Guerra da mídia", in *Gazeta Mercantil*.

15. Ver blog de M. Malin, 22 mai 2006, às 10:29:42pm, no blog então publicado pelo *Observatório da imprensa*, www.observatoriodaimprensa.com.br.

16. C.T. Costa, "O toque da alvorada", in *Meio & Mensagem*, p.9.

17. U. Eco, *Apocalípticos e integrados*, p.8 e 9.

18. T. Adorno, *Dialética do esclarecimento*, p.156.

19. T. Adorno, "A indústria cultural", in G. Cohn (org.), *Comunicação e indústria cultural*, p.295.

20. O. Matos, "Idéia de 'servidão voluntária'...", in *Revista Almanaque*.

21. C.T. Costa, "Movimento estudantil: 1968, o ano que não termina"; ver também J. Baynac, *Le mystère 68*, p.61-78.

22. G. Debord, *Oeuvres*, p.1878.

23. Ibid., p.9-23.

24. Arthur Rimbaud (1854-91), poeta francês.

25. A. Hussey, "Na biografia, Debord aparece como um herói guerreiro", in *Folha de S.Paulo*.

26. Todas as definições e comentários sobre o espetáculo provêm de *A sociedade do espetáculo*, de G. Debord.

27. A edição brasileira de 2002 de *A sociedade do espetáculo* incorpora os comentários de G. Debord a partir da p.165.

28. Ibid., p.192.

29. Ver M. Chaui, *Simulacro e poder*, p.22, para as três citações.

30. Ver A. Sainz, "Transformación de la sociedad del espectáculo", in www.nodo50.org/cdc/quimera.htm.

31. As observações a propósito de M. Maffesoli estão baseadas no texto de A.H.C. Pasín "La quotidienneté comme objet...", publicado em www.cairn.info, e em livro do próprio M. Maffesoli, *La conquête du présent...*, p.152.

8. Pós-modernidade (p.195-227)

1. Os dados da vida de Maquiavel vêm de M. White, *Maquiavel: um homem incompreendido*, e de R. Ridolfi, *Biografia de Nicolau Maquiavel*.

2. D. Wolton, *Internet, e depois?...*, p.8.

3. N. Blázquez, *Ética e meios de comunicação*, p.271; os grifos são meus.

4. Z. Bauman, *Ética pós-moderna*, p.258.

5. Ver, a propósito, as observações de E. Wilson, in *Rumo à estação Finlândia*, p.13, a propósito de Vico.

6. H. Arendt, *Condition de l'homme moderne*, p.401.

7. A. Mattelart, *Histoire de la société de l'information*, p.60.

8. Conforme R. Lima, "Para entender o pós-modernismo...", in *Revista Espaço Acadêmico*, p.1-2.

9. Apud R. Lima, op.cit., p.2.

10. Ibid., p.3.

11. Ver P.V. Hartman, "What is postmodernism?", in www.naciente.com/essay15.htm.

12. F. Jameson, *Postmodernism, or, The Cultural Logic of Late Capitalism...*, p.1-3, e *A virada cultural: reflexões sobre o pós-moderno*, p.17-8.

13. Apud Z. Bauman, in op.cit., p.45.

14. Traduções em português, respectivamente, de *Brave New World* (São Paulo, Globo, 2001) e *1984* (São Paulo, Ibep Nacional, 2003).

15. Livro que vendeu mais de 5 milhões de exemplares em todo o mundo, recebeu tradução em português: *Co-dependência nunca mais* (Rio de Janeiro, Nova Era, 2007).

16. O. Matos, "Modernidade e mídia: o crepúsculo da ética", in D.S. de Miranda (org.), *Ética e cultura*, p.110.

17. Apud Z. Bauman, op.cit., p.102.

18. Ibid., p.211.

19. Para as citações, ver T. Adorno, *Minima moralia...*, p.17-9.

20. M. Foucault, *Politics, Philosophy, Culture...*, p.223, apud F. Wheen, *Como a picaretagem conquistou o mundo...*, p.103.

21. F. Wheen, op.cit., p.103.

22. O. Matos, op.cit., p.109-10.

23. O estudo traz os resultados da Pesquisa Social Brasileira (Pesb), realizada pelo Datauff (da Universidade Federal Fluminense) com 2.363 brasileiros. As entrevistas foram feitas de 28 de julho a 5 de outubro de 2002, com base em dados de 1996 do IBGE. Ver A.C. Almeida, *A cabeça do brasileiro*, p.45-55.

24. Resultado a partir da Pesb, ver A.C. Almeida, op.cit., p.20.

25. Idem.

26. Apud C.T. Costa, "O toque da alvorada", in *Meio & Mensagem*, p.21

27. Z. Bauman, *Ética pós-moderna*, p.254.

28. Y. Benkler, *The Wealth of Networks...*, p.212-3.

29. D. Wolton, *Penser la communication*, p.131.

30. O. Ianni, "O príncipe eletrônico", in *Enigmas da modernidade do mundo*, p.141-66.

31. Ibid., p.143.

32. Ver J.E. Stiglitz, "Information and the change in the paradigm in economics", in www2.gsb.columbia.edu/faculty/jstiglitz/.

33. O. Ianni usa a tradução de Mario Celestino da Silva, publicada em 1946 (O. Ianni, op.cit., p.145-6). Para conferir tradução mais recente, de José Antônio Martins, ver J. Maquiavel, *O príncipe*, p.69, 77-9, 235 e 241.

34. Gramsci apud O. Ianni, op.cit., p.147.

35. Idem.

36. Ver M. Castells, *A galáxia da internet...*

37. As críticas ao individualismo estão em M. Maffesoli, op.cit., p.77-83.
38. M. Maffesoli, op.cit., p.82.
39. O. Ianni, op.cit., p.148.
40. Ibid., p.148-9 e 152.
41. Ibid., p.148-9.
42. H.M. Enzensberger, "La manipulación industrial de las conciencias", p.7-10, apud O. Ianni, op.cit., p.149.
43. M. Gurevitch, "The globalization of electronic journalism", p.185 e 188, apud O. Ianni, op.cit., p.150.
44. S. Rodotà, *Tecnopolitica...*, p.12, apud O. Ianni, op.cit., p.154.
45. J. Stallabrass, *Empowering Technology...*, p.4-5, apud O. Ianni, op.cit., p.154.
46. K. Mannheim, *Man and Society in an Age of Reconstruction*, p.247, apud O. Ianni, op.cit., p.156.
47. R.D. Pagan Jr., "Porter la lutte sur le terrain des déctrateurs...", apud O. Ianni, op.cit., p.151. O. Ianni, por sua vez, colheu o depoimento na introdução de *Global Television*, C. Schneider e B. Wallis, p.30-1.
48. M. Wossner, *Success and Responsability*, p.4, apud O. Ianni, op.cit., p.152.
49. J. Habermas, "Os secularizados não devem negar potencial de verdade...", in *Folha de S.Paulo*; e J. Ratzinger, "O homem desceu até o fundo do poço...", in *Folha de S.Paulo*.
50. J. Habermas, "O caos da esfera pública", in *Folha de S.Paulo*. Ver também C.T. Costa, "Por que a nova mídia é revolucionária", in *Líbero*, p.25-6.
51. O. Ianni, op.cit., p.159.
52. Ibid., p.161.
53. Ver C.T. Costa, "Modernidade líquida, comunicação concentrada", in *Revista USP*, p.189; e *Ombudsman: o relógio de Pascal*, p.216.
54. J.M. Keynes, *The General Theory of Employment...*, apud J. Stiglitz, op.cit., p.472.
55. J. Stiglitz, op.cit., p.488-92.
56. Apud Delfim Netto em entrevista à revista *Veja*, 31 jan 2007, p.14.
57. C.T. Costa, *Ombudsman: o relógio de Pascal*, p.206-10.
58. R. Augusto, "Campanhas inesquecíveis", in *Meio & Mensagem*, p.150-1.

9. Relativismos (p.228-51)
1. J.B. Thompson, *A mídia e a modernidade...*, p.224.
2. N. Blázquez, *Ética e meios de comunicação*, p.34-5. Ele se baseia em Lee Brown: *Responsabilidad social de la prensa*, México, 1977, p.7-9.
3. N. Blázquez, op.cit., p.35.
4. Apud E. Alterman, "Out of print", in *The New Yorker*, p.53.
5. P. Meyer, *The Vanishing Newspaper...*, p.1.
6. Ibid., p.16.
7. Ibid., p.202.
8. R.W. McChesney, "The emerging struggle for a free press", in R.W. McChesney, R. Newman e B. Scott, *The Future of Media...*, p.9.
9. E. Bucci, *Sobre ética e imprensa*, p.137-65. A lista foi elaborada pelo colunista Paul Johnson, da revista britânica *Spectator*, e publicada no *Jornal da Tarde*, de São Paulo, em 24 mar 1993.
10. Ver o livro de Alex Ribeiro *O caso da Escola Base: os abusos da imprensa* (São Paulo, Ática, 1995).
11. C. Marcondes Filho, *A saga dos cães perdidos*, p.137.
12. E. Bucci, op.cit., p.135-6.
13. J. Spyer, *Conectado: o que a internet fez com você...*, p.118-9.

14. G. Gilder, *A vida após a televisão*, p.166-7.

15. H. Jenkins, *Convergence Culture...*, p.6.

16. H. Rheingold, *Smart Mobs: The Next Revolution*, p.157-8.

17. J. Saramago, *O ano da morte de Ricardo Reis*, p.48.

18. C. Anderson, *The Long Tail...*, p.69.

19. Ver C.T. Costa, "Com vocês, o Prosumer maduro", in *Meio & Mensagem*, p.8.

20. Ver S. Bowman e C. Willis, "We media: how audiences are shaping the future of news and information".

21. Ver http://www.stateofthenewsmedia.org/2008/index.php. Os jornalistas Amy Mitchell e Tom Rosenstiel são os supervisores do relatório. Entre os colaboradores estão Mark Jurkowitz, Bill Kovach, Philip Meyer e Neal Shapiro.

22. D. Wolton, *Internet, e depois?...*, p.135-6.

23. Ver A. Keen, *O culto do amador...*; e C.T. Costa, "Quando a web 2.0 encontra seu maior adversário", in *Meio & Mensagem*, p.13.

24. J.A. Oravec, "On-line advocacy of violence and hate-group activity...", in M.J.P. Wolf (org.), *Virtual Morality...*, p.119.

25. Ibid., p.136.

26. Z. Bauman, *Modernidade líquida*, p.54.

27. Ver G. Berkeley, *Tratado sobre os princípios do conhecimento humano*, p.19; e F. Challaye, *Pequena história das grandes filosofias*.

10. Moral provisória (p.252-9)

1. E. Bucci, *Sobre ética e imprensa*, p.26.

2. H. Rowley, *Tête-à-tête: Simone de Beauvoir e Jean-Paul Sartre*, p.292-3.

3. R. Descartes, *Discurso do método*, p.43. Ver em especial a nota de rodapé 1, na mesma página, escrita por Etienne Gilson. O mesmo Gilson (R. Descartes, *Discours de la méthode*, p.231) remete à introdução de *Les principes de la philosophie* (1950), no qual Descartes trata da questão da "moral imperfeita". Ver também D. Huisman, *Dicionário de obras filosóficas*, p.137.

4. C. Abramo, *A regra do jogo*, p.109.

5. M.S. Cortella, *Qual é a tua obra?*, p.114.

6. C. Abramo, op.cit., p.23.

7. I. Kant, *Crítica da razão pura e outros textos filosóficos*, p.195-256. Ver B. Freitag, *Itinerários de Antígona...*, p.49. E também o cap.4 deste livro.

8. J. Habermas, *A ética da discussão e a questão da verdade*, p.55.

Referências bibliográficas

Abbagnano, Nicola. *Dicionário de filosofia*. Trad. Alfredo Bosi e Ivone Castilho Benedetti. São Paulo, Martins Fontes, 2007.

Abramo, Cláudio. *A regra do jogo*. São Paulo, Companhia das Letras, 1988.

Adorno, Theodor. "A indústria cultural", in Gabriel Cohn (org.), *Comunicação e indústria cultural*. São Paulo, Edusp, 1971.

______. "A indústria cultural, o esclarecimento como mistificação das massas", in Theodor Adorno e Max Horkheimer, *Dialética do esclarecimento*. Rio de Janeiro, Jorge Zahar, 1985.

______. *Minima moralia (reflexões a partir da vida danificada)*. São Paulo, Ática, 1992.

Albert, Pierre. *Histoire de la presse*. Paris, PUF, 2003.

Almeida, Alberto Carlos. *A cabeça do brasileiro*. Rio de Janeiro, Record, 2007.

Alterman, Eric. "Out of print", *The New Yorker*, Nova York, 31 mar 2008, p.48-59.

Alves, Rubem. "Palavra de grande inquisidor", *Correio Popular*, Campinas, 22 mai 2005.

Anderson, Chris. *The Long Tail: Why the Future of Business Is Selling Less of More*. Nova York, Hyperion, 2006.

Andrade, Carlos Drummond de. *Poesia completa*. Rio de Janeiro, Nova Aguilar, 2006.

Arendt, Hannah. *Condition de l'homme moderne*. Paris, Calmann-Lévy, 1961.

Aristófanes. *As nuvens*, in *Sócrates*, Col. Os Pensadores. São Paulo, Abril Cultural, 1972.

Aristóteles. *Obras*. Madri, Aguillar, 1977.

Augusto, Regina. "Campanhas inesquecíveis", *Meio & Mensagem*, São Paulo, 2007, p.150-1.

Auroux, Sylvain (org.). *Les notions philosophiques: dictionnaire. Tome 1. Encyclopédie philosophique universelle*. Paris, PUF, 1990.

Bagdkian, Ben. *The Media Monopoly. Third Edition, Revised and Expanded with the Latest Information the Expansion of Global Communication*. Boston, Beacon Press, 1990.

Bakhtin, Mikhail. *Estética da comunicação verbal*. São Paulo, Martins Fontes, 1992.

______. *Marxismo e filosofia da linguagem*. São Paulo, Hucitec, 2006.

Ball, David. *Para trás e para frente (um guia para leitura de peças teatrais)*. São Paulo, Perspectiva, 1999.

Balzac, Honoré de. *As ilusões perdidas*. São Paulo, Abril Cultural, 1978.

Barros Filho, Clóvis. *Ética na comunicação*. São Paulo, Summus Editorial, 2003.

Bauman, Zygmunt. *Ética pós-moderna*. São Paulo, Paulus, 2003.

______. *Modernidade líquida*. Rio de Janeiro, Jorge Zahar, 2001.

Baynac, Jacques. *Le mystère 68 (Table ronde avec Baynard, Hervé Le Brás, Henri Weber et Paul Yonnet in Le Débat 50 – spécial).* Paris, Gallimard, mai-out 1988.
BBC, Producers' Guidelines, in www.bbc.com.uk. Clicar em About BBC, Plans, Policies & Reports. Londres, BBC, 2005.
Benjamin, Walter. *Sobre el programa de la filosofía futura y otros ensayos.* Caracas, Monte Avila, 1970.
______. *Obras escolhidas: magia e técnica, arte e política.* São Paulo, Brasiliense, 1985.
______. "Karl Kraus", in Karl Kraus, *Cette grande époque.* Paris, Payot & Rivages, 2000.
Benkler, Yochai. *The Wealth of Networks. How Social Production Transforms Markets and Freedom.* New Haven/Londres, Yale University, 2006.
Berkeley, George. *Tratado sobre os princípios do conhecimento humano,* Col. Os Pensadores. São Paulo, Abril Cultural, 1973.
Bittencourt, Elaine e Márcio Rodrigo. "Guerra da mídia", *Gazeta Mercantil,* Caderno Fim de Semana, São Paulo, 19, 20 e 21 mai 2006.
Blackburn, Simon. *Dicionário Oxford de filosofia.* Rio de Janeiro, Jorge Zahar, 1997.
Blázquez, Niceto. *Ética e meios de comunicação.* São Paulo, Paulinas, 2000.
Bloom, Harold. *Shakespeare: a invenção do humano.* Rio de Janeiro, Objetiva, 1998.
______. *Hamlet: poema ilimitado.* Rio de Janeiro, Objetiva, 2004.
Bobbio, Norberto. *A era dos direitos.* Rio de Janeiro, Campus, 2004.
Borges, Jorge Luis. *Obras completas en colaboración.* Buenos Aires, Emecé, 1997.
___ e Adolfo Bioy Casares. "O inimigo número 1 da censura". Trad. Caio Túlio Costa. Inédito, 2003.
______. *Nuevos cuentos de Bustos Domecq.* Madri, Siruela, 1986.
Bowman, S. e C. Willis. "We media: how audiences are shaping the future of news and information", Reston, The Media Center at the American Press Institute, 2003.
Brabandere, Luc de. *Le sens des idées.* Paris, Dunod, 2004.
Bréchon, Roberto. *Fernando Pessoa: estranho estrangeiro.* Rio de Janeiro, Record, 1999.
Briggs, Asa & Peter Burke. *Uma história social da mídia: de Gutenberg à internet.* Rio de Janeiro, Zahar, 2002.
Brown, Jonathan e Carmen Garrido. *Velázquez, the Technique of Genius.* New Haven/Londres, Yale University, 1998.
Bucci, Eugênio. *Sobre ética e imprensa.* São Paulo, Companhia das Letras, 2002.
Canetti, Elias. "Karl Kraus: école de la resistance", in Karl Kraus, *La littérature démolie.* Paris, Payot & Rivales, 1993.
______. *Uma luz em meu ouvido: história de uma vida – 1921-1931.* São Paulo, Companhia das Letras, 2000.
Canto-Sperber, Monique. *Dicionário de ética e filosofia moral.* São Leopoldo, Unisinos, vol.1, 2003.
Caprettini, Gian Paolo. "Imagem", in *Enciclopédia Einaudi,* n.31. Lisboa, Imprensa Nacional/ Casa da Moeda, 1994.
Castells, Manuel. *A galáxia da internet: reflexões sobre a internet, os negócios e a sociedade.* Rio de Janeiro, Jorge Zahar, 2003.
Challaye, Félicien. *Pequena história das grandes filosofias.* São Paulo, Companhia Editora Nacional, 1970.
Chaui, Marilena. "Público, privado, despotismo", in Adauto Novaes (org.), *Ética.* São Paulo, Companhia das Letras, 1992.
______. "Amizade, recusa do servir", in Etienne de La Boétie, *Discurso da servidão voluntária.* São Paulo, Brasiliense, 2001.
______. *Convite à filosofia.* São Paulo, Ática, 2002.
______. *A nervura do real.* São Paulo, Companhia das Letras, 2006.

______. *Espinosa: uma filosofia da liberdade*. São Paulo, Moderna, 2006.
______. *Simulacro e poder: uma análise da mídia*. São Paulo, Fundação Perseu Abramo, 2006.
Chilvers, Ian. *Dicionário Oxford de arte*. São Paulo, Martins Fontes, 2001.
Cioran, Emil Michel. *Silogismos da amargura*. Rio de Janeiro, Rocco, 1991.
______. "A insônia da razão", entrevista a Michael Jacob, *Folha de S.Paulo*, Caderno Mais!, São Paulo, 12 fev 1995, p.4.
______. *Oeuvres*. Paris, Quarto Gallimard, 1995.
Clark, Katerina e Michael Holquist. *Mikhail Bakhtin*. São Paulo, Perspectiva, 2004.
Comparato, Fábio Konder. *Ética: direito, moral e religião no mundo moderno*. São Paulo, Companhia das Letras, 2006.
Contrera, Malena. *Mídia e pânico*. São Paulo, Annablume, 2002.
Cortella, Mario Sergio. *A escola e o conhecimento*. São Paulo, Cortez, 2006.
______. *Qual é a tua obra?* Rio de Janeiro, Vozes, 2007.
Costa, Caio Túlio. "Aos foliões", *Folha de S.Paulo*, Revista da Folha, São Paulo, 19 fev 1995, p.30.
______. "Modernidade líquida, comunicação concentrada", *Revista USP*, n.66, São Paulo, jun, jul e ago 2005, p.178-97.
______. "Movimento estudantil: 1968, o ano que não termina". São Paulo, 30 ago 2005. Texto inédito.
______. "O toque da alvorada", *Meio & Mensagem*, São Paulo, 5 jun 2006.
______. "Por que a nova mídia é revolucionária", *Líbero*, ano IX, n.18, São Paulo, Faculdade Cásper Líbero, dez 2006, p.19-30.
______. *Ombudsman: o relógio de Pascal*. São Paulo, Geração Editorial, 2006.
______. "A opinião pública está morta", *Meio & Mensagem*, São Paulo, 23 abr 2007, p.9.
______. "Treze perguntas para Dim Upshaw", *Meio & Mensagem*, São Paulo, 10 set 2007, p.10.
______. "Quando a web 2.0 encontra seu maior adversário", *Meio & Mensagem*, São Paulo, 1º out 2007, p.13.
______. "Com vocês, o Prosumer maduro", *Meio & Mensagem*, São Paulo, 11 fev 2008, p.8.
Couchot, E. "Da representação à simulação: evolução das técnicas e das artes da figuração", in André Parente (org.), *Imagem máquina: a era das tecnologias do virtual*. Rio de Janeiro, Editora 34, 1993.
Crescenzo, Luciano. *História da filosofia grega (de Sócrates aos neoplatônicos)*. Rio de Janeiro, Rocco, 2005.
Cristaldo, Janer. Blog in http://cristaldo.blogspot.com/2006_05_01_cristaldo_archive.html.
Debord, Guy. *A sociedade do espetáculo*. Rio de Janeiro, Contraponto, 2002.
______. *Oeuvres*. Paris, Quarto Gallimard, 2006.
Deleuze, Gilles. "Spinoza e o método geral de Martial Gueroult", in http://www.freewebtown.com/polis_contemp/GD_Spinoza_Gueroult.pdf, s.d.
___ e Félix Guattari. *Mil platôs: capitalismo e esquizofrenia*. São Paulo, Editora 34, vol.2, 2007.
Dennis, Everett. "Journalistic objectivity is possible", in John C. Merrill & Everett Dennis (orgs.), *Basic Issues in Mass Communication*. Nova York, Macmillan, 1984.
Descartes, René. *Les principes de la philosophie*. Paris, Vrin, 1950.
______. *Descartes: discurso do método; meditações; objeções e respostas; as paixões da alma e cartas*, Col. Os Pensadores. São Paulo, Abril Cultural, 1973.
______. *Discours de la méthode*. Paris, Vrin, 1987.
______. *Discurso do método*. São Paulo, Martins Fontes, 2007.
Dreyer, D. *Organizational Change in the Global Media Markets: Causes and Consequences*. Alemanha, Westtälische Wilhelms/Universität Münster, jan 2003.

Eagleton, Terry. "Wittgenstein's friends", *New Left Review* I/135, Londres, set-out 1982, p.64-90.
Eco, Umberto. *Apocalípticos e integrados*. São Paulo, Perspectiva, 6ª ed., 2004.
Edmonds, David e John Eidinow. *O atiçador de Wittgenstein (A história de uma discussão de dez minutos entre dois grandes filósofos)*. Rio de Janeiro, Difel, 2003.
Eliot, T.S. "Hamlet and his problems", in *The Sacred Wood: Essays on Poetry and Criticism*, in http://articles.poetryx.com/50/, 1922.
Enzensberger, Hans Magnus. "La manipulación industrial de las conciencias", in *Detalles*. Barcelona, Anagrama, 1969.
Faustino, Mário. *Poesia completa, poesia traduzida*. São Paulo, Max Limonad, 1985.
______. *O homem e sua hora e outros poemas*. Maria Eugenia Boaventura (org.), São Paulo, Companhia das Letras, 2002.
Fidalgo, Antonio. "A ética e o off-the-record", in *Biblioteca On-line de Comunicação*, in www.bocc.ubi.pt, 1998.
Flusser, Vilém. *Filosofia da caixa preta*. São Paulo, Relume-Dumará, 2005.
Folha de S.Paulo. *Manual geral da redação*, São Paulo, 1984.
______. *Manual da redação*, São Paulo, 2001.
Foucault, Michel. *As palavras e as coisas*. Lisboa, Portugália, 1966.
______. *Politics, Philosophy, Culture: Interviews and Other Writings 1977-84*. NovaYork/Londres, Routledge, 1988.
Freitag, Bárbara. *Itinerários de Antígona: a questão da moralidade*. São Paulo, Papirus, 2002.
Gauthier, Gilles. "In defense of a supposedly outdated notion: the range of application of journalistic objectivity", *Canadian Journal of Communication*, vol.18, n.4, Vancouver, 1993.
Giannotti, José Arthur. *Apresentação do mundo: considerações sobre o pensamento de Ludwig Wittgenstein*. São Paulo, Companhia das Letras, 1995.
Gilder, George. *A vida após a televisão*. Rio de Janeiro, Ediouro, 1996.
Gillmor, Dan. *We the Media: Grassroots Journalism by the People, for the People*. Sebastopol, O'Reilly, 2006.
Glasser, Theodore L. e James S. Ettema. "Investigative journalism and the moral order", in *Critical Studies in Mass Communication*, 6 (1), 1-20, 1989.
Glock, Hans-Johann. *Dicionário Wittgenstein*. Rio de Janeiro, Jorge Zahar, 1998.
Goethe, J. Wolfgang. *Fausto*. São Paulo, Abril Cultural, 1983.
Goldstein, Lawrence, Andrew Brennan, Max Deutsch e Joe Y.F. Lau. *Lógica: conceitos-chave em filosofia*. São Paulo, Artmed, 2007.
Granger, Gilles-Gaston. "Introdução", in René Descartes, *Descartes*, Col. Os Pensadores. São Paulo, Abril Cultural, 1973.
Grimal, Pierre. *Dicionário da mitologia grega e romana*. Rio de Janeiro, Bertrand do Brasil. 1993.
Gurevitch, Michael. "The globalization of electronic journalism", in James Curran e Michel Gurevith (orgs.), *Mass Media and Society*. Londres, Edward Arnold, 1991.
Hadot, Pierre. *Wittgenstein et les limites du langage*. Paris, Vrin, 2006.
Habermas, Jürgen. *Comentários à ética do discurso*. Lisboa, Instituto Piaget, 1991.
______. *O discurso filosófico da modernidade*. São Paulo, Martins Fontes, 2002.
______. *Mudança estrutural da esfera pública*. Rio de Janeiro, Tempo Brasileiro, 2003.
______. *A ética da discussão e a questão da verdade*. São Paulo, Martins Fontes, 2004.
______. "Os secularizados não devem negar potencial de verdade a visões de mundo religiosas", *Folha de S.Paulo*, Caderno Mais!, São Paulo, 24 abr 2006.
______. "O caos da esfera pública", *Folha de S.Paulo*, Caderno Mais!, São Paulo, 13 ago 2006.
Hartman, Paul V. "What is postmodernism?", in www.naciente.com/essay15.htm, 1996.
Hegel, Georg Wilhelm Friedrich. *La poetique*, t.II. Paris, Veuve Joubert, Librairie-Éditeur, 1855.
Heidegger, Martin. *El ser y el tiempo*. México/DF, Fondo de Cultura Económica, 1977.

Hirt, André. *L'Universel reportage et sa magie noire: Karl Kraus, le journal et la philosophie*. Paris, Kimé, 2002.

Höffe, Otfried. *Immanuel Kant*. São Paulo, Martins Fontes, 2005.

Hohlfeldt, Antonio. "Objetividade: categoria jornalística mitificada", in *XXIV Congresso Brasileiro de Ciências da Comunicação*. Campo Grande, Intercom, 2001.

Holanda, Sérgio Buarque de. *Raízes do Brasil*. São Paulo, Companhia das Letras, 2005.

Houaiss, Antônio, Mauro de Salles Villar e Francisco Manoel Mello Franco. *Dicionário Houaiss da língua portuguesa*. Rio de Janeiro, Objetiva, 2001.

Huisman, Denis. *Dicionário de obras filosóficas*. São Paulo, Martins Fontes, 2002.

Hussey, Andrew. *The Game of War: The Life and Death of Guy Debord*. Londres, Jonathan Cape, 2001.

______. "Na biografia, Debord aparece como um herói guerreiro", *Folha de S.Paulo*, São Paulo, 18 ago 2001.

Ianni, Otavio. "O príncipe eletrônico", in Octavio Ianni, *Enigmas da modernidade do mundo*. Rio de Janeiro, Civilização Brasileira, 2003.

Jameson, Frederic, *Postmodernism, or, The Cultural Logic of Late Capitalism (Post-Contemporary Interventions)*. Durham, Duke University, 1991.

______. *A virada cultural: reflexões sobre o pós-moderno*. Rio de Janeiro, Civilização Brasileira, 2006.

Jenkins, Henry. *Convergence Culture: Where Old and New Media Colide*. Nova York, New York University, 2006.

Kant, Immanuel. *Crítica da razão pura e outros textos filosóficos*, Col. Os Pensadores. São Paulo, Abril Cultural, 1974.

______. *Crítica da razão prática*. São Paulo, Martins Fontes, 2002.

Keen, Andrew. *O culto do amador. Como a internet atual assassina a nossa cultura*. Rio de Janeiro, Jorge Zahar, 2009.

Keynes, J.M. *The General Theory of Employment, Interest and Money*. Nova York, Harcourt Brace, 1936.

Kovach, Bill e Tom Rosenstiel. *Os elementos do jornalismo: o que os jornalistas devem saber e o público exigir*. São Paulo, Geração Editorial, 2003.

Kraus, Karl. *La nuit venue*. Paris, Gérard Lebovici, 1986.

______. *Ditos e desditos*. São Paulo, Brasiliense, 1988.

La Boétie, Étienne de. *Discurso da servidão voluntária*. São Paulo, Brasiliense, 2001.

Lacan, Jacques. *O seminário*, livro 7, *A ética da psicanálise*. Rio de Janeiro, Jorge Zahar, 1997.

Leal, Renata. "Que inglês, que nada!", in *Época*, 7 jan 2008.

Lichtenberg, Judith. "In defense of objectivity revisited", in James Curran e Michael Gurevitch (orgs.), *Mass Media and Society*. Londres, Arnold Publishers, 2000.

Lima, Raymundo. "Para entender o pós-modernismo (notas de pesquisa)", *Revista Espaço Acadêmico*, n.35, in www.espacoacademico.com.br, abr 2004.

Lyotard, Jean-François. *La condition postmoderne*. Paris, Minuit, 1979.

Maffesoli, Michel. *La conquête du présent. Pour une sociologie de la vie quotidienne*. Paris, Desclée de Brouwer, 1998.

______. *Notas sobre a pós-modernidade: o lugar faz o elo*. Rio de Janeiro, Atlântica, 2004.

Malcolm, Janet. *O jornalista e o assassino*. São Paulo, Companhia das Letras, 1990.

Malin, Mauro. Blog in www.observatoriodaimprensa.com.br, 22 mai 2006.

Mannheim, Karl. *Man and Society in an Age of Reconstruction*. Londres, Routledge & Kegan Paul, 1949.

Manovich, Lev. *The Language of New Media*. Cambridge/Massachusetts, The MIT Press, 2001.

Manzine-Couvre, Maria de Lourdes. *O que é cidadania*, Col. Primeiros Passos. São Paulo, Brasiliense, 2006.

Marcondes Filho, Ciro. *A saga dos cães perdidos*. São Paulo, Hacker, 2000.

______. "De como a cibernética pôs abaixo o mundo organizado como linguagem", *Revista USP*, São Paulo, jun-jul-ago 2007, p.108-25.
Maquiavel, Nicolau. *O príncipe*. São Paulo, Hedra, 2007.
Marini, Maurizio. *Velázquez*. Paris, Gallimard, 1998.
Martins, Eduardo (org.). *Manual de redação e estilo*. São Paulo, *O Estado de S. Paulo*, 1990.
Matos, Olgária. "Idéia de 'servidão voluntária', do filósofo Theodor Adorno, aplica-se atualmente aos EUA" (entrevista), in José Venâncio, *Revista Almanaque*, São Paulo, in www.revistaalmanaque.jor.br, 17 mai 2003.
______. "Modernidade e mídia: o crepúsculo da ética", in Danilo Santos de Miranda (org.), *Ética e cultura*. São Paulo, Perspectiva, 2004, p.107-19.
Mattelart, Armand. *Histoire de la société de l'information*. Paris, La Découverte, 2006.
Mauriac, François. *Bloc-Notes, 1952-1957*. Paris, Flammarion, 1958.
McChesney, Robert W. "The emerging struggle for a free press", in Robert W. McChesney, Russel Newman e Ben Scott, *The Future of Media: Resistance and Reform in the 21st Century*. Nova York/Londres/Toronto/Melbourne, Seven Stories Press, 2005.
McDonald, Donald. "Is objectivity possible?", *Center Magazine*, set-out 1971.
______. "Is objectivity possible?", in J.C. Merrill e R.D. Barney (orgs.), *Ethics and the Press: Reading in Mass Media Morality*. Nova York, Hastings House, 1975.
McVity, Jonathan, "The twist, dicta and contradicta in context", in Karl Kraus, *Dicta and contradicta*. Chicago, University of Illinois, 2001.
Mello, Olga de. "O repórter que nunca estava lá: a vida, as confissões, os medos e o trabalho sempre anônimo de um mestre em realizar flagrantes com a ajuda de câmeras ocultas", *Revista Fantástico*, São Paulo, Globo, dez 2006, p.118-23.
Merleau-Ponty, Maurice. *A prosa do mundo*. São Paulo, Cosac & Naif, 2002.
Merrill, John C. "Journalistic objectivity is not possible", in John C. Merrill e Everett Dennis, *Basic Issues in Mass Communication*. Nova York, Macmillan, 1984.
______. "Semantics and objectivity", in Ralph L. Lowenstein e John C. Merrill, *Macromedia: Mission, Message, and Morality*. Nova York, Longman, 1990.
Meyer, Philip. *A ética no jornalismo*. Rio de Janeiro, Forense Universitária, 1989.
______. *The Vanishing Newspaper: Saving Journalism in the Information Age*. Columbia, University of Missouri, 2004.
Monk, Ray. *Wittgenstein: le devoir de génie*. Paris, Odile Jacob, 1993.
Montaigne, Michel de. *Ensaios*, Col. Os Pensadores. São Paulo, Abril Cultural, 1972.
Mossé, Claude. *Le procès de Socrate*. Bruxelles, Éditions Complexe, 1996.
Motta Pessanha, José Américo. "As delícias do jardim", in Adauto Novaes (org.), *Ética*. São Paulo, Companhia das Letras, 1992.
______. "Vida e obra", in *Santo Agostinho*, Col. Os Pensadores. São Paulo, Nova Cultural, 1999.
Nadler, Steven. *Espinosa: vida e obra*. Mem Martins, Publicações Europa América, 2003.
Nascimento, Maria Auxiliadora Mendes do. "Tobias Peucer e o tripé do jornalismo", *Revista Idade Mídia*, vol.1, n.1, São Paulo, 2002.
Nietzsche, Friedrich. *La philosophie a l'époque tragique des grecs: suivi de sur l'avenir de nos établissements d'enseignement*. Paris, Gallimard/Folio Essais, 1990.
______. *Introdução à tragédia de Sófocles*. Rio de Janeiro, Jorge Zahar, 2006.
Novaes, Adauto (org.). *Ética*. São Paulo, Companhia das Letras, 1992.
Oravec, Jo Ann. "On-line advocacy of violence and hate-group activity: the internet as a platform fort he expression of youth aggression and anxiety", in Mark J.P. Wolf (org.), *Virtual Morality: Morals, Ethics, New Media*. Nova York, Peter Lang, 2003, p.119-34.
Ortega y Gasset, José. *Velázquez et Goya* (*Oeuvres complètes, tome 3*). Paris, Klincksieck, 1990.
Pagan Jr., Rafael D. "Porter la lutte sur le terrain des déctrateurs du capitalisme multinacional", in *Vers un dévèlopment solidaire*. Lausanne, n.66, mai 1983.

Pasín, Angel Henrique Carretero. "La quotidienneté comme objet: Henri Lefebvre et Michel Maffesoli – Deux lectures opposes", in www.cairn.info, 2002.
Paulet, Jean-Pierre. *La mondialisation*. Paris, Armand Colin, 1998.
Pérol, Jean. *Morale provisoire. Poèmes*. Paris, Gallimard, 1978.
Pessoa, Fernando. *Obra poética*. Rio de Janeiro, José Aguilar, 1974.
Peucer, Tobias. *De relationibus novellis (Os relatos jornalísticos): tese, doutorado em periodística*. Universidade de Leipzig, 1690. Trad. Paulo da Rocha Dias. São Bernardo do Campo, PósCom-Umesp, mimeo, 1999. Também publicada pela *Revista Comunicação & Sociedade*, São Bernardo do Campo, Umesp, n.33, 2000, p.199-214.
Platão. "Defesa de Sócrates", in *Sócrates*, Col. Os Pensadores. São Paulo, Abril Cultural, 1972.
_______ e Xenofonte, Aristófanes. *Sócrates*, Col. Os Pensadores. São Paulo, Abril Cultural, 1972.
Popper, Karl Raimund. *Unended Quest: An Intellectual Autobiography*. Londres, Routledge, 2002.
Puente, Fernando Rey (org.). *Os filósofos e a política*. Belo Horizonte, UFMG, 2002.
Ratzinger, Joseph. "O homem desceu até o fundo do poço do poder, até a fonte de sua própria existência", *Folha de S.Paulo*, Caderno Mais!, São Paulo, 24 abr 2006.
Real, Michael R. *Supermedia: A Cultural Study Approach*. Londres, Sage, 1989.
Reinhardt, Karl. *Sófocles*. Brasília, UnB, 2007.
Revel, Jean-François. *Le rejet de l'état: essai politique*. Paris, Grasset, 1984.
Rheingold, Howard. *Smart Mobs: The Next Revolution*. Cambridge, Basic Books, 2002.
Ribeiro, Renato Janine. *A sociedade contra o social: o alto custo da vida pública no Brasil*. São Paulo, Companhia das Letras, 2006.
Ridolfi, Roberto. *Biografia de Nicolau Maquiavel*. São Paulo, Musa, 2003.
Rivers, William L. e Cleve Mathews. *Ethics for the Media*. Englewood Cliffs, Prentice Hall, 1988.
Rodotà, Stefano. *Tecnopolitica (la democrazia e le nuove tecnologie della comunicazione)*. Roma-Bari, Laterza, 1997.
Rónai, Paulo. *A vida de Balzac*. Rio de Janeiro, Ediouro, 1999.
Rosenfield, Kathrin H. *Sófocles & Antígona*. Rio de Janeiro, Jorge Zahar, 2002.
Roshco, Bernard. *Newsmaking*. Chicago/Londres, University of Chicago, 1975.
Rouanet, Sérgio Paulo. *Interrogações*. Rio de Janeiro, Tempo Brasileiro, 2003.
Rowley, Hazel. *Tête-à-tête: Simone de Beauvoir e Jean-Paul Sartre*. Rio de Janeiro, Objetiva, 2006.
Russell, Bertrand. *História do pensamento ocidental*. Rio de Janeiro/São Paulo, Ediouro, 2003.
Sá, Nelson de. "Toda mídia", *Folha de S.Paulo*, Caderno Brasil, São Paulo, 16 mai 2006.
Sainz, Aurélio. "Transformación de la sociedad del espectáculo", in www.nodo50.org/cdc/quimera.htm.
Sainz de Robles, Federico Carlos. *Velázquez – 1599-1660*. Paris, La Colombe, 1955.
Saramago, José. *O ano da morte de Ricardo Reis*. São Paulo, Companhia das Letras, 2005.
Scala, André. *Espinosa*. São Paulo, Estação Liberdade, 2003.
Schaff, Adam. "A objetividade do conhecimento à luz da sociologia do conhecimento e da análise da linguagem", in Julia Kristeva et alii (orgs.), *Ensaios de semiologia*. Rio de Janeiro, Eldorado, 1976.
______. *História e verdade*. São Paulo, Martins Fontes, 1978.
Schmitz, François. *Wittgenstein*. São Paulo, Estação Liberdade, 2004.
Schopenhauer, Arthur. *O mundo como vontade e como representação*. São Paulo, Unesp, 2005.
Schwarcz, Lilia Moritz. "E assim nasceu a mídia no Brasil", *O Estado de S. Paulo*, Caderno Cultura, São Paulo, 2 dez 2007, p.D7.

Shakespeare, William. *Hamlet, prince of Denmark*, in *The Complete Works*. Londres/Glasgow, Collins, 1954, p.1.028-72.
______. *Hamlet*. Trad. Millôr Fernandes. Porto Alegre, L&PM, 2002.
Siqueira, Ethevaldo. "Agora, sim, derrotamos o crime organizado", *O Estado de S. Paulo*, São Paulo, 21 mai 2006.
Sodré, Nelson Werneck. *História da imprensa no Brasil*. Rio de Janeiro, Mauad, 4ª ed. com cap. inédito, 1999.
Sófocles. *Antígona*. Trad. Millôr Fernandes. Rio de Janeiro, Paz e Terra, 2002.
Sontag, Susan. *A vontade radical*. São Paulo, Companhia das Letras, 1987.
Souza, Jorge Pedro. "Tobias Peucer: progenitor da teoria do jornalismo", in www.bocc.ubi.pt, s.d.
Spinoza, Baruch de. *Espinosa: pensamentos metafísicos – tratado da correção do intelecto. Ética: tratado político – correspondência*, Col. Os Pensadores, São Paulo, Abril Cultural, 1973.
Sponholz, Liriam. "Objetividade em jornalismo: uma perspectiva da teoria do conhecimento", *Revista Famecos*, n.21, Porto Alegre, ago 2003.
Spyer, Juliano. *Conectado: o que a internet fez com você e o que você pode fazer com ela*. Rio de Janeiro, Jorge Zahar, 2007.
Stallabrass, Julian. "Empowering Technology: The Exploration of Cyberspace." Londres, *New Left Review*, n.211, 1995, p.3-32.
Starr, Paul. *The Creation of the Media (Political Origins of Modern Communications)*. Cambridge, Basic Books, 2004.
Stensaas, Harlan S. "Development of the objectivity ethic in US daily newspapers", *Journal of Mass Media Ethics*, 2(1), 50-60, 1986-87.
Stiglitz, Joseph E. "Information and the change in the paradigm in economics", Prize Lecture, in www2.gsb.columbia.edu/faculty/jstiglitz/, 2001.
Stone, I.F. *O julgamento de Sócrates*. São Paulo, Companhia das Letras, 2005.
Tabucchi, Antonio. *Tristano morre*. Rio de Janeiro, Rocco, 2007.
Talese, Gay. *O reino e o poder: uma história do New York Times*. São Paulo, Companhia das Letras, 2000.
The Economist. "Mobiles, protests and pundits", Londres, 28 out 2006.
Thompson, John B. *A mídia e a modernidade: uma teoria social da mídia*. Rio de Janeiro, Vozes, 2004.
Timms, Edward. *Karl Kraus: Apocalyptic Satirist*. New Haven/Londres, Yale University, 2005.
Tocqueville, Alexis de. *A democracia na América*. São Paulo, Martins Fontes, vols.1 e 2, 2000.
Tuchman, Gaye. "Objectivity as strategic ritual: An examination of newsmen's notions of objectivity", *American Journal of Sociology*, n.77(4), 1972, p.660-79.
Weber, Max. *Ciência e política: duas vocações*. Trad. Leônidas Hegenberg e Octany Silveira da Mota. São Paulo, Cultrix, 2002.
______. *A política como vocação*. Trad. Maurício Tragtenberg. Brasília, UnB, 2003.
______. *Le savant et la politique (La profession et la vocation de savant et la profession et la vocation de politique)*. Paris, La Découverte, 2003.
______. *The Vocation Lectures: Science as a Vocation, Politics as a Vocation*. Indianapolis, Hackett, 2004.
______. "Sociologia da imprensa: um programa de pesquisa", *Estudos de jornalismo e mídia*, vol.2, n.1. Florianópolis, Programa de Pós-Graduação em Jornalismo e Mídia – Universidade Federal de Santa Catarina, 2005.
Weischedel, Wilhelm. *A escada dos fundos da filosofia (a vida cotidiana e o pensamento de 34 grandes filósofos)*. São Paulo, Angra, 2000.
Wheen, Francis. *Como a picaretagem conquistou o mundo: equívocos da modernidade*. Rio de Janeiro, Record, 2007.
White, Michael. *Maquiavel: um homem incompreendido*. Rio de Janeiro, Record, 2007.

Wiggins, David. *Ethics: Twelve Lectures on the Philosophy of Morality*. Londres, Penguin, 2006.

Wilson, Edmund. *Rumo à estação Finlândia*. São Paulo, Companhia das Letras, 1986.

Wisnik, José Miguel. "Ilusões perdidas", in Adauto Novaes (org.), *Ética*. São Paulo, Companhia das Letras, 1992.

Wittgenstein, Ludwig. "Conferência sobre ética", 1929. Trad. Darlei Dall'Agnol in http://www.cfh.ufsc.br/~wfil/darlei1.htm.

______. "Lecture on Ethics", *The Philosophical Review*, vol.74, n.1, jan 1965, p.3-12.

______. *Investigações filosóficas*. Petrópolis, Vozes, 2005.

______. *Tractatus logico-philosophicus*. São Paulo, Edusp, 2001.

Wolf, Mark J.P. (org.). *Virtual Morality: Morals, Ethics, New Media*. Nova York, Peter Lang, 2003.

Wolton, Dominique. *Penser la communication*. Paris, Champs/Flammarion, 1997.

______. *Internet, e depois? Uma teoria crítica das novas mídias*. Porto Alegre, Sulina, 2003.

Wossner, Mark. *Success and Responsability*. Bertelsmann Annual Report 1992-93.

Xenofonte. "Apologia de Sócrates", in *Sócrates*, Col. Os Pensadores. São Paulo, Abril Cultural, 1972.

______. "Ditos e feitos memoráveis de Sócrates", in *Sócrates*, Col. Os Pensadores. São Paulo, Abril Cultural, 1972.

Sites

www.bbc.com.uk
www.bocc.ubi.pt
www.cairn.info
www.cfh.ufsc.br/~simpozio/Megahist-filos/Socrates/8310y003.html
www.cfh.ufsc.br/~wfil/darlei1.htm
www.cyberspain.com/colorme/netscape/pinta52.htm
www.galilean-library.org/witt_ethics.html
www.espacoacademico.com.br
www2.gsb.columbia.edu/faculty/jstiglitz/
www.ig.com.br
www.museoprado.mcu.es/meni.html
www.naciente.com/essay15.htm
www.newspaper-industry.org/history.html
www.nodo50.org/cdc/quimera3.htm
www.observatoriodaimprensa.com.br
www.platea.pntic.mec.es/~anilo/cuaderno/meninas.htm
www.revistaalmanaque.jor.br
www.rubemalves.com.br/palavradegrandeinquisidor.htm
www.stateofthenewsmedia.org/2008/index.php
www.uol.com.br
www.v1.paris.fr/musees/Balzac/bibliotheque/periodiques.htm
www.wikipedia.com

Agradecimentos

Este livro tem como origem tese de doutorado defendida em junho de 2008 na Escola de Comunicações e Artes da Universidade de São Paulo. De fato, ele começou nos anos 1970 no curso de introdução à filosofia dado pela professora Marilena Chaui na Faculdade de Filosofia da Universidade de São Paulo. Foi em suas aulas que tive o primeiro contato com Michel Foucault, na releitura da tela *Las meninas*, e também com Descartes e Spinoza, que formam a espinha dorsal do segundo capítulo. À professora Marilena segue, portanto, meu agradecimento primordial. Igualmente, o estudo não existiria sem o curso de ética jornalística que o professor Eugênio Bucci ministrava na Faculdade Cásper Líbero, em São Paulo. Eu herdei a disciplina e lhe acrescentei tópicos que se somaram aos de Eugênio. Eles estão todos aqui, imiscuídos no caminho da ética que Bucci concebeu.

Muitos outros mestres e amigos têm responsabilidade, não no conteúdo que formatei, mas na inspiração de tópicos aqui abordados. Sem os professores José Luiz Proença, Manuel Carlos Chaparro e Nancy Nuyen Ali Ramadan eu não chegaria tão facilmente a Tobias Peucer, autor da primeira tese de doutorado de jornalismo. Sem a professora Eliana Paiva eu não teria conhecido as obras de Vilém Flusser nem as de Gian Paolo Caprettini. Sem as aulas de Denis de Oliveira eu jamais teria lido Zygmunt Bauman e talvez me passasse despercebido o texto seminal de Octavio Ianni sobre o príncipe eletrônico. Sem as aulas de Gilson Schwartz eu não enxergaria nem Joseph Stiglitz nem Yochai Benkler. Sem a professora Alice Mitika Koshiyama, eu talvez não conseguisse encaixar os direitos de cidadania no trabalho. Sem as professoras Maria Lurdes Motter (a quem presto uma homenagem póstuma) e Cristina Mungioli eu não reencontraria Mikhail Bakhtin nem teria a atenção voltada para Adam Schaff.

Os professores Carlos Eduardo Lins da Silva (também jornalista), Gilson Schwartz e Dimas Künsch foram exigentes nas perguntas fundamentais quando examinaram o trabalho nas duas bancas pelas quais passei: a primeira, de qualificação para o mestrado, e a segunda, que o validou ao doutorado direto. Muito do que foi escrito não aconteceria sem as conversas com o jornalista e professor Mario Vitor Santos. Depois de ler a tese, o jornalista Mario Sergio Conti me animou quanto à publicação em livro – e ainda apontou enganos.

O filósofo Mario Sergio Cortella, com uma ponderação de poucos minutos, ao demonstrar o quanto eu andava ligeiro em relação às complicadas relações entre ética e moral, por pouco não me fez jogar fora tudo que estava escrito e quase acabado. Com uma ponderação maior, depois de minha lição de casa, mostrou-me o valor de uma leitura cuidadosa de quem entende e professa a ética. A professora Olgária Matos me fez ver com quanta delicadeza se pode dizer que um trabalho está completamente incompleto e como é necessário ir aos clássicos, como Kant, Hegel e Ortega y Gasset.

O professor Renato Janine Ribeiro me deu mais informações, mais fontes de consulta e mais esclarecimentos sobre Antígona e Sócrates do que eu jamais poderia imaginar possível num vôo entre São Paulo e Brasília. Numa dessas esperas em aeroporto, a professora Elizabeth Nicolau Saad Correa me fez ver o quanto eu nada sabia de Dominique Wolton, a quem ela me apresentou.

O professor Bernardo Issler, com sua memória e sua biblioteca, ambas notáveis, me municiou de obras e conceitos que não conseguiria por conta própria. Numa noite de muito frio perto de Campos do Jordão, o educador Fernando José de Almeida iluminou para mim a morada da ética. Em um convívio de paciência e cobranças, o escritor Ubiratan Muarrek leu e releu o trabalho em construção e sempre retornou com palavras que me levavam continuadamente ao arrependimento de ter começado tal tarefa.

Este trabalho de fato não existiria sem meu orientador, o professor José Coelho Sobrinho. Como eu, Coelho veio do interior. Acho que por isso temos um jeito diferente de olhar a grande cidade e comungamos a mesma determinação. Ele me conhece desde os tempos heróicos da Escola de Comunicações e Artes da USP, nos anos 1970, quando me deu aulas, e 20 anos depois me abrigou com a generosidade, a experiência e o conhecimento de quem leva o orientando ao lugar certo porque sabe como animá-lo, abrir portas, indicar o caminho e exigir que a obra vá ao fim, com muita firmeza e muita delicadeza. Na defesa, além do professor Coelho, contei com o rigor e a benevolência dos professores Eugênio Bucci, Dimas Künsch, Cremilda Medina e José Luiz Proença. No programa *Roda viva*, da TV Cultura, que acabou se transformando numa segunda "defesa" de tese, tive o prazer de dialogar com os jornalistas Lillian Witte Fibe (âncora do programa), Luiz Garcia (*O Globo*), Lia Rangel (jornalismo web da TV Cultura), Carlos Eduardo Lins da Silva (ombudsman da *Folha de S.Paulo*), além do professor Mario Sergio Cortella. Ajudou o fato de que estes dois últimos conheciam bem o trabalho. A tese virou livro e o livro ganhou muito com as sugestões e os puxões de orelha que todos me aplicaram, tanto na USP quanto na televisão.

Na Faculdade Cásper Líbero, sou devedor dos três coordenadores do curso de jornalismo que me deram a chance de usar a faculdade como laboratório: os professores Mario Vitor Santos, Welington Andrade e Carlos Costa. Registro um caloroso agradecimento a todos os meus alunos de ética jornalística na mesma escola. De 2003 a 2008 eles trabalharam comigo, em cada aula, em cada discussão, em cada leitura, em cada interpretação, em cada dúvida, em cada crítica, em cada enquete, para dar algum sentido ao que se viu escrito. Mais do que alunos, são co-autores deste trabalho.

No Departamento de Jornalismo da Escola de Comunicações e Artes da USP sempre contei com o apoio atencioso de Paulo Cesar Bontempi. Na lida com a estrutura e a gramática do trabalho, Maria Tereza Rangel Arruda Campos e Rodrigo Villella foram o fator de tranqüilidade durante o período da tese. Quando chegou o momento de o trabalho virar livro, ele ganhou tanto leveza quanto mais rigor nas mãos de Kathia Ferreira, da Zahar. E ainda contei com o olhar do meu colega Luiz Francisco Perrone (um papa das telecomunicações, leitor contumaz, latinista), que teve a paciência de tudo ler antes de o livro ganhar corpo e apontar erros a tempo de corrigi-los. Tem mais: a tradução da epígrafe tem a mão do francófilo e amigo João Batista Natali. Gerald Thomas leu, gostou e me animou a transformar a tese em livro.

Sou muito grato igualmente a meus dois empregadores durante este tempo de aulas e pesquisa que, completamente solidários, concederam-me tantas horas dedicadas à academia: Ricardo Semler e Ricardo Knoepfelmacher.

Agradeço à minha mulher, Bell Kranz, e aos meus filhos Guilherme, Pedro e Daniel. Ninguém mais me suportaria nestes quatro anos do modo como eles me agüentaram – seja pela ausência por conta do tempo dedicado ao trabalho, seja na presença cobrando leitura, o escutar de uma idéia, o pedido de um palpite. Sem contar o abuso dos conhecimentos de texto que só Bell Kranz tem. Os erros e as omissões que você encontrou, no entanto, são só meus.

Índice onomástico

Abramo, Cláudio, 147, 255-6
Ackerman, Carl W., 230
Adorno, Theodor, 20,131,171,182-6, 192-3, 202, 204, 236, 258
Agostinho, Aurélio, 37
Alexander, Peter, 74
Alighieri, Dante, 29, 80, 86
Almeida, Alberto Carlos, 205, 207
Alves, Rubem, 110
Anderson, Perry, 198
Andrade, Carlos Drummond de, 23, 125, 129
Aquino, Tomás de, 65, 144
Arendt, Hannah, 198
Aristófanes, 59-60
Aristóteles, 21, 36, 43, 58, 62, 68, 117, 155, 195
Asbery, John, 200
Ascona, Diego Ruiz de, 32
Auden, W.H., 80
Áustria, Margarita de, 27-8, 30, 32
Áustria, Mariana de, 28, 32
Aznar, José Maria, 179

Bakhtin, Mikhail, 17, 125-7, 149
Bakhtin, Nikolai, 125
Ball, David, 78, 80-1
Balzac, Honoré de, 84-7, 90, 156, 254
Balzac, Jean-Louis Guez de, 86
Barbosa, Ruy, 104
Bagdkian, Ben H., 238
Baudelaire, Charles, 138
Bauman, Zygmunt, 25, 92, 197, 200-4, 207-8, 210, 243, 249
Baynac, Jacques, 187
Beattie, Melody, 203
Beccaria, Cesare, 94
Beck, Ulrich, 202
Becker-Ho, Alice, 189
Benjamin, Walter, 131-3, 136-7
Benkler, Yochai, 209, 235-6, 238
Bentele, Günter, 168-9
Bento XVI, papa, ver Ratzinger, Joseph
Berkeley, George, 250-1
Bernstein, Michele, 188-9
Beuve-Méry, Hubert, 47
Bittencourt, Godofredo, 181
Blázquez, Niceto, 196-7, 229-30
Bloom, Harold, 74, 78-81, 199
Boétie, Étienne de la, 71-2, 91
Boni, ver Oliveira Sobrinho, José Bonifácio de
Bonner, William, 177
Borges, Jorge Luis, 17, 152, 154-5, 165, 168
Bowman, Shayne, 244
Brabandere, Luc de, 20
Braithwaite, Richard, 11
Bréchon, Roberto, 85
Breslin, Jimmy, 144
Brown, Jonathan, 32
Bruna, Jaime, 59
Bucci, Eugênio, 55, 112, 228, 231, 233, 235
Burg, Alberth, 29
Burroughs, William, 200
Bush, George W., 109

Cage, John, 200
Camacho, Marcos Willians Herbas, 175
Campos, Álvaro de, ver Pessoa, Fernando
Canetti, Elias, 130-3
Capote, Truman, 158
Caprettini, Gian Paolo, 33
Cardoso, Fernando Henrique, 104
Carlos IV, 32

Casares, Adolpho Bioy, 17, 152, 154-5, 165, 168
Cau, Jean, 252-3
César, Júlio, 274
Challaye, Félicien, 251
Chaplin, Charles, 184
Chaui, Marilena, 21-2, 38-9, 57, 129, 192
Chirac, Jacques, 234
Cioran, Emil Michel, 17, 138-40, 169, 171, 254
Clark, Katerina, 125
Clinton, Bill, 233
Comparato, Fábio Konder, 56
Constant, Benjamin, 88, 99, 143
Contrera, Malena, 180
Cortella, Mario Sergio, 22, 256
Costa, Caio Túlio, 238
Crane, Hart, 82
Crescenzo, Luciano de, 67-8
Cristaldo, Janer, 177
Cromwell, Oliver, 30

D'Alambert, Jean le Rond, 94
D'Ávila, Roberto, 232
Da Vinci, Leonardo, 188
Dall'Agnol, Darlei, 122
Dantzien, Plínio, 201
Debord, Guy, 191-3, 202, 214, 254
Deleuze, Gilles, 17, 40, 149, 199
Derrida, Jacques, 55-6, 199
Descartes, René, 38, 40, 47, 94, 253-4
Desmoulins, Camille, 69
Diderot, Denis, 87-8, 94
Dostoievski, Fiódor, 110, 138
Dreyer, D., 238
Drucker, Peter, 208
Duchamp, Marcel, 188

Eagleton, Terry, 125
Eco, Umberto, 182, 191, 193, 208, 213, 215
Edmonds, David, 12, 24
Eidinow, John, 12, 124
Einstein, Albert, 213
Eliot, T.S., 80
Engels, Friedrich, 201
Enoanda, Diógenes de, 66
Enzensberger, Hans Magnus, 215
Epicuro, 66-8, 91, 254
Ésquilo, 51
Estrada, Joseph, 241
Ettema, James S., 158
Eurípides, 50

Faustini, Eduardo, 147
Faustino, Mário, 82-3
Filipe IV, 27-8, 30, 32
Ferguson, Harvie, 204
Fernandes, Millôr, 73, 116
Fibe, Lillian Witte, 258
Fichte, Johann Gottlieb, 109
Fidalgo, Antonio, 168
Marcondes Filho, Ciro, 149, 234
Barros Filho, Clóvis de,170
Flusser, Vilém, 42
Fonda, Jane, 203,
Foucault, Michel, 33-5, 48, 192, 199, 204
Franklin, Benjamin, 94
Freitag, Bárbara, 51-4, 56, 95-6
Freud, Sigmund, 131, 143

Galilei, Galileu, 29
Garrido, Carmen, 32
Gauthier, Gilles,157-65, 168
Gautier, Théophile, 32
Giannotti, José Arthur, 123
Gilder, George, 240
Gillmor, Dan, 245
Giordano, Luca, 32
Glass, Philip, 200
Glasser, Theodore L., 158
Glock, Hans-Johann, 116, 122-3
Godard, Jean-Luc, 115, 200
Goebbels, Joseph, 130
Goethe, Johann Wolfgang von, 38, 55-6, 80
Goya, Francisco de, 29, 32
Gramsci, Antonio, 210-3
Granger, Gilles-Gaston, 29-30
Guanaes, Nizan, 226
Guattari, Félix, 17, 149
Gueoult, Martial, 40
Gurevitch, Michael, 215
Gutemberg, Johannes, 27

Habermas, Jürgen, 41, 94-5, 129, 192, 203, 217-9, 227, 257
Hadot, Pierre, 123
Hartman, Paul V., 199
Hartmann, Frank, 149
Hayek, Friedrich, 223
Hegel, Georg Wilhelm Friedrich, 20, 38, 56-7, 742, 94, 101
Hegenberg, L., 102
Heidegger, Martin, 21-2
Hirt, André, 47
Hitler, Adolf, 131
Hobbes, Thomas, 72, 94
Höffe, Otfried, 95, 97, 99
Hohlfeldt, Antonio, 168
Holanda, Sérgio Buarque de, 56
Hölderlin, Friedrich, 55-6, 67
Holquist, M., 125
Homero, 19
Horkheimer, Max, 171, 182-6, 192-3, 202, 214, 236
Houaiss, Antônio, 156
Hume, David, 94
Humphrey, Hubert H., 142
Hussey, Andrew, 187, 189-90
Huxley, Aldous, 203, 246
Huxley, T. H., 246

Ianni, Octávio, 219

Jameson, Frederic, 299
Jastrow, Joseph, 127
Jefferson, Thomas, 94
Jenkins, Henry, 240
Johnson, Paul, 234
Jordaens, Jacob, 32
Joyce, James, 188
Buckley Jr., William F., 144-5

Kamel, Ali, 232
Kant, Immanuel, 143, 147, 242, 254, 256-7
Kaufmann, Vincent, 188-9
Keen, Andrew, 246-7
Keller, Bill, 167
Keynes, J.M., 220
Khomeini, Ruhollah, aiatolá, 204
Kierkegaard, Sören, 139
Kisa, Sonja Elen, 157
Klimt, Gustav, 131
Kokoschka, Oskar, 131-2
Kornstein, Daniel, 145-6
Kraus, Karl, 149, 254
Kreisky, Bruno, 218
Kürnberger, Ferdinand, 130
Kyd, Thomas, 74

Lacan, Jacques, 55
Lacerda, Carlos, 104
Bin Laden, Osama, 108-9
Laugier, Sandra, 155
Le Corbusier, 200
Lembo, Cláudio, 176
Lenin, ver Ulianov, Vladimir Illitch
Lesage, Alain-René, 88
Lessig, Lawrence, 247
Lewinsky, Monica, 233
Lichtenberg, Judith, 163-4
Lima, Raymundo, 199
Lippmann, Walter, 230
Locke, John, 94
Loos, Adolf, 131
Lukács, George, 90
Lukas, J. Anthony, 144
Lula, ver Silva, Luiz Inácio Lula da
Lutero, Martinho, 29, 41, 111
Lyotard, Jean-François, 198

MacDonald, Jeffrey, 141-5
Madrazo, Pedro de, 30
Maffesoli, Michel, 193, 200, 213
Mailer, Noman, 158
Malcolm, Janet, 143, 145-6, 231
Malin, Mauro, 180
Manet, Édouard, 32
Mannheim, Karl, 216
Manovich, Lev, 15
Manzine-Couvre, Maria de Lourdes, 173
Maquiavel, Nicolau, 29, 81, 100-1, 112, 195-7, 210-1, 213-4
Marinho, Roberto, 232,
Marx, Karl, 23, 66, 72, 189-90, 215
Matos, Olgária, 19, 185, 204-5
Mattelart, Armand, 198
Matthews, Cleve, 159
Mature, Victor, 184
Mauriac, François, 47
McChesney, Robert W., 231
McGinniss, Joe, 140-6, 148
McLuhan, Marshall, 191
McVity, J., 133
Meirelles, Fernando, 180
Mello, Olga de, 147
Merleau-Ponty, Maurice, 129, 138, 149
Merrill, John C., 158-623, 164-5
Mesquita (família), 240
Meyer, Philip, 230-1
Mitterrand, François, 234
Monk, Ray, 12
Montaigne, Michel Eyquem de, 68-71, 81, 91, 254
Montesquieu, Charles-Louis de Secondat, 87, 94
Moore, George Edward, 114, 124
Mossé, Claude, 58, 63
Mota, O.S. da, 102
Mungioli, Cristina, 126
Murdoch, Rupert, 208-9

Navasky, Victor, 144
Delfim Netto, Antônio, 104
Nietzsche, Friedrich, 47, 56, 72, 80-1, 138-40
Nixon, Richard, 141-2
Novaes, Adauto, 66

Obama, Barack, 209, 249
Ochs, Adolph, 155-6
Olivetto, Washington, 226
Onis, Federico de, 198
Oravec, Jon Ann, 248
Ortega y Gasset, José, 29, 32, 198
Orwell, George, 203
Ovídio, 69

Pagan Jr., Rafael D., 216
Paulet, Jean-Pierre, 18
Pelanda, Ernesto, 87
Péricles, 50-1, 66
Pérol, Jean, 7
Pessanha, José Américo Motta, 37, 66-7
Pessoa, Fernando, 24, 63, 83-5
Peterson, Theodore, 230
Peucer, Tobias, 45-6, 102, 112, 155
Platão, 50, 58-63, 66, 68, 195
Plath, Silvia, 150
Plutarco, 67
Poe, Edgard Allan, 134

Popper, Karl, 11-2, 124
Pynchon, Thomas, 200

Quintana, Mário, 87

Ratzinger, Joseph, 217-8
Real, Michael R., 170
Reed, Ishmael, 200
Reis, Ricardo, ver Pessoa, Fernando
Revel, Jean-François, 157, 165-7
Rheingold, Howard, 241
Ribeiro, Renato Janine, 100-1, 108-9
Riley, Terry, 200
Rivers, William L., 159
Rocha, Glauber, 82
Rodotà, Stefano, 215
Rodrigues, Nelson, 180
Rónai, Paulo, 86
Rooney, Mickey, 184
Rorty, Richard, 199
Rosenfield, Kathrin H., 53
Rosenthal, Abe, 167
Rosenthal, Joe, 233
Roshco, Bernard, 159, 163
Rothschild, Édouard, 239
Rouanet, Sérgio Paulo, 112, 125, 129, 198
Rousseau, Jean-Jacques, 72, 87, 94
Rowley, Hazel, 252
Rubens, 29, 32
Russell, Bertrand, 11-2, 29, 122

Sainz, Aurélio, 192
Sanches, Pérez, 32
Santo Agostinho, ver Agostinho, Aurélio
Saramago, José, 20, 24, 242
Sarney, José, 104
Sartre, Jean-Paul, 252-3
Scala, André, 40
Schaff, Adam, 22-3, 165
Schiele, Egon, 131
Schlegel, Friedrich, 55
Schoenberg, Arnold, 131
Schopeanhauer, Arthur, 48
Scott, Walter, 88, 184
Shakespeare, William, 73-4, 79-81, 116, 184, 246, 254
Silva, Luiz Inácio Lula da, 235
Siqueira, Ethevaldo, 179
Smith, Adam, 2335, 246
Oliveira Sobrinho, José Bonifácio de, 232
Sócrates, 40, 50, 58-68, 74, 80, 91, 229, 254
Sófocles, 50-1, 53-4, 56-7, 66
Sontag, Susan, 138-9
Souza, Jorge Pedro, 45
Spinoza, Baruch de, 16, 21, 23, 28-9, 37-41, 47, 94, 117, 254
Sponholz, Liriam, 168-9
Spyer, Juliano, 236
Stalin, Joseph, 187
Stallabrass, Julian, 216
Stensaas, Harlan S., 158
Sterne, Laurence, 88
Stiglitz, Joseph E., 25, 210, 219-23, 250
Stone, Isidor Feinstein, 54, 62-3
Sulzberger, Arthur Ochs "Punch", 239

Tabucchi, Antonio, 129-30
Talese, Gay, 158
Tanure, Nelson, 239
Teixeira, Agostinho, 148
Thatcher, Margaret, 208
Timms, Edward, 133
Tocqueville, Aléxis de, 112, 203
Toffler, Alvin, 244
Tolkien, J.R.R., 151
Tragtenberg, Maurício, 101-2
Trotski, Leon, 103, 187
Tsé-Tung, Mao, 187
Tuchman, Gaye, 163
Tucídides, 195

Ulianov, Vladimir Illitch, 115,187
Ulloa, Marcela de, 32
Unamuno, Miguel, 198

Velasco, Antonio Palomino y, 32
Velázquez, Diego Rodríguez de Silva, 16, 27-35, 46, 48
Velázquez, Nieto de, 32
Ventura, Zuenir, 180-1
Voltaire, François-Marie Arroute, 87-8, 94

Wambaugh, Joseph, 144-5
Warhol, Andy, 199
Weber, Max, 17, 26, 40-1, 92, 95, 101-13, 147, 166, 227, 254
Weininger, Otto, 123
Weischedel, Wilhelm, 39
Wheen, Francis, 204-5
White, Michael, 195-6
Wilde, Oscar, 81
Willis, Chris, 244
Wisnik, José Miguel, 87, 90
Wittgenstein, Ludwig, 11-3, 17, 47, 73, 92, 111, 121-31, 133, 137, 139, 149, 198, 254
Wolfe, Tom, 144, 158
Wolton, Dominique, 19, 196, 209, 246, 249
Wossner, Mark, 217
Wrigth, Frank Lloyd, 200

Xenofonte, 58, 61-3, 195

Zellmeister, Gabriel, 226

Este livro foi composto em Agaramond e Helvetica
e impresso pela Bartira Gráfica em janeiro de 2009.